全国高等教育自学考试指定教材
学前教育专业(独立本科段)

学前教育原理
Xueqian Jiaoyu Yuanli

(含：学前教育原理自学考试大纲)

(2014年版)

全国高等教育自学考试指导委员会　组编
主　编　韩映虹
副主编　梁慧娟

高等教育出版社·北京

图书在版编目（CIP）数据

学前教育原理/韩映虹主编；全国高等教育自学考试指导委员会组编.--北京：高等教育出版社，2014.4（2025.1重印）
ISBN 978-7-04-039494-8

Ⅰ.①学… Ⅱ.①韩… ②全… Ⅲ.①学前教育-教育理论-高等教育-自学考试-教材 Ⅳ.①G610

中国版本图书馆CIP数据核字（2014）第064849号

策划编辑：雷旭波　　责任编辑：王江媛　　版式设计：余　杨　　责任校对：张小镝
责任印制：刁　毅

出　版	高等教育出版社	网　址	http://www.hep.edu.cn
社　址	北京市西城区德外大街4号		http://www.hep.com.cn
邮政编码	100120	网上订购	http://www.hepmall.com.cn
印　刷	北京市大天乐投资管理有限公司		http://www.hepmall.com
开　本	787mm×1092mm　1/16		http://www.hepmall.cn
印　张	19.25		
字　数	450千字	版　次	2014年4月第1版
购书热线	010-58581118	印　次	2025年1月第20次印刷
咨询电话	400-810-0598	定　价	35.00元

本书如有缺页、倒页、脱页等质量问题，请到所购图书销售部门联系调换。
版权所有　侵权必究
物　料　号　39494-00

组编前言

21世纪是一个变幻莫测的世纪，是一个催人奋进的时代。科学技术飞速发展，知识更替日新月异。希望、困惑、机遇、挑战，随时都有可能出现在每一个社会成员的生活之中。抓住机遇，寻求发展，迎接挑战，适应变化的制胜法宝就是学习——依靠自己学习、终身学习。

作为我国高等教育组成部分的自学考试，其职责就是在高等教育这个水平上倡导自学、鼓励自学、帮助自学、推动自学，为每一个自学者铺就成才之路。组织编写供读者学习的教材就是履行这个职责的重要环节。毫无疑问，这种教材应当适合自学，应当有利于学习者了解、掌握新知识和新信息，有利于学习者增强创新意识、培养实践能力、形成自学能力，也有利于学习者学以致用、解决实际工作中所遇到的问题。具有如此特点的书，我们虽然沿用了"教材"这个概念，但它与那种仅供教师讲、学生听，教师不讲、学生不懂，以"教"为中心的教科书相比，在内容安排、编写体例、行文风格等方面已经大不相同了。希望读者对此有所了解，以便从一开始就树立起依靠自己学习的坚定信念，不断探索适合自己的学习方法，充分利用已有的知识基础和实际工作经验，最大限度地发挥自己的潜能，达到学习的目标。

欢迎读者提出意见和建议。

祝每一位读者自学成功。

全国高等教育自学考试指导委员会
2012年10月

目 录

学前教育原理自学考试大纲

- 出版前言 ………………………………… 2
- Ⅰ. 课程性质与课程目标 ………………… 3
- Ⅱ. 考核目标 ……………………………… 4
- Ⅲ. 课程内容与考核要求 ………………… 5
  - 绪论 …………………………………… 5
  - 第一章 学前教育的产生与发展 ……… 6
  - 第二章 学前教育与社会发展 ………… 8
  - 第三章 学前教育与儿童发展 ………… 10
  - 第四章 学前儿童的全面发展教育 …… 12
  - 第五章 学前儿童家庭教育与社区学前教育 …………………………………… 13
  - 第六章 幼儿园教育 …………………… 15
  - 第七章 幼儿园教师 …………………… 16
  - 第八章 学前教育的合作与衔接 ……… 18
- Ⅳ. 关于大纲的说明与考核实施要求 …… 20
- 附录 题型举例 …………………………… 22
- 后记 ……………………………………… 23

学前教育原理

- 编者的话 ………………………………… 26
- 绪论 ……………………………………… 27
  - 小结 …………………………………… 32
  - 思考题 ………………………………… 33
- 第一章 学前教育的产生与发展 ……… 35
  - 第一节 古代的学前教育 …………… 36
  - 第二节 近代的学前教育 …………… 42
  - 第三节 现代的学前教育 …………… 49
  - 第四节 当代中国的学前教育 ……… 55
  - 小结 …………………………………… 60
  - 思考题 ………………………………… 61
- 第二章 学前教育与社会发展 ………… 63
  - 第一节 学前教育与经济的关系 …… 64
  - 第二节 学前教育与政治的关系 …… 67
  - 第三节 学前教育与文化的关系 …… 70
  - 第四节 学前教育与科学技术的关系 … 74
  - 第五节 学前教育与人口的关系 …… 76
  - 小结 …………………………………… 79
  - 思考题 ………………………………… 80
- 第三章 学前教育与儿童发展 ………… 81
  - 第一节 儿童与儿童发展 …………… 82
  - 第二节 儿童发展的影响因素 ……… 86
  - 第三节 学前教育与儿童发展的关系 … 93
  - 小结 …………………………………… 99
  - 思考题 ………………………………… 99
- 第四章 学前儿童的全面发展教育 … 101
  - 第一节 学前教育的目标 …………… 102
  - 第二节 学前儿童体育 ……………… 106
  - 第三节 学前儿童智育 ……………… 114
  - 第四节 学前儿童德育 ……………… 121

第五节　学前儿童美育 …………… 129
　　小结 ………………………………… 137
　　思考题 ……………………………… 139

第五章　学前儿童家庭教育与社区
　　　　学前教育 …………………… 141
　　第一节　学前儿童家庭教育 ……… 141
　　第二节　社区学前教育 …………… 155
　　小结 ………………………………… 161
　　思考题 ……………………………… 162

第六章　幼儿园教育 ………………… 164
　　第一节　幼儿园的性质与任务 …… 165
　　第二节　幼儿园教育目标与原则 … 168
　　第三节　幼儿园教育内容 ………… 186
　　第四节　幼儿园教育组织与实施 … 191
　　第五节　幼儿园教育评价 ………… 198
　　小结 ………………………………… 209
　　思考题 ……………………………… 210

第七章　幼儿园教师 ………………… 213
　　第一节　幼儿园教师的角色 ……… 214
　　第二节　幼儿园教师劳动的特点 … 220

　　第三节　幼儿园教师的职责、权利和
　　　　　　义务 ……………………… 223
　　第四节　幼儿园教师的专业素养与专业
　　　　　　发展 ……………………… 224
　　小结 ………………………………… 232
　　思考题 ……………………………… 233

第八章　学前教育的合作与衔接 …… 235
　　第一节　学前教育的合作 ………… 236
　　第二节　学前教育的衔接 ………… 240
　　小结 ………………………………… 250
　　思考题 ……………………………… 251

附录1　幼儿园工作规程 …………… 252
附录2　幼儿园教育指导纲要（试行）… 258
附录3　国务院关于当前发展学前教
　　　　育的若干意见 ……………… 265
附录4　幼儿园教师专业标准（试行）… 269
附录5　3—6岁儿童学习与发展指南 … 274
参考文献 ……………………………… 298
后记 …………………………………… 299

全国高等教育自学考试
学前教育专业(独立本科段)

学前教育原理自学考试大纲

全国高等教育自学考试指导委员会　制定

出版前言

为了适应社会主义现代化建设事业的需要，鼓励自学成才，我国在20世纪80年代初建立了高等教育自学考试制度。高等教育自学考试是个人自学、社会助学和国家考试相结合的一种高等教育形式。应考者通过规定的专业考试课程并经思想品德鉴定达到毕业要求的，可获得毕业证书；国家承认学历并按照规定享有与普通高等学校毕业生同等的有关待遇。经过30多年的发展，高等教育自学考试为国家培养造就了大批专门人才。

课程自学考试大纲是国家规范自学者学习范围、要求和考试标准的文件。它是按照专业考试计划的要求，具体指导个人自学、社会助学、国家考试、编写教材、编写自学辅导书的依据。

随着经济社会的快速发展，新的法律法规不断出台，科技成果不断涌现，原大纲中有些内容过时、知识陈旧。为更新教育观念，深化教学内容方式、考试制度、质量评价制度改革，使自学考试更好地提高人才培养的质量，各专业委员会按照专业考试计划的要求，对原课程自学考试大纲组织了修订或重编。

修订后的大纲，在层次上，专科参照一般普通高校专科或高职院校的水平，本科参照一般普通高校本科水平；在内容上，力图反映学科的发展变化，增补了自然科学和社会科学近年来研究的成果，对明显陈旧的内容进行了删减。

全国考委教育类专业委员会组织制定了《学前教育原理自学考试大纲》，经教育部批准，现颁发施行。各地教育部门、考试机构应认真贯彻执行。

全国高等教育自学考试指导委员会
2014年2月

Ⅰ 课程性质与课程目标

一、本课程性质与特点

本课程是全国高等教育自学考试学前教育专业（独立本科段）的必修课，是培养和检验考生的学前教育基本知识和应用能力的一门专业基础课。

"学前教育原理"研究学前儿童教育的观念、知识和实施，其内容具有全面性、宏观性、兼容性和应用性的特点。

二、课程目标

本课程设置的目标是使考生能够：

1. 比较全面系统地掌握从事学前教育工作所必需的学前教育基本理论、基础知识和基本方法；
2. 初步掌握运用学前教育基础知识去认识、分析和解决学前教育实践问题的能力；
3. 形成正确的儿童观与教育观，根据学前儿童发展的特点和规律实施学前教育。

三、本课程与相关课程的联系与区别

本课程与"学前卫生学""学前心理学"构成相互依存的专业基础课。"学前教育原理"以"学前卫生学"和"学前心理学"为科学依据，与各类专业课程构成学前教育的整体，使学前教育形成从宏观到微观、较为完善的学科课程体系。

四、课程的重点和难点

本课程的重点章节为第三、四、六、七章，次重点章节为第一、二、五章，一般重点为第八章；难点在于理解学前儿童体育、智育、德育和美育之间的关系，并能在领会"四育"各自目标的基础上，运用"四育"的内容及实施要求解决实践中的问题。

II 考核目标

为了使考试内容具体化和考试要求明确化，本大纲在列出考试内容的基础上，对各章规定了考试目标，包括考核知识点和考核要求。明确考试目标，可使考生进一步明确考试内容和要求，更有目的地学习教材；使考试命题者能够更加明确命题范围，更准确地安排试题的知识能力层次和难易程度。本大纲在考核目标中，按照识记、领会、简单应用和综合应用四个层次规定其应达到的能力层次要求。四个能力层次是递进关系，各能力层次的含义是：

识记：要求考生能够熟记大纲各章中的基本知识点，能够知道本课程中相关的名词、概念、原理、知识的含义。例如，能知道并记住学前教育、学前教育学、学前教育目标、学前儿童德育等的概念。

领会：在识记的基础上，要求考生全面把握本课程中的基本概念、基本原理和基本方法，对学前教育的相关概念、学前儿童全面发展教育的内涵与要求等有正确理解，并清楚这些知识点之间的联系和区别。例如，能理解学前教育与社会经济、政治和文化的关系；能理解幼儿园教育的双重任务等。

简单应用：在领会的基础上，要求考生能够运用学前儿童发展的基本概念、基本规律、发展特点和基本方法等，对学前儿童发展与教育中的具体问题进行思考与分析，解决学前儿童发展与教育中的具体实践问题。例如，能运用学前教育相关基本知识初步分析学前儿童发展的影响因素；能运用学前教育合作与衔接的基本知识初步分析家庭和幼儿园各自在衔接工作中的任务与作用。

综合应用：在简单应用的基础上，要求考生能够应用本课程中的多个知识点，综合分析和解决比较复杂的问题。例如，能运用幼儿园教师专业发展的相关知识，结合实例分析幼儿园教师专业发展有哪些主要途径。

III 课程内容与考核要求

绪 论

一、学习目的和要求

（一）识记学前教育与学前教育学的概念
（二）掌握学前教育学的产生与发展历程
（三）了解学前教育学的研究内容、方法与意义

二、课程内容

（一）学前教育的概念
（二）学前教育学的概念
（三）学前教育学的产生与发展
1. 孕育阶段
2. 萌芽阶段
3. 初创阶段
4. 发展阶段
（四）学前教育学的研究内容、方法与意义
1. 学前教育学的研究内容
2. 学前教育学的研究方法
3. 学前教育学的研究意义

三、考核知识点与考核要求

（一）学前教育的概念
1. 识记：学前教育的教育对象
2. 领会：学前教育的概念
（二）学前教育学的概念
1. 识记：学前教育学的概念

2. 领会:学前教育原理与学前教育学的关系

(三)学前教育学的产生与发展

1. 识记:学前教育学的发展历程

2. 领会:对学前教育各阶段发展做出贡献的哲学家、教育家、心理学家及其主要思想与著作

(四)学前教育学的研究内容、方法与意义

1. 识记:学前教育学的研究内容

2. 领会:学前教育学的研究方法与意义

第一章 学前教育的产生与发展

一、学习目的与要求

(一)了解不同历史时期的学前教育的基本形式

(二)了解当代中国学前教育的发展历程和现状

(三)识记不同历史时期重要的教育家及教育著作

(四)识记近代重要学前社会教育机构及产生时间

(五)理解教育起源的理论

(六)掌握原始儿童教育的特点

(七)掌握古代东西方主要的学前教育思想

(八)掌握近现代重要学前教育思想

(九)掌握当代中国学前教育的未来规划目标

二、课程内容

第一节 古代的学前教育

(一)教育的起源

(二)古代学前教育的发展

(三)古代的学前教育思想

第二节 近代的学前教育

(一)近代学前教育的产生与发展

(二)近代学前教育思想

第三节 现代的学前教育

(一)现代的学前教育的发展

(二)现代的学前教育思想

第四节 当代中国的学前教育

(一)当代中国学前教育发展的历程

(二)当代中国学前教育发展的现状

(三)当代中国学前教育的未来发展

三、考核知识点与考核要求

（一）古代的学前教育

1. 识记：

（1）教育起源的三大理论

（2）保傅制度

（3）《颜氏家训》

（4）性恶论

（5）预成论

2. 领会：

（1）教育起源于原始人类的生产劳动和社会生活

（2）原始社会儿童教育的形式是儿童公育

（3）奴隶和封建社会的学前教育的基本形式是家庭教育

（4）中世纪儿童观形成的社会原因

3. 简单应用：

（1）原始社会儿童教育的特点

（2）柏拉图的学前教育思想

（3）亚里士多德的学前教育思想

（4）昆体良的学前教育思想

4. 综合应用：分析和评价颜之推的家庭教育思想

（二）近代的学前教育

1. 识记：

（1）欧文的幼儿学校

（2）福禄贝尔的幼儿园

（3）癸卯学制及蒙养院制度

（4）湖北幼稚园

（5）《母育学校》

（6）《教育漫话》

（7）"白板说"

（8）恩物

2. 领会：近代学前教育由家庭走向社会的必然性

3. 简单应用：

（1）夸美纽斯的学前教育思想

（2）洛克的学前教育思想

（3）裴斯泰洛齐的学前教育思想

4. 综合应用：

（1）分析和评价卢梭的学前教育思想

（2）分析和评价福禄贝尔的学前教育思想

（三）现代的学前教育

1. 识记:
(1) 有准备的环境
(2) 最近发展区
(3) 南京燕子矶幼稚园
(4) "五指活动"
2. 领会:现代教育发展的时代背景
3. 简单应用:
(1) 现代学前教育的发展
(2) 杜威的关于教育本质思想
(3) 陶行知的学前教育思想
(4) 艾里克森的自我发展理论
(5) 分析和评价皮亚杰的学前教育思想
(6) 维果斯基的教学与发展理论
4. 综合应用:
(1) 分析和评价蒙台梭利的学前教育思想
(2) 分析和评价陈鹤琴的学前教育思想

(四)当代中国的学前教育

1. 识记:
(1)《幼儿园工作规程》
(2)《幼儿园管理条例》
(3)《幼儿园教育指导纲要(试行)》
(4)《国家中长期教育改革和发展规划纲要(2010—2020年)》
(5)《关于当前发展学前教育的若干意见》
(6)《3—6岁儿童学习与发展指南》
2. 领会:
(1) 当代中国学前教育的性质
(2) 当代中国学前教育道路的探索
(3)《国家中长期教育改革和发展规划纲要(2010—2020年)》的重要意义
3. 简单应用:
(1) 2010—2020年我国学前教育发展的规划目标
(2) 当前学前教育发展的重点工作
4. 综合应用:联系实际阐述如何实现我国学前教育发展的规划目标

第二章　学前教育与社会发展

一、学习目的和要求

(一)掌握经济与学前教育的关系
(二)掌握政治与学前教育的关系

(三)掌握文化与学前教育的关系
(四)理解科学技术与学前教育的关系
(五)理解人口与学前教育的关系

二、课程内容

第一节 学前教育与经济的关系
(一)社会经济的发展促进学前机构教育的产生
(二)社会经济的发展水平决定着学前教育发展的规模与速度
(三)经济发展水平制约着学前教育发展的结构和布局
(四)社会经济的发展水平制约着学前教育的任务、内容、手段和教学组织形式
(五)学前教育为促进经济发展服务

第二节 学前教育与政治的关系
(一)政治制度决定着学前教育的性质
(二)政治制度决定着学前教育的领导权
(三)政治制度决定着社会成员的学前教育受教育权
(四)政治制度决定着部分的学前教育内容
(五)学前教育为政治服务

第三节 学前教育与文化的关系
(一)文化影响着学前教育的价值取向
(二)文化影响着学前教育内容的选择
(三)文化影响着学前教育方法的使用
(四)学前教育对文化的作用

第四节 学前教育与科学技术的关系
(一)科学技术的发展影响着人们对学前教育的认识
(二)科学技术的发展影响着学前教育课程内容的设置
(三)科学技术的发展影响着学前教育的手段、方式、方法
(四)学前教育促进科学技术的发展

第五节 学前教育与人口的关系
(一)人口数量与结构影响学前教育的发展
(二)人口质量影响着学前教育的发展
(三)人口布局影响学前教育的发展
(四)人口流动影响着学前教育的发展
(五)学前教育的发展有助于人口质量的提高

三、考核知识点与考核要求

(一)学前教育与经济的关系
1. 领会:学前教育为促进经济发展服务
2. 简单应用:经济对学前教育的影响
3. 综合应用:学前教育与经济的关系

（二）学前教育与政治的关系

1. 识记：政治

2. 领会：学前教育为政治服务

3. 简单应用：政治对学前教育的影响

4. 综合应用：学前教育与政治的关系

（三）学前教育与文化的关系

1. 识记：

（1）文化

（2）个人本位论

（3）社会本位论

2. 领会：学前教育的价值取向

3. 简单应用：学前教育对文化的影响

4. 综合应用：学前教育与文化的关系

（四）学前教育与科学技术的关系

1. 领会：科学技术的发展对学前教育的认识影响

2. 简单应用：科学技术对学前教育的影响

3. 综合应用：学前教育与科学技术的关系

（五）学前教育与人口的关系

1. 识记：

（1）人口

（2）人口质量

（3）人口流动

2. 领会：人口流动对学前教育的影响

3. 简单应用：人口数量结构影响学前教育的发展

4. 综合应用：学前教育与人口的关系

第三章 学前教育与儿童发展

一、学习目的和要求

（一）理解儿童和儿童发展的概念

（二）掌握儿童发展的一般规律

（三）理解儿童发展的影响因素及其影响作用

（四）理解学前教育对儿童发展的影响

（五）掌握儿童发展对学前教育的影响

二、课程内容

第一节 儿童与儿童发展

（一）儿童与儿童发展的概念

（二）儿童发展的一般规律

第二节　儿童发展的影响因素

（一）客观因素

（二）主观因素

第三节　学前教育与儿童发展的关系

（一）学前教育对儿童发展的影响

（二）儿童发展对学前教育的影响

三、考核知识点与考核要求

（一）儿童发展的一般规律

1. 识记：

（1）儿童

（2）发展

（3）儿童发展

2. 领会：

（1）儿童发展的方向性与顺序性

（2）儿童发展的连续性与阶段性

3. 简单应用：

（1）儿童发展的整体性

（2）儿童发展的个体差异性

（二）儿童发展的影响因素

1. 识记

（1）客观因素

（2）遗传素质

（3）生理成熟

（4）社会环境

2. 领会：遗传素质对儿童发展的影响

3. 简单应用：社会因素对儿童发展的影响

4. 综合应用：主观因素对儿童发展的影响

（三）学前教育与儿童发展的关系

1. 识记

（1）儿童发展是学前教育的根本目的

（2）儿童发展是学前教育实施的重要依据

2. 领会：发展适宜是决定学前教育价值的关键因素

3. 简单应用：学前教育对儿童发展的影响

4. 综合应用：儿童发展对学前教育的影响

第四章 学前儿童的全面发展教育

一、学习目的与要求

（一）了解我国学前教育目标的内涵与特征

（二）了解学前儿童体育、智育、德育和美育的概念与意义

（三）正确理解学前儿童体育、智育、德育和美育的关系

（四）理解学前儿童体育、智育、德育和美育实施中应遵循的要求

二、课程内容

第一节 学前教育的目标
（一）我国的教育目的
（二）学前教育的目标

第二节 学前儿童体育
（一）学前儿童体育的概念与意义
（二）学前儿童体育的目标与内容
（三）学前儿童体育的实施原则

第三节 学前儿童智育
（一）学前儿童智育的概念与意义
（二）学前儿童智育的目标与内容
（三）学前儿童智育的实施原则

第四节 学前儿童德育
（一）学前儿童德育的概念与意义
（二）学前儿童德育的目标与内容
（三）学前儿童德育的实施原则

第五节 学前儿童美育
（一）学前儿童美育的概念与意义
（二）学前儿童美育的目标与内容
（三）学前儿童美育实施过程中应注意的问题

三、考核知识点与考核要求

（一）学前教育的目标

1. 识记：
（1）我国的教育目的
（2）我国的学前教育目标

2. 领会：
（1）体、智、德、美四育的关系
（2）全面发展和因材施教之间的关系

（3）全面发展与主体性发展的关系
3. 简单应用：贯彻落实学前教育目标应注意的问题
（二）学前儿童体育
1. 识记：
（1）什么是学前儿童体育
（2）学前儿童体育的意义
2. 领会：学前儿童体育的目标
3. 简单应用：学前儿童体育的内容
4. 综合应用：学前儿童体育的实施原则
（三）学前儿童智育
1. 识记：
（1）什么是学前儿童智育
（2）学前儿童智育的意义
2. 领会：学前儿童智育的目标
3. 简单应用：学前儿童智育的内容
4. 综合应用：学前儿童智育的实施原则
（四）学前儿童德育
1. 识记：
（1）什么是学前儿童德育
（2）学前儿童德育的意义
2. 领会：学前儿童德育的目标
3. 简单应用：学前儿童德育的内容
4. 综合应用：学前儿童德育的实施原则
（五）学前儿童美育
1. 识记：
（1）什么是学前儿童美育
（2）学前儿童美育的意义
2. 领会：学前儿童美育的目标
3. 简单应用：学前儿童美育的内容
4. 综合应用：学前儿童美育实施过程中应注意的问题

第五章　学前儿童家庭教育与社区学前教育

一、学习目的与要求

（一）了解学前儿童家庭教育的概念
（二）了解学前儿童家庭教育的特点
（三）理解学前儿童家庭教育方式的类型
（四）理解学前儿童家庭教育的影响因素

（五）正确理解学前儿童家庭教育的原则与方法

（六）正确理解学前儿童家庭教育的影响因素

（七）了解社区学前教育的概念

（八）了解社区学前教育的产生发展

（九）了解我国社区学前教育的形式

二、课程内容

第一节　学前儿童家庭教育

（一）学前儿童家庭教育的特点

（二）学前儿童家庭教育的功能

（三）学前儿童家庭教育的类型

（四）学前儿童家庭教育的影响因素

（五）学前儿童家庭教育的原则与方法

（六）学前儿童家庭教育的指导

第二节　社区学前教育

（一）社区教育的功能

（二）社区学前教育的产生发展

（三）我国社区学前教育的形式

三、考核知识点与考核要求

（一）学前儿童家庭教育

1. 识记：学前儿童家庭教育

2. 领会：

（1）学前儿童家庭教育的特点、功能

（2）学前儿童家庭教育的类型

（3）学前儿童家庭教育的影响因素

3. 简单应用：

（1）学前儿童家庭教育的方法

（2）学前儿童家庭教育指导原则

4. 综合应用：学前儿童家庭教育原则

（二）社区学前教育

1. 识记：社区学前教育

2. 领会：

（1）社区教育的功能

（2）社区学前教育的产生发展

（3）我国社区学前教育的形式

第六章 幼儿园教育

一、学习目的与要求

（一）认识我国幼儿园的性质与任务
（二）掌握幼儿园教育组织、实施与评价的方法
（三）理解幼儿园教育的目标、原则
（四）把握幼儿园教育的内容
（五）学习幼儿园教育评价的内容与方法

二、课程内容

第一节　幼儿园的性质与任务
（一）幼儿园的性质
（二）幼儿园的任务
第二节　幼儿园教育目标与原则
（一）幼儿园教育的含义、地位和作用
（二）幼儿园教育目标
（三）幼儿园教育原则
第三节　幼儿园教育内容
（一）健康教育
（二）语言教育
（三）社会教育
（四）科学教育
（五）艺术教育
第四节　幼儿园教育组织与实施
（一）幼儿园教育活动的概念与组织形式
（二）幼儿园教育活动的实施
第五节　幼儿园教育评价
（一）幼儿园教育评价的内涵
（二）幼儿园教育评价的功能
（三）幼儿园教育评价的类型
（四）幼儿园教育评价的基本过程与方法
（五）当代幼儿园教育评价的理念与发展趋势

三、考核知识点与考核要求

（一）幼儿园的性质与任务
1. 识记：
（1）幼儿园的概念

（2）幼儿园的双重性质

2. 领会：

（1）幼儿园的特征

（2）我国幼儿园的任务

（二）幼儿园教育目标与原则

1. 识记：

（1）幼儿园教育的概念

（2）幼儿园教育目标的概念

（3）幼儿园教育原则

2. 领会：

（1）幼儿园教育目标的结构体系

（2）教育的一般原则

（三）幼儿园教育内容与要求

1. 识记：幼儿园五大领域的教育内容

2. 领会：《幼儿园教育指导纲要》和《3—6岁儿童学习与发展指南》中关于幼儿园教育五大领域的内容

（四）幼儿园教育组织与实施

1. 识记：幼儿园教育活动的概念与组织形式

2. 领会：

（1）幼儿园教育活动的组织方式

（2）幼儿园教育活动的实施形式

（五）幼儿园教育评价

1. 识记：

（1）什么是幼儿园教育评价

（2）幼儿园教育评价的分类

（3）幼儿园教育评价的基本步骤

（4）幼儿园教育评价的基本方法

（5）幼儿园教育评价的发展趋势与特点

2. 领会：

（1）幼儿园教育评价的功能

（2）当代幼儿园教育评价的理念

第七章　幼儿园教师

一、学习目的与要求

（一）了解幼儿园教师的角色定位

（二）理解幼儿园教师劳动的特点

（三）掌握幼儿园教师的职责、权利和义务

（四）能够自觉运用幼儿园教师专业素养的相关标准、专业发展的多种途径,不断促进自身的专业发展

二、课程内容

第一节　幼儿园教师的角色
（一）教师与教师角色
（二）幼儿园教师的一般角色定位
（三）幼儿园教师在幼儿学习活动中扮演的角色
（四）幼儿园教师角色与幼儿父母角色的差异

第二节　幼儿园教师劳动的特点
（一）劳动对象的主体性和幼稚性
（二）劳动任务的全面性和细致性
（三）劳动过程的创造性
（四）劳动手段的主体性
（五）劳动成效的长期性和潜在性

第三节　幼儿园教师的职责、权利和义务
（一）幼儿园教师的职责
（二）幼儿园教师的权利
（三）幼儿园教师的义务

第四节　幼儿园教师的专业素养与专业发展
（一）幼儿园教师的专业素养
（二）幼儿园教师的专业发展

三、考核知识点与考核要求

（一）幼儿园教师的角色
1. 识记：
（1）教师的含义
（2）幼儿园教师的含义
2. 领会:幼儿园教师角色与幼儿父母角色的差异
3. 简单应用：
（1）幼儿园教师的一般角色定位
（2）幼儿园教师在幼儿学习活动中扮演的具体角色
（二）幼儿园教师劳动的特点
综合应用:结合实例分析幼儿园教师劳动的特点
（三）幼儿园教师的职责、权利和义务
简单应用：
（1）幼儿园教师的职责
（2）幼儿园教师的权利
（3）幼儿园教师的义务

（四）幼儿园教师的专业素养与专业发展
1. 识记：
（1）幼儿园教师专业素养的含义
（2）幼儿园教师专业发展的含义
2. 领会：我国幼儿园教师专业素养的相关标准
3. 综合应用：结合实例分析幼儿园教师专业发展有哪些主要途径

第八章 学前教育的合作与衔接

一、学习目的和要求

（一）理解家庭、托幼机构和社区相互合作的主要内容和主要方式
（二）理解家庭和幼儿园针对家园衔接各自需要做的工作
（三）理解幼儿园教育与小学教育的差异
（四）了解做好幼小衔接工作的意义
（五）理解我国当前幼小衔接工作中存在的问题
（六）理解针对幼小衔接，幼儿园和小学各自需要开展的工作

二、课程内容

第一节 学前教育的合作
（一）家庭与托幼机构合作
（二）托幼机构与社区合作
（三）家庭与社区合作

第二节 学前教育的衔接
（一）家庭与幼儿园的衔接
（二）幼儿园与小学的衔接

三、考核知识点与考核要求

（一）学前教育的合作
1. 识记：
（1）托幼机构与社区合作的主要方式
（2）家庭与社区合作的主要内容和主要方式
2. 领会：家庭与托幼机构合作的主要内容和主要方式
（二）学前教育的衔接
1. 识记：幼儿园教育与小学教育的差异
2. 领会：
（1）我国当前幼小衔接工作中存在的主要问题
（2）家长在幼小衔接方面起到的作用
3. 简单应用：

（1）针对家园衔接，家庭需要做的工作
（2）针对家园衔接，幼儿园需要做的工作
4. 综合应用：
（1）幼儿园针对幼小衔接需要开展的工作
（2）小学针对幼小衔接需要开展的工作

Ⅳ 关于大纲的说明与考核实施要求

为了在个人自学、社会助学和考试命题中贯彻和落实本大纲中的规定,特对有关问题做如下说明,并提出具体实施要求。

一、自学考试大纲的目的和作用

课程自学考试大纲根据专业自学考试计划的要求,结合自学考试的特点而确定。其目的是对个人自学、社会助学和课程考试命题进行指导和规定。

课程自学考试大纲明确了课程学习的内容以及深广度,规定了课程自学考试的范围和标准。因此,它是编写自学考试教材和辅导书的依据,是社会助学组织进行自学辅导的依据,是自学者学习教材、掌握课程内容知识范围和程度的依据,也是进行自学考试命题的依据。

二、课程自学考试大纲与教材的关系

课程自学考试大纲是进行学习和考核的依据,教材是学习掌握课程知识的基本内容与范围,教材的内容是大纲所规定的课程知识和内容的具体化扩展与发挥。

大纲与教材所体现的课程内容基本一致。大纲里面的课程内容和考核知识点,教材里一般也有。反过来,教材里有的内容,大纲里不一定体现。

三、关于自考教材

《学前教育原理》,全国高等教育自学考试指导委员会组编,韩映虹主编,高等教育出版社,2014年版。

四、关于自学要求与自学方法的指导

为了使考试内容具体化和考试要求明确化,本大纲在列出考试内容的基础上,对各章规定了考试目标,包括考核知识点和考核要求。明确考试目标,可使考生进一步明确考试内容和要求,更有目的地学习教材;使考试命题者能够更加明确命题范围,更准确地安排试题的知识能力层次和难易程度。

为有效地指导个人自学和社会助学,本大纲已指明了课程的重点和难点,在章节的基本要求中一般也指明了章节内容的重点和难点。考生在学习过程中应当注意按照以下的方法

开展本课程的自学和复习考试。

1. 在全面系统学习的基础上,掌握基本理论、基础知识、基本方法。本课程既属于理论课程,又是应用性很强的课程。考生应全面系统地学习各章,首先,记住要求识记的基本概念、名词、定义和规律,注意准确掌握基本概念和基本理论。其次,要认识和领会各章之间的联系,因为学前儿童的心理现象和心理发展是相互联系着的。再次,在全面系统学习的基础上掌握重点,有目的地深入学习重点章节,但是切忌在没有全面学习教材的情况下孤立地去抓重点。

2. 学习学前儿童发展课程必须理论联系实际,要在紧密联系学前儿童心理活动和学前教育活动的实际中学习。在识记有关知识的过程中,要尽量联系自己的生活或教学经验,借助已有的感性知识来领会有关概念和理论。

3. 学习学前儿童发展的过程中,要注意把已经识记和领会的课程内容运用到生活或教育工作实际。只有在实际运用中才能够真正掌握本课程。

五、对社会助学的要求

1. 社会助学者应根据本大纲规定的考试内容和考核目标,认真研究指定教材,明确本课程与其他课程不同的特点和学习要求,对考生进行切实有效的辅导,引导他们避免自学中的各种偏向,把握社会助学的正确导向。

2. 要正确处理基础知识和应用能力的关系,努力引导自学应考者将识记、领会同应用联系起来,把基础知识和理论转化为应用能力。在全面辅导的基础上,着重培养和提高考生的分析问题和解决问题的能力。

3. 要正确处理重点和一般的关系。课程内容有重点和一般之分,但考试内容是全面的,而且重点与一般是相互联系的,不能截然分开。社会助学应引导考生全面系统地学习教材,掌握全部考试内容和考核知识点,在此基础上再突出重点。

六、关于命题考试的若干要求

1. 本课程的命题考试,应根据本大纲所规定的考试内容和考试目标来确定考试范围和考核要求。本大纲各章所规定的基本要求、知识点及知识点下的知识细目,都属于考试的内容。不得任意扩大或缩小考试范围,提高或降低考核要求。考试命题要覆盖到章,并适当突出重点章节,加大重点内容的覆盖密度。

2. 本课程在试卷中对不同能力层次的要求的分数比例大致为:识记占 20%,领会占 30%,简单应用占 30%,综合应用占 20%。

3. 要合理安排试题的难度结构,试题的难易程度可以分为:易、较易、较难、难四个等级。每份试卷中,不同难度试题的比例一般为:易占 30%,较易占 30%,较难占 30%,难占 10%。

4. 本课程考试命题采取的题型,一般是单项选择题、名词解释、简答题、论述题、材料分析题。

附录 题型举例

一、单项选择题

1. 以"教育即生长""教育即生活""教育即经验的连续不断的改造"三个重要论点来概括教育本质的是（　　）。

　　A. 杜威　　　　B. 赫尔巴特　　　　C. 蒙台梭利　　　　D. 皮亚杰

2. 学前儿童知识经验少，理解力差，往往不易分清正确与错误，各种教育影响都容易接受。所以在教育中，必须坚持正面教育，对学前儿童进行正面引导，帮助学前儿童分辨是非，发扬积极因素，克服消极因素。这反映了学前儿童德育的（　　）。

　　A. "规范"与"尊重"相结合的原则　　　　B. 坚持正面教育的原则

　　C. 教育影响的一贯性和一致性原则　　　　D. 集体教育与个别教育相结合原则

二、名词解释

1. 依恋
2. 关键期

三、简答题

1. 简述学前儿童家庭教育的特点。
2. 简述幼儿园保育和教育的主要目标。

四、论述题

1. 结合实际，辩证说明学前教育与儿童发展的关系。
2. 论述我国当前幼小衔接工作存在的问题及应对策略。

五、材料分析题

根据下列材料，分析当代中国未来发展目标和实现。

学前教育事业发展主目标

指标	单位	2009 年	2015 年	2020 年
学前教育 幼儿在园人数	万人	2658	3400	4000
学前一年毛入园率	%	74.0	85.0	95.0
学前两年毛入园率	%	65.0	70.0	80.0
学前三年毛入园率	%	50.9	60.0	70.0

后 记

《学前教育原理自学考试大纲》是根据全国高等教育自学考试学前教育专业（本科）考试计划的要求编写的。2013年11月教育类专业委员会召开审稿会议，对本大纲进行了评审，修改后经过主编复审定稿。

本大纲由天津师范大学韩映虹教授主持编写，梁慧娟、王银玲、梁玉华、刘智萍等分别参加了相应内容的编写。

本大纲经由北京师范大学张燕教授、北京师范大学刘焱教授与中华女子学院胡华副教授参加审稿并提出改进意见。

本大纲编审人员付出了辛勤劳动，特此表示感谢。

全国高等教育自学考试指导委员会
教育类专业委员会
2014年2月

全国高等教育自学考试指定教材
学前教育专业(独立本科段)

学前教育原理

全国高等教育自学考试指导委员会　组编
主　编　韩映虹
副主编　梁慧娟

编者的话

学前教育原理是高等教育自学考试学前教育专业（独立本科段）必修核心课程之一，它探讨学前教育学中最基本的概念、原理、规律等理论问题，使学习者对学前教育领域所涉及的相关问题有一个全面、初步的了解和认知，为今后的专业学习打下一个坚实的基础，并能够自觉将理论知识运用于学前教育实践。

天津师范大学开设学前教育专业已有25年历史，积累了一定的教学经验，然而接受全国高等教育自考教材编写任务还是第一次，而且从撰写到出版只有一年半的时间，与此同时我们天津师范大学的老师们各自还承担着繁重的教学和科研任务，因此编写团队所面临的挑战是可想而知的。值得感谢的是，刘焱老师、陈强老师、高卓老师给予了我们亲切的关怀、鼓励与支持，这无疑增强了我们的信心。大家克服了重重困难，牺牲了无数个午休时间，经过反复研讨交流，一次次的修改终于完成了任务。期间，张燕老师、胡华老师对我们的初稿提出了中肯的意见和具体的指导，给我们指明了方向，衷心感谢两位老师无私的帮助！

本教材中绪论由李运余老师撰写，第一章由刘果元老师撰写，第二章由蒋恩博老师撰写，第三章由梁玉华老师撰写，第四章由梁慧娟、汤琛、张雪松老师撰写，第五章由刘智萍老师撰写，第六章由李运余、梁慧娟老师撰写，第七章由王银铃老师撰写，第八章由曹凤老师撰写。此外，梁慧娟和李运余二位老师在统稿和服务方面做了大量的工作。在此，对大家辛勤的工作表示由衷的感谢！

由于时间紧任务重，加之我们的水平有限，教材中可能会有很多不尽如人意的地方，在此恳请广大辅导教师和考生提出宝贵意见。

编者

2014年2月

绪论

学习目标
1. 应了解、知道的内容
◆ 学前教育与学前教育学的概念。
◆ 学前教育学的产生与发展历程。
2. 应理解、清楚的内容
◆ 对学前教育理论做出贡献的哲学家、教育家及其主要著作。
3. 应掌握、会用的内容
◆ 学前教育学的研究内容与研究方法。
4. 应熟练掌握的内容
◆ 学前教育的概念。

建议学时
2学时

教师导学
学前教育学是教育学科的分支之一，17世纪以后逐步成为一个独立的研究领域，具备了自己的研究内容和研究方法。作为一门学科，学前教育学主要研究学前教育现象；探究学前教育的发展规律；研究组成学前教育活动的各要素；研究学前教育活动与其他活动之间的关系。学习学前教育理论，有利于提高学习者的学前教育科学理论水平，能够指导家庭、托儿所、幼儿园教育实践，为国家制定相关教育政策法规及教育改革提供理论根据。

学前教育是儿童入小学前的教育，对于儿童的入学年龄及学前教育的起始年龄的界定关系到学前教育学的研究内容和研究对象。学前教育学与学前教育有何区别，学前教育学是怎样产生并发展的，研究学前教育有哪些具体的方法、有何意义？这些是绪论中将要解决的问题。

一、学前教育的概念

教育是传递社会经验并培养人的活动，但什么是学前教育？目前国内外不同的学者尚未取得共识。

"学前"，顾名思义，即入小学之前，当儿童入学时其身心发展水平就已经能够达到进入小学的需要。随着历史的发展，人们对于儿童身心发展的研究不断深入，各国对于儿童接受正规教育的最佳年龄有了相对一致的看法,但至于儿童几岁才能入小学,各国做法不一。另外,"学前"的起点在哪,胎教是否属于学前教育?不同的学者观点不一。

1981年联合国教科文组织巴黎国际学前教育协商会议对学前教育如此界定:"能够激起出生直至进入小学前的儿童(小学入学年龄因国家不同而有5~7岁之不同)的学习愿望,给他们学习体验,且有助于他们整体发展的活动总和。"我国学者黄人颂在其主编的《学前教育学》(2009年出版)中将学前教育定义为:"学前教育是指从初生到六岁前儿童的教育",而学者梁志燊认为:"学前教育是对出生到入学前的儿童所进行的教育。"郑建成主编的《学前教育学》(2013年出版)中,将学前教育定义为:"对0—6岁年龄阶段的儿童所实施的教育,学前教育包括0—3岁的早期教育和3—6岁的学前教育,随后与初等教育衔接,是一个人教育与发展的重要而特殊的阶段。"

还有人认为学前教育的概念在不同的情形下可以有不同的解读,例如朱宗顺、陈文华主编的《学前教育学》(2012年出版)将学前教育定义为:"对学龄前儿童所实施的保育和教育活动的总称",并且认为"广义上,可以把出生到入学前的儿童都视为学前教育的对象,但也必须记住,学前教育存在因入学标准、学前起点的差异而造成的多样性。比如,因为对学前儿童年龄范围的不同理解,学前教育有时又被称为'幼儿教育''早期教育'等,这些名称一般可以通用,但必须注意特定语境下各概念的特殊含义及其区别。"

学前儿童年龄阶段的界定,应当遵循儿童的身心发展特点,尊重儿童的身心发展差异。学前教育的教育对象包括婴儿和幼儿。从广义上来讲,凡是能够影响和促进学龄前儿童身心成长与发展的活动都属于学前教育。从狭义上来讲,学前教育是指有组织、有目的、有计划地对出生至6、7岁的儿童施加教育影响的活动。它的教育对象包括婴儿(出生后至3岁)和幼儿(3岁—6、7岁)。

二、学前教育学的概念

教育学发展到今天已经形成很多分支,比如普通教育学、学前教育学、成人教育学、职业教育学、高等教育学等,学前教育学则是教育学其中的一个分支学科。

黄人颂认为:"学前教育学就是专门研究学前教育的规律的科学。对儿童的教育从初生后就开始,从初生到三岁前这一阶段为婴儿教育,三至六岁前阶段为幼儿教育。三岁前是儿童发展和教育极为重要的时期,婴儿教育和三至六岁前的幼儿教育是相互连接、性质相近又密切联系的。因此,学前教育学应统一研究和探讨从初生到六岁前儿童的教育。"学者李生兰认为:"学前教育学是研究学前教育现象,揭示学前教育规律的一门科学。"郑建成认为:"学前教育学是一门研究学前儿童规律和学前教育机构的教育工作规律的科学。"学者刘晓东认为:"学前教育学主要是探讨学前教育的基本概念、基本命题、基本历史及基本理论框架的一门学科。"

学前教育学首先是一门兼具理论与应用性质的学科,既要在学前教育实践中研究学前教育现象、探究学前教育规律,又要在研究中服务于学前教育实践。另外,我国目前的学科体系中,共有12个学科门类,学前教育学是教育学类中的一个子学科。学前教育原理是对学前教育学中一般、典型问题的研究,是高等教育学前教育专业的必修科目。

【知识拓展】 学前教育在我国目前的学科体系中的位置

2012年10月国家教育部颁布的《普通高等学校本科专业目录》包含了哲学、经济学、法学、教育学、文学、历史学、理学、工学、农学、医学、管理学、艺术学12个学科门类。下表列出了教育学本科专业下的若干子学科。

教育学本科专业下的子学科表

4	学科门类:教育学
401	教育学类
40101	教育学
110306W	高等教育管理(部分)
040108W	科学教育
040107W	人文教育
40104	教育技术学
040106W	艺术教育
40102	学前教育
040105W	小学教育
40103	特殊教育
040109S	言语听觉科学

——摘自中华人民共和国教育部网站发布的"关于印发《普通高等学校本科专业目录（2012年)》《普通高等学校本科专业设置管理规定》等文件的通知"，教高[2012]9号。

三、学前教育学的产生与发展

(一) 孕育阶段(15世纪以前)

在15世纪以前，学前教育学尚未独立，相关思想主要散见于许多教育家、思想家的各种著作之中，这些思想是零散的、片段的，缺乏系统性和完整性。

此阶段，国外的一些哲学家、思想家开始关注学前儿童教育。古希腊哲学家柏拉图在他的著作《理想国》中第一次提出了学前社会教育的主张，标志着学前公共教育思想的诞生。古希腊哲学家亚里士多德在其著作《政治学》中提出应重视胎儿的保健、优生、优育。古罗马教育家昆体良著有《雄辩术原理》一书，他提出未来雄辩家的培养和教育应从婴儿期开始。

在我国，学前教育思想同样散见于古代的一些著作中。如《大戴礼记·保傅》记载周朝统治者注重胎教；《礼记·内则》篇中有从儿童能食能言时便进行教育的记载；魏晋南北朝的颜之推在《颜氏家训》中提出学前儿童家庭教育的思想；宋代思想家朱熹认为应重视儿童入学以前的教育，为婴幼儿选择品德良好的乳母。

(二) 萌芽阶段(16世纪—18世纪初期)

16世纪—18世纪初期，欧洲发生了文艺复兴运动，文学艺术、科学技术繁荣发展，这种时代的变革同样促进了教育科学的发展。随着教育学的建立，学前教育理论也逐渐丰富起来。相比前一阶段，学前教育思想更加系统、完整，并具备了现实指导意义。

捷克教育家夸美纽斯著有《大教学论》《母育学校》《世界图解》。他的代表作《大教学论》提出了将一切知识教给一切人的泛智学说;《母育学校》是世界上第一本学前教育专著;《世界图解》是西方教育史上第一本图文并茂的儿童百科全书。英国哲学家、教育家洛克著有《教育漫话》一书,他在西方教育史上第一次将教育分为体育、德育、智育三部分,并作了详细论述;他反对"天赋观念"之说,提出"白板说",认为人的发展完全是教育的结果。法国启蒙思想家、教育家卢梭在《爱弥儿》中提出应当遵循自然去教育儿童,给予儿童自由,重视儿童生活的权利,培养真正的自然人。卢梭被后世誉为"儿童的发现者",他的儿童观和教育观影响了后世的一大批教育家。瑞士教育家裴斯泰洛齐的教育思想体现在《林哈德与葛笃德》《葛笃德怎样教育她的子女》《母亲读物》等教育著作中,在他看来,教育应重视儿童本质的和谐发展,应依照儿童心理发展的顺序使儿童获得适当的发展机会。

此阶段,我国长期闭关锁国,与外界缺乏交流。科学技术和文化教育发展缓慢,学前教育思想封建化严重,仍然沿袭传统。

(三) 初创阶段(18世纪后期—20世纪前半期)

从18世纪后期到20世纪前半期,西方资本主义工业化促进了教育科学的发展,学前教育学从普通教育学中分化出来,一些具有相对完整体系的学前教育著作相继出现。学前教育学开始形成为一门独立的学科,并初步发展起来。

德国著名的教育家福禄贝尔是学前教育理论的奠基人。他的教育思想和教育实践推动了学前教育学开始成为一门独立的学科。他的著作有《人的教育》《幼儿园教育学》等,他为幼儿开发了一系列的玩具——恩物;他创办了世界上第一所幼儿园,建立了较为完整的幼儿园教育体系。美国教育家杜威著有《我的教育信条》《学校与社会》《民主主义与教育》等,他认为教育应让儿童从做中学,教育即生活、教育即生长、教育即经验的不断改造。意大利幼儿教育家蒙台梭利著有《蒙台梭利教学法》《蒙台梭利手册》《童年的秘密》等,她认为儿童的心理具有"吸收力"和"敏感期",教师应为儿童提供一个有准备的环境。

19世纪中叶以后,西方的教育思想传入中国,冲击了中国的传统教育理念,涌现出一批呼吁改革的教育家。在清末维新运动中,康有为在《大同书》中第一次提出在我国实施学前社会教育。民主教育家蔡元培提出完整的学前社会公共教育体系。但这些思想在当时的中国社会尚不具备实现的条件,因此,很多教育家在借鉴西方教育理念的基础上,开始探究适合中国本土的学前教育理论。"中国幼儿教育之父"陈鹤琴提倡中国化的学前教育,反对死教育,提倡活教育。他的教育论著有《儿童心理之研究》《家庭教育》等。我国人民教育家陶行知关注中国化、平民化幼稚园的创办,他提出"教学做合一"和"六大解放",主张开发儿童的创造力,著有《创造乡村幼稚园宣言书》《幼稚园之新大陆》《如何使幼稚教育普及》等。我国幼儿教育家张雪门和陈鹤琴并称"南陈北张",张雪门曾在北平主办香山慈幼院的幼稚师范学校和幼稚园,对学前教育理论和幼稚课程进行研究,主要著作有《幼稚园教育概论》《新幼稚教育》《幼稚园的课程》等,对进一步丰富和完善学前教育理论做出了重要贡献。

(四) 发展阶段(20世纪中叶至今)

20世纪中叶以来,哲学、人类学、生态学、教育学、心理学、脑科学等相邻学科的发展丰富了学前教育的理论基础,提高了学前教育的理论化和科学化水平,学前教育学进入了发展阶段。

美国心理学家埃里克森是精神分析学派的代表人物之一,他提出了人的心理发展的八个阶段。他认为,儿童在成长过程中的每一个阶段都面临着不同的矛盾,只有用适当的教育才能促进个体的发展。瑞士心理学家皮亚杰认为儿童的认知发展是由量变到质变的过程,并表现出发展的阶段性,在对学前儿童进行教育时应以儿童为中心、因时施教。

建国以后,我国在学习其他国家优秀学前教育思想的基础上,自主探究中国特色的学前教育理论体系。改革开放以来,我国学前教育研究者队伍不断壮大,学前教育机构数量大幅度增加,研究领域不断拓展,研究内容不断丰富,理论研究的实效性明显增强。如今,我国学前教育研究越来越受到重视,逐步成为一个重要的教育研究分支领域,获得了长足的发展。

四、学前教育学的研究内容、方法与意义

(一)学前教育学的研究内容

学前教育学的研究内容在不同版本的教材中有不同的体现,有人(夏巍、张利洪,2012年度)对"近二十余年我国学前教育学教材的内容分析"进行研究,发现在这些教材中,"儿童观、幼儿园与家庭和社区、幼儿体育、幼儿智育、幼儿德育、幼儿美育各(出现)4次(80%),学前教育与社会、游戏、教师及其培训各(出现)3次(60%),环境创设、学前教育研究方法、学前各年龄儿童的心理特征与教育要领、学前教育学的理论基础与流派、教育目的与学前教育目标任务、课程、教学各(出现)2次(40%),儿童社会性发展、学前教育机构中教师与幼儿的相互作用、学前儿童语言教育、认知教育课程、21世纪中国学前教育展望、现代社会与学前教育、学前教育与儿童发展、托儿所的保育与教育、幼儿园教育、幼儿园的活动、学前教育与心理教育、婴儿教育、幼儿园活动的基本原则各(出现)1次(20%)"。在杨晓萍、李静主编的《学前教育学》中,对我国改革开放后出版的五本具有代表性的学前教育学教材目录进行了比较,最后发现,这些教材共同关注的对象有学前儿童的体育、德育、智育、美育、游戏和家庭教育六个部分。

在当代,学前教育离不开幼儿园、家庭与社会,并关系到儿童一生的发展。学前教育学的一般、典型的研究内容应包括:学前教育的产生与发展、学前教育与社会发展的关系、学前教育与儿童发展的关系、学前儿童的全面发展教育、学前儿童家庭教育与社区教育、幼儿园教育、学前儿童与教师、学前教育的合作与衔接。

(二)学前教育学的研究方法

学前教育学研究方法是指在学前教育科学研究的过程中,采用科学的思维方式,遵循一定的研究程序,对教育问题进行研究的具体方法和手段。这些具体的方法包括观察法、调查法、实验法、个案研究法、行动研究法等。

1. 观察法

观察法是研究者凭借自己的感觉器官和其他辅助工具,有目的、有计划地考察学生或教育现象等研究对象的一种研究方法。

2. 调查法

调查法是教师围绕某一教育现象,采用问卷、谈话、座谈等多种形式搜集资料,并对所获得的资源进行定量、定性分析,指出存在的问题,提出教育建议的一种研究方法。

3. 实验法

实验法是教师根据研究的目的对某些条件加以控制,有计划地改变某种教育因素,从而考察该因素与随之产生的结果之间的因果关系的一种研究方法。

4. 个案研究法

个案研究法是教师利用观察法、调查法、作品分析法等方法对班级个别儿童进行全面系统的研究,以提示儿童发展的普遍规律的一种研究方法。

5. 行动研究法

行动研究法是指教师以学前教育情境中的实际问题为研究主题,与专家学者或其他相关人员协作,在这一情境中边研究边反思,以解决问题的一种研究方法。

(三)学前教育学的研究意义

学前教育学作为一门科学,既来源于学前教育实践又领先并服务于学前教育实践,是学习学前教育原理必须阐明的内容。总的来讲,学前教育学的研究意义可以归结为以下几点:

1. 有利于学前教育工作者了解学前教育的基本原理

学前教育是教育事业的基础组成部分,但又有着不同于其他教育事业的特点。学前教育学的学习和研究,能够帮助学前教育工作者正确了解学前教育的产生与发展历史、学前教育与社会发展和儿童发展的关系,理解幼儿园和幼儿园教育、幼儿园与家庭、社区的关系及幼小衔接等相关理论,明确幼儿教师的权利、义务等学前教育的基本问题。

2. 有利于学前教育工作者建立正确的儿童观、教师观、教育观

学前教育学的研究能够为学前教育工作者澄清观念,从而形成正确的儿童观、教师观、教育观。学前教育工作者将学前教育的基本理论应用到学前教育的实践工作当中,有利于帮助他们增强分析和解决具体问题的能力,提高从事学前教育工作者的实践能力和理论自觉性。

3. 有利于国家制定相关教育政策、措施

学前教育学的研究,可以为国家制定相关教育政策、措施和进行教育改革提供理论依据。学前教育的改革需要以先进的学前教育理论为先导,而先进的学前教育理论离不开对学前教育现象的研究。学前教育研究为学前教育实践总结新经验、新方法,分析、解决教育实践和教育改革当中出现的问题。因此,学前教育学的研究有助于国家深化教育教学改革,推动学前教育事业的发展。

小 结

学前教育的概念可以从广义和狭义两个角度来理解:

1. 从广义上来讲,凡是能够影响和促进学龄前儿童身心成长与发展的活动都属于学前教育。

2. 从狭义上来讲,学前教育是指有组织、有目的、有计划地对出生至6、7岁的儿童施加教育影响的活动。它的教育对象包括婴儿(出生后至3岁)和幼儿(3岁—6、7岁)。

学前教育学是一门兼具理论与应用性质的学科,既要在实践中研究学前教育现象、探究学前教育规律,又要在研究中服务于实践。学前教育理论是对学前教育学中一般、典型问题的研究。

学前教育学的发展经历了孕育、萌芽、初创和发展四个阶段。在15世纪以前,学前教育学尚未独立,相关思想主要散见于许多教育家、思想家(如柏拉图、亚里士多德等)的各种著作之中。16—18世纪初期,欧洲发生了文艺复兴运动,文学艺术、科学技术繁荣发展,学前教育理论也逐渐丰富,学前教育思想更加系统、完整。这一时期涌现的哲学家、教育家主要有夸美纽斯、洛克、卢梭、裴斯泰洛齐等。18世纪后期到20世纪前半期,西方资本主义工业化促进了教育科学的发展,学前教育学从普通教育学中分化出来,开始成为一门独立的学科,并初步发展起来。20世纪中叶以来,相邻学科的发展丰富了学前教育的理论基础,提高了学前教育学的理论化和科学化的水平,学前教育学进入了发展阶段。埃里克森、皮亚杰等心理学家的理论对于学前教育学的发展有着重要的推动作用,另外,我国学前教育学研究也在不断进步,并获得了长足的发展。

学前教育学的一般、典型的研究内容应包括:学前教育的产生与发展、学前教育与社会发展的关系、学前教育与儿童发展的关系、学前儿童的全面发展教育、学前儿童家庭教育与社区教育、幼儿园教育、学前儿童与教师、学前教育的合作与衔接。

学前教育学的研究方法主要有:观察法、调查法、实验法、个案研究法、行动研究法。

学前教育学的研究意义包括:

1. 有利于学前教育学习者认识学前教育的基本原理。
2. 有利于学前教育工作者建立正确的儿童观、教师观、教育观。
3. 有利于国家制定相关教育政策、措施。

思 考 题

一、单项选择题

1. 下列关于学前教育的说法正确的是(　　)。
   A. 学前教育是对3至6、7岁儿童进行的教育　　B. 学前教育就是幼儿教育
   C. 学前教育是对出生至6、7岁儿童进行的教育　　D. 学前教育就是婴儿教育
2. 柏拉图在他的著作(　　)中,第一次提出了学前社会教育的思想,标志着学前教育公共思想的诞生。
   A.《法律篇》　　B.《理想国》　　C.《政治论》　　D.《大教学论》
3. 推动学前教育学成为一门独立学科的教育家是(　　)。
   A. 蒙台梭利　　B. 杜威　　C. 福禄贝尔　　D. 卢梭
4. 在其著作《爱弥儿》中说"一切出于自然的创造皆好,一经人手却变坏了",并提出教育应遵循儿童的自然的教育家是(　　)。
   A. 卢梭　　B. 裴斯泰洛齐　　C. 洛克　　D. 杜威

二、名词解释

学前教育　学前教育学

三、简答题

1. 学前教育学的研究内容有哪些?
2. 学前教育学的研究方法有哪些?

四、论述题

论述学前教育学的发展历程。

参考答案：

一、单项选择题

1. C   2. B   3. C   4. A

第一章 学前教育的产生与发展

学习目标

1. 应了解、知道的内容
   ◆ 学前教育产生和发展的历程。
   ◆ 学前教育史上重要的教育家、教育著作和教育机构。
   ◆ 我国学前教育未来发展的规划。
2. 应理解、清楚的内容
   ◆ 社会历史的发展对学前教育发展影响。
   ◆ 不同历史时期学前教育的形式和特点。
3. 应掌握、会用的内容
   ◆ 教育的起源理论。
   ◆ 柏拉图、亚里士多德、昆体良的教育思想。
   ◆ 性恶论、预成论。
   ◆ 近、现代学前教育思想。
4. 应熟练掌握的内容
   ◆ 颜之推、卢梭、福禄贝尔、蒙台梭利、陈鹤琴的学前教育思想。

建议学时

12 学时

教师导学

学前教育与一般教育一样,是一种社会现象,是随着人类社会的产生而产生、发展而发展的。本章从学前教育制度的发展和思想的发展两个角度透视了学前教育的产生和发展历史。教育起源于人类的生产劳动和社会生活。原始社会学校尚未产生,教育与生产劳动和社会生活融合在一起,对儿童实施公育。进入奴隶社会以后,学校教育产生,原始儿童公育消失,学前教育由家庭承担,随着学前家庭教育实践的丰富,学前教育思想萌芽和发展。近代社会,资产阶级的大工业生产发展,学前社会机构教育产生并发展到世界各地,学前教育思想也随着教育理论发展而面貌一新。现代社会存在资本主义和社会主义的两种学前教育,随着工业化社会向知识化社会转变,早期教育受到高度的重视,学前机构教育逐渐走向普及,学前教育理论不断丰富。

我国的学前教育是在清末从国外引入的,经历了曲折的发展过程。当代中国的学前教育属于现代学前教育的一部分,在建设中国特色社会主义过程中,有中国特色的学前教育也在探索和形成中。

第一节 古代的学前教育

一、教育的起源

教育的起源问题,是关于教育在什么时候产生和如何产生的问题,实质上是教育产生、发展的动力问题。在教育史上,关于教育起源,研究者由于认识上的较大分歧,产生了各种不同的教育起源的学说。

(一)生物起源说

这一学说认为教育不是人类特有的社会现象,而是一种生物现象,在人和某些高等动物中存在。代表人物是法国的社会学家利托尔洛(C.Letourueau,1831—1902年)和英国教育家沛西·能(Thomas Perey Nunn,1870—1944年)。生物起源说是近代教育史上第一个正式提出的关于教育起源的学说。该学说看到了动物学习与人类教育的相似性,从人类本能的角度对教育做出了生物学解释。但是该学说把动物的学习等同于教育,把人类有目的、有意识的教育行为与动物的本能行为混为一谈,把教育过程看作按照生物学规律完成的本能过程,否定了教育的社会性,是不科学的观点。

(二)心理起源说

这一学说的代表人物是美国教育史学家和心理学家孟禄(P.Monroe,1869—1947年)。孟禄批评"生物起源说"没有从人的心理方面揭示教育的产生,没有区分人的心理和动物心理的本能特征。他提出教育起源于儿童对成人的一种无意识的模仿。在他看来,不管人们意识到与否,儿童总是要模仿成年人的行为,这种模仿心理就是教育的基础。

心理起源说虽然将教育看作人类的活动,但是儿童的"无意识模仿"也不是来自文化、社会的,是来自先天本能。将教育这种有目的、有意识的活动混同于无意识的模仿,同样导致了教育的生物学化,否认了教育的社会性,因而也是不科学的。

(三)劳动起源说

恩格斯在《劳动在从猿到人的转变过程中的作用》提出了"劳动创造人本身"的论断,以此论断为基础,马克思主义的教育学者提出劳动起源说,该学说认为教育起源于人类的生产劳动,教育是人类所特有的社会现象。

这是因为一方面,劳动为教育的产生提出了客观需要。人类的劳动是一个复杂的过程,需要劳动者具有一定的知识经验为基础,才能了解劳动的目的、掌握劳动工具的运用、认识劳动对象等。同时这种劳动也是一个社会活动过程,需要相互合作,存在协作和利益分配等一系列的规范。为了使人类生存和发展,必须要有教育传递将人类在生产劳动中积累的经验和技术传递给年轻一代。

另一方面,劳动也为教育产生提供了现实条件。劳动创造了人。正是由于有了劳动,猿的肌体才进化为人的身体,猿脑才进化为人脑,使人有了意识产生的生理基础;在劳动中,人类产生了语言,使人的意识最终形成,有了积累和传递经验的可能;在劳动中,人类积累了劳动经验,构成了教育的内容。因此,作为有目的、有意识的传递经验的教育活动,便有了可能。

以上两方面表明,在人类的劳动中产生了教育的客观需要,同时也创造了教育的可能性条件。因此说,教育起源于劳动,并随生产劳动的发展而发展。

教育的劳动起源说是马克思主义教育的科学起源说,当然其也有不完善的地方。从人类社会的生活的起源考察,原始人类不仅有生产劳动,也有社会生活。教育是人类社会一切社会实践活动的需要,同时也是人类自身生产的需要。人类不仅有物质的需要,也有精神的需要。因此我国的教育史学家认为:教育是人类特有的活动,它起源于人类适应社会生活的需要和人类自身身心发展的需要,是人类社会生存和发展的必要条件。

二、古代学前教育的发展

(一) 原始社会的儿童公育

原始社会是人类的第一个社会形态,经历了相当长的历史时期。考古和人类学研究表明,距今约400万年人类就进入到了原始社会,这是一个没有阶级,没有压迫,共同劳动,共同享受劳动成果的社会。原始社会的教育是教育发展的第一个时期,是处于原始状态的教育。但是它不是一个静止状态,经历了从人类最初的教育萌芽,到原始社会末期相对独立的、内容较为丰富的教育。综观原始社会的儿童教育,具有以下的特点:

1. 儿童教育采取了公养、公育方式,教育无阶级性,教育权利平等

原始社会没有现代意义的小家庭,教育是在由血缘纽带建立的大家庭中进行的,实行公养公育。原始社会没有阶级的划分,生产资料公有。教育的目的是为了整个氏族的生存和繁衍,因此儿童教育具有民主平等的性质,没有阶级的差别,人人都有平等的受教育权利。

2. 教育与生产劳动和社会生活融合在一起

原始社会的儿童教育,没有完全从生产劳动和社会生活中分离出来,教育活动融合在生产劳动和社会生活之中,具体表现为没有专门的教育场所和专职的教育人员,学校教育尚未出现,因此这一时期,没有学前教育和学校教育的区分,统称为儿童教育。

3. 以生产劳动为主要的教育内容,教育内容原始简单但又多方面

原始社会的儿童教育内容总体来看十分原始和简单,但随着生产劳动和社会生活的变化而逐渐扩大和增多,主要包括:生产劳动教育、社会知识和道德规范的教育、军事体育训练、宗教和艺术教育等方面。

4. 教育手段和方法原始、简单

原始社会的儿童教育的手段和方法非常简单,主要是通过年长者进行示范和讲解,儿童观察和模仿来进行,针对年幼的儿童也开展一些游戏,在原始社会的后期,氏族部落也探索一些有效的方法,如对儿童进行奖励、赞誉、批评等作为激励,以引发儿童积极向上和克服不良行为。

5. 老人和妇女是儿童教育的主要承担者

原始社会没有专门的教育机构和专职教师。由于婚姻对象的不固定,孩子知母不知父,以及社会劳动的分工,妇女和老人成为了儿童教育的主要承担者。

到原始社会的末期,随着生产力提高,剩余产品的出现,氏族社会逐渐解体。私有制开始萌芽,出现了少数特权人物,他们在占有物质财富的同时也占有精神财富,从而改变了人人享有教育权利的局面,专门从事脑力活动的人逐步增多,教育与生产、生活密切结合的方式开始发生改变,新的社会、儿童教育制度也随之产生。

(二)奴隶社会的学前家庭教育

公元前 3000 年左右,埃及、印度、巴比伦、中国等东方国家,相继进入到人类的第一个阶级社会——奴隶社会。从此人类社会开始摆脱蒙昧的原始状态,进入到文明的社会。

进入到奴隶社会,随着脑体的分离、文化的积累和语言文字丰富,教育发展到新的阶段——学校教育产生,学前教育与学校教育有了区分。随着一夫一妻和一夫多妻制度的推行,以父权为中心的真正意义的家庭产生了,原始社会的儿童公育制度已经消失,代之以家庭为单位承担学前儿童的教育。作为人类的第一个阶级社会,奴隶社会分为奴隶主贵族、平民和奴隶三个阶级。奴隶主贵族作为社会的统治阶级,占有大量的土地和奴隶,通过驱使奴隶进行劳动。教育具有阶级差异及男女的差别,学前教育也具有阶级性和男女的差别。作为统治阶级的奴隶主贵族为了维持其特权的地位,高度重视对子女的教育培养,他们不仅垄断了子女受学校教育的权利,而且开展有目的、有计划的学前教育。

从学前教育的实施对象来看,奴隶社会不仅针对婴幼儿开展学前教育,而且有了胎教实践。中国是最早实施胎教的国家,根据史书的记载,在距今 3 000 多年的西周时期,一些王室妇女在怀孕过程中就实施了胎教。刘向的《列女传·周室三母》记载:周文王的母亲太任"及其有娠,目不视恶色,耳不听淫声,口不出敖言,能以胎教"。意思是说太任怀文王的时候,眼睛不看丑恶的东西,不听邪恶的声音,不说傲慢不逊的语言,能自觉地实行胎教。

从学前教育实施方式来看,奴隶社会的学前教育主要是在家庭中进行的,奴隶主贵族亲自或聘请家庭教师对子女进行教育。宫廷学前教育是奴隶社会学前家庭教育的一种特殊形式。早在公元前 2500 年左右古代埃及的统治者就建立了宫廷学校,邀请有经验的僧侣、官吏、文人和学者任教,有时国王(法老)还亲自传授知识。而我国西周时期也建立了教养王太子的保傅制度,在朝廷内设专门师、保、傅官员对王太子进行教育。

从学前教育的内容来看,这一时期的学前教育主要包括身体保育、道德习俗教育、宗教教育和初步的文化艺术教育等。古希腊的人非常重视幼儿的体质,采用"优选法"对新生儿进行筛选。斯巴达儿童出生后要经过两次严格的检验,首先是父母要用烈酒替婴儿洗澡,婴儿如果发生抽搐等经受不了检验的情况,就让他/她死去。婴儿接着要被送到国家官员——长老那里接受检查,身体羸弱或畸形的孩子不准被养育,他们只能被冻饿至死,然后被抛进深渊。雅典儿童出生后同样受到严格检查,只有强壮和被父亲认可的儿童可以留下来,不健壮的或残疾的则被弃置野外任其死去,或交给奴隶抚养,被视为奴隶的后代。古印度的奴隶主贵族非常重视宗教的教育,高种姓的婆罗门家庭,父亲会用口耳相传的方式,用大量时间教导孩子学习《吠陀》经;而我国在西周时期建立了等级森严的礼治社会,非常重视对奴隶主贵族儿童的礼的教育。

(三)封建社会的学前家庭教育

封建社会是继奴隶社会以后又一个阶级社会。社会分成了地主和农民两大对立的阶级。在自给自足的小农和小作坊经济下,社会生产主要以家庭为单位进行,妇女尚未走出家庭参加社会劳动。因此这一时期的学前社会教育尚未出现,学前教育仍是以家庭教育方式存在的,学前教育具有阶级的差异和男女的差别。

我国是世界上封建社会进入较早、持续时间最长的一个国家。在我国封建社会,诞生于春秋时期的以孔子为代表的儒家思想得到广泛的传播,成为历代统治者的统治思想。儒家思想重视教育,通过教育来教化民众和培养统治人民的官吏,为此国家建立了庞大的学校教育体系。家庭教育被看作齐家治国的基础,在士大夫阶层家庭受到重视和施行,并进一步影响到一般民众家庭,这样就打破了过去奴隶主贵族垄断学前教育的局面,学前教育下移,成为普通封建家庭教育的重要组成部分。例如胎教在西周奴隶社会只在帝王之家实行,他们把胎教之道作为维护王室昌盛的法宝而"书之玉版,藏之金柜,置之宗庙"。对下层百姓"秘而不宣"。但是到了春秋战国时期,随着教育的下移,胎教走出了宫廷。到隋唐以后,随着与胎教相关的儿科医学和妇科医学的发展,胎教在民间得到广泛的实施。

随着学前教育广泛实施,我国的封建学前教育内容也在不断丰富,主要包括身体保健教育、生活常规教育、思想道德教育和文化知识的教育等方面,难度和广度均有较大增加。此时出现了许多为幼儿编写的教材,其中《三字经》《百家姓》《千字文》是我国封建社会广为流行的三部识字教材。

欧洲的封建社会进入较晚,持续时间较短。时间大约为公元5世纪到14世纪上半叶,也称中世纪。盛行基督教的中世纪是非常黑暗的。"中世纪是从粗野的原始状态发展而来的。它把古代文明、古代哲学、政治和法律一扫而光,以便一切从头做起。它从没落的古代世界承受下来的唯一事物就是基督教和一些残破不全而失掉文明的城市。其结果正如一切原始发展阶段中的情形一样,僧侣们获得了知识教育的垄断地位,因而教育本身也渗透了神学的性质"。这是恩格斯对欧洲中世纪历史的精辟分析,正是中世纪欧洲的社会政治、经济和社会生活的特点,决定了欧洲的这一时期的教育带有浓厚的宗教性和明显的等级性,其教育目的在于培养教会的僧侣、封建官吏和骑士,学前教育也为之服务。

欧洲中世纪的学前教育包括基督教会的学前教育和世俗封建主的学前教育两种类型。基督教的学前教育主要通过基督徒对子女进行宗教意识的熏陶和幼儿跟随家长参加众多的圣事礼仪和节日活动来实施。孩子一出生就要参加由神父主持的"洗礼"或"浸礼",此后幼儿要随家长到教堂或在家里欢度各种宗教节日,如圣诞节、复活节、万圣节等,参加教会组织的圣事活动,如主日祈祷、读经、唱诗等。这些教育把儿童从小培养成为笃信上帝、服从教会的"圣童",从而为培养真正的基督徒奠定坚实的基础。

而世俗封建主的学前教育则按照等级分为宫廷学校的学前教育和骑士的学前教育。宫廷学校的学前教育是为王室儿童开设的学校,教导从幼儿到青年的王室子弟。骑士是欧洲封建贵族中最低的一类贵族。按照封建统治者武力镇压民众、扩张和保护封建庄园的需要,骑士教育在欧洲非常流行。骑士教育是集封建思想意识的熏陶和军事体育训练于一体的教育,其养成要经过三个阶段,出生到7岁是第一个阶段,在家庭中进行,父母是教师,其主要的任务是熏陶宗教意识,培养道德品质和身体养护。父母对儿童从小灌输宗教和忠君爱国的意识,并培养儿童讲求礼仪的品质。在身体方面,安排合理的饮食和适宜的锻炼,要求其严格遵守作息制度和养成良好的生活习惯,为培养未来骑士强健的体魄打下基础。

三、古代的学前教育思想

随着古代学前教育实践的发展,关于学前儿童及教育思想也逐渐萌生和发展起来,但是总的来看,古代的学前教育思想还很零散、不系统,主要包含在一些政治、哲学等著作当中。

(一)古代中国的学前教育思想

《礼记》是我国记载奴隶社会生活的重要政治著作,其中记载了按照儿童年龄发展而进行的学前教育计划:"子能食食,教以右手。能言,男唯女俞,男鞶革,女鞶丝。六年,教之数与方名。七年,男女不同席、不共食。八年,出入门户,及即席饮食。必后长者,始教之让。九年,教之数日。十年,出就外傅,居宿于外……女子十年不出,姆教婉娩听从。"意思是婴儿在自己能够吃东西的时候,要教他用右手进食;开始学说话的时候,先要教会他这样应答大人的招呼,男孩子应声要直,女孩子应声要婉。男孩要佩带皮革制的衣带,女孩要佩带丝制衣带。孩子六岁,教他数数,并教他认识东西南北中的方位。七岁,男孩和女孩便不能坐在一张席子上,也不共用一份食具。八岁,开始进行礼让训练。出入门户和吃东西时,都要让年龄长者先于己。九岁,要教儿童计算日期。十岁,男孩子外出上学,也不可以再住在内室了;女孩则不再出闺门,由保姆或母亲教育女德、女工。

颜之推是我国南北朝时期著名的家庭教育思想家,他撰写了《颜氏家训》这部我国历史上最早、最完整的家庭教育著作,对于学前家庭教育进行了比较全面系统的阐述。颜之推认为家庭教育十分重要,幼年时期家庭教育的好坏,关系到一个人甚至一个家庭的成败兴衰;在实施学前家庭教育的时候应注意:家庭教育要及早进行,最好是实行胎教,如果没有条件实行胎教,也要在婴儿的时候就加以严格教诲,这样才能取得良好的早期教育的效果;在教育孩子的过程中,父母要将对孩子的爱与严格的教育结合起来,严慈兼施。父母要慈爱子女,但是不能因此放纵孩子的不良行为,否则就会助长他们骄慢的习气,导致教育的失败。在严格的教育当中,体罚是有最有效的手段;在家庭教育中,父母对孩子要均爱,切忌偏宠,否则不仅不会给偏宠的孩子带来好处,反而会给他们和整个家庭带来灾祸;在教育子女的过程中,要注意环境对孩子的潜移默化的影响,要为孩子慎重选择老师和朋友,并以身为范,给孩子以良好的影响;学前家庭教育内容应以道德教育为核心,并积极开展正确的语言教育。

(二)古代西方的学前教育思想

古希腊是西方文明的发源地,哲学家和教育家柏拉图(Plato,前427—前347年)是西方学前教育思想的重要奠基人。反映其学前教育思想的代表作是《理想国》和《法律篇》。在《理想国》中,柏拉图第一次提出了学前公共教育的思想。柏拉图认为上帝分别用金子、银子和铜铁造出了哲学家、军人、劳动者。理想社会是由哲学王进行统治,教育是实现理想国的重要手段和工具。他强调教育是国家的职责,构想了一个从优生到成人的理想教育体系。柏拉图重视优生,他认为为了培养优秀后代,执政者应选择最优秀的人加以繁殖,国家只允许健壮的男女结婚。胎儿出生后由政府官员进行检验审查,只允许养育健壮的新生儿,不良孱弱的婴儿则要抛弃。从学前期起,由国家对儿童进行公共教育。儿童出生即交给国家特设的育儿院养育,由经过挑选的女仆照顾。3岁到6岁的儿童应送到附设于神庙的国家儿童场,在国家委派的优秀女公民监督下实行和谐发展的教育,具体的教育内容包括讲故事、寓言、诗歌、音乐、美术和体育锻炼等。柏拉图还十分重视游戏在学前儿童教育中的地位,认为3—6岁儿童本性是最喜欢做游戏的,游戏不仅是玩耍和娱乐,而且是一种道德教育的过程,应该选派有经验的人去组织和管理。游戏活动尽量做到符合儿童的年龄特点,简单易行,同时要有一定的规则和秩序,防止出现违反纪律的现象,通过游戏来培养儿童勇敢、聪慧、严肃和守法的性格。

亚里士多德(Aristotle,前384—前322年)是柏拉图的学生,也是古希腊著名的哲学家和教育家,他在其哲学著作《政治学》和《伦理学》当中阐述了他的学前教育思想。亚里士多德认为教育的目的不仅是为国家培养人才,而且应使年轻一代得到和谐发展,为将来美好的生活做准备。教育应与人的自然发展相适应,根据儿童的年龄发展,他把年轻一代的教育划分成三个阶段。0—7岁为第一阶段;7—14岁为第二阶段;14—21岁为第三阶段。第一阶段为学前时期,又可以分为出生前的胎教,出生到5岁的婴幼儿教育和5—7岁的儿童教育三个小阶段。亚里士多德重视胎教,认为孕妇怀孕的时候要注意自己的身体,进行适当运动,注意营养,并到神庙中礼拜生育之神,保持安静的情绪。出生到5岁的婴幼儿教育应顺其自然,以孩子的身体发育为主。亚里士多德要求人们给他们良好的营养和适当的锻炼。他强调婴儿的食物以含乳成分多的为好,酒精含量越少越好。婴幼儿的体育活动也很必要,成人可以协助他们做一些适合于他们的运动,但要注意保护他们脆弱的肢体,要使儿童习惯寒冷。在这一阶段,亚里士多德反对儿童进行课业学习或劳作,主张通过游戏和故事等方式开展学习,但故事的内容应由负责教育工作的官员进行精心选择。5—7岁儿童的教育应以养成儿童良好的习惯为主要任务。这个时期儿童特别容易受到环境的熏染,教育中应注意儿童日常生活的管理,要特别防止那些不良的环境影响。为此,要在社会中杜绝一切秽亵的语言、图画和戏剧表演。

昆体良(Quintilianus,约35—约95年)是古罗马著名的雄辩家和教育家,代表作为《雄辩术原理》。昆体良从培养和造就雄辩家出发,提出了他的学前教育思想。他认为雄辩家的教育应该从婴儿出生开始。游戏是儿童的天性,教师要利用游戏开展教育。昆体良反对体罚,体罚会给儿童的身体和心灵造成创伤,对儿童施行体罚是百害而无一利的。父母要成为孩子的榜样,对孩子不要娇惯,要为儿童慎重选择看护者和教师。

古希腊和古罗马的学前教育思想在欧洲进入到中世纪以后没有得到继承和发展。中世纪的欧洲受基督教的影响,学前教育思想的发展比较缓慢和落后,一些不正确的的儿童教育观流行,给学前儿童教育带来不良影响。性恶论是中世纪基督教宣传的儿童观。基督教神学理论家奥古斯丁(A.Augustinus,354—430年)极力宣传《圣经》中的"创世说"和"赎罪论",鼓吹儿童是带着"原罪"来到人世,故生来性恶。新生婴儿生下来就怀有嫉妒、贪婪之心,因此必须经历苦难生活的磨难,不断赎罪,才能净化灵魂,得到未来天堂的幸福。为此,人们应当听从教会的训诫,常年敬畏上帝,实行禁欲。从幼年起,儿童就要抑制嬉笑欢闹、游戏娱乐的欲望,并采取严厉的措施来制止这类表现。儿童从小就要盲从、盲信圣经,成人对其讲解教师的权威,不允许其有任何自主性及独立意识的流露,同时,教会还宣传通过摧残肉体以使灵魂得救的思想,因而体罚盛行。整个儿童教育以宗教教育为中心,对古希腊的文化采取敌视的态度,教育中取消体育。

预成论是中世纪欧洲流行的另一种不正确的儿童观。预成论认为:当妇女受孕时,一个极小的、完全成形的人就被植于精子或卵子中,人在创造的一瞬间就形成了。新生婴儿是作为一个已经制造好的小型成年人降生到世界上来的,儿童与成人的区别仅是身体大小及知识多少的不同而已。故在社会上,儿童被看作小大人,一旦他们能够行走和说话,就可以加入成人社会,玩同样的游戏,穿同样的服饰,要求有与成年人同样的行为举止。总之,按照预成论的观点,儿童与成人不应有重要区别,从幼儿开始,儿童的身体和个性已经成人化。受预成论影响,人们无论是社会教育还是家庭教育,都忽视儿童身心特点,忽视儿童的爱好及需要,要求儿童整齐划一,教育方法简单粗暴。

总的来看,无论是我国还是欧洲,古代的学前教育思想很大程度上仍停留在哲学思辨和经验总结的基础上,受历史局限,一些不正确的学前思想广泛传播,给学前儿童教育实践带来不良的影响。而这一状况,直到近代社会,随着教育学的发展,才得以改观。

第二节 近代的学前教育

以英国资产阶级革命胜利为标志,世界进入到近代社会。随着资本主义制度的建立和大工业生产的发展,世界各国的教育发生了巨大变化,资本主义的教育制度代替了封建教育制度,学校教育走向普及。学前教育也发生了巨大的变化,学前社会教育机构产生,并逐渐发展到世界各地,学前教育由家庭走向社会。

一、近代西方学前教育机构的产生和发展

(一)近代学前教育机构的产生

18世纪60年代,英国率先开始了以蒸汽机的诞生为标志的第一次工业革命,机器的生产代替了手工的劳动,极大地推动了社会生产力的发展,同时也改变了社会生产的方式。工业革命所带来的社会性大生产,改变了传统的小农、小作坊经济,妇女走出家庭参加社会生产,她们年幼的孩子无人照顾,生活状况十分悲惨。孩子们通常被置于门窗紧闭、黑暗肮脏的屋子里无人照管,任凭他们哭喊、抽泣和遭受饥饿。在这种条件下,婴幼儿的死亡率极高。恩格斯在《英国工人阶级状况》中用具体的数据揭露了这种悲惨的处境:"在9个月里有69个孩子被烧死、烫死,56个淹死,23个摔死,77个因其他不幸事件致死。就是说,在9个月里,一共发生了225起不幸事件。""像曼彻斯特这个地方……工人的孩子有57%以上不到5岁就死掉。"因此,社会产生了建立学前教育机构来照顾和教育这些孩子的需要。

世界上最早的学前教育机构是欧文创立的幼儿学校。欧文(Robert Owen,1771—1858年)是19世纪英国空想社会主义者和教育改革家,他于1816年在英国新拉纳克创办幼儿学校,招收新拉纳克纺织厂女工的1—6岁的幼儿,开展智育、道德教育、音乐、舞蹈和军事训练等教育,这所幼儿学校被公认为世界上第一所学前教育机构。

【知识拓展1-1】 欧文的幼儿学校

1816年,欧文(图1-1)在新拉纳克创办了幼儿学校。欧文把人的性格看作环境的产物,他认为懒惰、肮脏、嗜酒、愚蠢和不道德等这些工人的不合理的性格都是罪恶的环境造成的。因此他对自己的新拉纳克纺织厂进行改造,为2—5岁儿童设立游戏场,为5—10岁儿童提供免费入学条件,为10岁以上的童工、青工设立业余学习班,为成年人举办实用知识讲座。1816年,欧文将以上各种教育形式加以合并,建立统一教育机构,命名为"新拉纳克性格陶冶馆",也称"性格形成学院",幼儿学校是其中的一个部门,招收1—6岁的幼儿,开展智育、道德教育、音乐、舞蹈和军事训练等教育。在教育方法方面,他主张教师以人道的态度对待孩子,反对责骂和惩罚儿童,倡导游戏和实物教学。欧文的幼儿学校在世界学前教育史上占有重要的地位,被公认为是世界上第一所学前教育机构,为近代学前教育

图1-1 欧文

的发展开了先河。后来,幼儿学校这种学前教育形式被传播到英国和欧洲各地,成为劳动人民儿童开展学前教育的重要机构形式。

福禄贝尔(Friedrich Wilhelm Frobel,1782—1852年)是德国幼儿教育家,1837年他在勃兰根堡建立了收托3—7岁儿童的教育机构,并于1840年将其命名为"幼儿园",这是世界上最早的幼儿园,福禄贝尔也被称为"幼儿园之父"。虽然幼儿园不久就被德国政府以宣传无神论的罪名而禁止,但是他所创办的幼儿园这一学前教育形式却迅速得到推广,成为世界学前教育的主要形式。

(二)近代学前教育机构的发展

欧文的幼儿学校和福禄贝尔的幼儿园,首先在欧洲各国开始得到推广,而后发展到世界各国。

在英国,欧文的幼儿学校在维尔德斯平的大力倡导下,推广到英国各地。而福禄贝尔的幼儿园也在19世纪50年代传播到英国,并受到中上阶层的欢迎。福禄贝尔的幼儿园引入英国以后,英国形成了双轨学前教育制度。一轨是为劳动人民子女为对象的幼儿学校,一轨是为中上阶层子女为对象的幼儿园。

在法国,1828年法国巴黎第12区区长柯夏在对英国幼儿学校进行了考察和研究后,创立了"模范托儿所",法国政府也在随后开始对托儿所进行管理和资助。1855年福禄贝尔的幼儿园被引入法国并迅速发展。1881年,法国将托儿所改称为"母育学校",实行免费教育。"母育学校"成为法国学前教育机构的基本形式。

在德国,19世纪30年代引入英国的幼儿学校,福禄贝尔的幼儿园产生以后,一度遭到禁止,1860年以后,随着禁令的废除,幼儿园迅速发展,成为德国学前教育的主要形式。

在欧洲,俄罗斯的近代资本主义发展比较晚,经济、教育相对落后。1860年彼得堡出现第一所幼儿园,此后学前教育机构发展缓慢,但是幼儿园教育中注重民族性却是其突出的特色。

美国作为英国曾经的殖民地,其近代教育受英国影响比较大。1824年,欧文在美国印第安纳州建立了幼儿学校,随后幼儿学校风靡美国。1855年,德国移民玛格丽特·舒尔兹开设了第一所幼儿园,采用德语教学。1860年,美国妇女伊利莎白·皮博迪开办了第一所英语幼儿园。此后,幼儿园在美国逐步得到推广。

日本是亚洲第一个走向资本主义的国家。1868年"明治维新"以后,日本仿效德国建立资本主义教育制度,并将幼儿园引入到日本。1876年,日本第一个学前教育机构——东京女子师范学校附属幼儿园开办。幼儿园在日本最初主要为上层显贵子女服务,后随着资本主义经济的发展,妇女就业率的提高,幼儿园被推广到贫民当中。

1840年西方列强用武力打开我国的国门以后,我国也进入到近代社会。我国的近代幼儿园教育的引入,主要有两个渠道。一是欧美教会,通过对我国的文化教育入侵,在我国建立包括幼儿园在内的教会学校。另外一个是清政府在近代教育改革的过程中,从日本引入近代学制,建立了蒙养院。前者大约是在19世纪80年代起,外国教会就在我国沿海开办具有近代性质的幼儿教育机构,以后数量不断增加。根据美国传教士林乐知所著《五大洲女俗通考》记载,在1903年,教会在中国设立的幼教机构"有察物堂六所,学生一百九十四人(男女各半)"。所谓察物堂就是幼儿园。不过这一时期,幼儿园的发展还处于自发状态,并未纳入教会教育的整体规划中。

后者的出现是在清朝末年,随着资本主义列强的殖民统治的加深,清政府为了挽救摇摇欲坠的封建王朝的统治,于1901年开始"新政"改革。1903年,清政府颁布并实施了我国第一个近代学制"癸卯学制",仿效日本建立近代学校教育制度。由于日本的教育体制中有幼儿园教育,而在中国,这却是一个尚未被接受的教育观念,再加上女禁未开,此时中国的女子还没有受学校教育的权利,因此采取了一个折中的方法,规定学前教育阶段的机构为蒙养院,用于辅助家庭教育。1903年中国人自办的第一所公立学前教育机构——湖北幼稚园诞生,它是由湖北巡抚端方在武昌建立的,癸卯学制实施以后,改称武昌蒙养院。在此之后,在中国中东部的大城市,新教育推行比较好的地方,陆续建立了一些蒙养院,但一般规模不大,教育受日本影响较深。

二、近代学前教育思想的发展

近代资本主义的发展促进了教育的发展。教育学逐步从哲学、伦理学等学科中分化出来,形成了独立的学科。在此过程中,涌现了一批资产阶级的教育家,他们提出了许多新的儿童教育思想,对近代学前教育思想的发展产生了深远的影响。

(一) 夸美纽斯的学前教育思想

夸美纽斯(J.A.Comenius,1592—1670年),17世纪捷克的资产阶级民主主义教育家,近代教育的奠基人物,他写于1623年的《大教学论》是教育学独立的标志。其主要著作有《大教学论》《母育学校》等。

夸美纽斯反对中世纪欧洲的原罪说,认为儿童是上帝的种子,是比金银珠宝还要珍贵的"无价之宝",他们生而具有和谐发展的根基,教育要适应自然。在《大教学论》中,夸美纽斯根据教育要适应自然的原则,将人从出生到24岁的教育分成四个时期。第一时期是0—6岁的婴儿期,婴幼儿在母育学校受教育;第二个时期是6—12岁的儿童期,儿童在国语学校接受初等教育;第三个时期是12—18岁的少年期,少年在拉丁语学校接受中等教育;第四个时期是18—24岁的青年期,青年接受大学教育。

对于0—6岁儿童教育的实施,夸美纽斯编写了专门的学前教育手册《母育学校》,这是世界教育史第一本学前教育专著。在《母育学校》中,夸美纽斯认为,学前教育应该在家庭中进行,家庭就是母育学校,母育学校是学制的第一阶段,也是必不可少的阶段,它为儿童奠定体力、道德、智力的基础。在母育学校的教育中,儿童的健康教育、智育和德育是母育学校的重要内容。在健康教育思想方面,夸美纽斯认为提醒父母们首先应注意的最重要的事情是保持其子女健康;在智育方面,基于泛智主义的主张,他认为可以"把一切事物教给一切人类"。为此他为母育学校拟订了百科全书式的启蒙教育大纲,包括自然、光学、天文学、地理学、年代学、历史学、家务、政治学、辩证法、算术、几何、音乐、语言等各方面的教育内容。在德育方面,夸美纽斯从改良社会道德的要求出发,他十分重视儿童从小打下良好德行的基础,为了使幼儿道德教育受到良好效果,他坚决反对父母和成人溺爱和放纵孩子,容忍他们在毫无纪律的约束下为所欲为。在母育学校的教育方法方面,夸美纽斯主张通过感官、游戏、故事、劳动、榜样等开展教育,并论述了集体教育在幼儿教育中的重要性。此外,在《母育学校》中,夸美纽斯还讨论了如何发展儿童语言和开展入学准备的工作等。

夸美纽斯在《大教学论》中所提出的教育适应自然的原则和统一学制的划分对近现代教育产生了深远的影响,而其在《母育学校》中对学前家庭教育的论述,为近代学前教育思想的发展奠定了基础。

（二）洛克的学前教育思想

约翰·洛克（John Locke,1632—1704年）是英国17世纪著名的哲学家、政治家和教育家。洛克深入细致地观察、了解他所处的那个英国绅士的世界，从而形成了自己的绅士教育理论。洛克的绅士教育思想集中表现在《教育漫话》这本书里，这是继夸美纽斯《大教学论》之后的又一本教育经典著作。在这本书中，洛克详细阐明了自己的教育观点，提出了他的包括学前教育在内的绅士教育的思想体系。

洛克绅士教育的理论基础是"白板说"。洛克认为人的观念并不是与生俱来的，观念出现前，人心只是一块"白板"，是没有任何特征的一张白纸。他反对先天观念的存在，认为全部观念都来自于后天的"经验"。由此他认为，既然观念不是先天的，那么儿童就在本质上有别于成人。儿童观念的形成和完善的过程就是受教育的过程。因此洛克认为，教育在形成人的过程中起着非常重要的作用。

洛克提出教育的目的就是培养绅士。对洛克来说，教育是"绅士的行业"，只有上等阶级才可能"轻松而闲暇"地学习科学和其他知识。只有从上等阶级中才可能培养出人民的领袖和政治、道德的管理者，让他们受到适当的教育之后，就可以迅速使社会其他阶级有条理起来。洛克提出，培养的绅士应当是有德行、有智慧、懂礼节、有学问的人。绅士教育要从儿童幼年时就开始。

而绅士教育的形式，洛克主张采取家庭教育的形式，而不赞成学校教育。他认为，绅士教育最适于在家庭中进行，主张聘请家庭教师。他认为学校环境是不利于绅士教育的。在教育内容上，洛克把教育分为德、智、体三个部分，并分别具体地讨论了三育的实施。

在体育方面，洛克是在西方教育史上第一个提出并详细论述儿童体育问题的教育家。洛克特别强调通过体育锻炼来培养绅士的意志，尤其是"忍耐劳苦"的精神。他反对父母溺爱孩子，主张儿童的生活应该有规律，用餐、睡眠、休息、学习、游戏、体育锻炼甚至大便都要定时，加强身体锻炼，通过各种体育活动来锻炼儿童的身体，增强儿童的体质。

德育是洛克的绅士教育理论体系中最重要的内容。洛克提出，道德教育的主要内容就是培养儿童坚强的意志和性格，以及养成遵守道德纪律的习惯。在道德教育的实施方面，洛克提出了要及早教育，通过说理、奖励、榜样示范、练习等开展儿童的道德教育，主张尽量避免对孩子的惩罚，特别是鞭挞用得越少越好。

在智育方面，洛克认为，智育没有德育重要，智育是为培养好的德行服务的。智育的主要任务是教授给儿童各种文化知识和技艺，并促使其智力得到发展，成为有文化修养的绅士。在智育实施中，洛克主张在教学中要注意培养儿童形成爱好知识和尊重知识的精神，要注意鼓励和引导儿童的好奇心，采用实物教学的方法，把学习和娱乐结合起来。对幼儿施教时，可以采用游戏的方法。

洛克是继夸美纽斯之后西方教育史上又一重要思想家，他的"白板说"和绅士教育理论在西方教育理论发展史中占有重要的地位，他对于学前家庭教育的系统论述中有许多精辟的见解。不过受历史的局限，他的教育思想是代表资产阶级利益的，从教育目的到教育内容，都具有明显的资产阶级功利色彩。

（三）卢梭的学前教育思想

卢梭（Jan Jacques Rousseau,1712—1778年）是18世纪法国杰出的启蒙思想家和教育家。他的代表作《爱弥儿》在近代教育史上居于十分重要的地位。

卢梭对儿童教育的首要贡献在于"儿童的发现"。卢梭认为儿童不是小大人,或者各种原罪的体现者,人生而有自由、理性、良心,具有善良的天性。儿童期的存在是自然规律,并非单纯地为成年生活做准备,具有独特的意义。卢梭的这一崭新的儿童观是对中世纪以来的性恶论和预成论彻底的颠覆,具有划时代的意义。

卢梭对儿童教育的另一个突出贡献是提出了"自然教育理论"。卢梭认为人的教育来自三个方面:自然的教育、人的教育和事物的教育。人的教育和事物的教育必须服从自然的教育才能使这三种教育力量协调统一,才能达到教育的目的。教育的目的是培养自然人,因此教育要遵循自然、顺应人的天性。他反对成人不顾儿童的特点,按照传统偏见强制儿童接受违反自然的教育方式。要求尊重和研究儿童,把孩子看作孩子,"大自然希望儿童在成人以前就要像儿童的样子,如果我们打乱了这个次序,我们就会造成一些年纪轻轻的博士和老态龙钟的儿童"。

卢梭从遵循自然的基本原则出发把儿童的发展和教育划分为四个阶段:0—2岁,婴儿期,以身体的养护为主;2—12岁,儿童期,以体育锻炼和感官训练为主;12—15岁,青年期,以智育为主;15—20岁,青春期,以道德教育为主。其中前两个时期的教育包含了学前儿童的教育。

在第一时期的教育中,卢梭认为应当以父亲为教师,母亲为保姆,教育的第一要事,就是要注意儿童的健康。母亲要用母乳喂养孩子,并由父母亲亲自养育孩子。儿童食物的口味应清淡,应多食素食。衣着应该宽松,以便于四肢自由活动;被褥要轻软,使婴儿容易转动;衣服不宜过暖,锻炼其适应天气变化的能力。不要给婴儿戴帽、穿鞋、穿袜,以培养其抵抗能力。儿童的睡眠应足够,能随着环境以及时间需要的改变而改变。

而在第二阶段的教育中,要注重儿童的感官训练。为此尽量给儿童活动的机会,让他们亲自去接触和研究周围一切事物。这一时期不要直接对儿童进行理智教育,尤其不要强迫儿童阅读书籍,因为孩子的理智在这个时期还处于睡眠状态,这个阶段的儿童也没有道德观念,所以不要教他道德观念,也不要强迫他接受道德规则,应结合具体事物进行教育。主张用示范的教育方法,教师和父母善良的言行能够对儿童起到潜移默化的作用。对待儿童的过失,卢梭反对道德说教,他依据自然教育理论提出"自然后果"的道德教育原则,就是让儿童从自己错误行为的不良后果中获得经验,认识到哪些是不应该做的。

卢梭的自然教育理论,是当时最具进步意义的教育理论,具有很强的反封建性,反映了新兴资产阶级的新教育,对欧美近、现代教育理论的发展产生过重要影响,很多教育家都从他的自然教育理论中得到启发,在此基础上形成自己的教育观点,如裴斯泰洛齐、福禄贝尔、杜威等。但是,卢梭的教育理论也有其局限性,如片面强调教育要顺应自然,把儿童的天性过分理想化,在教育的年龄分期方面缺乏科学依据。一味强调通过教育来改变社会,没有认识到教育受到社会、政治、经济等方面因素的制约和影响等。

(四)裴斯泰洛齐的学前教育思想

裴斯泰洛齐(Johan Heinrich Pestalozzi,1746—1827年)是18世纪末、19世纪初瑞士著名的资产阶级民主教育家,一生致力于发展贫民教育,在其教育代表作《林哈德与葛笃德》《葛笃德怎样教育她的子女》和《母亲读物》中阐述了学前教育思想。

裴斯泰洛齐的学前教育思想是建立在其促进和谐发展的爱的教育理论基础上的。裴斯泰洛齐认为每个人生而具有和谐发展的根基——"天赋的能力",教育的目的就是促进人的天赋能力的和谐发展,培养和谐发展的人,教育要适应自然,按照儿童的天性及其发展顺序来进行教育。在和谐发展的教育中,道德教育是整个教育体系的关键,是家庭和学校教育的主要内容。而道德教育的本质核心就是爱的教育,无论哪种教育都要以爱的情感为基础才能取得成效。在家庭中父母要给予孩子充分的母爱和父爱,在学校里,教师要像慈祥的母亲一样热爱儿童,教导儿童,教师应当与儿童共同生活,产生深刻的感情,并通过良好的示范作用,全心全意地以母爱精神去感化儿童。

裴斯泰洛齐非常重视儿童的家庭教育,认为起居室是人类教育的圣地,家庭是教育的起点,是任何自然教育方案的基础,是培养人品和公民道德的大学校。母亲是教育的第一力量,母亲要热爱孩子,了解孩子,观察孩子的需要,尽力使孩子的本能在自我活动中得到充分发展。

裴斯泰洛齐认为,学前儿童的教育要从德育、智育、美育、体育几个方面进行,儿童的各种能力才能得到和谐发展,并且提出了各方面教育的具体内容和方法。例如早期的德育首先要通过母爱教育唤起儿童的道德情感,其次要培养儿童的自我克制力,最后要鼓励儿童道德逐步独立。早期智育包括认识和语言两方面,母亲要通过引导儿童感知、比较和寻找事物的原因来一步步引导儿童的思维发展。早期的美育包括音乐、美术、绘画、模型等内容,早期的体育则要通过体操和按照儿童自然动作而安排的体育训练来进行,但是他反对过早的专门体育训练,主张将体操和儿童游戏结合起来。

《林哈德与葛笃德》中,裴斯泰洛齐还提出了建立儿童之家的设想,接收和照顾那些母亲白天干活的学前儿童,让年龄大一些的女学生来儿童之家轮流照顾幼童,并学习日后如何当母亲,如何教育孩子。这是学前社会教育和幼师培训思想的萌芽。

裴斯泰洛齐是19世纪幼儿园产生之前家庭学前教育的重要代表,他所提倡的爱的教育,和谐发展的教育思想和学前家庭教育的实施内容、方法,学前社会教育建立的构想等都对学前社会教育的产生起到重要促进作用,他的思想直接影响了福禄贝尔。

(五)福禄贝尔的学前教育思想

福禄贝尔是德国著名的教育家、幼儿园创立者、近代学前教育理论奠基人,代表作有《人的教育》《幼儿园教育学》等。

福禄贝尔的学前教育思想基础是宗教神学和德国古典哲学,但在幼儿园教育内容和方法方面受到了裴斯泰洛齐的影响。

福禄贝尔首先提出了神本源的教育目的观。他认为上帝创造了人和宇宙万物,并赋予了它们神的精神本性,但是这种精神本性并不是一开始就展现出来,而是在人的发展中逐渐显现出来。教育可以唤醒人的内在精神本性,使人类了解自己。教育的目的也就在于唤醒人的内在精神本性。

其次,福禄贝尔认为教育要顺应儿童自然的发展。人与人性并非生下来就完整,而是不断发展的。儿童从"自然的儿童"出发,经由"人类的儿童"最终成为"神的儿童"。教育要顺应自然,要追随儿童的天性。人生下来就具有四种本能:活动本能、认识本能、艺术本能、宗教本能。这些本能是善的。人类的恶是由于人类的自然成长受到干扰的结果。教育应当是容忍、顺应儿童的发展,而不是强制的、指示的。他反对干涉、压制儿童,也反对给予儿童过多的帮助。

福禄贝尔把人类初期的发展划分为四个时期,婴儿期、幼儿期、少年期和青年期,其中前两个时期探讨的是学前教育。婴儿期为0—3岁,福禄贝尔认为0—3岁的婴儿应当在家庭中受教育,成人要与婴儿建立良好的母婴关系,并进行感官、身体活动训练。3岁以后的幼儿是真正人教育的开始,由于许多幼儿的家庭环境不够理想,因此要成立专门机构——幼儿园来帮助家庭教育。

福禄贝尔的幼儿园教育的主要内容为自然科学及数学教育、语言教育、艺术教育、宗教教育等,其中宗教教育是核心的内容。而幼儿园教育方法,主要通过游戏和作业来进行。

福禄贝尔是历史上第一个承认游戏的教育价值并把它引入到教育过程的教育家。他认为儿童通过游戏活动不仅可以满足其自身内在需要和冲动,同时也可以认识未知的世界。游戏活动一方面可以发展儿童的自主性和创造性,另一方面又可以培养儿童的责任感和义务感。所以游戏是一种正确而有效的教育方法。为了促进儿童的游戏,福禄贝尔为儿童设计了系列的"恩物"(图1-2、图1-3、图1-4、图1-5)。"恩物",按照福禄贝尔的理解是神赐给儿童的玩具。通过"恩物"的操作,儿童可以认识颜色、数量、几何形体、空间关系、部分和整体的关系等。作业是"恩物"的发展,是为儿童设计的各种制作活动,福禄贝尔主张在幼儿园进行剪纸、贴纸、折纸、画画、黏土细工、刺绣等作业,发展儿童的认识和想象力、培养儿童的艺术兴趣。

【知识拓展1-2】 福禄贝尔的"恩物"

图1-2 "恩物"1(6只彩球)　　图1-3 "恩物"2(3种几何体)

图1-4 "恩物"3(8个小立方体)　　图1-5 "恩物"4(8个长方体)

福禄贝尔是近代学前教育理论和实践的重要奠基者,幼儿园的创始人。他在借鉴前人有关思想和长期从事学前教育实验的基础上,总结出一套教育幼儿的新方法,建立起幼儿园教育的理论体系,在促进学前教育学成为教育学中独立的科学方面做出了卓越的贡献。

第三节 现代的学前教育

一、现代学前教育的发展

以1917年俄国十月革命的胜利为标志,世界进入到现代社会。现代社会是人类社会大动荡、大发展、大飞跃的时期。在生产力方面,世纪初发生了以电动机为标志的第二次工业技术革命,世纪中发生了以核子、计算机为标志的第三次工业革命,20世纪80年代以来的以网络为代表的知识经济正方兴未艾。在生产关系方面,社会主义在一些国家取得胜利以后,打破了资本主义在世界舞台上独领风骚的局面,从两次世界大战的爆发与结束,到东西方冷战的长期相持与消解,世界格局不断变化。在这样的背景下,教育也发生了巨大的变化。现代教育存在资本主义教育和社会主义教育两种不同性质的教育,以及体现工业社会与知识社会两阶段现代教育特征。学前教育也是如此。

现代社会的发展深刻地影响着学前教育的发展,表现为:

(一)学前教育越来越受到社会重视

在19世纪学前教育机构初创的时期,它的主要任务是为工作妇女照看儿童。随着社会的发展,人们逐渐认识到不应仅限于看护,还应对儿童施行促进其发展的教育。但社会总体上对于学前教育还不够重视。受20世纪60年代国际间经济和技术发展竞争的影响,人们认识到国与国之间的竞争归根结底在于人才的竞争,而早期教育对人才的培养意义重大,因此学前教育受到社会的重视。美国在1965年实行了"开端计划",为贫困家庭儿童实行免费的学前教育。日本则从1964年开始实施第一个为期7年的学前教育振兴计划,1972年又在前一振兴计划成功实施的基础上,实行为期10年的第二个学前教育振兴计划,1991年实行第三个学前教育振兴计划。法国则向所有儿童提供免费的学前教育,并通过不断的教育改革促进学前教育发展。

(二)学前机构教育走向普及

在20世纪初,进入到学前机构中接受教育的儿童还是少数,但是随着社会的发展,妇女就业率的不断提高,学前教育机构不断扩展。到20世纪80年代,发达的国家学前机构教育走向普及。法国在1989年3岁儿童入园率为97%,4岁儿童入园率为100%。日本到1990年3岁儿童入园率为50%,4岁儿童为90%,5岁儿童为95%。美国到1995年4—5岁儿童入园率提高到98%。

(三)学前教育机构多样化

正式的学前教育机构和非正式的儿童活动场所呈广泛、多形式的发展趋势。现在世界各国的学前教育机构的类型很多,名称不一。有托儿所、幼儿园、学前班、幼儿学校、保育学校、儿童中心、学前游戏小组、家庭日托等名目繁多的机构,这些托幼机构收托儿童的对象、班级的划分、在园的时间等都不一样。有的按年龄分班,有的混龄;有半日制、全日制、寄宿制、临时收托等。为满足儿童的多种需要,有的国家还专门设有博物馆、图书馆和玩具馆等为儿童服务。

(四)学前教育实施的现代化和科学化

随着现代社会的发展,社会对教育培养的人才要求发生了改变。学前教育的重心也由

20世纪60~70年代"智育中心",到20世纪80年代注重儿童的社会性和情感的发展,到20世纪90年代注重儿童的全面发展。在学前教育的手段和方法方面,随着科技发展,现代教育技术越来越多地运用到学前教育之中,改变了传统的教育教学的方式。全球化所带来的文化交流增多,多元文化教育渗透到各国学前教育之中。

(五)以保障儿童权利为中心学前教育民主化

20世纪以来,儿童权利运动不断发展。1924年,人权组织国际联盟发表了《日内瓦儿童权利宣言》,提出了救济、保护儿童,防止奴役和贩卖儿童。1959年,联合国通过了《联合国儿童权利宣言》,宣告了儿童具有姓名、国籍、游戏、娱乐、教育发展和得到足够营养、医疗保护等权利。1989年11月20日第44届联合国大会一致通过《儿童权利公约》,这是被誉为"为儿童人权拟定种种保证的第一项国际法律文书"。该公约为保护儿童权利和福利订立了54项条款,于1990年9月2日生效。凡签约的国家都承担保护儿童的国际义务。包括我国在内的多国在文书上签字,这极大促进了学前儿童权利的保护和学前教育民主化的发展。

二、现代的学前教育思想

现代社会的发展也促进了学前教育思想的发展。新的工业革命呼唤着教育变革,20世纪初教育思想变革运动在欧美掀起,美国的进步主义教育和欧洲新教育运动交相呼应,极大地促进了教育思想的现代化。19世纪以来儿童心理学的发展,大大提高了学前教育研究的科学性。学前教育思想的研究变得十分活跃,学前新教育思想的传播和运用也促进了学前教育的现代化和科学化。

(一)杜威的学前教育思想

杜威(J.Dewey,1859—1952年)是美国哲学家、社会学家和教育家,实用主义教育思想的代表人物,20世纪最伟大的教育思想家之一。代表作有《我的教育信条》《我们怎样思维》《明日之学校》《民主主义与教育》等。

杜威的教育观和理论建立在其儿童观的基础上,杜威认为儿童是具有生物特征的有机体,儿童的本性在于他们与生俱来的本能、冲动和需要。儿童具有自我生长的能力,儿童是在活动中通过与环境相互作用而获得发展的。儿童的发展存在个别差异。

由此,杜威提出了对教育本质的看法:教育即生长,教育即生活,教育即经验的不断改造。杜威认为教育具有促进儿童生物性本能和心理机能不断生长的作用,教育追求的也是促进儿童生物性本能和心理机能不断生长的目的,这就是"教育即生长";儿童的生长不能脱离儿童的生活,教育也不能脱离儿童的生活,这就是"教育即生活";教育是一个过程,是儿童通过活动去体验一切和获得直接经验的过程,儿童学习和认识世界的本质在于儿童通过活动不断地增加和改造自己的经验,这个过程是无止境的,因此"教育即经验的不断改造"。

在对教育本质的重新认识的基础上,杜威提出了新的教育教学的观点:学校即社会、儿童中心和做(实践)中学。

学校即社会。杜威认为,传统教育的问题是将成人经验传授给儿童,使之适应社会,学校教育脱离社会生活。杜威主张将学校办成雏形的社会,使儿童从校外获得的经验在学校中自由使用,同时儿童在学校所学的知识可以用于校外的日常生活。学校教育的内容要直接取材于现实生活,教育要服务于儿童生活。这就是杜威讲的学校即社会。

儿童中心。杜威批判传统教育以课堂、教师、教材为中心的做法,认为学校生活组织应该以儿童为中心,使得一切主要是为儿童的而不是为教师的。因为以儿童为中心是与儿童的本能和需要协调一致的,所以,在学校生活中,儿童是起点,是中心,而且是目的。杜威强调说,"我们必须站在儿童的立场上,并且以儿童为自己的出发点。"

做(实践)中学。杜威认为,人最初的知识,最能永久不忘的是关于怎样做的知识。因此,杜威强烈反对以既有知识为中心的学科课程。提倡从做中学,通过做获取直接经验。

在早期儿童教育方面,杜威把幼年时期看作人生的奠基阶段,它为以后的教育提供重要的启示或借鉴。他从经验论和机能心理学的立场出发,十分重视活动在早期教育中的意义,主张以儿童活动为中心开展教学。同时肯定游戏和作业在早期教育中的作用。

杜威是20世纪新教育的重要代表,其建立的实用主义体系对美国和世界的教育发展产生了深远影响。在学前教育方面,其理论是美国进步幼儿教育的基础,他提出来的儿童为中心,做中学的思想被广泛运用于现代学前教育中,成为现代学前新教育的一个重要组成部分。

(二)蒙台梭利的学前教育思想

蒙台梭利(Maria Montessori,1870—1952年)是意大利现代著名的幼儿教育家,欧洲新教育运动的代表人物。代表作有《蒙台梭利教学法》《童年的秘密》《教育人类学》等。

蒙台梭利是意大利第一个医学女博士,最初她开展的是针对低能儿童的治疗和教育工作,后来转向正常儿童。1907年,她在罗马建立"儿童之家",将从低能儿童教育中发展出的一套独特教育方法运用于贫困的正常的学前儿童的教育,取得巨大成功。其思想迅速传播到世界各地,成为继福禄贝尔之后最具影响力的幼儿教育家。

蒙台梭利教育思想的基础是她对于儿童的"发现"。蒙台梭利认为儿童与成人是有区别的,儿童不是未长成的"小大人",而是遵循自身生命法则发展的生物体。儿童具有生理和心理的双重"胚胎期",他们具有"吸收性的心理",这是一种受"潜在生命力"驱动的环境吸收力。儿童的发展存在敏感期,在敏感期内,儿童会在内在冲动的刺激下以高度的热情吸收周围环境事物,他们会持续重复某种行为直到拥有新的能力为止。如果在敏感期内,未能适时配合内在的冲动而发展,这一自然学习的机会错过,将会造成发展中的问题,阻碍儿童的成长。儿童具有强烈探索环境的本能,这种生命的冲动使儿童主动从生活中学习并发展自我。教育的作用在于促进这一由内在力量推动的自然发展过程。

在对儿童重新认识的基础上,蒙台梭利提出了自己的教学思想,包括:

1. 创设"有准备的环境"

根据在"儿童之家"的经验,蒙台梭利提出"有准备的环境"必须具备以下条件:必须是有规律、有秩序的生活环境;能提供美观、实用、对儿童有吸引力的生活设备和用具;能丰富儿童的生活印象;能为儿童提供感官训练的教材或教具;能让儿童独立地活动,自然地表现,并意识到自己的力量;能引导儿童形成一定的行为规范。

2. 遵循自由教育的原则

蒙台梭利认为,要建立一种符合科学的教育,其基本原则是使儿童获得自由。因此她非常重视儿童的权利和价值,反对传统的班级和统一教学,采用混龄编班和个别教学。在"有准备的环境"里,儿童可以自由选择各种材料,开展活动。教师一般对儿童的活动不加干涉或帮助,但这种自由不是盲目的、放纵的,儿童在活动中要严守秩序,让儿童感到自治和责任,从而培养其自律的人格。

3. 作为"导师"的教师

在蒙台梭利教育里,教师也称为"导师"。蒙台梭利认为,作为"导师"的教师,最为重要的就是要尊重儿童和热爱儿童,用平等、谦逊的态度去对待他们;同时应特别重视观察和了解儿童,能够真实、准确地把握儿童的内心世界。在此基础上,"导师"主要任务有三项:第一,为儿童创设具有兴趣性和探索性的活动环境;第二,引导儿童积极、主动地探索环境、操作环境、发现环境中的问题并解决问题;第三,在观察、了解儿童的基础上,正确评价儿童的活动。

4. 使用精心设计的教具开展"工作"

在蒙台梭利教育里,儿童在"有准备的环境"里通过操作各种教具开展活动。这些活动是儿童自发选择、专注其中且有所发现和发展的,它们能够有效促进儿童发展,蒙台梭利称之为"工作"。为了促进儿童的"工作",蒙台梭利精心设计了系列活动的材料——教具。教具设计遵循以下原则:"困难度孤立"原则,即一种教具只发展儿童某一个方面的一种具体能力,把儿童的学习重点和难点"孤立"起来,确保学习的有效性;"自动控制错误"原则,即教具可以自动提示儿童操作的正确与否,从而使儿童按照教具本身的提示和指引就可以得到应有的学习和发展;"顺序操作"原则,教具的操作遵循由简单到复杂,从具体到抽象;"内在惩罚"原则,每一种教具都能够满足儿童内在的发展需求,能够长时间地把儿童的注意力吸引在操作教具的活动中。

蒙台梭利是20世纪幼儿教育的改革家。她对幼儿深入的认识和其简单明了、具体、有效的教学方法对20世纪世界学前教育产生了深远影响。其教育法虽然从诞生时就充满争议,但是一个世纪以后,她的教学体系仍然具有巨大的生命力,被世界各国幼儿教育实践者所推崇。

(三)陶行知的学前教育思想

陶行知(1891—1946年),中国现代杰出的教育家,他对于推动现代中国学前教育的平民化做出了重要贡献。

20世纪20年代,我国在五四新文化运动的推动下,开展了教育改革,制定了仿效美国的新学制——壬戌学制,幼稚园教育纳入到学制中并加以推广。但是学前教育普及程度很低,学前教育发展方向中存在许多问题。针对这种情况,陶行知发表了《创设乡村幼稚教育宣言书》《幼稚园之新大陆——工厂和农村》等文章,指出:6岁以前的教育是人生的基础教育,普及教育不仅要普及小学教育,而且要普及幼儿教育;旧有的幼稚园害了"外国病""花钱病""富贵病"三大病,成为富贵人家子女的专利;工厂的女工和农村妇女是最需要幼稚园的地方,幼稚园发展的新大陆是工厂和农村;幼稚园要下厂、下乡,必须经过改造,变成中国的、省钱的、平民幼稚园。另外,针对解决幼稚园向工厂和农村发展过程中师资缺乏的问题,陶行知提出通过艺友制师范教育来培养幼稚师资。所谓艺友制师范教育就是学生(称艺友)与有经验的教师(称导师)交朋友,在幼稚园的教育实践中学习如何当幼稚园教师。

在陶行知的大力推动之下,20世纪20年代我国掀起了平民化幼儿教育思潮。1927年陶行知创办了我国第一所乡村幼稚园——南京燕子矶幼稚园,1934年,于上海沪西女工区创办了第一个劳工幼儿团。

（四）陈鹤琴的学前教育思想

陈鹤琴（1892—1982年），是我国学前教育和儿童心理学研究的开拓者和奠基人，代表作有《儿童心理之研究》《活教育理论与实践》《家庭教育》等。

20世纪20年代的中国，学前教育严重抄袭外国，学前教育的研究尚未兴起。陈鹤琴以自己的孩子为对象，运用观察试验方法，系统研究了中国儿童的心理发展，提出儿童具有好动、好模仿、好奇、爱游戏、喜欢成功、喜欢合群、喜欢野外生活、喜欢被称赞等心理特点，并要求成人要根据儿童的心理特点开展教育。

1923年，陈鹤琴创办南京鼓楼幼稚园，对开展中国科学化的幼稚园的课程、教材、方法、设备等方面进行了实验研究。以实验为基础，陈鹤琴提出了幼稚园的课程要以自然和社会为中心，采用"整个教学法"，反对幼稚园的分科教学。20世纪40年代，陈鹤琴进一步系统提出了"活教育"思想。"活教育"思想反对传统以升学为目的的死教育，提出教育的目的是培养人，"做人，做中国人，做现代中国人"。"活教育"的课程来源于大自然、大社会，分为五方面的内容：健康活动、科学活动、社会活动、艺术活动和语文活动，这五方面活动被称为"五指活动"，"活教育"的实施贯彻"做中学、做中教、做中求进步"的方法论。

陈鹤琴的儿童心理和学前教育研究，促进了我国现代学前教育本土化和科学化发展。

（五）现代学前儿童心理学研究对学前教育思想的影响

20世纪以来，心理学的研究成为教育研究的重要基础。早期儿童心理学的研究取得了新进展。精神分析学派、行为主义心理学派、人本主义心理学派、认知心理学派等心理学派思想的发展推动了学前教育思想的发展。

1. 弗洛伊德和艾里克森的精神分析学派的学前教育思想

精神分析学派是20世纪最有影响的心理学流派之一，其创始人是奥地利精神科医生弗洛伊德（S.Freud，1856—1939年）。弗洛伊德认为人格的结构分为本我、自我和超我三部分。本我是原始的自己，包含生存所需的基本欲望、冲动和生命力，是一切心理能量之源，它遵循快乐原则行事，是无意识的，不被个体察觉的我。自我是自己可意识到的、执行思考、感觉、判断或记忆的部分，它的机能是寻求"本我"的冲动得到满足，同时保护整个机体不受伤害，遵循现实原则。超我是人格中代表理想的部分，它是个体在成长过程中通过内化道德规范、内化社会文化环境的价值观而形成。超我的特点是追求完美，遵循道德原则。大部分的超我是无意识的。弗洛伊德认为生物本能即性本能对人格的形成和发展起重要作用，个体早期生活的经历和经验对人格的形成和发展有重要意义。

艾里克森（E.H.Erikson，1902—1994年）是美国的精神病医生，新精神分析学派的代表。与弗洛伊德不同，艾里克森的人格发展理论不仅考虑到生物本能的影响，也考虑了社会、文化因素的影响。艾里克森认为，自我意识的形成和发展可以分成八个阶段，这八个阶段的顺序是由遗传决定的，每一个阶段都有发展的核心任务，如果发展顺利，则形成积极的人格品质，不顺利则产生消极的人格品质。自我意识发展的前三个阶段处于学前儿童阶段：

（1）婴儿期（0—1.5岁）：基本的信任感对基本的不信任。婴儿在本阶段的主要任务是满足生理上的需要，发展信任感，克服不信任感。如果父母或照料者给予婴儿良好的照顾和爱抚，婴儿就会对父母或照料者产生信任感，认为世界是安全可信的地方。这种对人和环境的信任感是形成健康个性品质的基础。

（2）儿童早期（1.5—3岁）：自主感对羞耻感与怀疑感。儿童在这一阶段的发展任务是培养自主感,体验意志的实现。如果父母允许儿童去做力所能及的事,鼓励儿童的独立探索愿望,儿童就会逐渐认识自己的能力,养成主动的个性;反之,父母过分保护或过分批评指责儿童,可能使儿童怀疑自己对自我和环境的控制能力,产生羞耻感。这一阶段任务的解决,对个人今后对社会组织和社会理想态度将产生重要影响。

(3)学前期(3—6、7岁):主动感对内疚感。该阶段的发展任务是培养主动感,体验目的的实现。此阶段儿童的活动范围逐渐超出家庭,他们喜欢尝试探索环境,承担并掌握新的任务。此时父母或教师认可儿童的活动并进行恰当的指导,则儿童的主动性、创造性将获得发展。反之,如果父母嘲笑儿童的探索,或过多干涉,儿童就会对自己的活动产生内疚感。艾里克森认为个人未来的工作等方面的成就都与本阶段的主动性的发展程度有关。

精神分析学派总体来看没有形成系统的学前教育思想,但是其强调早期经验对人格发展的重要性,强调教育要促进儿童健全人格的培养对现代学前教育实践产生了深远的影响。

2. 皮亚杰的认知学派的学前教育思想

皮亚杰(Jean Piaget,1896—1980年)是瑞士著名的儿童心理学家。代表作有《儿童的思维与语言》《儿童的道德判断》《儿童的智力起源》等。

皮亚杰提出的认知发展理论是对二十世纪学前教育影响最大的心理理论。皮亚杰认为儿童的心理的发展是先天因素和后天学习相互作用下不断发展的过程,心理、智力、思维,既不是源于先天的成熟,也不是起源于后天的经验,而是起源于动作,主体通过动作对客体的适应是儿童心理发展的真正原因。制约儿童发展的因素有四个:成熟、物理经验、社会经验、平衡化。儿童的心理发展存在阶段性和顺序性,他把儿童的认知的发展分为四个阶段:感知运动阶段(0—2岁),前运算阶段(2—6、7岁),具体运算阶段(6、7—11、12岁),形式运算阶段(11、12—14、15岁)。

在学前教育方面,皮亚杰强调:

(1)活动的重要性。他认为儿童发展的每一阶段都是由于儿童的成熟与环境的相互作用产生。儿童是通过各种活动去探索、了解外界的客观事物,了解客观事物之间的关系。儿童的发展主要在于儿童本身的主动的建构活动。

(2)兴趣与需要的重要性。皮亚杰认为兴趣与需要是推动儿童心理发展的动力,因此在教育过程中,要考虑不同年龄儿童特殊的兴趣和需要。在教学中,他提倡"发现式教学法",即给儿童提供相应的材料和设备,激发儿童的兴趣,使儿童自由地去探索事物、发现问题。

(3)教育的目的在于培养儿童的创造力和批判力。皮亚杰认为认知活动探究的重心在于"智慧如何发展",所以,他倡导的教育目的不在于增进知识,而在于使儿童的发现和发展的可能性表现出来。皮亚杰指出教育的第一目的是培养能做新事情、有创造力和发明才干的人,而不在于训练只能重复既有事物的人;教育的第二目的是培养批判、求证的能力,而不是在于接受所提供的一切。所以教育应重视发挥儿童的主动性,培养他们的创造力和批判力。

皮亚杰的认知发展理论为学前儿童教育的心理化提供了大量的实验材料和理论指导,对推动20世纪学前教育改革产生了积极的影响。

3. 维果斯基的社会建构主义的学前教育思想

维果斯基(Vygotsky,1896—1934年),前苏联卓越的心理学家。代表作《高级心理机能的发展》《思维与语言》《学龄前期的教学与发展》等。

维果斯基是前苏联"文化-历史"学派的创始人。维果斯基认为人的心理机能有低级心理机能和高级心理机能两种。低级心理机能是生物进化的结果,高级心理机能是文化历史发展的结果。高级心理机能的实质是以心理工具(符号、语言)为中介的。高级心理机能起源于文化-历史的发展,受社会规律的制约。从个体发展来看,儿童在与成人交往中,通过掌握高级心理的中介——语言符号,使其在低级心理的基础上形成各种新质的心理机能。高级心理机能来源是外部动作的内化,这种内化不仅通过教学,也通过日常生活、游戏和劳动等来实现。

维果斯基认为教学促进儿童的发展。在探讨教学与儿童发展的关系时,维果斯基提出了"最近发展区"的概念。维果斯基认为儿童的发展在教学中存在两种水平,第一种是儿童现有水平,第二种是在有指导的情况下,借助成人的帮助所达到的解决问题的水平,这两种水平间的差异就是"最近发展区"。教学创造着"最近发展区",儿童第一水平和第二水平间的动力状态由教学决定。为了发挥教学的最大作用,教学要抓住"学习的最佳期限",教学要走在发展的前面。教学的开始必须以儿童发展的成熟和发育为前提,更重要的是,教学必须建立在开始、尚未形成的心理机能的基础上,走在心理机能形成的前面。

维果斯基的心理理论,揭示了人类整体与个体心理发展的本质,其教学与发展理论,充分重视成人与儿童交往在教学中的意义,是现代流行的"支架教学"的理论基础。

第四节 当代中国的学前教育

当代中国的学前教育指的是新中国建立以来的学前教育,属于现代学前教育的范畴。1949年中华人民共和国成立以来,我国开始了有中国特色的社会主义学前教育的探索。由于我国尚处于社会主义初级阶段,当代中国学前教育的发展模式仍在探索中。

一、当代中国学前教育发展的历程

当代中国学前教育发展的起点是旧中国学前教育的发展。近代中国学前教育是在西方入侵、西学东渐的过程中由国外引入的。在19世纪80年代,外国教会在中国沿海开办具有近代性质的幼儿教育机构。1904年,中国颁布实施了第一个近代学制"癸卯学制",学习日本,建立了近代学前教育制度——蒙养院制度,自上而下推行。辛亥革命以后,中华民国建立,南京临时政府在蔡元培的领导下进行了教育改革,颁布实施"壬子癸丑学制",将蒙养院改为蒙养园。1922年,北洋政府进行学制改革,向美国学习,实行新学制——壬戌学制,将蒙养园改为幼稚园。但是旧中国由于政治动乱,经济发展缓慢,学前教育总体发展也极为缓慢,以新中国建立前学前教育发展的最好年份——1946年的统计表明,幼稚园为1 301所,入园幼儿13万人。而且这些幼稚园主要分布在中东部的大中城市,为特权阶层家庭的幼儿服务。

新中国成立以后,我国学前教育的发展经历了四个阶段:

第一阶段(1949—1957年),学前教育接收、改造和稳步发展时期。

新中国成立以后,就开始了有中国特色社会主义教育的探索。1949年9月,《中国人民政治协商会议共同纲领》明确了新中国教育的性质和任务,规定:"中华人民共和国的文化教育为新民主主义的,即民族的、科学的、大众的文化教育。"

根据《共同纲领》的文化政策和方针,新中国的教育部门首先接管了原国民党统治区的学前教育机构,接收了接受外国津贴的教会办的学前教育机构;其次从幼教机构的服务方向上、教育内容上进行了初步改革,改造旧有的幼稚园,让其向工农子女开门,为国家建设服务。第三,学习前苏联学前教育经验,建立幼儿园制度。

1951年10月,中央人民政府政务院颁布《关于改革学制的决定》,实施新中国第一个学制。新学制规定实施幼儿教育的组织为幼儿园,幼儿教育成为社会主义教育事业的重要组成部分。1952年3月,我国颁布实施《幼儿园暂行规程》和《幼儿园暂行教学纲要》,对幼儿园的工作对象、任务、教养目标、教养原则,各年龄班的教学、组织、经费、设备等方面做出了明确规定,成为新中国幼儿教育发展的具体纲领。而在教育指导思想方面,新中国的学前教育全面接受前苏联学前教育思想的影响,强调学前教育的目的性、计划性,幼儿园采用分科教学。

通过对学前教育的接管、改造,建国初期,随着我国国民经济的恢复和发展,学前教育获得稳步发展。到1957年,我国幼儿园发展到16 420所,入园幼儿108.8万人。

第二阶段(1957—1966年),学前教育盲目发展和调整巩固时期。

随着国民经济的恢复和第一个五年经济计划的顺利实施,我国进入全面建设社会主义的时期。1958年5月,中国共产党第8次代表大会通过了"鼓足干劲,力争上游,多快好省地建设社会主义"的总路线,继而发动了大跃进和农村人民公社运动。在运动中,大量的妇女走出家庭,参加社会主义建设。

受"大跃进"的思想影响,1958年9月,中共中央、国务院发出《关于教育工作的指示》中提出:全国应在3~5年内,使学龄前儿童大多数都能进入托儿所和幼儿园。在政治的推动下,学前教育"大跃进"。到1960年幼儿园达78.5万所,入园幼儿2 933.1万人。但是这种超常规的发展是盲目的,没有经济社会的支持,新建立的幼儿园普遍条件简陋,师资缺乏,教学质量低劣。1959年下半年开始,我国经济进入到极端困难时期,无法支持如此庞大的学前教育规模。中共中央提出了"调整、巩固、充实、提高"的方针,教育部门也提出了:幼儿园的发展,宁可慢一些,少些,但要好些。调整学前教育规模,提高学前教育质量,到1965年,全国幼儿园19.2万所,入园幼儿171.3万人。

在学前教育大起大落发展的同时,我国学前教育思想也在这一时期走向混乱。由于20世纪50年代中后期反右运动的扩大化以及在学术领域及知识分子中开展批判资产阶级运动,心理学被作为"伪科学"而遭到批判。我国现代的学前教育专家陈鹤琴的"活教育"被批判,陈鹤琴本人被扣上了"文化买办""冒牌学者"的帽子而被迫离开工作岗位。中苏关系的破裂,学习前苏联学前教育经验的《幼儿园教育工作指南》也被定为"资产阶级方向"而予以彻底否定。

第三阶段(1966—1976年),学前教育遭到全面破坏时期。

1966年,中共中央错误地发动了"文化大革命",到1976年这十年动乱时期,"极左路线"猖獗,对新中国17年的教育进行彻底否定和批判,学前教育被视为推行修正主义路线的典型,全面发展的学前教育方针被否定和歪曲,学前教育遭到全面破坏。

适合幼儿年龄特点的体、智、德、美全面发展教育方针被批判为"忽视德育"。科学的体育内容被扣上"培养修正主义苗子"的帽子,取而代之的是违反科学的近乎愚昧的措施。幼儿园德育突出无产阶级政治思想性,幼儿园增设了"政治课",主要教材是"毛主席语录"、

"评法批儒材料"等。文明礼貌、互助友爱、五爱教育等均被排斥于德育内容之外。认识环境和发展智力均作为智育第一进行批判,儿歌、故事、童话等文艺作品均被视为封、资、修的糟粕,幼儿园已无智育可言。至于美育,则更被视为是追求资产阶级思想而砍掉。

广大幼教工作者在工作中长期积累形成的幼教管理制度,被视为"管、卡、压的手段"遭到批判;教师和保育员的合理分工,被扣上"资产阶级法权"的帽子而取消,国内各类工作由全体教职工轮流担任;又红又专的园长和教师成了"走资派"和"反动学术权威"遭专政,政治和专业条件并不强的工作人员获取幼儿园的领导权。培养幼儿园师资的幼儿师范学校纷纷停办,幼儿园十多年中断了师资来源,各级幼教行政单位被撤销,一些幼儿园被解散,一些幼儿园的房屋、场地被挤占。

到"文革"后期,随着"工业学大庆"和"农业学大寨"运动的开展和计划生育工作的开展,各地的幼儿园逐渐恢复。到1976年,全国幼儿园增加到44.26万所,在园幼儿增加到1 395.5万人。

第四阶段(1976年至今),学前教育的拨乱反正和改革振兴时期。

1976年秋,党中央粉碎了"四人帮"篡党夺权的阴谋。1978年12月,党的十一届三中全会召开,国家进入了有中国特色社会主义建设时期,学前教育事业也进入新的发展阶段。

1978年,教育部恢复了对学前教育的行政领导。针对幼教机构较多集中于城市,受"四人帮"破坏也最为严重的现实,教育部和卫生部先后发布了《城市幼儿园工作条例(试行草案)》和《城市托儿所工作条例(试行草案)》,较为迅速地恢复了城市托儿所、幼儿园的正常工作秩序。此后,教育部和卫生部又颁布了《幼儿园教育纲要(试行草案)》《三岁前小儿教养大纲(草案)》作为各类托儿所、幼儿园进行教育工作的依据。根据我国农村人口占80%以上的最大的国情,教育部颁布了两个政策性文件:《关于发展农村幼儿教育的几点意见》和《关于进一步办好幼儿学前班意见》,对发展农村幼儿教育起到了积极的指导作用。

在拨乱反正、重新恢复学前教育的基础上,我国学前教育积极对外开放,逐步深化教育改革,学前教育在改革中前进。1985年5月,《中共中央关于教育体制改革的决定》颁布,明确把发展基础教育的责任交给地方。1989年8月,国务院批准了新中国成立后的第一个幼儿教育行政法规《幼儿园管理条例》对幼儿园的基本条件、行政管理、保教工作等做了规定。同年6月,国家教委发布《幼儿园工作规程(试行)》,对我国幼儿园的教育和管理改革起到了重要的推动作用。

20世纪90年代,我国的学前教育改革逐步深化。1990年,李鹏总理签署了世界儿童问题首脑会议通过的《儿童生存、保护、发展世界宣言》;1991年,全国人民代表大会常务委员会批准我国政府参加签署联合国制订的《儿童权利公约》;1991年9月颁布了《中华人民共和国未成年人保护法》;1992年2月公布国务院妇女儿童工作协调委员会编制的《九十年代中国儿童发展规划纲要》;1995年3月颁布了《中华人民共和国教育法》;1996年《幼儿园工作规程》正式实行。这些国家法律和纲领性文件,将儿童的生存、保护和发展与人类未来之间的关系提到"人口素质基础"和"未来发展的先决条件"的高度,并使我国的学前教育改革发展进一步走向法制化。

进入到新世纪,我国的学前教育随着我国经济社会的发展和基础教育改革的不断推进而健康发展。1999年中共中央国务院发布《关于深化教育改革全面推进素质教育的决定》。为推进幼儿园的素质教育,2001年教育部发布了《幼儿园教育指导纲要(试行)》,明确我国幼儿园的素质教育的方向和实施的方式。2010年7月,党中央、国务院着眼于全面建设小康社会和现代化建设的全局战略,对我国未来十年的教育事业发展进行了全面谋划和前瞻性部署,颁布了《国家中长期教育改革和发展规划纲要(2010—2020年)》(以下简称《教育规划纲要》),规划了我国包括了学前教育在内的我国的未来10年的教育发展。为了落实《教育规划纲要》,国务院2010年11月印发了《关于当前发展学前教育的若干意见》,出台了一系列加快发展学前教育的重大举措,各地以县为单位实施学前教育三年行动计划,学前教育改革发展迅速推进。2012年10月,教育部发布《3—6岁儿童学习与发展指南》作为转变公众的教育观念,提高广大幼儿园教师的专业素质和家长的科学育儿能力的指导。

二、当代中国学前教育发展的现状

根据教育部公布的《2011年全国教育事业发展统计公报》,到2011年,全国共有幼儿园16.68万所,在园幼儿(包括附设班)3 424.45万人。幼儿园园长和教师共149.60万人,学前教育毛入园率达到62.3%。

(一) 幼儿园的发展

我国现有幼儿园类型多样,兴办主体多元。既有单独设立的幼儿园,也有附设在小学的幼儿班;2011年我国单独设立的幼儿园166 750所,附设小学的幼儿班285 811个。

我国幼儿园(班)兴办主体包括有教育部门、其他部门、地方企业、事业单位、部队、集体和民办等,其中民办幼儿园数量最多,其次为教育部门兴办的幼儿园。2011年民办幼儿园115 404所,占幼儿园总体的69.2%;教育部门兴办幼儿园31 044所,占幼儿园总体的18.6%。

我国幼儿园(班)广泛分布于我国的城镇、乡村。2011年统计城区幼儿园53 547所,占幼儿园总体的32.1%;镇区幼儿园54 519,占幼儿园总体的32.7%;乡村幼儿园58 684所,占幼儿园总体的35.2%。

2011年全国各类幼儿园、班数的具体情况见表1-1:

表1-1 2011年全国幼儿园园数、班数

	园数(所)		班数(个)
	总计	其中:少数民族幼儿园	
总计	166 750	3 419	1 255 816
教育部门	31 044	2 664	498 858
其他部门办	1 805	46	19 933
地方企业	1 384		10 753
事业单位	3 466	47	19 280
部队	485	1	4 009
集体办	13 162	86	64 171
民办	115 404	575	638 812
城区	53 547	317	411 873
镇区	54 519	664	420 164
乡村	58 684	2 438	423 779
合计中:独立设置幼儿园			970 005
附设幼儿班			285 811

——摘自中华人民共和国教育部网站

（二）幼儿教师的发展

2011年全国各类幼儿园教职工人数2 204 367人，园长180 357人，专任教师1 315 634人。园长和专任教师的素质在逐渐提高，达到大学及以上学历的比率为63.7%，其中园长达到72.3%，专任教师62.5%。园长学历水平总体上高于专任教师。

城市园长和专任教师的素质高于镇区和农村，大学及以上学历园长和教师，城区为72.1%，镇区为60.5%，乡村为45.1%。

2011年全国幼儿园教职工数量和园长、专任教师学历具体情况见下表1-2：

表1-2　2011年全国幼儿园教职工数量和园长、专任教师学历情况

	合计	按学历分				
		研究生毕业	本科毕业	专科毕业	高中阶段毕业	高中阶段以下毕业
合计	1 495 991	2 962	207 454	742 087	496 757	46 731
园长	180 357	1 592	37 070	91 792	46 044	3 859
专任教师	1 315 634	1 370	170 384	650 295	450 713	42 872
城区	735 978	2 504	131 654	396 359	194 494	10 967
园长	75 289	1 340	22 092	38 980	12 129	748
专任教师	660 689	1 164	109 562	357 379	182 365	10 219
镇区	512 996	390	60 987	249 223	184 196	18 200
园长	59 772	215	10 713	31 681	16 035	1 128
专任教师	453 224	175	50 274	217 542	168 161	17 072
乡村	247 017	68	14 813	96 505	118 067	17 564
园长	45 296	37	4 265	21 131	17 880	1 983
专任教师	201 721	31	10 548	75 374	100 187	15 581

——摘自中华人民共和国教育部网站

三、当代中国学前教育的未来发展

（一）当代中国学前教育发展的未来规划

2010年7月党中央、国务院着眼于全面建设小康社会和现代化建设的全局战略，对我国未来十年的教育事业发展进行了全面谋划和前瞻性部署，颁布了《教育规划纲要》，这是我国教育发展的国家战略性纲领文件，它描绘了2010年以后未来十年的教育改革发展蓝图，其中也包括了我国学前教育的未来发展。

在《教育规划纲要》的第一部分，阐述了今后一个时期我国教育事业改革发展的工作方针和战略目标，工作方针是：优先发展、育人为本、改革创新、促进公平、提高质量。把教育摆在优先发展的战略地位。把育人为本作为教育工作的根本要求。把改革创新作为教育发展的强大动力。把促进公平作为国家基本教育政策。把提高质量作为教育改革发展的核心任务。战略目标是：到2020年，基本实现教育现代化，基本形成学习型社会，进入人力资源强国行列。

对于学前教育的发展,《教育规划纲要》提出了学前教育事业发展的主要目标和任务,提出积极发展学前教育,到2020年,普及学前一年教育,基本普及学前两年教育,有条件的地区普及学前三年教育。具体规划发展目标见表1-3。

表1-3 学前教育事业发展主目标

指标	单位	2009年	2015年	2020年
幼儿在园人数	万人	2 658	3 400	4 000
学前一年毛入园率	%	74.0	85.0	95.0
学前两年毛入园率	%	65.0	70.0	80.0
学前三年毛入园率	%	50.9	60.0	70.0

——摘自中华人民共和国教育部网站

(二)贯彻当代中国学前教育发展未来规划的措施

为落实《国家中长期教育改革和发展规划纲要(2010—2020)》中学前教育发展的目标,2010年11月国务院发布《关于当前发展学前教育的若干意见》(以下简称学前教育"国十条"),提出了积极发展学前教育,着力解决当前存在的"入园难"问题,满足适龄儿童入园需求,促进学前教育事业科学发展十条意见。

学前教育的"国十条"发布以后,各地迅速行动起来,各地以县为单位编制和实施学前教育三年行动计划,积极推进学前教育改革与发展。2012年10月,教育部发布《3—6岁儿童学习与发展指南》作为转变公众的教育观念,提高广大幼儿园教师的专业素质和家长的科学育儿能力的指导。2011年学前教育毛入园率达到62.3%,提前实现了《教育规划纲要》提出的2015年学前三年入园率达到60%的目标。

小　结

学前教育与一般教育一样,是一种社会现象,随着人类社会的产生而产生、发展而发展。历史上存在三大教育起源理论:生物起源说、心理起源说和劳动起源说,现代教育史学认为,前两种起源理论是不科学的,在劳动起源说的基础上,现代教育史学提出了教育起源于人类的生产劳动和社会生活的论断。

古代社会的学前教育发展经历了从原始公育到奴隶社会、封建社会的学前家庭教育的发展。原始社会生产力低下,社会结构简单,学校尚未产生,教育与生产劳动和社会生活融合在一起,对儿童实施公育。进入奴隶社会以后,学校教育产生,原始儿童公育消失,学前教育由家庭承担。奴隶主贵族为了维持其特权的地位,高度重视对子女的教育培养。封建社会的小农经济的发展,进一步促进了学前家庭教育的发展。随着学前教育实践的丰富,古代学前教育思想开始萌芽、发展。我国南北朝时期的颜之推对家庭教育进行了较为系统的阐述,古希腊、古罗马时期的柏拉图、亚里士多德、昆体良分别提出了自己的学前教育思想,丰富了西方古代学前教育理论。但是中世纪受基督教神学的影响,学前教育思想的发展则比较缓慢和落后,一些不正确的儿童教育观如性恶论、预成论流行,对学前儿童教育带来不良的影响。

进入到近代社会,资产阶级大工业生产发展,学前社会机构教育产生,并迅速发展到世界各地。学前教育思想也随着教育理论的发展和学前教育机构的发展而得到发展,夸美纽斯、洛克、卢梭、裴斯泰洛齐等人提出了近代的学前家庭教育新观念和思想,福禄贝尔则创立幼儿园教育的同时系统地提出了幼儿园教育的思想,促进了学前教育学的独立。

现代社会存在资本主义和社会主义的两种学前教育,随着工业化社会向知识化社会转变,早期教育受到高度的重视,学前机构教育逐渐走向普及,学前教育理论不断丰富。杜威、蒙台梭利、陶行知、陈鹤琴等教育家提出了现代学前教育思想。心理学的发展促使学前教育建立在科学的基础上,弗洛伊德、艾里克森、皮亚杰、维果斯基等人的心理学理论丰富和发展了现代学前教育思想。

我国的学前教育于清末时从国外引入,经历了曲折的发展过程。当代中国的学前教育属于现代学前教育的一部分,在有中国特色的社会主义建设过程中,有中国特色的学前教育也在探索和形成中。党中央、国务院着眼于全面建设小康社会和现代化建设的全局战略,对我国未来十年的教育事业发展进行了全面谋划和前瞻性部署,颁布了《国家中长期教育改革和发展规划纲要(2010—2020年)》,描绘了2010年以后未来十年的教育改革发展蓝图,其中也包括了我国学前教育的未来发展。为贯彻《教育规划纲要》的学前教育目标和任务,新时代的中国学前教育在行动。

思 考 题

一、单项选择题

1. 封建社会学前教育形式是( )。
   A. 儿童公育　　　　　　　B. 家庭教育
   C. 社会机构教育　　　　　D. 家庭教育和社会机构教育
2. 反映洛克绅士教育思想的教育著作是( )。
   A.《母育学校》　　　　　　B.《教育漫话》
   C.《爱弥儿》　　　　　　　D.《林哈德与葛笃德》
3. 我国最早的官办学前教育机构是湖北幼稚园创办于( )年。
   A. 1816　　　　　　　　　B. 1840
   C. 1903　　　　　　　　　D. 1923
4. 以"教育即生长""教育即生活""教育即经验的连续不断的改造"三个重要论点来概括教育本质的是( )。
   A. 杜威　　　　　　　　　B. 赫尔巴特
   C. 蒙台梭利　　　　　　　D. 皮亚杰
5. 提出"最近发展区"理论的心理学家是( )。
   A. 弗洛伊德　　　　　　　B. 艾里克森
   C. 皮亚杰　　　　　　　　D. 维果斯基
6.《国家中长期教育改革和发展规划纲要(2010—2020年)》提出学前教育的发展目标是到2020年学前三年的毛入园率达到( )。
   A. 60%　　　　　　　　　B. 70%

C. 80%　　　　　　　　D. 90%

二、名词解释

教育的劳动起源论　《母育学校》　预成论　欧文的幼儿学校

三、简答题

1. 原始社会儿童教育的特点是什么？
2. 简述颜之推的家庭教育思想。
3. 现代社会学前教育的发展特点是什么？
4. 简述陈鹤琴的"活教育"思想。

四、论述题

1. 评述福禄贝尔的学前教育思想。
2. 评述蒙台梭利的学前教育思想。

五、材料题

根据下列材料，分析当代中国未来发展目标和实现：

学前教育事业发展主目标

指标	单位	2009 年	2015 年	2020 年
幼儿在园人数	万人	2 658	3 400	4 000
学前一年毛入园率	%	74.0	85.0	95.0
学前两年毛入园率	%	65.0	70.0	80.0
学前三年毛入园率	%	50.9	60.0	70.0

参考答案：

一、单项选择题

1. B　2. B　3. C　4. A　5. D　6. B

第二章 学前教育与社会发展

学习目标

1. 应了解、知道的内容
◆ 社会的要素。
◆ 学前教育价值取向。
◆ 文化的概念。
◆ 人口的概念。

2. 应理解、清楚的内容
◆ 科学技术与学前教育的关系。
◆ 人口与学前教育的关系。

3. 应掌握、会用的内容
◆ 经济与学前教育的关系。
◆ 政治与学前教育的关系。

4. 应熟练掌握的内容
◆ 文化与学前教育的关系。

建议学时

8学时

教师导学

教育是社会的重要组成部分,受社会发展的制约,又对社会的发展产生重要影响。学前教育是教育系统的基础。因此,我们有必要理解社会各个方面与学前教育的关系。

本章论述学前教育与社会发展关系的一般规律。学习者应理解社会中经济、政治、科学技术、文化与人口等因素对学前教育的制约作用,以及学前教育对经济、政治、科学技术、文化及人口的反作用。

教育作为社会宏观系统的重要组成部分,其发展必然受到社会各要素的制约,同时,对社会具有反作用。学前教育也同样受社会发展的制约,并反作用于社会发展。

社会是学前教育发展的基础,社会为学前教育的发展提供了物质与文化基础。学前教育作为一种社会现象,深受经济、政治、科技、文化与人口等社会因素的影响与制约。但作为一种特殊的社会现象,学前教育并非被动地接受社会的影响,学前教育对社会经济、政治、文化、科技与人口等因素具有推动或阻碍作用。

第一节　学前教育与经济的关系

一、社会经济发展促进学前机构教育的产生

学前机构教育的出现是机器化大生产、工业革命和城市化的产物。工业革命之前,由于社会生产力水平的低下,学前儿童主要在家庭中接受教育。在十八世纪末及十九世纪初,由于蒸汽机及其他机器的广泛运用,西方工业革命的兴起,极大地促进了社会生产力的发展,大大增加了社会物质财富。社会经济的发展,为学前机构教育的产生提供了坚实的物质基础。

1816年,欧文在英国新拉纳克创办了英国的第一所幼儿学校。当时的英国开始了以蒸汽机的诞生为标志的第一次工业革命。工业革命不仅极大地解放了英国的生产力,同时还引起了生产关系和社会阶级结构的大变动。无产阶级登上了历史舞台,由此也拉开了无产阶级和资产阶级斗争的序幕。资产阶级为了发展生产力,疯狂地从劳动人民身上榨取财富,使得低工资的女工和童工数量急剧增加。随着这种情况的普遍化,幼儿问题日趋严重,劳动阶级的家庭生活普遍较贫困,所以其子女往往得不到必需的营养品和合适的居住环境而导致大量死亡;由于童工的广泛使用,广大劳动人民的子女很少有受教育的机会;劳动阶级普遍工作时间长,无暇照顾子女,所以被疏于照顾的孩子极易受到坏人的引诱,导致道德堕落,引发严重的社会问题。看到上述情况,欧文对幼儿的发展极为担忧,创办第一所幼儿学校,以改善当时幼儿的教育环境。

大约在十九世纪中叶,工业革命开始在德国蓬勃发展。与此同时,1837年,福禄贝尔在德国勃兰登堡招收了一批儿童。在他的机构中,福禄贝尔不对孩子们进行单调的操练,更不体罚。孩子们经常被带到大自然中去,有时他们一起在花园或室内劳动。他注重培养孩子们的动手劳作技能和集体活动的能力。福禄贝尔把这所机构命名为"幼儿园",意为儿童的花园。

二、社会经济发展水平决定着学前教育发展的规模与速度

经济发展的水平决定着学前教育事业发展的规模和速度。兴办学前教育需要一定的人力、物力和财力。因此学前教育的发展规模和速度取决于两个方面的条件:一是社会发展对学前教育的需求,二是社会对学前教育发展提供的可能性,即物质基础。

从世界学前教育历史发展来看,社会生产力水平较低的奴隶社会到封建社会,几乎没有专门的学前教育机构。伴随着第一次工业革命,学前机构教育开始出现并发展;第二次工业革命之后学前教育快速发展;以信息化为代表的第三次工业革命中,西方主要发达国家实现学前教育的基本普及,发展中国家的学前教育方兴未艾。

学前教育在中国的发展也经历着同样的过程。我国学前教育在建国初期的1949年,全国约有幼儿园不足1 000所。改革开放初期,全国3—6岁儿童入园率19%。2010年学前教育快速发展。幼儿园数、在园幼儿数、幼儿园园长和教师数均有增加;学前教育毛入园率有较大提高。全国共有幼儿园15.04万所,在园幼儿(包括学前班)2 976.67万人,幼儿园园

长和教师共130.53万人,学前教育毛入园率达到56.6%。2011年全国共有幼儿园16.68万所,比上年增加1.63万所,在园幼儿(包括附设班)3 424.45万人,比上年增加447.78万人。幼儿园园长和教师共149.60万人,比上年增加19.07万人。学前教育毛入园率达到62.3%,比上年提高5.7个百分点。

【知识拓展2-1】《中国儿童发展纲要(2011—2020年)》学前教育的目标与措施

目标:基本普及学前教育。学前三年毛入园率达到70%,学前一年毛入园率达到95%;增加城市公办幼儿园数量,农村每个乡镇建立并办好公办中心幼儿园和村办幼儿园。

措施:加快发展3~6岁儿童学前教育。落实各级政府发展学前教育的责任,将学前教育发展纳入城镇建设规划和社会主义新农村建设规划;建立政府主导、社会参与、公办民办并举的办园体制,大力发展公办幼儿园,提供"广覆盖、保基本"的学前教育公共服务;鼓励社会力量以多种形式举办幼儿园,引导和支持民办幼儿园提供普惠性服务。重点发展农村学前教育。每个乡镇至少办好一所公办中心幼儿园,大村独立建园,小村设分园或联合办园,人口分散地区提供灵活多样的学前教育服务,配备专职巡回指导教师,逐步完善县、乡、村三级学前教育网络。采取有效措施,努力解决流动儿童入园问题。建立学前教育资助制度,资助家庭经济困难儿童、孤儿和残疾儿童接受普惠性学前教育。因地制宜发展残疾儿童学前教育,鼓励特殊教育学校、残疾人康复机构举办接收残疾儿童的幼儿园。加强学前教育监督和管理。

——摘自国务院印发的《中国儿童发展纲要(2011—2020年)》。

三、社会经济发展水平制约着学前教育发展的结构与布局

学前教育发展的结构是指学前教育内部各要素之间的比例。由于历史以及现实原因,我国学前教育的结构和布局问题主要体现在城乡、学前教育普及年限和东西部的差异上。

从学前教育的城乡差距来看,城乡幼儿园师幼比形成鲜明对比。整体上,我国幼儿园师幼比基本在1∶24~1∶26之间,其中城市幼儿园稳定在1∶15~1∶17之间,而农村幼儿园师幼比在1∶31~1∶71之间。2001年,农村幼儿教师总数由2000年的37万人减至14.73万人,而该年度的农村在园幼儿数没有明显减少,仍高达1 045.45万人,这导致该年度农村幼儿园的师幼比达到1∶71。2002年这种局面并没有扭转,幼儿教师继续减少,直到2006年,农村幼儿园的师幼比还在1∶46。农村幼儿园在园所管理、服务功能、教育质量等方面和城市幼儿园存在较大差距,主要表现在三个方面:一是硬件设施不均衡,条件好的幼儿园投入成本高,条件差的除了用来教学的一间狭小的民房和几张不整齐的桌凳外,其他设备几乎全无;二是师资力量不均衡,条件好的幼儿园教师平均年龄不超过25岁,而且基本上都具有幼师资格证,乡村的一些作坊式幼儿园,教职工只有3至4人,年龄大的50多岁;三是选点布局不均衡,一些大型的正规幼儿园几乎都在人口密集地,很多边远地区却是空白。

我国学前教育质量与水平东西部差异明显,极不平衡。如部分东部城市3到6岁的适龄儿童入园率接近100%,而部分西部城市的百分数只是个位数;同时,东部学前教育机构的师幼比在1∶20以上,西部则只有1∶40左右。

四、社会经济发展水平制约着学前教育的任务、内容、手段和教学组织形式

一定社会的教育内容受社会生产力发展水平制约。在原始社会,由于生产力发展水平

低下,"教育与生产实践相结合",既是原始社会的教育途径也是其教育内容。生产实践知识是儿童的最主要教育内容。在奴隶社会和封建社会,奴隶主和封建地主脱离了生产实践,绝大部分儿童需要参加社会劳动,儿童没有"儿童期",大部分儿童在家庭中接受家庭生活教育。实际上,生产力的发展才是儿童解放的根本力量。进入资本主义社会后,机器化大生产极大地解放了人力,游戏逐渐成为儿童一日生活的基本活动。以福禄贝尔为代表的教育家开始呼吁游戏的价值,时至今日,游戏和活动成为幼儿园的基本教育内容被世人所接受和认同。

学前教育的方式方法和手段也随着经济的发展而改变,从口耳相传到面对面交流,再到多媒体和计算机辅助教学,都反映了经济发展对学前教育方式方法和手段的制约。

此外,学前教学组织形式的变化也受到社会经济发展水平的制约。早期的家庭学前教育采用的是个别教学。随着工业革命和机器化大生产的出现,要求有更多的熟练工人参与生产,因此,大批量培养人才成为社会的迫切需要,个别化教学已经无法满足社会对人才的需求,班级授课制应运而生。无论是欧文的幼儿学校还是世界上第一所幼儿园,一开始就非一对一私塾式教学,而是班级授课。

五、学前教育为社会经济发展服务

首先,学前教育为再生产劳动力打下基础。

劳动力是人们进行劳动的能力,是人生产某种使用价值时所运用的体力和脑力的总和。现代社会中,科技发明、技术改造、设备更新要依靠科学技术人才。劳动者素质的提高主要取决于他们所受到教育的程度和质量。

学前教育为再生产劳动力打下基础,主要体现在学前教育为劳动者的全面发展打下基础,使未来的劳动者能够更好更熟练掌握整个生产系统,使他们根据社会的需要或者自己的爱好从事不同的工作,能够最大程度释放个人的潜能,为社会发展创造出最大的价值。

其次,学前教育为再生产科学文化知识奠基。

文化也是生产力。科学技术在未用于生产之前,只是一种潜在的生产力,把这种潜在的生产力转变为能够掌握并运用于生产的直接生产力,必须依靠教育。由于学前教育在教育系统中的奠基作用,可以说,学前教育是把潜在生产力转变为直接生产力的重要基础性手段。

最后,学前教育具有重要的社会效益。

值得一提的是,近年来,西方的教育追踪研究表明,补偿性的学前教育在消除社会贫困、拥有高质量的家庭生活和产生社会经济效益方面的作用十分突出。美国几项长达 20~30 年的学前教育的追踪研究均显示:以来自于家庭经济状况差、父母文化水平低的社会处境不利儿童为对象的补偿性学前教育,能成功地打破消极的贫穷循环圈(即童年期的贫穷常常导致儿童学业失败,进而导致其成年期的贫穷,如失业、靠救济金生活等),使这些儿童因认知、语言、社会性等各方面能力发展得更好,而更有可能完成高中学业并获得工作上的成功,能够自立而不是依靠社会福利,更有可能组建家庭并对婚姻生活忠实,减少对特殊教育的需求,青少年犯罪、未成年怀孕的可能性更小。通过综合这些方面的效益,高质量的学前教育计划不仅提高了参与其中的儿童和其家庭的生活水平,而且能为社会带来巨大的经济效益。学前教育的收益要大于其花费,在学前教育上的投入可以为国家日后节省庞大的社会教育费和社会福利费,也就是说,从长远看,学前教育能够产生巨大的社会经济效益。

【知识拓展 2-2】 学前教育社会效益的著名研究

芝加哥亲子中心研究:使用半实验设计的方式从教育补救服务、儿童福利花费、司法费用和儿童终生的收入水平四方面考察了学前教育对贫困儿童的影响。其成本收益分析表明:学前教育的收益远远超过投入。在考虑通胀因素的情况下,对亲子中心每投入1美元,15~18年后所获得的收益是7.14美元,其中幼儿及其家庭获得的收益是3.29美元,社会获得的收益是3.85美元,并且收益全部来源于政府行政、司法开支的减少。

高瞻佩里幼儿园研究:使用真实验设计的方式从学业成就、经济状况、犯罪率、家庭关系和健康状况五个维度,考察了学前教育对贫困儿童的长期效果。该研究发现,优质的学前教育对贫困儿童早期的认知和社会发展有重要意义,对他们成年后的学业成就、经济状况、犯罪率减少、家庭关系和健康状况均有积极影响,让幼儿终生受益。其成本收益分析显示:在考虑通胀因素的情况下,对贫困幼儿1美元的学前教育投入,在他们40岁时可获得17.07美元的回报,其中幼儿及其家庭获得的收益是4.17美元,社会获得的收益是12.9美元;并且社会收益的88%来源于犯罪率的降低。

——摘自严冷、冯晓霞,《学前教育作为人力资本投入的启示》,《中国教育学刊》1999年第7期。

第二节 学前教育与政治的关系

政治是指国家性质,各阶级和阶层在政治生活中的地位、国家的管理原则和组织形式等。政治的集中体现是政治制度。广义上讲它包括一个国家的阶级本质、国家政权的组织形式和管理形式、国家结构形式和公民在国家生活中的地位。狭义上理解的政治主要是指政体,即国家政权的组织形式。政治与学前教育的相互关系,主要体现在:

一、政治制度决定着学前教育的性质

学前教育的根本任务是培养人。而培养什么样的人,特别是培养出来的人应该具有什么样的政治方向和思想意识倾向,则是由一定社会政治决定的。在原始社会,人人平等,没有私有观念。学前教育的任务就是为将来从事生产实践、遵守氏族纪律、互助合作、保卫氏族而战斗打下基础。奴隶和封建社会的学前教育则是为了维护本阶级的社会地位,为把其子弟培养成为维护本阶级接班人,并通过早期的宣传教育让广大受剥削者接受社会现实。资产阶级一旦掌握政权,就废除教会对教育的领导权,强调教育的世俗性,为了获得更高的利润,让劳动人民接受一定的教育,以便把他们培养成为社会化大生产所需要的工人。社会主义教育强调"培养社会主义现代化建设者和接班人,同时使下一代成为在德智体美等诸方面全面发展的人"。以上说明,一定社会学前教育反映了国家政治的要求,国家的这种要求通过学前教育的目标以及各种学前教育法律法规等手段来实现。

二、政治制度决定着学前教育的领导权

在阶级社会里,统治阶级为了维护自己的统治,总是牢牢控制学前教育的领导权。在资本主义社会中,资产阶级通过立法、学前教育投入和思想意识形态对学前教育进行控制,以

确保学前教育的领导权。以美国为例,政府职责的切实履行与不断强化的重要前提就是,政府要深刻认识学前教育的重要性。可以说,美国各级政府在这个问题上的认识是明确的,特别是近年来,立法中体现的美国联邦政府对学前教育的重视程度可谓史无前例,相关立法及其修订案频频出台,包括20世纪80年代的《提前开始法》(Head Start Act)、《家庭援助法》(Family Support Act)、20世纪90年代的《儿童保育与发展固定拨款法》(Child Care and Development Block Grant Act)、《全美儿童保护法》(National Child Protection Act)、《2000年目标:美国教育法》(Goals 2000:Educate America Act)。通过立法,资产阶级牢牢掌握着学前教育的领导权。

通过石筠弢有关我国学前教育百年改革发展的全过程的研究,我们可以看到政治对学前教育的领导作用。

我国第一次学前教育改革发生在20世纪二三十年代,改革的主要原因是要改变不适应中国儿童身心发展的西方学前教育理论现状;致力于学前教育的中国化、科学化,建设适合我国幼儿健康发展的学前教育;理论来源是杜威的"教育即生长""教育即生活""学校即社会""从做中学""教材教法应心理学化"等;改革以一些著名教育家为主体,得到了当时国家教育部门领导的支持,改革具有国家性质和个人性质。

第二次改革发生在新中国诞生后的20世纪50年代。改革的目的是建设社会主义的幼儿园新教育,培养社会主义的新儿童;改革的指导理论是苏联的幼教理论和实践经验;改革的方式是国家统一意志,全面学习苏联,具有强制性;改革的结果是教育部向全国颁布了《幼儿园暂行规程》和《幼儿园暂行教学纲要》,建立了分科教学和分科课程模式,强调教育在儿童发展中的主导作用,强调系统知识对儿童智力发展的影响,否定了"单元教学法",把"教学"引入幼教领域,主张对儿童实施全面发展教育,重视集体教育。

第三次改革开始于20世纪70年代末、80年代初,至今仍在继续。改革最初是要恢复被"十年动乱"严重破坏了的幼儿园教育,进行教育的全面整顿,继而演变为改革教育实践中阻碍幼儿发展的教育弊端;改革的指导理论是一些新的教育思想和观念,主要有"整体教育观""主体发展观""活动观",改革的核心是教育观念的转变;改革的方式是国家统一要求,个人自发组织,再由国家教育部门倡导促进,改革从局部内容的调整走向整体变革,范围不断扩大,程度逐渐加强;改革的主要成果是原国家教委1996和2001年分别颁布了《幼儿园工作规程(试行)》和《幼儿园教育指导纲要(试行)》和课程多样化局面初步形成,特别是产生了"教育活动"和"领域"这两个重要的课程组织形式,"教育活动"不同于"上课","领域"不同于"科目",它强调教育的整体性和综合性。

三、政治制度决定着社会成员的学前教育受教育权

一定社会设立怎样的教育与学前教育制度,什么样的人接受学前教育,基本上由政治所决定。学前教育的历史发展告诉我们,在不同的社会里,社会成员享有不同的受教育权。

原始社会里,生产资料公有,氏族成员处于平等地位,幼儿共养公育。进入阶级社会,儿童基本在家庭中接受家庭教育。但是奴隶主及封建主家庭的子女则会有保姆或者专门的教师来进行教育,而广大的底层老百姓的子女则需要早早参加社会生产实践活动。进入资本主义社会后,以英国为例,早期的幼儿园实际上只是招收那些没有时间看护子女的工人阶级家庭的儿童,而贵族和资产阶级的子女在家中接受家庭教师的指导。

我国是社会主义国家。让每个儿童接受学前教育是社会主义应有之义。我国儿童的接受学前教育的权利体现在有关学前教育的法律、法规和政策中。

【知识拓展 2-3】《教育规划纲要》对"学前教育发展任务"的规定

基本普及学前教育。学前教育对幼儿的习惯养成、智力开发和身心健康具有重要意义。遵循幼儿身心发展规律,坚持科学的保教方法,保障幼儿快乐健康成长。积极发展学前教育,到 2020 年,全面普及学前一年教育,基本普及学前两年教育,有条件的地区普及学前三年教育。重视 0—3 岁婴幼儿教育。

明确政府职责。把发展学前教育纳入城镇、新农村建设规划。建立政府主导、社会参与、公办民办并举的办园体制。积极发展公办幼儿园,大力扶持民办幼儿园。实行成本合理分担机制,对家庭经济困难的幼儿入园给予财政补助。完善幼儿园工作制度和管理办法。制定学前教育办园标准和收费标准。建立幼儿园准入和督导制度,加强学前教育管理,规范办园行为。依法落实幼儿教师地位和待遇,加强幼儿教师队伍建设。教育行政部门宏观指导和管理学前教育,相关部门履行各自职责,充分调动各方面力量发展学前教育。

重点发展农村学前教育。努力提高农村学前教育普及程度。着力保证留守儿童入园。多种形式扩大农村学前教育资源,新建扩建托幼机构,在小学附设学前班,充分利用中小学布局调整的富余校舍和教师资源。支持贫困地区发展学前教育。保障每个公民享受到基本的学前教育的受教育权利。

——摘自《国家中长期教育改革和发展规划纲要(2010—2020 年)》

四、政治制度决定着部分学前教育内容

政治制度决定着学前教育的性质,因而也决定着学前教育部分内容的选择,特别是思想品德教育内容的选择。教育目的是通过学校教育中的思想品德教育的内容来实现的,而一定的思想观点、伦理道德是由社会的政治、经济制度决定的。在阶级社会里,思想道德带有阶级性,符合统治阶级利益的思想道德借助教育上的领导权,从而成为学校及幼儿园思想品德教育的内容。例如,我国传统的蒙养教育中宣扬的"三纲五常"、资产阶级宣扬的"民主""自由""博爱"、当前我国提倡的"爱祖国""爱人民""爱党""爱社会主义"都体现了政治制度在学前教育内容上的选择。

五、学前教育为政治服务

首先,学前教育为培养一定社会政治人才打下基础。

通过培养人才来实现对政治的影响,是学前教育作用于政治的主要途径。自古以来,任何政权,想得到巩固和发展,都需要培养新的接班人。学前教育在培养接班人上起到了奠基作用。进入现代社会,社会生活日益复杂,科技高度发展,势必要求国家的政治人才具有较高的文化和科技素质。学前教育为系统培养未来的政治人才打下坚实的基础。如中国传统启蒙教育中的"三字经""弟子规"等都具有培养人政治倾向的内容。

其次,学前教育影响着教育公平和教育均衡,关乎社会和谐。

我国目前有 1.3 亿 6 岁以下学前儿童,而每个家庭中密切关注儿童健康成长的成人有父母、祖辈等,平均 6 人。目前,农村学前教育依然是中国学前教育发展的主体。根据教育部 2008 年教育统计数据分析,2008 年全国农村在园幼儿占全国在园幼儿数的 74.81%,城

市在园幼儿占全国在园幼儿数25.19%,农村约占3/4,城市约占1/4。但城乡学前教育以及地区学前教育差距越来越大,2008年全国城镇学前三年入园率为56%,农村为36%,两者相差20个百分点。北京市的学前三年儿童入园率为82.3%,学前一年受教育率为95%,而云南学前三年儿童毛入园率只为47.3%,学前一年受教育率只有70%。我国城乡学前教育发展、地区学前教育发展差异较大,如何使每一位儿童都享有接受学前教育的权利,保障儿童在教育起点上的公平是当前发展学前教育中需要研究的重要问题。学前教育事业发展及其质量如何,对社会的和谐稳定与持续健康发展具有举足轻重的影响。

学前教育除了具有教育功能还具有提供托幼服务的功能。学前教育所具有的双重功能一方面可以为儿童和家庭提供托幼服务的同时,鼓励和扩大就业,减少儿童父母失业和家庭贫困的可能。这一功能在国外被认为是非常重要的社会改革手段,是非常好的一种社会改革手段。另一方面,高质量的托幼机构教育,能够促进儿童认知和社会性发展,帮助儿童做好入学准备,为儿童的后续学习和发展奠定良好的基础。学前教育对促进处境不利的儿童的健康发展具有积极作用,学前教育能有效地降低因出生缺陷、家庭教育措施不当和成长环境不利对儿童带来的消极影响,打破贫穷在代际间的恶性循环,减少社会分层现象,促进弱势群体融入主流社会,进而缩小城乡差距,促进社会公平。

和谐社会是以社会中个体的和谐为前提的,家庭是组成社会的基本单位,是社会的细胞,因此家庭是构建和谐社会的重要基础,同时也是促进和谐社会的重要力量。因此提高学前教育的入园率和学前教育质量,能够解决家庭的后顾之忧,也能够增加社会的凝聚力。

学前教育也能促进社会流动。合理的社会流动是社会良性运行的重要协调机制。合理的社会流动能有效地激发人的积极性和开拓进取精神,给社会系统注入新的活力,从而实现推动高水平的社会良性运行。

第三节 学前教育与文化的关系

学前教育与文化有着十分密切的关系。由于社会文化与政治、经济的密切关系,学前教育的发展总会受到社会文化的制约和影响。学前教育是社会文化的组成部分,是文化大系统中的子系统。要理解学前教育的发展规律,就必须把握文化和学前教育的关系。

所谓文化,也即人化。自从有了人类就有了文化。广义的文化是指人类在社会历史实践过程中所创造的物质财富和精神财富的总和。狭义的理解是指社会精神文化,即社会的价值观、思想道德、科技、教育、艺术、文学、宗教、习俗及其制度的复合体。

学前教育与文化密切相关,两者的联系主要表现在以下几个方面:

一、文化影响着学前教育的价值取向

文化具有连续性和传承性。几千年文化传统中,我国一直坚持知识价值取向。

从我国学前教育价值取向发展的历史轨迹可以看出,尽管在我国不同历史时期学前教育的价值取向有不同的倾向,但比较多地停留在儿童的个体价值与社会价值、学科知识价值与儿童身心发展价值的讨论焦点上,而且表现出二元对立的特点。当前我国学前教育"小学化""学科化"倾向明显,主要原因是学前教育受功利主义和理性主义价值观影响较大,致使教育的外在目的遮蔽了内在目的,教育更多关心的是儿童的升学、考试的分数,关心的是

体系化的知识和教学的效率。反思这一现象的原因,除了没有真正认识儿童的本性,没有真正理解教育的本质外,还可能与我国当前社会的文化现实、生活现实、教育现实有直接的关系。虽然我国推行素质教育已经有很多年,但社会资源与教育资源的稀缺仍然使得升学成为大多数儿童与家庭实现社会升迁的唯一道路,这对农村孩子来说尤其如此。中国传统教育中四书五经式的说教形态由此奇迹般地转换为今天"以知识为中心"的形态。

【知识拓展2-4】 教育的价值取向

个人本位论盛行于18—19世纪上半叶,以卢梭、洛克、裴斯泰洛奇、福禄贝尔等人为代表。其基本观点是主张教育目的应依据个人需要来确定。该理论认为,人生来就具有健全的本能,教育目的是由人的本能、本性的需要决定的,教育的根本目的就在于使人的本能和本性得到自由发展;个人价值高于社会价值,评价教育价值应当以其对个人发展所起的作用为标准来衡量。个人本位论兴盛时期,正是欧洲资产阶级进行反封建斗争的时期,它对反对宗教神学对人的思想禁锢,反对封建蒙昧主义强加于人的一切教育要求,提倡个性解放,尊重人的价值,具有历史进步意义。但是,个人本位论排斥社会对教育的制约,排斥社会对人才培养的需要的观点是不正确的。

社会本位论是在19世纪下半叶产生的,代表人物有孔德、涂尔干、赫尔巴特等。其基本观点是主张教育目的应根据社会需要来确定。该理论认为,个人的发展有赖于社会,教育结果也只能以其社会功能加以衡量,教育结果好坏,主要看它为社会贡献了什么,贡献的程度如何;教育的一切活动都应服从和服务于社会需要,教育除了有社会的目的之外,没有其他目的。社会本位论看到了教育目的受社会制约的一面是对的,但却完全否认了教育目的的个体制约性,因此也是不全面的。

二、文化影响着学前教育内容的选择

我国学者王春燕对于学前教育价值取向的相关研究,深刻揭示了文化对于学前教育内容选择的影响。我国制度化的学前教育是从1904年颁布癸卯学制开始的。该学制规定学前教育实行蒙养院制度。"蒙养院专为保育教导三岁以上至七岁之儿童",并设置了专门的学前教育课程,如游戏、歌谣、谈话、手技等。这些课程内容与"初等小学之授以学科者迥然有别"。然而,此时的蒙养教育更多体现着辅助家庭教育的作用。如癸卯学制虽然把蒙养院列入了学校系统,并把它作为初等教育的一级,但蒙养院并不单独设立,而是附设在育婴堂和敬节堂。可见,当时的蒙养院教育并非完全是为儿童的发展着想的,其对教育价值的选择更多反映着当时统治阶级的利益,体现着辅助家庭教育的取向。

20世纪20、30年代,受杜威进步主义教育思想的影响,我国学前教育界开始注重儿童身心的健康发展,这不仅在学前教育前辈陈鹤琴、张雪门等人的思想中得到了充分反映,而且在1932年国民政府颁布的《幼稚园课程标准》中也可见一斑。《幼稚园课程标准》明确提出了学前教育的总目标是"增进幼稚儿童身心的健康;力谋幼稚儿童应有的快乐和幸福;培养人生基本的优良习惯(包括身体、行为等各方面的习惯);协助家庭教养幼稚儿童,并谋家庭教育的改进。"从中不难看出,当时的学前教育特别注重儿童自身需要的满足,注重儿童身心的健康发展,但也并不排除社会的需求,这主要是由当时中国的国情所决定的。

20世纪50、60年代,受前苏联教育的影响,我国学前教育界开始注重学科的知识体系和逻辑结构,在注重儿童全面发展的同时,特别强调儿童爱国思想、集体主义精神和国民公德的培养,以让儿童成为为社会服务的"人力",为新民主主义社会服务的新人,并对完全以儿童为本位的思想给予了否定。1951年颁布的《幼儿园暂行教学纲要(草案)》就明确提出:"过去幼儿园一般都采用单元教学,各项作业围绕着一个中心题,不顾作业本身的科学系统性。这基本上是以幼儿为本位的教育思想体系,今天要明确肯定地废除它。"以满足儿童需要为目的的儿童本位思想在当时被国家、社会需要所挤占,获得系统的学科知识体系,为社会培养"人力"成为学前教育第一位的任务。

20世纪80年代以来,随着西方先进的教育理论、儿童发展理论不断进入我国,人们对学前教育内容选择的看法又发生了根本的改变,在重新反思我国老一辈学前教育专家的思想及深刻认识学前教育与儿童发展的关系问题后,确立了在满足儿童发展需要的同时满足社会需要的价值取向,其中儿童的发展是本。学前教育不再仅仅定位于知识的灌输、技能的训练,而更加重视儿童的好奇、探究,重视儿童学习的乐趣和兴趣,以及儿童学会学习的能力,注重儿童终身可持续发展品质的培养。

三、文化影响着学前教育方法的使用

文化影响着人与人关系的认识,在学前教育上影响着师生关系的认识,由此决定了人们不同的教育方法的选择。西方强调个人本位,强调教育中个性的张扬,在教学中强调儿童为中心,自主探索;中国传统文化中,突出社会本位,注重知识的传授,强调教师在教学中的主导地位。

文化本身也是一种教育力量。文化具有塑造人行为的作用。特定时空的文化对个体行为起到潜移默化的作用,如我们经常提到"家庭文化""幼儿园园所文化""班级文化"等。在强调以教师为中心的我国传统文化中,个性较强的幼儿往往不受欢迎,而乖巧、听话的孩子则往往是"好孩子"。以上反映,都是文化的潜在影响。

【知识拓展2-5】 对中国父母影响深远的"孟母三迁"与"断机教子"

孟子名孟轲,出生于现在山东省邹城。《列女传》记载,孟家最初的住处靠近一片墓地。游戏、模仿乃是孩子的天性,由于经常看到出殡送葬的人群从家附近经过,因此,孟轲与其他孩子就"为墓间之事,踊跃筑埋",经常玩抬棺材、掩埋死人的游戏。孟母认为这样的环境会影响孩子读书,妨碍孩子正常思想的形成,会让孩子走向不健康的道路。孟母决定搬家,毅然带孟轲迁居到远离墓地的庙户营村。庙户营村位于现在的邹城市西北部,当时,那里是一处繁华的集镇。孟轲置身于这人来人往的闹市之中,逐渐又同集镇上的孩子一起玩起做生意的游戏,与同伴们学习商贩叫卖吆喝,讨价还价,还学邻居屠夫杀猪宰羊。孟母觉得这里仍然不是培养孩子的理想场所,这样下去,孩子很容易受小商贩的影响而不认真读书。在这个集镇上刚刚居住了半年的孟母,毅然决定再一次搬迁自己的住处。他们搬到了学宫的旁边。这所学宫位于现在邹城南门崇教门外路东,是孔子之孙即子思设宫讲学的地方,后人称它为"子思书院"。后来子思的学生在此授徒讲学。孟母想,孩子在学宫的附近居住,必然会受到学宫气氛的影响,长大以后读书也方便。母子搬迁到这儿后,天资聪颖的孟轲果然被书院里的琅琅读书声所吸引,常到书院里跟着别人学习诗书,演习礼仪。孟母很高兴自己终于找到了培养孩子的理想场所,从此就在这里定居下来了。后来孟母把孟轲送入学宫,随子思的弟子学习,使孟子从此走上治学之路。

孟母断机教子的故事同孟母三迁一样是母亲教子故事的典范。

孟子虽然天性聪颖,但是也有一般孩子的顽皮。到学宫学习了一段时间后,开始的新鲜劲头过去了,贪玩的本性难移,有时就逃学,对母亲谎称是找丢失的东西。有一次孟子又早早地跑回了家,孟母正在织布,知道他又逃学了。孟母把孟子叫到跟前,把织了一半的布全部割断。孟子问为什么要这样,孟母回答说:"子之废学,若吾断斯织也!",母亲教育孟轲,学习就像织布,靠一丝一线长期的积累,只有持之以恒,坚持不懈,才能获得渊博的知识,才能成才,不可半途而废。逃学就如同断机,线断了,布就织不成了,常常逃学,必然学无所成。孟轲幡然大悟,从此勤学苦读,没有辜负母亲的期望,终于成了一位伟大的思想家和教育家。

——摘自鲁先圣,《中国历史上的7位杰出母亲》,来自人民网。

四、学前教育对文化的作用

(一)学前教育与文化传承

文化传承是指在时间上的延续和代际间的传递。文化是人类在社会历史实践过程中创造的物质财富和精神财富的总和,是人类创造的社会性信息,只能通过社会传递,特别是通过教育的方式才能得以延续。教育根据社会的要求和儿童发展的规律,将文化知识传递到年轻一代身上,实现文化的传递和保存。学前教育在这个过程中起到奠基性作用。

文化就是一种独特的符号系统,符号系统是一个民族文化的独特层面。某个民族的文化符号是民族文化共同体内部所有成员都认同的。某种文化的特定符号在民族共同体内部会引起相同的感受。民族独特的文化符号系统在各民族代代相传的过程,亦即下一代对其民族特定文化符号的了解、识别、认同、记忆与应用的过程,也是其民族文化的传承过程。

儿童浸润于某种文化土壤中,游戏是他们接触和学习本民族文化、认识本民族独特的文化符号的重要途径。游戏与人类的文化是密不可分的,游戏对文化的产生和发展有着不可忽视的作用,游戏精神对于人类的今天和未来的发展、对人类个体的成长都是一种宝贵的品质和需要着力追寻的精神。而一定民族共同体的文化亦与其游戏密不可分,其文化的产生与发展更受到游戏因素的影响。在民间游戏中儿童受到自身民族文化的熏陶,并在轻松愉快的游戏过程中认识、了解、学习和掌握民族文化,学习与实践对人类来说至为重要的游戏精神。这一切,对儿童社会化发展,对其所处民族共同体的发展,乃至人类美好的明天,都有着重要的意义。从这个意义上来说,游戏是早期教育传承文化的重要途径。

因此,以游戏为基本活动的学前教育,担负着文化传承与保存的重要使命。

(二)学前教育与文化交流

中国学前教育百年发展史,是一部文化交流史。

1904年癸卯学制颁布,我国的学前教育制度正式确立。当时,日本维新获得巨大成功,又因中国国情与日本相近,很多有志之士主张在教育上一切措施都学习、模仿日本。日本幼稚园的课程被中国引进。清末的《奏定蒙养院章程及家庭教育法章程》中所规定的蒙养院课程与日本的幼稚园课程几乎相同。然而,在当时的中日学前教育文化的交流中,我们过多地停留在学习、模仿的地步,没有很好地考虑我国的传统文化与国情和当时中国与日本的差异。这一阶段学前教育的交流更多是学习模仿阶段。

从20世纪20年代开始,随着中美教育文化交流的兴盛,杜威实用主义教育思想也被介绍到中国。然而与第一次学习日本学前教育不同的是,这一次的引进经过了国人的实验与本土化,也构成二十世纪二三十年代轰轰烈烈的学前变革运动。以陈鹤琴、陶行知、张雪门为代表的学前教育家依据杜威的课程理论,经过长期的亲身实验,进行了本土化的学前课程探索。这一阶段的学前教育交流属于学习探索阶段。

新中国成立之初,我国全面引进前苏联的课程体系。中外教育文化的交流又一次转了方向,前苏联的课程体制与模式成为我国引进与模仿的蓝本,当然,在引进与模仿的同时也进行了必要的改造。学前课程在全国范围内具有了统一性,初步形成了我国学前课程的目标与内容体系,并且制定了《幼儿园暂行规程》与《幼儿园暂行教学纲要》,有了全国统一的教学计划与教学大纲,统一实行分科教学模式,强调儿童的全面发展与学科知识的系统性。

改革开放以来,国际学术交流日益频繁,我国学前教育也处于这种交流中,同时进行着本土化。与前几次不同的是,这一次是在继承历史经验的基础上,在充分吸收国外先进的教育理论、课程理论,如皮亚杰的建构论、维果斯基的社会历史文化论和最近发展区理论、意大利瑞吉欧的课程理念及多元智能理论等的基础上,经过认真的思考、实践、消化之后而进行的吸收与本土化。人们开始认识到,教育文化的引进与外来理论的输入是中国教育发展的必要途径,但这种引进应该是多元的而非一元的,中国的教育已经难以孤立地存在,西方的外来文化与理论也不能完全取代我们旧的传统经验与课程,外来的理论只能作为参照系在比较、研究和借鉴中引进。正因为这样,中国的学前教育才进入了一个崭新的阶段。

(三)学前教育与文化选择

学前教育对文化的选择功能主要表现在:

第一,根据培养人的客观规律进行文化选择。培养人的客观规律,即人的培养既要符合社会发展的需要,也要符合人的身心发展需要,学前教育要遵循这两个规律进行文化选择。

第二,按照一定原则进行文化选择。文化的选择原则主要包括:科学性原则,即传播科学和文明,有利于推动社会的发展和进步;时代性原则,即传播时代精神;民族性原则,以本土文化为依据,保持民族优秀传统和特色。

第三,通过多种途径进行文化选择。主要包括培养目标、课程标准、教育过程、教师及学校幼儿园的各种制度等。

第四,在发展中进行文化选择。这主要体现在选择的范围不断扩大,由地域文化到世界文化;选择的重点出现转移,由宗教文化到世俗文化,由传统文化到现代文化。

(四)学前教育与文化创新

学前教育的文化创新主要表现在如下两个方面:

第一,以儿童为中心、以活动游戏为中心的早期教育为学前儿童创造性的培养提供了土壤。创造性的培养,关键要有自由的环境。以儿童为中心的早期教育,萌发了幼儿自主性和主动性,为创造性的培养打下良好的基础。

第二,学前教育科学研究的创新是文化创新的重要组成部分。从事学前教育的科研人员和广大一线教师的科学研究工作,为丰富教育理论,促进学前教育实践创新提供了支持。

第四节 学前教育与科学技术的关系

一、科学技术的发展影响着人们对学前教育的认识

随着科学技术的发展,特别是生物学、心理学、社会学、教育学,特别是脑科学的发展,人

们进一步地认识到了学前教育的重要作用。

自从上个世纪初,劳伦兹提出"印刻"现象后,"关键期"的概念被蒙台梭利引入到学前教育。人们认识到学前教育的重要价值。自精神分析理论提出后,弗洛伊德对早期儿童人格发展阶段的论述,使人们对学前儿童的认识更进一步。此后全世界掀起了研究学前儿童的热潮。

随着科学技术的不断发展,人类对自身(尤其是对大脑)的了解日益深入。近30年来,脑科学研究领域新的发现接踵而至,新的成果不断涌现。这些必将深刻地改变我们以往的儿童观、教育观,并使我们有可能把学前教育的实践建立在更加科学的基础上。

脑的发展是人的心理发展的自然物质基础。学前期是人一生中脑的形态、结构和机能发展最为迅速的时期。脑的形态和结构,如脑重的增长、大脑皮质的发展直接决定着大脑机能的发展,而机能的发展也会影响结构的发展。人脑中有140多亿个细胞,研究表明,婴儿出生后3个月内脑细胞第一次迅速增殖,70%~80%的脑细胞是在3岁前形成的。脑重的研究则告诉我们,脑的发育速度在7岁前是最快的。新生儿脑重约390克,只相当于成人脑重的1/3;9个月时脑重达660克,相当于成人脑重的1/2,这一时期脑重量几乎平均每天增长1克;3岁左右儿童的脑重达900~1011克,相当于成人脑重的2/3;7岁时脑重达1230克,相当于成人脑重的9/10。这些脑形态上的发展变化在一定程度上反映了大脑内部结构发育和成熟的情况。

脑电图的测量与分析向我们反映了大脑机能的发展状况。研究表明,婴儿出生后5个月是脑电活动发展的重要阶段,脑电逐渐皮质化,伴随产生皮质下的抑制;1—3岁期间,儿童脑电活动逐渐成熟,主要表现为安静觉醒状态下脑电图上的主要节律的频率有较大提高,脑电图也复杂化。

大脑单侧化是大脑某个半球建立特定功能的过程,是大脑机能发展的另一重要方面。新生儿就具有大脑单侧化的倾向,但这种倾向只表明了大脑两半球在功能上存在着量的差异。脑细胞的生长不同于身体细胞,一旦完成就不会再增殖。而对婴幼儿脑损伤的研究发现,某半球受损后,通过某种适宜的学习、训练的过程,另一半球可以产生替代性的功能,从而使脑损伤获得一定程度的修复。随着幼儿期大脑逐步发育成熟,单侧化倾向逐渐发展,两半球在功能上出现质的差异。

以脑生理、心理研究为主要内容的儿童早期心理和教育研究的深入,正使人们对于学前教育的重要性和价值的认识不断地提高和深化。

二、科学技术的发展影响着现代学前教育课程内容的设置

科技的发展影响着现代学前课程内容的设置,具体表现为:

在学前教育课程当中增加了反映科技发展的新内容。如在幼儿园教育中新增加计算机、网络及信息技术课程。在当今经济全球化的背景下,经济和高科技为核心的综合国力的竞争日益激烈,课程内容也应纳入新的科技成果,淘汰落后的、过时的内容。如当前幼儿园中都有计算机网络课程,以适应科技发展对教育内容的要求。

【知识拓展2-6】 中国探月工程简介

中国探月工程经过10年的酝酿,最终确定分为"绕""落""回"3个阶段。

第一期绕月工程将在2007年发射探月卫星"嫦娥一号",对月球表面环境、地貌、地形、

地质构造与物理场进行探测。

第二期工程时间定为2007年至2010年,目标是研制和发射航天器,以软着陆的方式降落在月球上进行探测。具体方案是用安全降落在月面上的巡视车、自动机器人探测着陆区岩石与矿物成分,测定着陆点的热流和周围环境,进行高分辨率摄影和月岩的现场探测或采样分析,为以后建立月球基地的选址提供月面的化学与物理参数。

第三期工程时间定在2011至2020年,目标是月面巡视勘察与采样返回。其中前期主要是研制和发射新型软着陆月球巡视车,对着陆区进行巡视勘察。后期即2015年以后,研制和发射小型采样返回舱、月表钻岩机、月表采样器、机器人操作臂等,采集关键性样品返回地球,对着陆区进行考察,为下一步载人登月探测、建立月球前哨站的选址提供数据资料。此段工程的结束将使我国航天技术迈上一个新的台阶。

三、科学技术的发展影响着学前教育的手段、方式与方法

科学技术的发展直接促进了学前教育手段与方法的变革。如现代信息技术的发展在幼儿园中的广泛应用,丰富了现代幼儿园教育技术的发展,促进了网络课程以及计算机辅助教育等新的教学手段的出现。

有关科学理论的发展也为新的教育方法提供了理论基础。传统的中国教育认为:"人不学,不知义""玉不琢,不成器""棍棒底下出孝子",因此强调体罚与严格管束。这些观念体现在私塾教育中的戒尺上。实际上,近代学校教育中的教鞭是戒尺的延续。现代科学技术的发展,使学前教育的方法多元化。建构主义理论强调学习是儿童主动建构的过程,强调师生环境间的相互作用,提倡"支架式""合作""探索"教学;人本主义学习理论强调"以人为本",重视情感、安全心理氛围对学习的重要价值。以上教育理论的发展,较之传统的教育方法,也有了重要的革新。

四、学前教育促进科学技术的发展

(一)学前教育与科技传承

幼儿园科学教育是学前儿童全面发展的重要组成部分,也是培养儿童对科学技术的兴趣与素养的基础。很多伟大的科学家对科学技术的兴趣是从小就被培养的。学前教育对科技的传承具有重要的作用。

(二)学前教育与科技创新

学前教育不仅在科学传承上具有重要作用,在科技创新上也肩负重要职责。不论是一线的幼教实践工作者还是高等院校的学前教育研究者,都担负着科学研究的重要任务。他们在学前教育、家庭教育等领域的科学研究是教育研究的重要组成部分。

第五节 学前教育与人口的关系

所谓人口,是指生活在一定社会区域内,具有一定数量与质量,形成一定结构的人的总体。人口的基本特征包括人口的数量、质量、结构与流动性等。这些基本特征与学前教育是相互影响的,具体表现在:

一、人口数量与结构影响学前教育的发展

人口数量影响着学前教育的质量、布局与规模。

当前,由于经济社会快速发展、人口出生高峰到来、外来人口涌入带来了新的入园需求,而学前教育的质量、布局、结构与人民群众日益增长的对高质量、多样化的学前教育需求还不相适应。各地学前教育发展尽管不同,但都存在这样一些问题:学前教育资源总量不足,"入园难"问题比较突出,户籍适龄儿童入园需求尚未得到完全满足,适龄儿童学位缺口较大,师资供给不足。还有,幼儿园运行成本日益增加,现有投入不能满足其正常运行和发展的需要。

北京市社科院2010年的一份评估报告显示:当前北京市共有近6万名户籍人口适龄儿童没有接受学前教育,至少缺少300所幼儿园。未来几年,全北京市学龄前儿童仍将保持快速增长趋势,"十二五"期间,常住人口中的3岁儿童将从2009年的12.2万人增加到2015年的17.6万人,达到峰值。届时,三年内适龄入园儿童将达45万人左右。现有的教学班远远不能满足高峰期的入园需求。评估报告分析,除全市幼儿园现有的8 132个教学班,按照每班30人测算,届时缺口为9 800多个教学班。这意味着,全市幼儿园规模至少还要翻一番,才能满足社会需求。2015年教学班级缺口达到近万个。报告中显示,目前全市共有独立法人的幼儿园1 305所,另有302所分园,受托儿童共计31.1万人。幼儿园教职工4.4万人,其中专任教师2.4万人,大专及以上学历专任教师占80%。单纯从数量而言,北京市学前教育总体上仍处于供不应求状态,难以有效满足学前儿童的入园需要,局部地区入园难的矛盾较为突出。

人口数量结构影响学前教育的结构与规模。不同年龄段的人口状况是人口结构中重要的组成部分。尤其是学前适龄儿童数量的变化直接影响着学前教育的结构与规模。

【知识拓展2-7】 北京一年出生22万"龙宝宝",入园问题严峻

出于"望子成龙,望女成凤"的传统心理,很多年轻夫妻都选择在农历龙年生个"龙宝宝"。来自北京市卫生局的数据显示,2012年北京市新生儿达到22万,是2007年以来的生育最高峰。

对于"龙宝宝"们扎堆出生,专家表示,这些宝宝们未来将会面临入学、求职等诸多压力,"同龄人越多意味着竞争越激烈"。22万的"龙宝宝"意味着,他们三年后上幼儿园还都将面临"白热化"竞争。不过,《北京市学前教育三年行动计划(2011—2013年)》中已明确说明,北京市三年内将规划建设和改造769所幼儿园,使全市幼儿园总数达到1 530所左右。届时,京籍"龙宝宝"入园将不再成为问题。

二、人口质量影响学前教育的发展

人口的质量是指人口的身体素质、文化修养和道德水平。前者是人口的物质要素,后两者是人口的精神要素。国家的教育水平必然通过个人受教育水平的高低来体现,而个人受教育水平的高低集中反映在人口的素质上,包括物质的与非物质的,而从宏观上讲,就是人口的质量。

人口质量直接影响学前教育质量。随着社会经济的发展和人们受教育水平的普遍提高,国民素质得到极大的改善。人们在对待儿童以及教育的观念有了更为科学的认识。另

一方面,学前教育从业者的受教育水平也大幅提高,对待儿童的方式和方法也开始多元化、科学化。社会学前教育的组织和管理水平得到提升,品牌意识增强。

年长一代的人口质量也影响着学前儿童的发展。由于学前教育具有潜移默化的特点,因此,年长一代的言传身教对儿童的影响更为深远。因此,长辈自身的素质是影响儿童发展的重要因素。

三、人口布局影响学前教育的发展

人口布局是人口在地理位置上的分布情况。由于历史原因,目前,我国东、中、西部地区和城乡之间学前教育发展的不均衡问题严重。

中国特殊的地理位置,使中国人口分布从东向西存在明显的差异,中国的学前教育也同样存在地区差异。中国最早的学前教育机构出现在东部沿海城市。随着经济发展,地区间学前教育在历史上的差距不但没有缩小,反而有扩大之势。中西部地区毛入园率低,幼儿教师数量和质量参差不齐,待遇偏低。

中国城乡间学前教育的发展也同样存在巨大差异。中国城乡二元的人口分布状况,导致经济发展显著不平衡,农村经济发展长期滞后。由于收入的差距,再加上自然条件的限制,农村学前教育的办学条件与师资力量始终处于落后的地位,教育水平、毛入园率和学前教育普及率也远远低于城市的同级同期水平。

四、人口流动影响学前教育的发展

在社会上,人口是处于流动状态的,人口有多种流动:城乡间的流动、贫困地区向发达地区的流动,不发达国家向发达国家的流动等。人口流动影响到学前教育的规模、各地域教育的差异性、目标的制订、人才的培养、结构的选择、移民教育等方面。

随着我国现代化、城市化进程的日益加快,劳动力资源在全国范围内配置,社会流动加速,农业人口向城市迁移流动成为历史的必然。人口的流动无论对输入地还是输出地的学前教育都提出了挑战。

以北京为例,北京市承受着急剧增加的外来人口的挑战与压力。2010年第六次人口普查显示,北京常住外来人口已达704.5万,占全市常住人口的35.9%,与2000年第五次全国人口普查相比,外省市来京人员增加447.7万人,平均每年增加44.8万人,年平均增长率为10.6%。在此背景下,北京市大力推动进城务工人员随迁子女享受公平学前教育,北京市教委2009年表示,北京当时共有34万学龄前儿童,在园就读的有22万,其中5万是外来人口,占所有在园幼儿的22.7%。然而,当前的客观现实是:因为正规幼儿园学位不足、费用较高等问题,仍有很大一部分进城务工人员随迁子女无法在正规园接受学前教育,而只能通过"山寨园"来满足需求。

随着我国工业化、城镇化进程的加快,人口流动规模不断增大,这样的问题在大中城市具有普遍性。由于学前教育不属于义务教育,有着特定的性质功能,因而流动儿童学前教育问题也相对更为复杂,加之问题的解决起步较晚,流动人口集中的大中城市,如北京、上海以及东南沿海等城市,均面临着流动儿童学前教育难题。

留守儿童的学前教育问题同样值得关注。目前,我国农村3—6岁的留守儿童不仅数量巨大,而且大部分缺乏正规的学前教育。农村学前教育发展长期滞后,造成农村学前教育供需矛盾突出,学前教育长期不受重视,经费匮乏,虽然中央到地方,从政策到措施,都在努力改善农村留守儿童的生存和教育环境,然而,长期以来家长观念的陈旧,政府职能部门的忽视,使得留守儿童学前教育困难重重。

五、学前教育的发展有助于人口质量的提高

学前教育的发展有助于人口质量的提高,表现在:

学前教育能促进学前儿童的发展。学前期是人的认知发展最为迅速、最重要的时期,在人一生认识能力的发展中具有十分重要的奠基性作用。研究表明,婴幼儿具有巨大的学习潜力。比如,婴儿在3个月时便能进行多种学习活动;1岁婴儿能学会辨认物体的数量、大小、形状、颜色和方位;幼儿具有很强的模仿力、想象力和创造力。学前期还是个体心理多方面发展的关键期。同时,学前期还是人的好奇心、求知欲等重要的非智力品质形成的关键时期。因此,在关键期内,个体对于某些知识经验的学习或行为的形成比较容易,而如果错过了这一时期,在较晚的阶段上再来弥补则是很困难的,有时甚至是不可能的。早期经验在个体发展中有着极为深远的影响。学前教育对于儿童的培养具有不可替代性。

学前教育还有助于提高幼儿家长的素质。学前教育有助于家长形成正确的教养观念,帮助家长掌握科学的教育方法,从而有助于学前家长教育素质的提升。

小　结

学前教育与社会发展之间的关系,主要表现在学前教育与经济、政治、文化和科学技术之间的关系。

学前教育受社会经济发展的制约,又对社会经济发展具有一定的反作用,主要表现在:
1. 社会经济的发展促进学前机构教育的产生。
2. 社会经济的发展水平决定着学前教育发展的规模与速度。
3. 经济发展水平制约着学前教育发展的结构和布局。
4. 社会经济的发展水平制约着学前教育的任务、内容、手段和教学组织形式。
5. 学前教育为促进经济发展服务。

学前教育受一定社会政治制度的制约,又对社会政治制度产生一定的反作用,主要表现在:
1. 政治制度决定着学前教育的性质。
2. 政治制度决定着学前教育的领导权。
3. 政治制度决定着社会成员的学前教育的受教育权。
4. 政治制度决定着部分的学前教育内容。
5. 学前教育为政治服务。

学前教育与文化相互影响,相互作用,主要表现在:
1. 文化影响着学前教育的价值取向。
2. 文化影响着学前教育的内容的选择。
3. 文化影响着学前教育方法的使用。
4. 学前教育对文化的作用。

学前教育受科学技术发展的影响,也对科技发展具有一定的反作用,主要表现在:

1. 科学技术的发展影响着人们对学前教育的认识。
2. 科学技术的发展影响着学前教育课程内容。
3. 科学技术的发展影响着学前教育的手段、方式、方法。
4. 学前教育促进科学技术的发展。

人口的基本特征包括人口的数量、质量、结构与流动性等。这些基本特征与学前教育是相互影响的,具体表现在:

1. 人口数量与结构影响学前教育的发展。
2. 人口质量影响学前教育的发展。
3. 人口布局影响学前教育的发展。
4. 人口流动影响学前教育的发展。
5. 学前教育的发展有助于人口质量的提高。

思 考 题

一、单项选择题

1. 决定着学前教育发展的规模与速度的是(　　)。
   A. 经济　　　　　B. 政治制度　　　　C. 文化传统　　　　D. 科学技术
2. 决定着教育性质的是(　　)。
   A. 经济　　　　　B. 政治制度　　　　C. 文化传统　　　　D. 科学技术
3. 决定着学前教育领导权的是(　　)。
   A. 经济　　　　　B. 政治制度　　　　C. 文化传统　　　　D. 科学技术
4. 下列说法不正确的是(　　)。
   A. 经济决定着学前教育的发展的结构与布局
   B. 政治制度决定着学前教育的性质
   C. 政治制度决定学前教育的内容
   D. 学前教育有助于文化的保存
5. 学前教育对人口的主要作用是(　　)
   A. 提高人口素质　　B. 控制人口数量　　C. 决定人口的分布　　D. 影响着人口的流动

二、简答题

1. 简述经济与学前教育的关系。
2. 简述政治与学前教育的关系。
3. 简述科学技术与学前教育的关系。
4. 简述人口与学前教育的关系。

三、简答题

试论述文化与学前教育的关系。

参考答案：

一、单项选择题

1. A　2. B　3. B　4. C　5. A

第三章 学前教育与儿童发展

学习目标

1. 应了解、知道的内容
   ◆ 儿童；发展；儿童发展。
   ◆ 客观因素；遗传素质；生理成熟；社会环境。
   ◆ 儿童发展是学前教育的根本目的；儿童发展是学前教育实施的重要依据。
2. 应理解、清楚的内容
   ◆ 儿童发展的方向性与顺序性；儿童发展的连续性与阶段性。
   ◆ 遗传素质对儿童发展的影响。
   ◆ 发展适宜是决定学前教育价值的关键因素。
3. 应掌握、会用的内容
   ◆ 儿童发展的整体性；儿童发展的个体差异性。
   ◆ 社会因素对儿童发展的影响。
   ◆ 学前教育对儿童发展的影响。
4. 应熟练掌握的内容
   ◆ 主观因素对儿童发展的影响。
   ◆ 儿童发展对学前教育的影响。

建议学时

8学时

教师导学

要想教育好儿童，首先必须了解儿童，了解儿童的发展规律与特点，了解学前教育与儿童发展的关系。本章将向你简要介绍什么是儿童、什么是儿童发展以及儿童发展的一般规律、儿童发展的影响因素，儿童的发展与学前教育的关系。学习者首先要理解儿童与儿童发展这两个概念，掌握儿童发展的一般规律；理解儿童的发展受多种因素的影响，掌握遗传因素、社会因素和主观因素在儿童发展过程中所发挥的主要作用。理解学前教育与儿童的发展存在极为密切的关系。学前教育在儿童发展过程中发挥着主导作用，影响着儿童生理、认知、社会性等方面的发展。掌握儿童的发展既是学前教育的终极目标，也是学前教育实施的重要依据和起点之一。只有适宜于儿童发展的学前教育，才能取得相应的成效。

作为一名未来的幼儿教师,了解幼儿教师的职业特点、提高自身的教育技能与技巧,是非常必要的。但更为重要的是,你必须先了解自己的教育对象——儿童,尤其是他们的发展特点与规律。儿童是教育活动的对象,是学习活动的主体,一切教育教学的最根本目的就是促进儿童全面、和谐的发展。因此,儿童的发展既是学习与教育活动的起点,也是学习与教育活动的目的。

第一节 儿童与儿童发展

一、儿童与儿童发展的概念

(一)儿童的概念

经济的快速增长、社会的进步与变迁,促使我们改变对儿童的态度与看法。医学与卫生学上所取得的进步,挽救了很多儿童的生命。各国政府的立法机构给予儿童权利的保障,保护他们免受虐待。对当代社会的大部分人来说,儿童不再是经济上的负担。可以说,当今的社会是以儿童为中心的社会。

什么是儿童?不同的人,从不同的角度有不同的理解和看法。从法律的角度,各项法律政策对儿童的规定有所差异。《儿童权利公约》(1989年)是有史以来最受广泛认可的国际公约。联合国《儿童权利公约》第二条规定:"儿童系指18岁以下的任何人,除非对其适用之法律规定成年年龄低于18岁。"《儿童权利公约》于1992年4月1日开始在我国正式生效。我国《未成年人保护法》第二条规定,未成年是指未满18周岁的公民。在1997年公布的SA8000即"社会责任标准"(Social Accountability 8000)的英文简称,全球道德规范国际标准中,儿童的概念为:"任何15岁以下的人,若当地法律规定最低工作年龄或义务教育年龄高于15岁,则以较高年龄为准"。从医学的角度,14岁是判定儿童的一个标准。因为医学界普遍以0—14岁的儿童作为儿科的研究对象,同时一般来说,14岁标志着青春期的到来。从心理学的角度,儿童是指从出生到成熟这一时期的所有人类个体。我国学者周宗奎在所著的《现代儿童发展心理学》一书中认为,儿童这一时期是整个人生的上升时期,是个体生长发育最旺盛、变化最快、可塑性最大的时期。一般来讲,心理学中将0—18岁的个体称为儿童。本章对儿童的理解主要采取的是心理学的界定。

(二)儿童发展的概念

对于"发展"一词,可以从不同角度进行理解。从哲学角度,发展指事物由小到大、由简到繁、由低级到高级、由旧物质到新物质的运动变化过程。唯物主义辩证法认为,上升的、进步的运动即是发展。发展的本质是新事物的产生和旧事物的灭亡,即新事物代替旧事物;从生物学角度,发展指自出生到死亡的一生期间,在个体遗传的限度内,其身心状况因年龄与学得经验的增加所产生的顺序性改变的历程。本章中的"发展"概念主要是指后者的理解。"发展"有时与"成长""发育"这些词交替使用,但与这些词的内涵存在一些差异。"成长"与"发育",主要是指身体、生理方面的生长,主要代表了量的变化。而发展不仅包括了数量上的变化,更重要的是质的变化,如躯体的比例发生变化,智力、情绪等心理活动的变化等。发展一词的内涵主要包含了以下几点:(1)发展包括个体身体与心理两方面的变化;(2)发展的历程包括个体的一生。无论个体的年龄大小,都存在发展;(3)发展涉及多个领域。如个体的躯体、大脑、思维、想象、情绪等,都在发展的范畴之内。(4)发展不仅指向前推进的过程,也指衰退消亡的变化。

儿童发展是指个体从出生至18岁这一期间身心整体的连续变化过程。儿童发展是一个从不成熟到成熟、从不定型到定型的成长过程。同时,儿童发展还是一个不断矛盾统一、从量变到质变的过程。儿童发展具有独特的特点:(1)儿童发展与动物发展不同。动物发展的方向是保障自身在自然界中的生存,儿童发展的方向则是适应社会、成为一个独立的社会成员。儿童一出生就生活在社会环境当中,与人不断进行互动和交流,通过与成人的交往和系统的学习,掌握人类已有的社会经验,慢慢成长为一个独立的社会成员。(2)儿童发展与成人不同。虽然从发展方向上看,儿童发展与成人发展基本相同。但二者的发展水平却存在较大差异,如儿童的大脑结构比起成人还不成熟,儿童的思维方式与成人不同,儿童的自我控制能力也与成人存在差异。

为什么要了解儿童的发展?理解儿童发展的特点,掌握儿童发展的规律,可以为儿童教育、保健和其他儿童工作提供科学依据。对儿童发展的了解,有助于全社会成员,包括父母、教师、立法者和儿童福利工作者等,都来关心儿童的成长。很多与儿童有关的实际问题,都要在了解儿童的身心发展规律之后才能找到科学有效的解决方法。

二、儿童发展的一般规律

儿童的发展不同于成人的发展,体现出了独特的规律和趋势。

(一)方向性与顺序性

一般儿童都是先学会爬,然后学会走路,而后能四处跑动;他们必须先感知、理解周围的世界,才能产生记忆和想象等心理活动。儿童在发展过程中,无论其身体发展和心理发展都表现出一种稳定的顺序和方向。

1. 儿童的生理发展具有方向性与顺序性

东东刚出生时,全身软绵绵的,既不会翻身,也不会爬,只能整天躺在婴儿床里。他连抬头这种看似简单的事情都做不到,爸爸妈妈抱他时都要小心翼翼地托住他的头。在爸爸妈妈的精心照料下,东东的肌肉和骨骼越来越结实、有劲了。东东三个月大时,已经能抬起他的小脑袋四处打量了,紧接着他学会了翻身。六个月左右,东东能稳稳当当地坐着了。他趴着的时候还能把屁股拱起来,这是在为爬行做准备。九个月时,东东能手脚协调地四处爬了。过了不久,东东能扶着东西站起来了。一岁大时,东东已经能自己走路了。

正如东东的动作发展所展示出来的,儿童的生理成熟具有一定顺序,不同系统成熟的早晚和不同时期发育的速度都有差异。神经系统在人生前几年发展速度很快,以后逐渐减慢;生殖系统则相反,出生后发展速度慢,到十一二岁后迅速发育;肌肉、骨骼等系统的发展趋势与前两者不同,出生前几年发育速度很快,然后速度变慢,后来又进入快速发育时期直到完全成熟。不仅如此,各系统内部的发展都有一定的顺序。如儿童的动作发展具有一定的顺序,遵循从头部动作到下肢动作、从大肌肉动作到小肌肉动作、从无意动作到有意动作等规律。

2. 儿童的心理发展具有方向性与顺序性

儿童的心理发展也体现出明显的方向性和顺序性。从心理活动的发展顺序看,儿童都是先发展感知觉,如视觉、听觉、嗅觉、触觉等,这为其他认知活动的发展奠定了基础。在感知觉的基础上,儿童开始发展记忆、情绪、思维、动机、想象等心理活动。即使是同一种心理活动,儿童的发展也遵循一定的顺序。如言语的发展,总是先出现外部言语活动,然后才出现内部言语活动。思维的发展也有固定的顺序,先出现直觉行动思维,然后再出现具体形象思维,而抽象逻辑思维出现时间最晚,往往在学前末期才开始萌芽。总之,儿童心理活动的发展,遵循着从不随意到随意、从具体到抽象、从受他人调控到自我调控的方向和趋势。心理学家们指出,个体心理发展是按照一定的次序进行的,"它具有并伴随着一种已知的程序"。

儿童发展的这种方向性和顺序性,反映出个体发展都遵循从低级到高级、从简单到复杂的过程,说明人类发展是按一定模式进行的。个体的生理、认知、社会行为和情绪反应等,都按照某种方向和顺序在发展。虽然各儿童在发展速度上可能存在个别差异,可以加速或减缓,但发展的顺序和方向通常不会改变。

(二) 连续性与阶段性

儿童的发展是不断地由量变到质变的发展过程,这种从量变到质变的过程使儿童发展表现出连续性和阶段性。

1. 儿童的发展具有连续性

儿童发展是一种连续、渐进的过程。生理的成熟、心理活动的发展,都以先前的状况为基础,都是对先前发展水平的继承与发展。要想从一种状况超越其中间状况,而转到另一种完全不同质的状态是根本不可能的。例如,思维发展遵循着从动作思维到形象思维再到抽象思维的顺序,整个思维的发展是连续的过程。不同年龄阶段儿童的思维水平,既有前面年龄阶段思维的"影子",又在向下一年龄阶段儿童的思维特点趋近。具体来说,学前儿童的思维继承着婴儿动作思维的特点,同时形象思维也开始发展起来;学前末期儿童的思维以形象思维为主,同时也开始发展抽象思维。因此,儿童的发展始终在某一阶段的早期存在着上一阶段的某些特点,而在发展阶段的晚期出现下一阶段的某些现象。儿童每一个发展阶段,都是先前成长发育与经验的结晶,同时又为下一阶段的发展奠定了基础、做好了准备。

2. 儿童发展具有阶段性

儿童发展具有连续性,同时每一时期又有相对固定的特性,这就体现为发展的阶段性。儿童发展造成量的变化,量变积累到一定程度出现质变,这种质变就使得儿童在某时期表现出与其他时期不同的特点,于是发展体现出明显的阶段性。儿童发展的阶段性往往与年龄联系在一起。因此,心理学上把个体发展在各年龄阶段表现出来的一般的、典型的、本质的特征,称为年龄特征。年龄特征是从许多同龄人发展事实中,通过概括并与不同年龄的人的心理进行比较而被确认的。例如,儿童在婴儿期和幼儿期的品德发展,都表现出一般的、典型的、本质的特征。婴儿期是品德的萌芽时期,是以"好"和"坏"两分法为标准的品德时期,而幼儿期主要是情境性品德发展阶段。正因为儿童的发展存在阶段性,因此很多学者往往以年龄为标志,将儿童的发展划分为不同的年龄阶段。例如我国学者通常认为0—3岁属于婴儿期,3—6、7岁的儿童处于幼儿期。

(三) 整体性

儿童身心是一个有机系统,其形成与发展是各个方面协调统一的过程,这就是发展的整体性。

1. 儿童的心理发展具有整体性

儿童的心理发展,是多种心理因素相互作用、共同发展的结果,体现出整体性的特征。儿童各种心理因素如情绪、认知、社会性等的发展,是相互联系、彼此制约的,某一因素的变化往往会影响其他因素的发展。例如,儿童的认知发展与情绪发展相互影响,彼此紧密联系在一起。如四岁的妞妞准确地回答了老师的问题,这种认知活动的成功使得她心情愉悦,对老师的下一个问题充满期待和兴趣,思考与认知的积极性高涨,从而促使她表现出更高效率的认知活动。即使在认知领域内部,儿童的各种认知活动也是相互影响的。如五岁的萌萌已经能认识很多蔬菜和水果了,有一天,她把自己爱吃的水果做主角,创编了一个小故事,绘声绘色地讲给妈妈听。这就说明萌萌对于水果的感知与记忆,为其设计故事、创编故事情节提供了丰富的材料,影响与促进了其思维和想象的发展;而萌萌在创编故事这一想象过程中,又使得其对水果的感知和记忆更加概括、深刻。

2. 儿童的身心发展具有整体性

路路满三岁了,家里人把他送进了幼儿园。路路处在一个陌生的环境中,见到周围陌生的老师和小伙伴,很没有安全感,哭着闹着要回家。这样的情形持续了好几天,很少生病的路路居然病倒了。家里人挺纳闷,这段时间路路的体质怎么下降了?老师向家里人解释,路路是因为处于入园适应期,经常处于焦虑、不安的情绪状态中,从而导致了身体免疫力的下降。过了两周,路路适应了幼儿园的生活,每天在幼儿园开开心心的,身体又变得棒棒的了。

路路入园的例子,说明了情绪这种心理活动对儿童身体健康的影响作用。这说明,儿童发展的整体性,还表现在生理成熟与心理发展的协调统一上。一方面,儿童心理发展是在遗传素质基础上,伴随着生理成熟而逐步发展起来的。生理成熟为儿童心理的发展提供了物质条件,是儿童心理发展的必备条件,生理各系统的成熟水平都会影响到心理发展。例如,十二个月大的乐乐,骨骼的成熟为他学习走路提供条件,发音系统的成熟为他学习语言提供条件。尤其是神经系统的成熟,是儿童心理机能完善的重要条件。例如一种常见的发展异常是儿童多动症,其主要特征是注意力难以集中,行为具有冲动性,其发生的主要原因就是神经系统功能发育不良。另一方面,儿童心理的发展又会对其生理发育产生影响。如路路对足球的兴趣很浓厚,经常踢足球,这就使得他的双腿灵活性与力度都比同龄孩子强。而灵灵喜欢画画,经常安静地坐着涂抹、绘画,这使得他的手指灵活性很强。

(四)个体差异性

儿童的发展有一定的方向性和顺序性,但发展的模式却各不相同。儿童发展的程序是统一的,但其发展的速度则存在很大的差异。儿童发展的差异性,是指不同个体在发展过程中表现出来的心理状况、速度、水平等方面的差别。众多心理学家曾专门研究了个体发展上的差异,并由此建立起"差异心理学"。他们的研究发现,不同的个体在发展过程中"心理机制、运动系统的活动能力、感觉和知觉的灵敏度、智力、知识范围、学习成绩、兴趣、态度以及其他种种不同的心理特征……都存在着程度不等的差异性"。

1. 发展速度的差异

儿童发展速度的差异,表现在多个方面。首先,在不同年龄阶段儿童的发展速度不同。三岁前的儿童发展速度最快,尤其是第一年。新生儿的心理,可以说一周一个样,满月之后,是一月一个样。一岁以后,儿童的发展速度就缓慢下来。两三岁以后的儿童,相隔一周,前后变化就不那么明显了。其次,不同领域的发展速度不同。在各种心理活动中,感知觉出现时间最早,出生后几个月就能达到成人的水平。儿童一岁左右出现言语活动,基本掌握本民族的口语通常在三岁左右,掌握书面语言的时间则更晚一些。思维通常伴随言语活动出现,但人类典型的思维方式——抽象逻辑思维——在学前晚期才开始萌芽,18岁左右才真正达到成熟水平。最后,不同儿童的发展速度也存在差异。美国心理学家洛文格(Loevinger)提出了"心理发展的模式"。他认为,不同个体的心理发展差异可概括为以下四种典型模式。模式Ⅰ:不同个体的发展从同一时期开始,最终也达到同一发展水平,但不同个体的发展速度不同。模式Ⅱ:不同个体发展速度不同,并且最后的发展水平也不同。模式Ⅲ:社会生活可能规定个体心理发展早期的速度,但允许不同个体心理发展的最终水平不同。当个体经过最初的固定时期之后,一些个体停留在一定心理发展水平上,另外的人则向不同的、更高水平发展。模式Ⅳ:个体心理发展中的一种特殊情况,即随着个体年龄的增长,其心理发展达到较高水平后会出现下降退化的状况。造成最后这种状况的原因可能有二:其一是个体的年龄所致,比如智力在一定的年龄阶段出现退化;其二则可能是由于个体生活的影响,个人丢弃了原有的抱负和志向,从而使原来发展良好的心理水平下降。

2. 性别差异

由于先天遗传素质、后天教育环境的不同,男女儿童在发展上表现出一些明显的差异。在动作行为方面,男孩比女孩具有更强的身体活动能力,更容易出现身体攻击性行为;男孩在大肌肉动作技能和力量方面占优势,而女孩则在精细动作上占优势;在行为的自我控制方面,男孩也远比女孩差。在活动倾向方面,男孩对于物体更感兴趣,喜欢探究;而女孩似乎对人更感兴趣,喜欢交往,感情丰富。同时,男孩摆弄拆装物件的探求欲和好奇心等方面,均超过女孩。体育活动中,女孩喜欢节奏轻快、力度较小的运动,而男孩则喜欢力度较大、速度较快而刺激的体育活动。进行户外活动时,男孩喜欢追逐打闹游戏,而女孩则喜欢相对安静的游戏。在言语能力的发展上,女孩普遍比男孩开口说话早,平均比男孩早 2~4 个月。同时,女孩的语音辨别能力和发音清晰度均优于男孩,出现言语缺陷的情况也较男孩少。

第二节 儿童发展的影响因素

哪些因素影响着人类的发展?不同心理学家做出了不同的假设。例如有的心理学家将人看作机器。"机械论模式"认为,人如同机器一样都具有非常高的可预测性,假如外部环境条件十分充足,预测与控制人类的行为就有可能。这种观点在早期行为主义学习理论中表现得十分明显。有的心理学家则强调生物学的价值以及自我定向的作用。这种"机体论模式"(生物学的模式)认为人类的发展取决于内部的、生物学的以及心理的决定因素。这种观点体现在精神分析理论的代表人物弗洛伊德的理论当中。第三种模式称为"环境模式",有时也被称为社会生态学的模式,强调社会文化与家庭在塑造人类发展方面所扮演的角色。这种观点在布朗芬布伦纳、班杜拉、维果斯基的理论中都有所体现。

儿童发展存在一些共性,如具有特定的方向和顺序,作为一个整体而发展。但儿童发展存在这些共性的同时,也表现出一些差异,如小班幼儿和中大班幼儿的发展就存在很明显的差异。即使在同样的发展阶段,每个儿童发展的进程也有快有慢,水平有高有低。儿童发展的差异是由多种因素造成的,遗传、家庭、幼儿园等都是儿童发展的重要影响因素,这些影响因素大致可以归纳为两大类:客观因素与主观因素。

一、客观因素

客观因素指儿童发展必不可少的外在条件,主要包括遗传素质和社会因素。

(一) 遗传素质

有一对很早就分开的"双生子",后来相遇时发现,他们不仅身高、体重相同,说话的腔调、做事的风格、步态姿势相似,兄弟俩的妻子都叫琳达,后来都离了婚,他们的大孩子都叫佳姆斯·奥伦,兄弟俩都开雪佛兰轿车,都有木工的业余爱好,都喜欢在同一海边度假,都在自家花园的树丛周围修了一圈座椅……这些现象表明,脾气、性格、志趣等确实与遗传物质——基因有密切关系。

遗传素质是影响儿童发展的重要生物因素。所谓遗传,是指亲代将自己的生物特征传递给子代的过程。遗传素质是指遗传的生物特征,主要指个体与生俱来的解剖生理特点,如机体的构造、形态、感官和神经系统的特征等。俗语"龙生龙,凤生凤"反映了动物的遗传;"种瓜得瓜,种豆得豆",反映了植物的遗传;黑头发、黄皮肤、黑眼睛,这反映了黄种人的遗传素质。遗传信息的载体是细胞核的染色体,染色体中的基因是遗传物质的基本单位,主要成分是去氧核糖核酸(DNA),它能储存一定遗传信息或密码,就是这种物质决定了人的遗传特征。

1. 为儿童发展提供物质前提和基础

在20世纪60年代,有一对夫妻心理学家比阿特丽克斯(Beatrix)和艾伦·加德纳(Allen Gardener)决定尝试这样的实验:如果像养育人类一样养育黑猩猩,能否让黑猩猩开口说话?于是,加德纳夫妇便领养了一只名叫华秀(Washoe)的黑猩猩,并教会她掌握了300多种常用手势,包括索要各种食物和日常的游戏活动。但是,这只黑猩猩并不能像人类一样开口说话。因为相比起人类,黑猩猩的喉头位置偏高太多,根本无法发出口头语言。这说明,个体的发展,有赖于遗传素质所提供的自然物质基础。

人类在进化过程中,机体得到高度发展,特别是脑和神经系统高级部位的结构和机能达到高度发达的水平,获得了不同其他生物的特征。人类天然的族类特征是正常儿童出生时都具有的遗传素质。人类共有的遗传素质是儿童在成长过程中有可能形成人类心理的前提条件。如果缺乏这种物质条件,个体的发展就无法实现。如无脑畸形儿生来不具有正常脑髓,因而不能产生思维,最多产生一些最低级的感觉,如关于饥、渴的内脏感觉等。如果儿童某些遗传素质受到损伤,儿童某方面的发展就会受到阻碍、存在缺陷。如生来是聋哑的孩子,难以发展音乐能力;生来是全色盲的孩子,无法辨别颜色成为画家。如我国学者周国兴认为,猩猩即使在良好的人类生活条件和精心训练下,也无法开口讲话,这是因为它缺乏人类的遗传素质。

2. 为儿童发展的个体差异性奠定最初的基础

医院里有三个婴儿同一天出生,护士分别称呼他们大宝、二宝和小宝。细心的护士发现,三个宝宝的脾气、性情完全不同。大宝手脚乱动,难以安静下来,经常哭闹不止;二宝则十分安静,睡觉也不用人哄,入睡很快;小宝很活泼,经常睁着眼睛好奇地左看右看,或者起劲地啃着手指头,看见护士走过来就露出专注的神情。

刚出生的儿童,高级神经活动类型就表现出天然的差异,如上面例子中三个宝宝就表现出不同的神经活动类型。这种神经活动类型的差异为儿童气质的差异奠定了生理基础。如大宝可能成长为胆汁质气质,二宝更有可能成长为黏液质气质,小宝则更有可能表现出多血质气质类型。世界上除了同卵双生以外,每个个体都有独特的遗传模式。遗传模式的差异性决定了心理活动所依据的物质本体的差异性,从而影响着心理机能的发展。由遗传带来的解剖生理特征,尤其是中枢神经系统的特征,影响个体的发展。

3. 对儿童发展不同方面的影响不完全相同

遗传因素对儿童体征的影响最为明显,大于对于行为能力的影响。儿童的容貌、身高、体重受遗传的影响很大,体型也受遗传的影响,尤其是肥胖。有研究发现,父母双方体型均为肥胖的,孩子肥胖的概率约为80%;父母一胖一瘦,孩子肥胖的概率约为50%;父母体型均为瘦削型,孩子肥胖的概率只有20%。

遗传因素在一定程度上影响儿童个性的形成。很多研究发现,同卵双胞胎具有焦虑、抑郁、保守、内外向、精神分裂症、孤独症、神经性厌食症等高度一致的个性特征。普罗敏(Plomin)的研究发现,同卵双胞胎在精神分裂症上的一致性概率大约是50%(所有患精神分裂症的双胎成员之一,大约50%有患精神分裂症的双胎兄弟姐妹),而在异卵双胞胎之间的一致性的概率只有10%。有趣的是,许多学者以同卵双胞胎性格异同的研究来表明性格与遗传基因的关系。美国明尼苏达大学心理中心的研究指出,双胞胎即使分开生活,他们的饮食习惯、口味、声音、面部表情、手势动作等性格特征,仍有许多相似之处。两者之间的相似程度如果用相关系数来表示,很明显,同卵双胞胎的相关系数大于异卵双胞胎的相关系数。

遗传素质对儿童的能力发展也有一定的影响。英国心理学家西里儿·伯特(Cyril Burt)的研究材料表明,遗传影响儿童智力的发展。在一起长大的无血缘关系的儿童智力相关很小,而有血缘关系的儿童之间的智力相关依家族谱系的亲近程度增加而逐渐增高,同卵双胞胎的智商有很高的相关(见表3-1)。一些研究还指出,不同的能力受遗传的影响程度不同,如言语、空间等能力受遗传的影响一般大于记忆、推理能力。此外,特殊能力的发展受遗传的影响大一些。比如手指长而灵活,声带音质纯净等。从这个角度可以说,遗传素质规定了儿童可能的最优发展方向,不同遗传素质的人,最优发展方向不同。

表3-1 不同血缘关系儿童的智商相关程度

遗传变量	同卵双胞胎		异卵双胞胎	非孪生兄弟姐妹	无血缘关系儿童
环境变量	一起长大	分开长大	一起长大	一起长大	一起长大
智商相关	0.87	0.75	0.53	0.49	0.23

不论遗传素质对儿童发展有多大的影响,它仅仅是为儿童发展提供了物质基础(自然前提),使儿童发展具有了某种可能性,但不能预定或决定儿童的发展,切不可片面地夸大遗传素质在儿童发展中的作用。

(二)社会因素

"如果一个孩子生活在批评之中,他就学会了谴责;如果一个孩子生活在敌意之中,他就学会了争斗;如果一个孩子生活在恐惧之中,他就学会了忧虑;如果一个孩子生活在耻辱之中,他就学会了负罪感;如果一个孩子生活在鼓励之中,他就学会了自信……"

社会因素,即指儿童生活的环境。若按环境的范围分,环境可分为大环境(指个体所处的总体自然环境和社会环境)和小环境(与个体直接发生联系的自然环境和社会环境)。若按环境的性质分,环境可分为自然环境(包括自然条件与地理环境)和社会环境(包括政治、经济、文化以及与个体相关的其他社会关系)。自然环境是生物有机体所共有的维持生存所必需的自然物质环境,提供儿童生存所需要的物质条件,如空气、阳光、水分、养料等。自然环境对儿童发展的影响是不可忽视的。如空气中的负氧离子可以促进儿童身体健康发展,而过强的噪声会抑制儿童的正常发展。社会环境是指儿童所处的社会生活条件和教育条件,包括家庭、社会、学校等方面的各种影响。社会环境对儿童发展的影响作用十分巨大,因此社会因素对儿童发展的作用,主要指的是社会环境的作用。

1. 使遗传提供的发展可能性变为现实性

1920年,一名传教士在印度某地区的一个狼洞里发现了两个"狼孩"。从外形看这两个狼孩属于人类,但行为举止、作息规律却完全和狼一样,白天睡觉夜晚活动,用四肢爬着走路,吃食物时不用手拿,而是放在地上用牙齿撕开吃。身体检查发现,狼孩的生理系统是正常的,只是有点营养不良。有研究者专门对其进行训练,教他们识字,学习人类的基本行为方式和生活技能。然而他们的学习速度非常慢,一个狼孩2年后才会直立,6年后才艰难地学会独立行走,但快跑时还得四肢并用。两个狼孩直到死也未能真正学会讲话,只能勉强地学几句话。16岁时,狼孩的智力也只相当于三四岁的孩子!

这种由动物养大的儿童事例并不少见,他们的发展往往存在较大的缺陷和障碍。对动物进行的"感觉剥夺"实验研究,也证明了环境对有机体发展的重要性。两组同样的老鼠:一组从小饲养在形色丰富的环境里,另一组饲养在视觉刺激缺乏的环境里。结果,无论是智力表现还是脑细胞形态结构的发展,后者都比前者差。这说明,先天的遗传素质仅仅为儿童提供了发展的可能性,要使这种可能性变为现实,必须有赖于社会环境和社会生活条件。儿童只有在后天的环境和教育的影响下,才能够使先天的素质得以正常发展。直立行走、说话本来是人类的特征,但是对每一个具体儿童来讲,遗传只提供了直立行走和说话的可能性,没有人类的社会环境,这种可能性不能变为现实性。如丹尼斯(W.Dennis)在德黑兰的孤儿院发现,该院58%的孤儿一岁后还不会独立坐,85%到三岁多还不会走路,开始站立和扶着栏杆走的平均年龄为70周。孤儿院儿童动作发展的滞后,就是缺乏良好的生活环境、教育培养所致。许多正常环境下的儿童似乎是自然而然学会说话和走路的,其实这与社会生活环境密切相关,只不过有时不被人察觉而已。

2. 制约着儿童发展的方向、水平、速度

哈洛(H. F. Harlow)在1956年进行了恒河猴行为发展的研究。他把刚出生就离开母猴的恒河猴分成三组:一组将之完全隔离,剥夺与其他动物的任何接触,但猴子所有的物质需要都能得到满足。一组是给它们一个"铁丝妈妈",是用金属做成的金属母猴,但研究人员却在金属母猴身上安装了橡皮奶头,小猴子饿的时候可以从金属母猴那里吸吮到奶汁。还有一组是给它们一个"布妈妈",是浑身包裹着柔软绒布的布母猴。布母猴的面部表情更温和一些,但她却没有可以给小猴子吃的奶汁。经过半年或一年后,发现完全隔离的猴子常呆呆坐着,对外界很冷淡,但又显得特别恐惧、畏缩。研究人员把由不同"妈妈"抚养的幼猴与其"妈妈"分开一段时间,发现两只幼猴的行为表现很不一样。由金属母猴抚养的小猴子见到自己的"铁丝妈妈"时,表现出焦躁不安,没有任何与"母亲"亲热的反应。而由布母猴抚养的小猴子马上依偎到母亲的怀里,拥抱母亲,亲吻母亲,显得非常安静。

多项动物实验和婴幼儿研究表明,社会环境在有机体的发展中发挥重要的影响作用。不仅动物的发展受环境的极大影响,儿童的发展也受周围生活环境的制约。不同历史时期,社会生活条件不同,相应的科学文化和教育水平不一样,对儿童的影响不同,儿童获得的发展也不一样。如同为5岁的儿童,现代社会儿童的身体发育就比古代社会的要好,见识也比以前的儿童更加广阔,心智发展也更为成熟。即使是同一社会制度下,地区不同、家庭不同、周围环境不同,儿童的发展也存在差异。尤其生命早期的社会交往因素对儿童智力、情感发展有重要作用,其中婴儿早期所感受到的母爱、社会交往更具有深远的影响。

例如研究发现,母亲的不同教养行为会造成儿童不同的依恋类型。美国心理学家安斯沃斯(Mary Ainsworth)的研究发现,母亲如果对婴儿的啼哭、叫唤等做出更为敏捷的反应,对婴儿表达更多的积极情绪,如微笑、抚爱等,尊重、接纳婴儿的喜好等,给予婴儿更丰富的社会性刺激如微笑、说话、模仿等,婴儿更容易形成安全型依恋。婴儿和母亲在一起时能安逸地玩玩具,对陌生人反应比较积极,母亲离开有点苦恼,母亲回来就主动与母亲接触,情绪很快平静下来。反之,如果母亲对婴儿反应迟钝,较多消极情绪,与婴儿很少交流与沟通,则婴儿不会对母亲形成依恋,或是对母亲形成一种反抗型依恋。这样的婴儿在母亲离开时表现出警惕、反抗,但与母亲一起时又不愿与母亲接触,甚至生气、发怒。

许多关于孤儿院孩子的研究也证明了早期社会环境对儿童发展的影响。调查发现,一些被孤儿院收养的孤儿,尽管物质生活条件不一定比平常的差,但由于缺乏人们的抚爱、交际,心理情绪都表现不正常。有的表现社交冷淡,缺乏依恋的动机与能力,社交识别能力也很差,把熟悉的人视同陌生人。有的则相反,表现出一种情感"饥渴",十分贪求别人对自己的关注与抚爱。前者过度退缩,后者过度活动。这些孤儿的智力发展均表现出迟缓,语言及抽象概括能力差。

这些事实都说明,不同的社会环境,不同的社会交往对象与群体,对于儿童发展会造成不同的影响,使儿童的发展在方向、速度上表现出差异。

3. 对儿童发展的影响从胎儿时期开始

国外有研究者做过这样的实验,将贫穷地区的孕妇分成两组,实验组提供充分的饮食补充,对比组仅给以安慰剂。事后当他们的孩子长到3~4岁时,测定这些孩子的智力,结果发现实验组孩子的智商显著高于对比组。这说明,怀孕的母亲摄入的营养物质,会影响胎儿的发展。不过,这些研究多数是在一些不发达国家的贫穷地区做的,这些母亲的营养往往在最低标准线以下,因此,适当增加营养产生了显著效果。如果对于那些已达足够营养水平的孕妇,增加营养对于智力的提高并不会产生显著效果。

社会环境发挥作用不是从儿童出生之后才开始。事实上,儿童从胚胎时期起就受到环境的影响。近年来多项研究表明,母亲的营养、疾病、情绪以及药物、烟酒等都会对胎儿发育发生作用。孕妇的情绪对胎儿也有影响,怀孕期间孕妇精神压力过大,会影响胎儿发育及心理成长,导致孩子将来生长迟缓、认知障碍、抑郁焦虑症状,甚至可能带来自闭症。以色列希伯莱大学医药学院的玛塔·温斯多克-罗辛教授在"早期生活压力带来的长期影响"国际学术会议上介绍,他们对老鼠实验结果显示,当母鼠处在压力下,后代出现认知和记忆力损失、环境适应差及焦虑抑郁等症状,这与人类怀孕期间遭遇压力后生下的婴儿类似。在胎儿大脑发育时期,若母体遭遇压力,肾上腺分泌过量皮质醇进入胎儿大脑,将严重影响胎儿大脑发育,引起大脑结构和功能变化,过量皮质醇还刺激胎盘释放其他激素而可能引起早产。这些研究都说明,社会环境发挥影响作用是从胚胎时期开始的。

4. 教育条件发挥着主导作用

教育本身也是一种社会生活条件,但是教育与一般的社会生活条件或环境影响不同,它是一种特殊的社会环境。教育是一种有目的、有计划、有系统的环境影响,是由教育者按照一定的教育目的,对社会环境加以选择,组织成一定的教育内容,并且采取一定的教育方法,来对儿童心理施加的有系统的影响。

教育无论是有组织的还是没有组织的,系统的还是零碎的,是家庭的教育,还是社会、学校的教育,都是一种有目的的培养人的活动。教育的这种目的性,就促使家庭、社会或者学校选择一些积极的社会环境或社会条件,为儿童的发展创设更多正面教育的机会。"孟母三迁"的故事就典型地反映了教育的这种目的性。由于教育有目的地选择了社会环境中的积极因素,经常给予人正面的影响,各方面的影响很容易形成一股合力,集中地作用于人的身心发展,这是一般社会环境那种自发的、偶然的、片面的影响无法比拟的,因此对人发展的影响特别大,规定着人的发展方向。

在各种教育当中,幼儿园教育对儿童具有特别重要的影响作用。幼儿园教育是根据社会的要求,按照一定的目的,选择适当的内容,利用集中的时间,有目的、有计划、系统地向学前儿童进行全面的培养和教育。可以说,这种影响力较之家庭教育、社会教育的影响力更加强烈而集中。同时,幼儿园还有受过专业训练、专门负责教育工作的幼儿教师,对儿童思维、个性等进行全面培养与教育。幼儿教师对于教育目的非常明确,对于教育内容也很熟悉,懂得教育的规律与教育方法,更利于促进儿童的全面发展。因此可以说,教育对儿童的影响是比较全面、系统的。

虽然社会环境制约着儿童发展的方向、速度和水平,但社会环境影响作用的发挥是有条件的。社会环境既不能超越它所依存的社会条件去发挥其功能与作用,也不能忽视儿童主观能动性的作用,不能违背儿童身心发展的客观规律去任意主导儿童的发展。儿童发展是遗传素质、社会环境、儿童主观因素共同影响作用的结果。

二、主观因素

作为一名幼儿教师,我们知道不能强迫幼儿园的孩子去学习系统的数学,更不能学习高等数学,因为这时儿童仅有关于简单数量的表象和概念,还不能掌握复杂的、抽象的数学知识。同样,我们如果采取讲抽象理论的方法对幼儿进行思想教育,一定不会有多少效果,因为幼儿还没有掌握高深的道德概念,当然无法理解抽象的道德理论。因此,在儿童发展的影响因素当中,必须关注儿童自身的发展特点和其他心理因素。

遗传素质为儿童发展提供可能性,社会因素使这种可能性变为现实,但在儿童发展过程中,遗传素质和社会因素只是儿童发展的外因。儿童发展尤其是心理发展的过程,不是被动的接受客观因素影响的过程。儿童是独立的生命实体,有自己的兴趣、需要,有自己的认知结构和心理状态,他们总是主动地对外界刺激加以选择,接受自己所需要的东西,拒绝不需要的东西,具有创造力。所以说,影响儿童发展的因素,不仅有外部的客观因素,还有儿童心理内部的因素,我们把其统称为主观因素。儿童年龄越大,主观因素对其发展的作用越大。幼儿期,主观因素对儿童发展的作用已经十分明显。

（一）影响儿童发展的主观因素

影响儿童发展的主观因素,笼统地说包含儿童的全部心理活动。具体地说,包括儿童的需要、兴趣爱好、能力、性格、自我意识以及心理状态等。

1. 需要。需要是儿童主观因素最活跃的因素。需要是有机体内部的某种缺乏或不平衡状态,它表现出有机体的生存和发展对于客观条件的依赖性。儿童从出生之日起,就有对食物的需要、温暖的需要。稍大一点,有和他人交往的需要、认识的需要、游戏的需要等。需要是有机体活动的积极性源泉,激发人们包括学前儿童去活动,以满足自己的需要。因此,成人对儿童进行教育时,如果不能引发儿童的需要,那教育也不能够收到成效。如想促进儿童口语表达能力的发展,儿童就必须有开口说话的需要。如果儿童不想开口,那也不能很好地学会说话。

2. 兴趣。兴趣与爱好也是影响儿童发展的重要因素。兴趣能调动儿童的积极性,提高儿童活动的坚持性。例如在有趣的游戏里,幼儿的坚持性可以有明显的提高,能力提高也快。以幼儿学弹琴为例,爱好弹琴的幼儿很快能掌握弹琴的一些基本能力,缺乏相关兴趣的幼儿则学习起来特别费力,或始终学不会。

3. 性格与能力。性格影响儿童心理活动的积极性。反应快、易冲动的幼儿喜欢变化多的任务,安静、迟缓的幼儿富有坚持性和耐心,能长时间专注于细致的活动。性格开朗的幼儿受批评后很快忘记,性格内向的幼儿则长时间闷闷不乐,活动积极性不高。有研究表明,在某个慈善机构里的婴儿,接受的成人照顾同样很少,但性格活泼的婴儿,其智商分数高于安静的婴儿。因为他们比较活泼,总是不断地寻求自我刺激,如较多移动身体位置,使身体受到较多的触觉、动觉刺激,从而增加了智力发展的"营养"。而能力决定了儿童的理解和接受水平。如果内容或者任务过难,无法调动儿童学习的积极性,则不能激发儿童的学习需要,儿童很难学到东西。

4. 心理状态。心理状态包括注意、激情、心境等,是心理活动的背景,起着提高或降低心理活动积极性的作用。如注意力不集中时,观察、记忆、思维、想象等各种心理活动的水平都会降低。幼儿的情绪也影响其心理活动水平,如果情绪低落,幼儿做什么都没有兴趣,缺乏积极性。如果情绪过于激动、兴奋,也不能很好地完成任务。

（二）心理内部矛盾是推动儿童发展的根本动力

1. 心理内部矛盾的形成

1岁的福宝已经会清楚地叫"妈妈"了,但还不会说其他的话。这一天,福宝想玩球。他拉着妈妈的手,指着放在玩具柜上的小篮球,一个劲叫"妈妈"。妈妈以为他想要玩具柜上的积木,就把积木放到他手里。福宝摇着头,继续指着玩具柜。妈妈问:"你想要柜子上的什么玩具呢?"福宝着急地发出"咿咿呀呀"的声音,他非常想说出"球"这个词。正是这种想清楚表达自身想法的需要,会促使福宝去学习"球"这个新的词汇。半个月后,福宝已经会清楚地说出"球"这个词了,这是他学会的第二个词。

上面这个例子反映了儿童语言的发展,是基于其学习语言的需要与现有语言发展水平之间的矛盾。正是这种矛盾促使他学会说新的词汇。当他学会一些单词句如妈妈时,语言发展到了一个新水平。但用一个词如妈妈代表各种意思(如球)往往使人不理解,儿童就又产生了要讲清楚自己意思的需要,于是又出现新的矛盾。如此不断的产生、解决、再产生的矛盾运动,就使儿童的语言活动得到了发展。

2. 心理内部矛盾推动儿童的发展

内部心理因素之间的矛盾,是推动儿童发展的根本动力与原因。儿童心理活动的各种心理成分或因素之间既是不可分割的,又是经常对立统一的。儿童心理的内部矛盾可以概括为两个方面:新的需要和旧的心理状态或水平。需要总是表现为对某种事物的追求和倾向,是由外界环境和教育引起的。随着儿童的成长和生活条件的变化,外界对儿童的要求也不断变化。需要是儿童新的心理的反映,旧的发展水平或状态是过去的心理的反映。这两种心理反映之间总是不一致的,有了新的需要就不能满足于已有水平。不一致就构成了心理内部的矛盾,它们总是相互否定、相互斗争,新需要往往否定旧水平。当心理水平提高后,原有需要得到满足了,这种需要就被儿童否定了,随时间发展又产生别的新需要。儿童心理就是在这样不断的内部矛盾运动中得到发展。

当然,儿童心理内部矛盾的两个方面也是相互依存的。一方面,儿童的需要依存于其原有的心理水平或状态。需要总是在一定的发展水平或状态的基础上产生。如过难的教学内容不能引起儿童学习的积极性,毫不熟悉的事物也不能引起孩子的兴趣。另一方面,一定的心理水平的形成,又依存于相应的需要。没有需要,儿童就不会去学习任何知识与技能,心理水平就无法得到提高。

综上所述,遗传、社会环境和主观因素是影响儿童发展的主要因素。一方面,我们应当承认环境和教育对儿童发展的决定作用,但它们只是儿童发展的外部原因(外因),也就是外部矛盾。这个外部原因如果要对儿童发展起作用,就必须通过儿童发展的内部原因(内因),也就是内部矛盾,才能实现。离开了儿童发展的内因或内部矛盾,环境和教育这个外因或外部矛盾就无法起作用或不可能很好地起作用。

第三节 学前教育与儿童发展的关系

当前,关于学前教育价值的研究逐渐丰富起来。但各国对于学前教育价值的研究并不均衡,研究的视角也各有不同。美国在该研究领域处于领先地位,针对学前教育产生的价值实施了多项比较研究,影响力较大的是"纵向研究会"开展的追踪研究,大卫·韦卡特主持的"佩里学前教育项目",以及路易斯·米勒进行的早期教育模式比较研究。而英国的有效学前教育项目(Effective Provision of Pre-school Education,EPPE),是目前欧洲规模最大的有关幼儿园保育和教育对儿童发展影响的追踪研究。该研究不仅对英国有关学前教育的国家政策产生了积极推动作用,而且对英国学前教育实践也产生了重大影响。发展中国家也开展了相关研究,较著名的是拉丁美洲的哥伦比亚学者加利关于学前教育的价值研究。近些年,我国学者、专家也开始关注学前教育价值的研究,如庞丽娟等人的《论学前教育的价值》,黄英的《终身教育理论下学前教育的价值思考》,李克勤、罗先华的《学前教育价值体系建构初探》等。

对于学前教育的价值,不同研究者有不同的分析视角。一般认为,学前教育价值显现在两大方面。一是学前教育对于人的发展的价值。如学前教育对于人的社会性、人格发展、认知发展等方面的重要影响作用。二是学前教育对于教育事业、家庭和社会的价值。在此,我们主要探讨学前教育对个体发展的价值。

一、学前教育对儿童发展的影响

学前教育属于社会环境的范围,但它是一种特殊的社会环境。教育,特别是学前教育,与遗传因素和自发的社会环境的影响作用相比,在儿童的发展中起着主导作用。联合国教科文组织 1996 年在《教育:财富蕴藏其中》的报告中明确指出,"受过幼儿教育的孩子与没有受过这一教育的孩子相比,往往更能顺利入学,过早辍学的可能性也少得多";"学前教育的不足或缺乏这种教育,均可严重地影响终身教育的顺利进行"。

(一) 学前教育对儿童大脑发育的影响

脑是心理产生的器官,是心理出现和发展的重要物质前提,大脑的发育直接影响着个体心理的健康发展。人的基因组与动物的基因组差距并不大,例如人与黑猩猩的基因有 98.73% 的相似性,但是人的智商却远远高于它们。这除了社会生活的影响之外,生物学原因主要在于人类大脑与动物大脑的差异。脑重是影响有机体发展的重要因素,人类大脑的平均重量可达 1 350~1 400 克,而动物当中最聪明的黑猩猩的大脑重量仅为 400~500 克。另外,心理发展也与脑细胞的数量有关。例如人类大脑的神经细胞为 100 亿~140 亿个,黑猩猩的脑细胞数量为 80 亿~112 亿个,达到人类大脑细胞的 80%,因而黑猩猩的智商在动物中最接近人类。

学前期是儿童大脑快速发育的时期。婴儿刚出生时脑重约为 370 克,大约是成人脑重的 25%。到 1 岁时,婴儿的脑重为出生时的两倍,达成人脑重的 50%,2 岁时已接近成人脑重的 75%。从脑重量增长的速度可以看出,儿童 1—2 岁时脑发育是最快的,处于脑发育的关键期。学前期也是大脑细胞发育的重要时期。据联合国儿童基金会提供的资料表明:三岁左右儿童的脑重已接近成人,人脑细胞的 70%~80% 是 3 岁前形成的。因此,在生命早期,儿童的大脑具有巨大的可塑性。如果此时受到外界丰富的刺激,良好的教育,就能促进儿童大脑神经系统的发育。相反,贫乏的环境刺激则使儿童大脑发育变得迟缓、滞后。

罗森维格等人(Rosenzweig et al.)探讨了生存环境对老鼠大脑发育的影响。一组老鼠有丰富的环境刺激,如有小梯子、轮子、小箱、平台等"玩具"。另一组老鼠生活在单调的环境条件下,每天只有食物的供应。约 10 周以后,对两组老鼠的大脑进行解剖发现,相比那些生活在单调环境的老鼠,有丰富环境刺激的老鼠大脑皮质更重,所含的蛋白质更多,大脑结构更加复杂,脑的化学物质也更为丰富。

许多心理学家进行的动物和婴幼儿实验都充分说明,早期丰富的环境刺激有助于动物大脑神经系统的发育。而单调的环境刺激、早期经验的剥夺,则极易使有机体的大脑发育受到损伤。格里诺等人(Greenough & Black)的研究还发现,家养宠物与隔离喂养的动物相比,由于所处环境刺激更为丰富,所以其大脑更重,密度更大。可以说,幼年期持续的早期经验的剥夺,将会导致中枢神经系统的发展出现减缓甚至停滞现象,并构成终身性的永久伤害。关于婴幼儿大脑的研究发现,被严重忽视的孩子,其脑部扫描图中负责情感依附的大脑区域根本没有得到适当的发育。这也说明早期经验对于儿童大脑功能发育的重要意义。

学前教育是一种特殊的社会环境,是对儿童实施的是一种有目的、有计划、有系统的环境影响,能给儿童提供多领域、多方面的刺激,有利于促进儿童的大脑发育。

(二) 学前教育对儿童认知发展的影响

学前期是儿童认知发展最为迅速的时期,存在多种认知发展的敏感期和关键期,在人一生认识能力的发展中具有十分重要的奠基作用。蒙台梭利在《童年的秘密》一书中,指出学前期存在六个发展敏感期,而其中三个敏感期涉及的是认知发展领域,如语言敏感期(0—6岁)、感官敏感期(0—6岁)、对细微事物兴趣的敏感期(1.5—4岁)。同时,学前期还是儿童的好奇心、想象力、创造性等非智力因素形成的关键时期。可以说,学前期的儿童具有巨大的学习潜力,但是这种学习潜力的激发与挖掘,有赖于外部丰富的环境刺激,尤其是良好的教育条件。多项研究证明,早期教育对于儿童的认知发展具有重要影响。单调贫乏的环境刺激或不适宜的教育影响,会造成儿童认知发展的滞后,而丰富的环境刺激,以及成人的积极教育和指导,则能够促进儿童认知的发展。

儿童学习的潜力只有通过适当的环境和教育,才能挖掘出来。美国心理学家克莱格·拉梅、弗朗希思·坎贝尔曾对来自贫困家庭的儿童进行对比研究。他们把儿童分为两组,第一组儿童白天在托儿所生活,除了必需的营养以外,教师还通过游戏、音乐来教育儿童;第二组儿童只得到营养物质而无游戏和音乐活动。结果发现,在学前期第一组儿童的智商高于第二组儿童许多;到15岁时,第一组儿童的读、写、算的成绩明显高于第二组。可见,适宜的早期教育有利于儿童认知方面的成长和发展。

【知识拓展3-1】 学前教育对贫困家庭儿童发展的影响

美国就学前教育对儿童的影响效果展开了广泛研究,其中20世纪60年代初实施的"佩里学前教育项目"(Perry Pre-school Project)较为著名。该研究的实验对象是1962年至1965年先后招收的几批智商较低的黑人贫困家庭的三四岁孩子,把他们分为两组,对其中一个组的孩子进行学前教育与定期家访,另一个组则是对照组,不采取任何教育措施。通过27年的跟踪调查,该研究发现,良好的学前教育对贫困家庭的孩子在今后的发展尤其是认知发展带来许多积极影响(见表3-2)。

表3-2 学前教育对贫困家庭儿童发展的影响

	接受学前教育的儿童	未接受学前教育的儿童
接受特殊教育比例	19%	39%
中学毕业率	2/3	1/3
考上大学的比例	38%	21%
成年后正常就业率	50%	32%
失业率	25%	75%
留级率	前者低于后者25%	

——向月.二十世纪下半叶美国联邦政府学前教育政策变迁研究[D].西南大学,2012.

特里格韦尔·普罗瑟等人(Trigwell Prosser & Waterhouse)的研究证实,在儿童认知和学习的过程中,教师可以通过对儿童认知活动目标、方向、策略的指导,为儿童认知与学习能力的提高提供有效的支架,从而起到引导和促进的作用。罗戈夫(Rogoff)的研究也发现,通过教育与指导,教师也影响着儿童在学业动机、认知方式、认知策略等方面的发展。

良好的学前教育有助于儿童智力的开发,有利于缩小学业差距,减少辍学、留级等问题的发生。学前教育在很大程度上可以预测儿童将来的发展,尤其是认知方面的发展。"佩里学前教育项目"的结果引起了广泛的关注与巨大的反响,使政界和社会各界人士提高了对学前教育的认识,增加了对其意义及其价值的重视度,并积极支持发展学前教育事业。

(三) 学前教育对儿童社会性发展的影响

1988年,75名诺贝尔奖获得者聚集一堂。记者问获奖者"您在哪所大学、哪个实验室学到了您认为最重要的东西",一位白发苍苍的学者沉思片刻回答道:"在幼儿园。"并说自己在幼儿园学到了最重要的东西:把自己的东西分一半给小伙伴;不是自己的东西不拿;东西要放整齐;吃饭前要洗手;做错了事情要表示歉意……

社会性是儿童发展的重要方面,是儿童通过社会化的过程逐步形成与发展的能力,而学前期是儿童社会化的起始阶段和关键时期。蒙台梭利在《童年的秘密》中指出,学前期存在秩序敏感期(2—4岁)和社会化发展敏感期(2.5—6岁)。在生命早期,儿童在和周围人的互动中,逐渐形成最基本的对人、事、物的情感与态度,奠定了性格与行为习惯的基础。可以说,学前期是儿童社会行为和人格品质养成的重要时期。

多项研究发现,学前教育对于儿童情绪与情感的发展有重要的影响作用。如不同的学前教育类型下,儿童感受到压力和焦虑水平不同。拉克曼等人(Ruckman et al.)的研究发现,在适宜于儿童发展的教育影响下,儿童的整体压力感低于那些不适宜于儿童发展的班级中的儿童。而比起那些接受适宜教育的儿童,所受教育不适宜的儿童的压力值上升了17%。赫什·帕赛克等人(Hirsh Pasek et al.)还证实,接受的学前教育的质量不同,儿童的焦虑水平也存在差异。如有研究发现,来自发展适宜性班级的儿童出现焦虑情绪的比例更低。这一结果几年后再次得到证实。施托佩克等人(Stipek et al.)研究发现,接受适宜教育的儿童具有更强的能力感,更少焦虑,儿童对于完成任务更为自信,并存在更高的成功期望。我国学者夏勇认为,批评儿童等教育行为,是引起或加剧儿童焦虑、抑郁、恐惧等心理行为问题的重要因素。有一项有关55名超常儿童的追踪研究发现,超常儿童在遗传素质上固然有一定优异之处,但主要是由于较好的早期教育和环境条件的影响,促使他们智力发展较好,并有坚强的意志品质。

伯奇等人(Birch & Ladd)的研究还表明,学前教育还影响着儿童的社会性发展和人格品质的养成。教育实质上是一种人际互动行为,通过教师和儿童之间的互动,儿童不仅发展着对知识和学习、对他人与社会的基本观念,而且形成着一定的个性品质和行为方式。教师对待儿童的行为直接影响着儿童在学习、活动、同伴交往中的特点,适宜的教育方式能促进儿童社会态度和能力的发展。如德纳姆等人(Denham et al.)研究发现,成人对儿童的支持与帮助,有助于儿童在别人悲伤、愤怒或痛苦时表现出助人行为。另外德弗里斯等人(DeVries et al.)的研究证实,强调归纳推理、主动倾听的教师行为会强烈影响儿童的道德认识与人际交往能力。哈特等人(Hart et al.)的研究认为,当成人提出明确的行为限制并解释其原因,这种教育方式下的儿童能在没有外在要求的情况下控制自己的行为,并与其他儿童建立更为积极的关系。

相反,如果儿童在学前时期没有形成良好的社会性及人格品质,后继阶段的社会化就会出现困难。有研究发现,个体早期接受的教育对于其将来的犯罪行为具有预测作用,幼儿时期曾接受过不适宜教育的儿童,在青少年时期的犯罪率远高于那些接受过适宜教育的儿童。早期行为、性格发展不良的儿童,在学龄阶段更难适应学校生活,交往困难,出现厌学、逃学、纪律问题的比例更高,成年时期更容易出现情绪、交往障碍和行为问题。

二、儿童发展对学前教育的影响

学前教育影响着儿童大脑、认知、社会性等多方面的发展,可以说,学前教育在儿童发展中发挥着主导作用。但学前教育这种主导作用的发挥是有条件的。学前教育既不能超越现有的社会条件,凌驾于社会之上去发挥它的主导作用,又不能违背儿童身心发展的客观规律,随意地主导或决定人的发展。在学前教育与儿童发展的关系中,学前教育既是促进儿童发展的重要因素,同时学前教育的任务、内容、方法又受儿童身心发展水平的制约。

(一)儿童发展是学前教育的根本目的

儿童中心教育目的观是西方近代以来教育目的观中所张扬的一个主流话题,近来也为我国教育理论与实践所推崇。如我们不难从有关著作或文献中时常看到诸如此类的断语:"以学生的个性发展为中心"、"以学生的潜能发展为中心"、"以学生的自主性发展为中心"……这些以儿童为中心的教育目的说法举不胜举。

学前教育的根本目的,是促进儿童的健康发展。如《幼儿园工作规程》(1996年)第三条规定:"幼儿园的任务是:实行保育与教育相结合的原则,对幼儿实施体、智、德、美诸方面全面发展的教育,促进其身心和谐发展。幼儿园同时为家长参加工作、学习提供便利条件。"并在第五条具体说明了幼儿园保育和教育的主要目标,是促进幼儿体、智、德、美等方面的发展。《幼儿园教育指导纲要(试行)》(2001年)总则中的第五条规定:"幼儿园教育应尊重幼儿的人格和权利,尊重幼儿身心发展的规律和学习特点,以游戏为基本活动,保教并重,关注个别差异,促进每个幼儿富有个性的发展。"可见,儿童发展的问题,是学前教育最根本的问题,学前教育的方方面面都是围绕着这一最根本的问题而展开的。儿童如何发展?我们怎样才能有效地促进儿童的发展?学前教育的课程构建、教与学、师幼互动、评价等一系列理论和实践的问题,都是为力图促进儿童发展而展开的。

(二)儿童发展是学前教育实施的重要依据

我国有学者认为,教育必须立足于三方面的依据:社会学依据、教育学依据与心理学依据。社会学依据是指个体的生长与发展必须在某一特定的社会环境里进行,教育者须依据个体所处的社会环境来实施相应的教育。教育学依据则强调教师的教育须体现教育领域的最新发展趋势,反映教育界的主要思想与理念。心理学依据强调教育者须注意心理学所发现的各项事实,如人类行为的基本特质、学习的特征与规律、人格发展趋势及其特性、个别差异现象及个体各种能力与社会期望之间的关系等。换言之,教育必须要考虑儿童的发展特点与规律,将儿童发展作为实施的依据和条件之一。

有一对未满周岁的孪生兄弟,他们喜欢满地乱跑。一天,他们房间了多了一架小梯子,兄弟俩立刻产生了兴趣,试图爬上去,但都没能成功。心理学家打算训练这对孪生兄弟学会爬楼梯。他们每天花10分钟先训练弟弟爬楼梯,训练了一个月后弟弟才能勉强独自爬上小梯子。从弟弟接受训练的第6周开始,哥哥也接受同样的训练,弟弟则复习巩固。兄弟俩的学习时间前后相差6周,但哥哥的学习能力似乎比弟弟强很多,两周后他们俩爬梯子的速度已经不相上下。

这是心理学家阿诺德·格赛尔(Arnold Lucius Gesell,1880—1961年)做过的一个非常著名的实验——双生子爬梯实验。环境、教育或培训的影响作用的发挥,必须考虑儿童的生理发展水平和心理发展特点和规律。学前教育的实施有赖于儿童发展所提供的准备状态,对儿童某些行为、能力的培养和训练,必须要考虑儿童发展的水平和规律才能收到最佳的效果,如果忽视儿童发展而训练儿童去学习和掌握某种技能,效果是欠佳的。当儿童某种生理结构和心理机能达到一定成熟水平时,给予他们适当的刺激和教育,就会促进他们相应行为和能力的出现或发展。如果儿童发展尚未做好相应的准备,即使给予他们某种刺激、实施某种教育,也难以取得预期的效果。

(三)发展适宜是决定学前教育价值的关键因素

【知识拓展3-2】 幼儿园教育要关注儿童

"幼儿园教育通常被认为是教师有目的、有计划地对幼儿施加教育影响,使之向着社会要求的方向发展的活动。这种看法突出了幼儿园教育的特点和教师的'教'的重要作用。但是,如果仅限于这一角度的话,容易忽视幼儿在教育中的作用,造成'幼儿教育中无幼儿'的怪现象。因此有必要再从被教育者的角度来看幼儿园教育。"

——耿相曾.教育指导法[M].台北:中华书局,1979.

一百多年以前,威廉·詹姆斯(William James,1842—1910年)在所著《与教师对话》(Talks to teachers)一书中,有一章关于"心理学与教育艺术"的内容。自此,发展心理学与教育的关系就成为研究者探讨的重要话题。但在过去的世纪,教育实践被传统行为主义、极端生物学等观点所主宰。近几十年来,心理学家摒弃了这些传统观念和行为,认为教育实践是基于儿童怎样发展与学习的知识(American Psychological Association[APA],1997)。苏联心理学家维果斯基的"最近发展区"理论,强调成人的"教学大纲"必须考虑儿童自己的"教学大纲",已体现出教育要适宜于儿童发展的观点。美国当代著名教育家布卢姆指出,教育的基本态度应该是选择适合儿童的教育,而不是选择适合教育的儿童。1986年,全美幼儿教育协会(National Association for the Education of Young Children,NAEYC)颁布了题为"与0—8岁儿童发展相适宜的教育"的宣言性文件,其提出的"发展适宜性教育"(Developmentally Appropriate Practice,DAP)概念,吸引了各国研究者与教育实践者的目光,给予人们极大启发,促使人们认真思考教育过程与儿童发展的紧密结合。

多项研究发现,尊重儿童发展特点与规律、适宜于儿童发展的教育,才利于促进儿童的发展;相反,那些无视或违背儿童发展规律的教育,会阻碍儿童的发展,甚至伤害儿童的身心健康。如马肯(Marcon)的研究发现,适宜于儿童发展特点与规律的教育,与儿童将来的学业成绩存在正相关。霍夫曼等人在2000年所做的研究发现,接受适宜于自身发展的教育的儿童,其学业成绩显著高于其他儿童。有研究者将教师的教育方式分成三种类型:儿童中心型(以儿童为中心)、中间型、学业主导型(以学业为中心)。结果发现,接受儿童中心型和学业主导型教育方式的儿童,较之接受中间型教育方式的儿童做得更好一些,且儿童中心型又好于学业主导型。

琼斯等人(Jones & Gullo)的研究还发现,教育是否适宜于儿童的发展状况,还影响着儿童社会技能的培养和发展。教师的观念和行为更适宜于儿童的发展,则儿童的社会技能优于一般性班级或教育不适宜于儿童发展的班级。如金(King et al.)等人发现,适宜于儿童发展的教育,有助于儿童变得独立,学会做出合理的选择和决定,发挥创造性。同时,接受发展适宜性教育的儿童,行为问题也相对较少。经常有人抱着并得到爱护和照顾的婴儿,长大后拥有自信、乐观等积极性格的可能性也大。

综上所述,学前教育与儿童发展,这两者是相互作用、相互制约的复杂动态过程。在学前教育与儿童发展的关系中,学前教育是促进儿童发展的重要因素,同时也要适应儿童身心发展规律,受儿童身心发展规律的制约。

小 结

儿童是指0—18岁的个体。儿童发展是指个体从出生至18岁这一期间身心整体的连续变化过程。儿童发展的一般规律:

1. 方向性与顺序性。
2. 连续性与阶段性。
3. 整体性。
4. 个体差异性。

儿童的发展受多种因素的影响,可以归纳为客观因素和主观因素两大类。可以说,客观因素是儿童发展的外部矛盾(外因),主观因素是儿童发展的内部动力(内因)。

遗传素质对儿童发展的影响作用表现为:

1. 为儿童的发展提供了物质前提。
2. 奠定了个体差异性的最初基础。
3. 对不同发展方面的影响不同。

社会因素对儿童发展的影响:

1. 使遗传提供的发展可能性变为现实性。
2. 制约着儿童发展的方向、水平和速度。
3. 对儿童发展的影响从胎儿时期开始。
4. 教育条件发挥着主导作用。

主观因素指儿童所有的内部心理因素,由主观因素构成的心理内部矛盾,是推动儿童发展的根本动力。

在儿童发展过程中,学前教育发挥着至关重要的影响作用。学前教育与儿童发展是相互作用、彼此依存的动态过程。学前教育对儿童发展的影响:

1. 学前教育对儿童大脑发育的影响。
2. 学前教育对儿童认知发展的影响。
3. 学前教育对儿童社会性发展的影响。

儿童发展对学前教育的影响:

1. 儿童发展是学前教育的根本目的。
2. 儿童发展是学前教育实施的重要依据。
3. 发展适宜是决定学前教育价值的关键因素。

思 考 题

一、单项选择题

1.按照心理学的界定,儿童是指(　　)的个体。

A. 0—14 岁　　　　B. 3—18 岁　　　　C. 0—18 岁　　　　D. 0—12 岁
2. 幼儿能否完成某项活动,会影响其自信心和成就感,这说明儿童的发展具有(　　)。
A.连续性　　　　B. 整体性　　　　C. 顺序性　　　　D. 个体差异性
3. 在胎儿发展的影响因素中,怀孕母亲的情绪属于(　　)。
A.遗传素质　　　B. 社会因素　　　C. 主观因素　　　D. 生理成熟
4. 儿童发展的根本动力是(　　)。
A. 遗传素质　　　B. 社会环境　　　C. 心理的内部矛盾　　D. 教育
5. 学前教育与儿童发展是(　　)的关系。
A.单向　　　　　B. 双向　　　　　C. 决定与被决定　　D. 因果

二、名词解释
儿童　　儿童发展　　遗传素质　　社会环境

三、简答题
1. 儿童发展主要体现出了哪些规律?
2. 遗传素质对儿童发展有哪些影响?
3. 社会因素如何影响着儿童的发展?
4. 主观因素指的是什么?在儿童发展中发挥着什么作用?

四、论述题
1. 举例说明发展规律在幼儿身上的体现。
2. 结合实际,说说幼儿在哪些方面受遗传的影响。
3. 请举例说明幼儿园教育对于幼儿发展造成的影响。
4. 结合实际,辩证说明学前教育与儿童发展的关系。

参考答案：

一、单项选择题
1. C　2. B　3. B　4. C　5. B

第四章 学前儿童的全面发展教育

学习目标

1. 应了解、知道的内容
   - ◆我国的教育目的、学前教育的目标。
   - ◆学前儿童体育的概念与意义。
   - ◆学前儿童智育的概念与意义。
   - ◆学前儿童德育的概念与意义。
   - ◆学前儿童美育的概念与意义。

2. 应理解、清楚的内容
   - ◆体、智、德、美四育的关系。
   - ◆全面发展和因材施教之间的关系。
   - ◆全面发展与主体性发展的关系。
   - ◆学前儿童体育的目标。
   - ◆学前儿童智育的目标。
   - ◆学前儿童德育的目标。
   - ◆学前儿童美育的目标。

3. 应掌握、会用的内容
   - ◆贯彻落实学前教育目标应注意的问题。
   - ◆学前儿童体育的内容。
   - ◆学前儿童智育的内容。
   - ◆学前儿童德育的内容。
   - ◆学前儿童美育的内容。

4. 应熟练掌握的内容
   - ◆学前儿童体育的实施原则。
   - ◆学前儿童智育的实施原则。
   - ◆学前儿童德育的实施原则。
   - ◆学前儿童美育实施过程中应注意的问题。

建议学时

15学时

> **教师导学**
>
> 　　对学前儿童实施体、智、德、美诸方面的全面发展教育是我国学前教育的目标和任务。本章主要阐述了我国的教育目的和学前教育目标的内涵、特征与实施途径。在此基础上，详细介绍了学前儿童体育、学前儿童智育、学前儿童德育和学前儿童美育的概念、意义、任务、内容及实施原则。

第一节　学前教育的目标

一、我国的教育目的

（一）教育目的的含义

所谓教育目的，是指教育所要培养的人的质量和规格的总要求，即解决把受教育者培养成什么样的人的问题。

教育目的反映了一定社会对受教育者的要求，是教育工作的出发点和归宿，也是确定教育内容、选择教育方法、检查和评价教育效果的依据。

（二）教育目的的依据与结构

教育目的是根据一定社会的政治、经济、生产、文化科学技术发展的要求和受教育者身心发展的要求来制定的。这两个方面的要求，统一在教育目的的结构中，体现在教育目的的表述中。

教育目的由形式与内容两个方面构成。教育目的的形式，一般反映人发展的基本内容或素质，如体、智、德、美等。历史上，许多教育家、思想家在论述教育目的时，都把体、智、德、美等方面的发展作为教育所应形成的人的基本素质。但在不同的历史时代，人们对于体、智、德、美等基本素质的发展要求却有着质的区别和差异，教育目的的内容正是反映了一定社会对受教育者的要求，它随着社会的发展变化而有所不同。例如，同样是"德"这一素质，古代的封建社会与现代的社会主义社会对人的"德"的要求是有区别的。所以，教育目的总是按照一定社会的要求和人发展的客观规律来制定的。

（三）我国的教育目的

按照《教育法》的规定，我国现阶段的教育目的是"培养德、智、体、美等方面全面发展的社会主义事业的建设者和接班人。"

可见，我国的教育目的是要使受教育者在体、智、德、美等方面得到全面发展。同时，这种全面发展的人又是社会主义事业的建设者与接班人，故而体现了社会要求与人的身心发展规律的辩证统一。

二、学前教育的目标

学前教育目标是根据统一的教育目的，结合学前儿童身心发展水平而提出的具体目标，它是教育目的在学前教育中的具体体现。

（一）我国的学前教育目标

根据《教育法》中规定的教育目的和学前儿童的身心发展需要以及社会发展的趋势，我国针对3—6岁儿童的学前教育目标在《幼儿园工作规程》(1996年)中做了完整表述,即:"对学前儿童实施体、智、德、美诸方面全面发展的教育,促进其身心和谐发展。"

《幼儿园工作规程》第五条明确提出了幼儿园保育和教育的主要目标,即学前儿童全面发展教育的含义包括以下方面:

1. 体育目标

促进幼儿身体正常发育和技能的协调发展,增强体质,培养良好的生活习惯、卫生习惯和参加体育活动的兴趣。

2. 智育目标

发展幼儿智力,培养正确运用感官和运用语言交往的基本能力,增进对环境的认识,培养有益的兴趣和求知欲望,培养初步的动手能力。

3. 德育目标

萌发幼儿爱家乡、爱祖国、爱集体、爱劳动、爱科学的情感,培养诚实、自信、好问、友爱、勇敢、爱护公物、克服困难、讲礼貌、守纪律等良好的品德行为和习惯,以及活泼、开朗的性格。

4. 美育目标

培养幼儿初步的感受美和表现美的情趣和能力。

上述四个方面构成了幼儿全面素质的提高,体现了我国学前教育培养人才的规格和发展方向。

当前我国学前教育是在家庭和幼儿园中实施的。其中,学前教育的任务在学前教育机构中主要体现为幼儿园的教育任务,这些教育任务都是由国家统一制订的。

(二)正确理解我国学前教育目标

1. 处理好体、智、德、美四育的关系

体育、智育、德育与美育是学前儿童全面发展教育的有机组成部分。它们在全面发展教育中承担着相对独立的任务,发挥着不同的作用。体育主要指向于儿童的身体发展过程,它的主要任务是保护儿童的生命与健康,促进儿童身体的正常生长发育,增强体质;智育主要指向于儿童的认知发展过程,它的主要任务是增进儿童对周围环境的认识,发展儿童的认知能力即智力;德育主要指向于儿童的社会性发展过程,它的主要任务是培养儿童的道德品质,形成良好的社会性行为与技能;美育主要指向于儿童的审美能力的发展过程,它的主要任务是培养和发展儿童的美感。

在全面发展教育中,体育、智育、德育与美育虽然在任务与功能上具有相对的独立性,但又是紧密联系、相互作用、相互促进的统一整体。首先,各统一的基础在于人的发展是一个整体。体、智、德、美作为人的发展的不同方面,统一于人的身心的整体发展。因此,体育、智育、德育与美育作为促进和影响儿童身心发展的外部力量与影响因素,相应也要统一于人的全面发展教育。人的全面发展不是体、智、德、美各方面发展的简单相加,它们构成的整体应大于各部分之和。其次,体、智、德、美育又是相互渗透、相互作用、相互促进的。体、智、德、美育之间这种关系的基础在于体、智、德、美各个素质之间具有共同的因素,体、智、德、美各素质中都包含着"知""情""意""行"的结构要素,如任何一种道德品质都包含着道德认识、道德情感、道德意志与道德行为习惯这四个要素。

在学前儿童的全面发展教育中,没有任何一方面的教育能够脱离整体孤立地进行。因此,由体育、智育、德育、美育构成的全面发展教育是一个有机的整体。

2. 处理好全面发展和因材施教之间的关系

全面发展教育是由我国的教育目的所决定的,对学前儿童而言,实施全面发展的教育并不等于对全体儿童实施同一标准的教育。学前儿童的生理和心理发展具有年龄阶段性和个体差异性。同一年龄阶段的学前儿童在身心发展特点方面具有相同之处,同时也存在着明显的个体差异,因此要根据每个学前儿童的潜能助其在体、智、德、美等方面有所侧重地发展,在"面面俱到"中做到"重点突出",最终实现"全面发展"。全面发展教育就是要促使儿童的个人潜能和社会价值均得到充分展现,这是全面发展教育的根本目的之所在。

3. 处理好全面发展与主体性发展的关系

在学前教育领域,儿童主体性发展的问题日益受到重视。因此,如何正确理解主体性发展与全面发展的关系就成为不可忽视的重要问题。

主体性是人在与周围环境相互作用过程中表现出来的主动性、独立性与创造性。现代儿童心理学研究表明,新生儿就有对环境进行选择性反应的能力,但是总的来说,学前儿童的主体性还处于稚嫩的萌芽与发展状态,需要成人的尊重、爱护与有意识的培养。教育者如果注重从小培养与发展儿童的主动性、独立性与创造性,就能够为社会主义建设事业培养出积极主动、富有独立性与创造性的建设者和接班人。

主体性的发展与全面发展并不矛盾,它们共同构成了人的发展的整体。由体、智、德、美各方面素质构成的人的整体发展是一个有结构的系统,处于这一系统核心地位的正是人的主体性。主体性的发展与体、智、德、美各方面的发展是相互影响的。人的主体性发展得越好,他在体、智、德、美各方面的发展也就越好。我们常常看到,一个主动性、独立性、创造性强的孩子往往在各方面的发展都很好。反之,体、智、德、美各方面的发展也会影响学前儿童主体性的发展。如身体活动能力的发展状况会影响学前儿童参与体育活动的主动性、积极性和创造性。所以,应注意发挥主体性的能动作用,有效促进和带动学前儿童身心的全面发展。

（三）我国学前教育目标的特征

我国学前教育的目标,充分反映了学前儿童身心发展的客观规律。这一特征主要体现在以下两个方面:

首先,在人的素质发展的顺序结构上,学前教育的目标把"体"放在首位(体、智、德、美),而有别于其他阶段德、智、体、美的顺序结构,充分考虑了学前儿童身心发展的年龄特点。因为,在人一生发展的所有阶段中,学前儿童阶段的生命力最脆弱。因此,保护学前儿童生命与健康,增强他们的体质,是学前教育的最基本的任务。在学前教育阶段,学前儿童身体的正常生长发育与机能的健全发展,是其他各方面发展的基础。儿童年龄越小,身心两方面发展的关系越密切。全面发展教育在学前教育阶段以"体"为先,反映了学前儿童身心发展的客观要求。

其次,在体、智、德、美各方面的发展要求上,反映了学前儿童身心发展特点与可能性。例如,在体育方面,提出了"促进学前儿童身体正常发育机能的协调发展,增强体质,培养良好的生活习惯、卫生习惯和参加体育活动的兴趣";在德育方面,从萌发学前儿童"爱"的情感(包括爱家乡、爱祖国、爱集体、爱劳动等)入手,重视学前儿童良好性格和习惯的培养。

（四）我国学前教育目标的实现

为促进我国学前教育目标的有效实现,应了解目标实现的途径、教师在教育目标实现中的作用以及目标贯彻应注意的问题。

1. 学前教育目标实现的途径

《幼儿园工作规程》(本书简称《规程》)中提出的学前教育目标,对整个学前阶段的教育都具有指导意义。学前儿童身心发展的特点是变化大、速度快,尤其是3岁以前的发展,可以用"日新月异"一词来概括。因此,学前教育目标的贯彻落实,还必须结合学前各年龄儿童的发展特点,把它进一步具体化,形成学前各年龄儿童的教育任务或目标。这种学前各年龄儿童的教育任务或目标在幼儿园具体体现为各年龄班的教育任务或目标。

幼儿园各年龄班的教育任务和目标是通过每学期的教育工作来完成的。因此,各年龄班的教育任务和目标又被具体化为学期目标,体现在各年龄班的学期教育工作计划中。进而,学期教育目标和学期教育工作计划又是通过每月、每周、每天的教育工作来实现的,因此学期教育目标还需进一步分解为每月、每周的教育目标,再进一步具体化为月工作计划与周工作计划。最后,制订出每天的工作计划,确定一日生活中各个活动所要达到的教育目标。

通过这种由抽象到具体、按照学前儿童的年龄特点和教育工作开展的时间顺序把学前教育目标逐级分解的过程,有助于将学前教育目标有效地贯彻落实到教育实践中去,使教师在每天组织学前儿童进行每一个活动时,都能有在学前教育大目标指导下的具体目标。

幼儿园一日生活中的各种活动,是向学前儿童实施全面发展的教育、最终达成学前教育目标的基本途径。

2. 幼儿教师在教育目标实现中的作用

学前教育的目标,是通过每个幼儿教师每天的教育工作来实现的。幼儿教师在教育目标的实现中起着重要的作用。幼儿教师能否对学前教育目标有准确的把握和理解,能否按照学前教育目标的要求制订科学的课程和教学计划并付诸实施,影响着教育目标的贯彻落实。

一方面,教师在教育工作中,应当树立正确的儿童观与教育观,正确认识与把握教育目标,并经常有意识地按照教育目标的要求,反思和调整自己的教育行为;另一方面,幼儿教师还应当自觉地抵制来自社会的消极影响,向家长宣传学前教育应有的目标与价值,使家长接受、理解并支持幼儿园的正确做法。

3. 贯彻落实学前教育目标应注意的问题

在面向学前儿童进行体、智、德、美各方面的教育,贯彻落实学前教育目标的过程中,应注意以下两个问题:

（1）计划性与灵活性相结合

学前教育目标的有效贯彻,要求将幼儿园教育的计划性与灵活性有机结合。

学前教育目标的实现,是通过把学前教育目标由抽象到具体,按照学前儿童的年龄特点和教育工作展开的时间顺序逐级分解落实到学期、月、周和日工作计划中来完成的。这种目标的分解与转化工作可以保证教育工作的目的性和计划性,确保教育目标得以实现。制订教育工作计划的根本目的,是为了使教师心中有目标,加强教师工作的目标意识,自觉地用教育目标来指导自己的教育行为。

教育工作计划只为教师的工作提供大致的框架,其中的内容应当由教师在与学前儿童的实际互动过程中来发展、补充与完善。所以,教育计划不应是固定不变的"剧本",教师的活动也不是按照预定的"剧"来进行的"表演"。教师应当根据学前儿童的实际表现,随时调整、修改自己预定的计划,以使教育工作更切合学前儿童身心发展的实际水平与需要。因此,计划性应当与灵活性相结合,才能更好地实现学前教育的目标。

(2)统一要求与因人施教相结合

学前教育目标规定了通过教育过程每个学前儿童必须达到的基本发展要求。这种发展要求是面向每一个学前儿童的,是每一个学前儿童应该达到的发展水平,保证了每一个学前儿童在教育过程中应有的发展。但是,由于每个学前儿童原有的发展水平、特点、兴趣需要和活动方式都不同。因此,教师应对每个学前儿童抱有同样的期望,相信每个学前儿童通过努力和教师的帮助都能达到教育目标的要求;同时应允许他们以自己特有的方式与速度来学习,并且给予他们所需要的支持与帮助,这正是"注重个体差异,因人施教"的确切含义。所以,统一的教育要求必须与因人施教相结合,才能保证教育目标在每个学前儿童身上的落实,保证每个学前儿童都在原有水平上得到适宜的发展。

第二节 学前儿童体育

一、学前儿童体育的概念与意义

(一)学前儿童体育的概念

体育,是以身体活动为手段的教育,是身体教育、身体锻炼和竞技运动的总称。主要体现为"对身体的教育"和"通过对身体的教育"两方面。其中,"对身体的教育"包括促进身体机能发展、促进体能和动作发展、促进健康和增强体质;"通过对身体的教育"则涉及很多方面,如促进心理发展、培养良好品德、促进社会性发展等。

学前儿童体育,是以身体锻炼为基本手段,并结合阳光、空气、水等自然因素进行的锻炼,着重遵循学前儿童身心发展的科学规律,最终实现身体、心理全面协调发展的一系列教育活动。学前儿童体育不同于大众体育,其主要目的在于增强儿童体质、提高其健康水平,在此基础上保护和增进儿童身心健康。

特别值得一提的是,学前儿童体育与大众体育存在着许许多多的不同,学前儿童体育有其自身的特点:

第一,就是体育活动的生活化,由于学前儿童的抽象思维发展水平有限、生活经验不足,所以为他们开展的体育活动应该注意贴近他们的实际生活,使他们容易理解;第二,要充分考虑儿童的心理发展特点,选择趣味性强、活泼轻快的动作内容,在设置体育教育的内容、情节、方法上要注意兴趣性,能吸引孩子的注意力,激发他们进行体育活动的兴趣;第三,动作技术简单化,要根据学前儿童的身体发展水平为其设计适合的动作。学前儿童体育不是竞技体育,它的目的是通过简单的基本体操、基本动作技术练习,使儿童从小掌握正确的技术动作和正确的身体姿势;第四,要注意体育活动的全面性,全面锻炼、全面提高、各器官系统同步发展,避免由于锻炼不当而造成的发展不均衡;第五,运动负荷适宜性,儿童的肌肉力量、韧带强度正处于发展过程中,所以在进行体育锻炼的过程中要随时调整、控制运动负荷量,做到"高密度、低强度";第六,体育游戏社会化,有目的、有意识地反映现实生活的社活动,在进行体育教育的同时也能体现通过体育对学前儿童其他方面成长的促进作用。

(二) 学前儿童体育的意义

学前儿童体育是实施终身体育的起点,在终身体育中占有十分重要的战略地位。更重要的是,健康的身体是实施全面发展教育的物质基础。体育活动是促进学前儿童身心全面、和谐、健康发展的重要手段之一。学前阶段,由于学前儿童动作和语言的迅速发展、生活范围的不断扩大、独立性急速增长,他们渴望参加社会实践活动,但是经验和能力水平又限制了他们去参加真正的社会实践活动,因此可以通过体育这种独特的社会活动来满足其需要。

体育活动不但是适合学前儿童身心特点的活动形式,而且是促使他们心理发展的最好活动形式之一。通过体育活动能够有效地培养学前儿童身体的适应能力、初步的独立生活能力、控制和调节自身行为的能力,以及对学校生活的向往心情。其重要意义在于:

首先,在体育活动中,儿童的运动器官能得到很好的发展。因为他们在活动中,由于教师和同伴的激励,必须努力去完成某一任务。他们的动作就更富有目的性和积极性,身体的各种器官就会得到充分调动和发展。其次,学前儿童的各种心理过程也能在体育游戏活动中更快地发展起来。研究证实,儿童的感知能力、记忆能力、注意和思维能力都会随着活动的需要而加强。最后,在体育活动中还可以更好地锻炼和培养学前儿童的个性品质。因为体育游戏活动一般都是集体活动,在集体活动中,能使儿童学会遵守纪律。同时,由于儿童在体育活动中担任各种任务,在完成任务的过程中,也就培养了儿童的良好性格和意志品质。

二、学前儿童体育的目标与内容

(一) 学前儿童体育的目标

1. 促进身体各器官、系统的正常发育与机能协调发展

在学前儿童时期开展科学的体育锻炼,对其身体成长有着重要意义,体育能促进学前儿童身体各器官、系统的正常发育与机能协调发展。第一,通过参加体育活动有利于提高儿童神经系统的调节功能,促进其灵活性、兴奋性、抑制性发展;第二,在体育游戏中不断地提高运动系统功能的同时,促进骨骼、肌肉、关节及韧带的坚韧性、弹性、灵活性、力量性发展;第三,在进行体育活动的同时,控制合理的运动负荷,增强儿童循环系统的功能,达到促进血液循环,增强心血管功能的目的;第四,在多种有氧运动中,可以加大肺部通气量、提高呼吸系统功能,增强儿童呼吸系统的抗病能力;第五,学前期身体成长迅速,需要多种营养,通过体育活动还可以提高孩子消化系统功能,促进机体对食物的消化吸收,增强能量摄取,确保儿童生长发育所需要的营养供给。

2. 促进体能与身体素质的全面发展,提高基本活动技能

科学的体育锻炼对儿童成长过程中的体能发展、身体素质提高和基本活动技能的提升等方面起着至关重要的作用。

其中,体能是指人体在进行身体运动时所表现出来的机能、能力、耐力等;身体素质指人体在运动、劳动与生活中所表现出来的力量、速度、耐力、灵敏、柔韧、协调性等机能能力;基本活动技能是指人体在日常生活和社会实践中所必需的最基本的身体运动的技能,如走、跑、跳跃、投掷、攀登、钻、爬、翻滚、悬垂、推、拉、搬运等各种基本运动技能动作。体能、身体素质与基本活动技能三个方面相互结合、互相影响、互相促进、共同提高。

学前期是人类动作发展的重要阶段,也是奠基阶段。此阶段如果动作发展的不好,不仅不利于孩子的体能发展,也不利于身体健康,而且还将会直接影响其今后其他方面能力的发展与提高。所以,发展体能,提高身体素质和基本活动技能,只有从小抓起,才能收到最佳效果。

3. 培养积极情绪,促进身心的和谐发展

儿童的生理发育与心理发展是相互依存的。科学的体育锻炼,不仅能够帮助学前儿童强健身体,还能促进其心理健康发展。

首先,体育活动能促进学前儿童认知的发展。儿童的身体运动对其心理发展能产生良好的刺激,尤其促进其智力的发展。专家学者普遍认为,儿童的动作发展不但与智能发展有着密切的关系,而且在三岁前儿童的智力发展中占据着主导的地位。两三岁儿童的思维是直觉行动思维,他们的想象活动有时会依赖于对动作的感知,他们的感觉运动经验对智力活动与发展具有重要作用。另外,在儿童身体运动过程中伴有大量的认知活动的参与,能使学前儿童获得相应的知识和运动经验,使孩子的感知觉能力、语言理解力、思维想象力得到发展。

其次,体育活动有利于学前儿童良好个性的形成。体育活动使学前儿童心情开朗、自由愉快、积极主动;他们在与环境的作用中选择自己喜欢的玩具,尝试自己能做什么,克服困难,体验成功,增强自信,肯定自我,有利于培养开朗的性格和良好的个性品质。同时,学前儿童在体育活动中,有大量的与小朋友、成人交往的机会,能促进个体社会性的健康发展。

4. 培养参加体育活动的兴趣与习惯

兴趣是激发和保持儿童学习行为的内部动力,也是培养儿童学习自觉性和积极性的重要因素。学前儿童体育的目标重在培养参加体育活动的兴趣与习惯,主要依据是《幼儿园教育指导纲要(试行)(本书简称《纲要》)中所提出的:"学前儿童应开展丰富多彩的户外游戏和体育活动,培养学前儿童参加体育活动的兴趣和习惯,增强体质,提高对环境的适应能力。"

培养训练学前儿童良好的体育锻炼习惯,必须与培养学前儿童对活动的兴趣、爱好相结合。如果儿童缺乏对某一活动的兴趣,就不可能产生对该活动的爱好,也就不可能形成从事该活动的习惯。反之,随着对某一活动的兴趣的形成和爱好的增长,习惯性也就越强。学前儿童之所以在体育游戏时不觉得累,就是因为他们非常喜爱这类运动。随着对同一种体育活动的深入,儿童从中能体会到体育运动的快乐。运动的过程,也就成为学前儿童体育爱好不断增强的过程,以及养成经常从事体育锻炼习惯的过程。

5. 进行安全教育,培养适应能力

体育活动对于发展学前儿童的社会适应能力有着独特的作用。社会适应能力是个体对复杂多变的社会环境做出适合生存的反应能力,包括个人生活自理能力、基本劳动能力、社会交往能力、用道德规范约束自己的能力等。适当科学的体育锻炼使学前儿童更好地理解个人与健康的密切关系,建立起对自我、群体和社会的责任感,形成现代社会所必需的合作与竞争意识,学会尊重和关心他人。而儿童如果没有良好的社会适应能力,就会对其心理健康带来很大危害,进而影响到个人的长远发展。

此外,坚持体育运动,不仅能提高学前儿童对自然环境的适应能力和对疾病的抵抗能力、增强儿童生理机能指标,而且还能培养他们合作意识与交往能力,使儿童懂得合作、谦让、公平竞争、共同分享,逐步形成健全的人格。大多数的体育项目都伴随着较强的对抗,同时伴随着一个侵犯与被侵犯、忍让与被忍让、尊重与被尊重的过程,儿童参与其中,可以学会彼此尊重,彼此体谅。体育活动还能让学前儿童积极投入到各项社会公益活动中去,加强了人格锻炼的主动性,在参与的过程中锻炼了学前儿童人际交往的技巧。比如,如何有效地与人沟通,怎样表达情感和取得别人的信任等。

(二)学前儿童体育的内容

常见的学前儿童体育活动内容包括学前儿童基本体操、基本动作练习、体育游戏、各类运动器械锻炼、民族民间体育活动和利用环境因素锻炼等。

1. 基本体操

学前儿童体操是指学前儿童通过身体各部位(头颈、上肢、躯干、下肢)动作的协调配合,根据人体各部位动作特点,按照一定的程序,有目的、有节奏地进行各种举、振、摆、踢、绕、屈伸、绕环、跳跃等一系列的单个动作或组合动作练习。

进行基本体操的锻炼可以帮助成长中的儿童形成良好的身体姿势,促进身体形态和机能的生长发育;增强学前儿童对动作方位、节奏、速度、美的感受力、表现力,发展灵敏、协调等身体素质;培养儿童观察力、注意力、记忆力、思维能力;培养群体意识,养成良好的做操习惯。

常见的学前儿童体操包括:

(1)模仿操

模仿操动作简单,效果形象逼真,效仿、模拟各类动作、各种现实生活中的人物和动物,略带夸张的改编方式,便于儿童模仿。模仿操的素材来源广泛,有对日常生活洗衣拖地的生活模仿操、对锄禾施肥的劳动模仿操、对体育运动举重划船的运动模仿操、对解放军战士队列射击的军事模仿操,还有对儿童喜爱的兔子、大象等动物进行的动物模仿操等。还可边说儿歌边做操,发展儿童综合能力。

【知识拓展4-1】 **儿歌模仿操**

大公鸡,喔喔啼,每天叫人早早起;小动物,站整齐,我们大家比一比;

小小鱼,游游游,朋友见面点点头;小蜜蜂,嗡嗡嗡,勤劳勇敢爱做工;

小鸭子,嘎嘎嘎,来到河里捉鱼虾;小兔子,跳跳跳,跳到草地吃青草;

小朋友,起得早,大家一起做早操。

(2)徒手操

徒手操是通过人体各部分动作组成的体操练习,可以单人、双人或集体做,也可以定位或行进间做。可以根据不同任务选编而成。徒手操一般包括课前、课间广播体操,准备活动操,医疗体操等。

(3)器械操

器械操中的一类是在徒手体操的基础上,手持轻器械完成的一种操练,可以单人、双人或集体做,也可以定位或行进间做,根据不同任务选编而成。手持物可以是各种各样的,来自于日常生活,如手铃、哑铃、棍棒、积木、铃鼓、花束、花环、花条、球、圈、红旗、扇子、彩带、皮筋、跳绳、纸板、泡沫板、易拉罐、饮料瓶、救生圈、竹竿、椅子、凳子、筷子、垫子等。另一类器械操是利用固定器械或较大型器械所进行的体操练习。例如:肋木操、体操凳(或长板凳)操、桌子操、把杆操等。

2. 基本动作练习

所谓基本动作,是指人体在日常生活和社会实践中所必需的、最基本的身体运动的技能。例如:走、跑、跳跃、投掷、攀登、钻、爬、翻滚、悬垂、推、拉、搬运等动作。

基本动作是人类日常生活、学习、劳动、锻炼、娱乐、生存中所必需的动作,是锻炼身体、促进生长发育、发展体能必不可少的、十分重要的动作内容之一,也是培养儿童观察、注意、记忆、思维、想象等认知过程的重要手段。通过基本动作的练习,可以培养儿童时空判断、定位、定向的能力,培养儿童良好意志品质与积极的情感。

在进行基本动作的练习时特别要注意,教学的过程要遵循学前儿童认知规律,由简到繁、由易到难、由低到高、由近及远、由慢到快、循序渐进、逐渐提高、因人施教、区别对待。难度的把握要根据学前儿童动作技能形成的规律:由粗略掌握动作,到逐步改进提高动作,最后做到运用自如并及时巩固。在进行基本动作的练习时还要注意把握活动强度,依据人体生理机能变化规律:强度逐步上升到相对稳定后再逐步下降。最后在体育教学中更要强调因人而异,根据学前儿童不同年龄、不同体质、不同练习内容合理安排运动负荷。

【知识拓展 4-2】 各年龄班学前儿童悬垂、支撑的动作要求与游戏

年龄段	悬垂、支撑的动作要求	参考游戏
小班	在攀登器械上做各种混合悬垂与混合支撑	蹲蹲站站 称"小猪"等
中班	在攀登架上或单杠上做短时间的悬垂动作 在长凳子上或垫子上做支撑向前移动动作	看谁不掉下 骑大马 小兔上山 小兔跳等
大班	在云梯(平梯)上或单杠上做蹲悬垂、直体悬垂小摆动 在长凳上做支撑,向左右跳跃长凳	吊"小猴" 小钟表摆动 小松鼠跳树枝等

3. 体育游戏

游戏是学前儿童阶段最主要的活动形式,同时游戏也是我们体育教育最有效的活动形式之一。所谓体育游戏,又称活动性游戏,是规则游戏的一种,一般具有一定情节、角色、规则、娱乐性和竞赛性。在学前儿童时期进行体育游戏,旨在发展其走、跑、跳、攀登、钻、爬、投掷等基本动作和技能。体育游戏具有其独特的优势,它不仅能够起到锻炼身体、促进发育的作用,并且具有娱乐性和竞赛性,同时也是发展学前儿童智力、陶冶学前儿童情操的重要手段。

体育游戏既是健康教育的手段之一,也是儿童教育活动的重要组织形式和方法。体育游戏的形式多种多样,千变万化。按发展的动作技能分类,可以分为走、跑、跳、投、钻、爬、攀登等。按运动项目分类,可分为球类游戏、水上游戏、冰上游戏、体操游戏等。按活动形式分类,可分为个体游戏、小组游戏、集体游戏、竞赛游戏、徒手游戏、持器械—物多玩游戏、利用器械游戏等。按活动场地分类,可分为户外游戏、室内游戏、野外游戏(充分利用自然地形、地物)等。按素质发展分类,可以分为发展速度、力量、耐力、灵敏、柔韧性等素质的游戏。

此外还有许许多多具有地域特色的民族、民间、民俗体育游戏。如,跳皮筋、跳房子、跳竹竿、抖箜竹、踢毽子、放风筝、撞拐(斗鸡)、弹球、抓子、砍包等。

值得强调的是,无论哪种形式的游戏,都是为了发展体能、掌握动作技能、促进生长发育、促进身心健康、增强体质。因此,一定要注重活动的实效性。

在体育教育中应用体育游戏,可以根据教学目的选择游戏;根据教学环节选择游戏(开始、准备、基本、结束);根据教学形式选择游戏等。此外体育游戏还可以应用到教学活动的延伸(进一步掌握、提高动作技能、发展体能)等其他形式中。这样有助于培养学前儿童进行体育活动的兴趣、发展个性,在体育活动的同时开阔眼界、增长知识、培养能力。

【知识拓展4-3】 **体育游戏**

游戏名称:贴人游戏

玩法描述:

1. 小朋友手拉手围成一圈站立。
2. 教师请小朋友"一二一"地报数,然后让报一的小朋友站在报二的小朋友的前面。
3. 教师讲游戏规则。教师先请出两位小朋友做示范。一个小朋友跑,另一个小朋友追,跑的那位小朋友贴到一位小朋友前面,这组小朋友的最后一位就开始跑。如果,跑的那个小朋友被抓,这个小朋友就要反过来抓刚刚追他/她的那个小朋友。依次循环。

4. 运动器械锻炼

《幼儿园工作规程》规定:"幼儿园应有与其规模相适应的户外活动场地,配备必要的游戏和体育活动设施……",由此看来,各项运动器械是幼儿园必备的物质条件,也是开展学前儿童体育活动不可缺少条件之一。

幼儿园运动器械既有大型器械,又有中小型器械;既有固定器械,又有可移动器械、手持活动器械。通过各种丰富多彩的器械练习,不仅有利于提高练习兴趣,调动学前儿童参加体育活动的积极性,而且,还有利于适当增加运动负荷,提高动作难度,扩大教育范围,从而收到更好的锻炼效果。

在进行运动器械锻炼时,教师要注意,在活动之前教会学前儿童正确运用器械,并充分利用器械掌握正确的动作技能。爱护器械,在活动中做好组织管理,要求学前儿童遵守规则,按顺序上下器械,不得拥挤或推操。在活动过程中,教师要区别对待,注意发展学前儿童个性;面向全体,随时观察学前儿童活动情况,及时调整练习密度及负荷量,加强保护帮助。幼儿园也要重视对器械安全的定期检查,确保活动安全。另外,要根据各种器械本身的特点,及时对学前儿童进行品德教育、认知教育、良好行为习惯的培养,同时引导学前儿童积极观察、思考各种变化,增长其知识和能力。

5. 民族民间体育活动

我国是一个多民族的国家。各民族都有自己的生活、活动习惯,并世代相传。积极开展民族、民间、地域性体育活动,既是继承和发扬民族、民间文化遗产,弘扬民族精神的需要,又是各民族之间相互学习、交流、促进团结的一种活动形式。

民族、民间地域性体育活动内容源于生活,是劳动人民智慧的结晶,其内容丰富多彩,形式多种多样,简便易行,就地取材。开展此项活动,既丰富了学前儿童体育活动内容,便于开展,又有利于锻炼学前儿童身体,提高活动效率,还能促进学前儿童互相学习、交流民风、民俗、民情,提高民族文化水平,并能使学前儿童玩得开心、尽兴,能更好地促进学前儿童身心健康和谐发展。

常见的民族传统体育活动,主要包括:汉族的"舞龙"、抬轿子、赛"龙舟"等;朝鲜族的荡秋千;彝族的跳竹竿;蒙古族的"赛马"等。民间传统体育游戏活动,主要包括:跳房子、跳皮筋、放风筝、抽陀螺、踢毽子、滚铁环、抖箜竹、踩高跷、抓子、斗鸡、钓鱼、弹球等。另外还有一些地域性体育活动,要根据各地区不同的地理环境及气候条件开展,主要包括:登山、游泳、滑冰、滑雪等。

在园所中开展民族、民间体育活动,教师可以通过向儿童介绍各民族风俗习惯、风土人情、习俗等,激发学前儿童练习兴趣,调动练习的积极性,提高练习效果。有些民族、民间体育活动,具有一定的危险性,教师既要教会学前儿童正确的方法,提出相应的要求,又要注意采取较强的保护帮助措施,确保活动安全。在活动过程中,教师注意启发学前儿童思维、想象、创造力,进一步开发民族、民间地域性体育活动。更重要的是,在活动中要教育学前儿童尊重民族风俗习惯,注重民族团结,相互学习,友好相处。

6. 利用环境因素锻炼

环境是人类赖以生存的基本条件,环境的发展与变化对人类的健康产生重要的影响。这里所说的环境包括自然环境和社会环境。自然界中阳光、空气、水、冰雪不断变化,会以不同的刺激作用于人体。学前儿童常见的锻炼形式,如空气浴、日光浴、冷水浴、冰雪浴等就是利用了这些自然的因素。正在生长发育重要阶段的学前儿童,其有机体必须经常经受各种不同的刺激作用,才能逐步适应各种不同的变化,抵御疾病的发生,促进发育,提高健康水平。所以利用自然环境来进行锻炼对儿童来说是必不可少的。与此同时,利用环境的锻炼还能培养学前儿童的勇敢、坚强、不怕困难等良好的意志品质。

另外,社会环境同样会直接影响人类的生活质量和健康水平。成长中的学前儿童,更需要在良好的社会环境中生活、学习、锻炼、成长。在充分利用幼儿园内良好的设备条件的基础上,还可以充分利用幼儿园周围的地理位置、社会环境设施,组织孩子们开展丰富多彩的体育活动,在发展动作、提高活动能力的同时,通过其实际应用能力,开拓眼界、增长知识,更有利于促进其身心健康和谐发展。

城市家庭与幼儿园,可利用公园、社区、公共活动场所等有关环境、条件,开展各种体育活动;山村家庭与幼儿园可组织学前儿童开展登山、钻洞、攀岩、爬树等活动;乡村家庭与幼儿园可组织学前儿童进行走田埂、跨河沟、过小桥、走小路、爬树、绕树林、打水漂、玩沙子等活动。

三、学前儿童体育的实施原则

由学前儿童身心发展的特点决定,个体在进行体育游戏活动时,其内容、形式、分组和时间等方面,也与青少年有着不同的独特的安排。因此,学前儿童体育的实施要坚持以下原则:

(一)经常性原则

经常性原则也称日常性原则,由于学前儿童识记的特殊性,学前儿童体育活动的时间必须要坚持安排在日常的生活中,要注意每天进行适量的体育活动,使学前儿童的神经系统、运动系统、呼吸系统、血液循环系统处在利于调动的状态,在运动实施过程中要注意运动强度的大小以及时间的长短,要突出活动中适当的动静结合,使运动具有一定的节奏性。

（二）科学性原则

科学性原则要求按照科学依据对学前儿童的体育活动进行安排，做到适度适量。按照学前儿童年龄特点和具体的体质情况确定一个适宜学前儿童锻炼的运动负荷，这里的运动负荷指学前儿童进行身体运动时所承受的生理负荷量和心理负荷量的总和。科学性原则是在保证个体足够的活动量的前提下制定的参考依据，一般学前儿童的活动量分配应由小到大，再由大到小进行，活动前后的心率差不超过50次，心率的恢复时间控制在5分钟以内，早操活动心率的恢复时间控制在3分钟以内。学前儿童的每次运动强度不宜过大，但体育练习的密度则应该稍大一些。学前儿童运动过程中，心率最好在130次/分以上，但是最高不要超过180次/分。

（三）多样性原则

学前儿童的体育锻炼要通过灵活多样、丰富多彩的内容和组织形式来开展，吸引学前儿童注意，开发发散思维。多样性原则重在弥补单一原则组织形式的不足，也在提升学前儿童参加身体锻炼积极性的同时，丰富学前儿童的生活。学前儿童体育活动常见的形式包括早操、体育课、课外体育活动三种。每种活动的组织形式各具特点，在学前儿童的体育运动中均起着不可替代的作用，但任何一种形式都不可能单一地完成学前儿童所需的全部的锻炼任务。因此，需多种组织形式之间的相互配合和补充，才能更好地实现学前儿童体育锻炼的目标，促使学前儿童身心的全面协调发展。

（四）渐进性原则

渐进性原则指学前儿童体育锻炼要让个体身心发展的实际情况与普遍的身心发展规律结合，在练习的内容、方法和运动负荷等方面逐步提高标准与要求，使身体素质不断增强，心理素质逐渐改善。整体教学内容要有良好的系统性，由易到难，由简到繁，由已知到未知，逐步深化，不断提高，贯彻少而精的原则，抓住每次教学的重点。在确定运动量时，不能把负荷定得太高，注意随学前儿童年龄的增长而增加，提高负荷量后给予个体一段适应时间，通过一段时间的锻炼，再提高、再适应，确保体育活动学习的渐进性。

（五）兴趣性与实效性原则

兴趣性原则指在向学前儿童讲授体育知识、动作时，内容、形式和方法都要适合其接受能力，既是学前儿童可以接受的，又是他们喜欢的，这样才能刺激学前儿童进行体育运动的积极性、主动性，使其保持较为深刻的印象，便于记忆。

实效性指在深入了解学前儿童具体情况的基础上，开展体育活动。教学任务、教学内容、组织形式、方法以及运动量的安排，既要符合学前儿童的年龄特点和身体发展情况，又要结合所能实施体育活动的实际设施情况，这样通过体育游戏活动模拟参与、体验社会活动，使学前儿童通过承担一定的角色，了解和学会社会生活，在与同龄人共同的体育游戏活动中，学会交往、合作，培养群体意识。

（六）全面发展原则

全面发展原则指的是学前儿童体育锻炼应使儿童身体的各个器官系统的生理机能、各种身体素质和基本活动能力都得到全面协调的锻炼和发展。学前儿童体育活动与其心理发展是相互关联、相互影响、相互制约而又有所区别的两个方面，二者是辩证统一、协调发展的共生关系。通过体育锻炼，学前儿童各项身体机能得到适度的锻炼，身体素质增强；在身体得到锻炼的同时，发挥身体锻炼在促进学前儿童认识、情感、态度、社会性和个性发展的作用,收获学前儿童的身体与心理的全面协调发展。

第三节 学前儿童智育

一、学前儿童智育的概念和意义

(一)学前儿童智育的概念

智育是全面发展教育的重要组成部分。在促进学前儿童身心和谐发展的全面发展教育体系中,智育主要指向于人的认知发展过程,以增进学前儿童对周围环境的认识,培养认识兴趣与习惯,发展智力为目的。

具体说,学前儿童智育就是按照学前儿童认识活动的特点与认知发展的规律,以增进儿童对周围环境的认识,培养认识活动的兴趣和习惯,发展智力为目的所进行的教育活动。

(二)学前儿童智育的意义

1. 从社会发展价值看,智育是社会生产发展和社会文明进步的必要条件

人类社会的发展是以物质生产和精神文明发展为主要标志的。社会的延续需要将前人积累的知识和智力成果向年青一代传递,使之得以继承并丰富与发展,由此向教育提出了智育的任务。

智育可以为学前儿童的终身发展和未来的学习与工作奠定良好的智力发展基础,准备良好的动机系统与必要的知识基础,它不仅关系到每个学前儿童今后的发展,而且也关系到社会的进步与发展。我国的社会主义现代化建设中,社会主义精神文明建设的一个重要方面是教育科学文化建设,在其中,智育的地位与作用显著地加强了,智育的早期实施已是社会的要求,是人们普遍关注的问题了。智育通过发展儿童的智力,提高未来社会主义建设者与接班人的工作能力,促进社会物质文明与精神文明的建设。一个民族和国家要跻身于世界民族之林,必须使她的人民具有良好的文化修养和智力素质。要在一个文盲人数众多的国度里,建设一个现代化的社会主义强国是不可能的。所以,智育关系到社会主义现代化的建设问题。

另一方面,对处境不利的儿童或智力发展有缺陷儿童进行早期智力干预,可以预防智力缺陷的形成,减缓与纠正智力发展缺陷的程度,使他们生活自理自立,不仅对儿童未来的人生和他们的家庭幸福具有重要意义,而且也可以减轻社会的压力。

2. 从个体发展价值看,智育是学前儿童发展的重要方面

学前阶段是人的认知发展的重要时期,适时、适当的智育可以促进学前儿童的认知发展。

(1)满足学前儿童的认知需要

学前儿童不仅有身体活动的需要、交往的需要,也有认知的需要。学前期是求知欲十分旺盛的时期,他们对周围环境中的事物与现象感到好奇,他们在主动探索周围的世界时,常常向成人提出各种各样的问题,提出问题正是学前儿童求知欲的表现。在与周围环境相互作用的过程中,学前儿童也在主动地根据自己已有的经验去理解客观事物及其现象的意义,但是这种认识往往是片面的、零散的,甚至是不正确的,成了在成人看来是"天真幼稚的理论"。例如,学前儿童看到鱼缸里的水少了,就把自己喝的豆浆倒进去让鱼喝。因为他认为

人和鱼都是"活的"、有生命的,人喝豆浆,鱼也可以喝豆浆。对待学前儿童的这种认知需要与认知活动的积极性,成人应当在尊重与理解的基础上加以支持和引导,满足他们的认知需要,丰富与增进他们对周围环境的认识,促进他们智力的发展。

（2）促进学前儿童智力的发展

传统观点认为,人的智力是由先天因素决定的,后天的智力发展只不过是先天预成的智力在后天的逐渐展现,环境与教育的作用微乎其微,充其量只能对这种先天预成的智力的显现速度与程度发生影响,而不能对智力发展本身产生任何积极的影响。这种观点在20世纪60年代以后受到人们的广泛批评。智力发展的多因素相互作用的观点、环境与教育是影响儿童智力发展的重要因素的观点,被人们普遍认同与接受。脑科学的研究表明,即便是作为人的心理活动产生的物质基础——大脑,它的发展本身也是先天因素与后天因素相互作用的产物。

智力的非预成性和多因素相互作用的观点与研究结论,奠定了学前儿童智育的理论基础。同时,学前期是智力发展最快的时期和最重要时期,说明了学前儿童智育的必要性与重要性。智育对于学前儿童的智力发展有重要影响。它就是要在人智力发展最快、最重要的时期,去促进学前儿童的智力发展,为他们的智力发展创造良好条件。

（3）为体育、德育和美育的实施创造良好的条件

智力是顺利地进行任何活动的必要条件。在体育活动、艺术活动以及社会性交往活动中,都有人的认知活动的参与。而所谓道德认识,就是对是非、善恶的认识与理解。要让学前儿童懂得什么是对、什么是不对,本身就要求学前儿童具备一定的智力发展水平。此外,审美活动本身也是感知、注意、记忆、联想和想象、思维等协同活动的过程。道德认识是人的道德品质的基本结构因素。智育通过发展学前儿童的智力为其他各育的实施创造良好的条件。

3. 从智育与其他各育的关系看,智育为人的全面发展提供了知识和智力基础

在各育中都包含有智育的因素,如道德品质、审美观念的培养、身体的健康发展等无不与知识和智力活动相联系。学前儿童智育为儿童培养品德、养成习惯、发展身体能力及美感教育提供必要的条件。没有知识和智力的发展,便没有文明、没有科学,因此智育是其他各育的基础,是人的全面发展的必要条件。

学前儿童智育常与体育、德育、美育同处于一个过程中。在向学前儿童传播知识,进行智力练习时,也同时培养着学前儿童的行为品质,锻炼着他们的意志力;在进行身体动作练习或绘画、音乐活动时,也在锻炼着他们的注意力、观察力、想象力和思维力,同时也丰富着他们有关的知识。总之,智育在学前儿童的全面发展教育中是不可分割的重要组成部分。

二、学前儿童智育的目标与内容

（一）学前儿童智育的目标

按《幼儿园工作规程》（1996年）规定,学前儿童智育的主要目标是:"发展幼儿智力,培养正确运用感官和运用语言交往的基本能力,增进对环境的认识,培养有益的兴趣和求知欲望,培养初步的动手能力。"

（二）学前儿童智育的内容

学前儿童智育的任务与内容是根据智育的目标而设计的,具体包括以下几方面:

1. 引导学前儿童获得生活中易懂的和简单的知识,形成对事物的初步概念

知识是学前儿童独立生活所必需的,是他们与人交往,与客观世界接触所必需的,也是入学学习的必要准备。

学前儿童学习的知识主要来源于他们经常接触的生活,其中有日常生活、社会生活及自然界中各种事物的特征、事物现象间的简单关系等。向学前儿童提供上述方面的知识应随他们活动范围及认识能力的增长而不断增加,并应在已获得的具体经验基础上,使他们的知识经验条理化、系统化,形成一定的概念。

学习知识过程中,要帮助学前儿童形成一些简单的、初级的概念,实现知识的系统化。这样有助于巩固知识,有助于接受新知识,有助于运用知识,并促使学前儿童的各种能力积极活动。如形成关于水果的概念,儿童可以去辨认各种水果,还可以将新认识的水果品种概括到水果的概念中去。

根据苏联学者提出的"知识系统化"理论,在向学前儿童传授关于现实事物和现象的知识时,要引导儿童理解知识的简单联系和规律性,这种知识体系应当是最基础的,它不同于学校儿童的知识体系。编制知识体系要按照一定的顺序,以保证学前儿童从掌握简单的知识逐渐过渡到掌握较复杂的知识。

学前儿童思维发展的年龄特征,是我们安排学前儿童所学知识内容的理论根据,幼儿园各年龄班的知识内容按知识广度与深度,结合各个思维发展飞跃期,加以有顺序地系统安排。为学前儿童呈现的各种知识务必坚持科学性,不得因知识浅显而违背科学。

学前儿童学习知识的任务和手段均与小学系统的学科学习不同。学前期的学习是学科前的学习,学习知识的内容是广泛的、浅显的,学习的手段是多种多样的,主要在口头语言的启示下,配以直观教具,用游戏的方式,或依靠学前儿童的实际活动和直接感知等,引导学前儿童认识客观世界。

2. 发展学前儿童的智力

智力的发展是学前儿童认识事物、学习知识所必需,更是将来长大学习科学知识技能所必需。没有较高水平的智力不可能很好地学习知识技能,更不能发展知识技能。智力不是自然而然发展的,是学前儿童在接触和改变外部环境的积极活动中,推动着智力的积极活动。通过有目的、有计划的练习,可促进学前儿童智力的良好发展。

智力的发展包括认识过程的发展、良好智力品质的培养及智力活动方法的掌握。良好的智力品质是指各种智力能力反映的特性,如注意的品质包括注意的广度、注意的稳定性、注意的转移、注意的分配等。应创设良好的教育条件发展学前儿童各种智力品质。可根据培养各种智力品质的要求为学前儿童设计各种智力游戏,并应在日常活动及上课中都有意培养。

发展儿童智力的方法很多。如有顺序地观察,对动物一般由头部到身体再到尾部;对植物一般由花、叶、茎再到根;对图片一般由近到远,由大到小,由表面到内部等。再有比较异同的方法。如比较鸭与鹅在外形特征上的异同时,可按外形各部位的顺序分别地找出二者的相同处和不同处。

3. 培养正确运用感官的基本能力

对学前儿童进行感觉教育,培养其正确运用感官的基本能力,发展其感知觉能力与观察力,是学前儿童智育的重要任务之一。所谓感觉教育,是有目的、有计划地形成与发展学前

儿童的感知觉与观察力,培养学前儿童正确运用感官认识周围环境的能力的教育活动。

感知觉是人的认知活动的开端与基础。通过感知觉,我们可以获得丰富的感性经验,为更为复杂的认知过程如表征、想象与思维等提供必要的、直接的材料与信息。感知觉发展得越好,带来的外界信息越多,思维活动就越有条件,人对客观事物就越容易形成清晰全面的认识。

感觉教育的内容包括:

(1) 保护学前儿童的感觉器官

感觉器官的正常生长发育与机能的成熟,是学前儿童感知觉能力和观察力发展的物质基础。要注意保护学前儿童的感觉器官,如视觉器官和听觉器官。消除不利的环境因素,如噪声、药物等的影响,采取有利于学前儿童感觉器官保护的安全、卫生措施,如从光线、视力活动的紧张度调节等方面采取适宜的措施,保护学前儿童的视觉器官。

(2) 帮助学前儿童掌握社会感觉经验标准,形成人所特有的感觉能力

社会感觉经验标准的掌握,不是一个自发的、自然的过程,而是一个社会影响的过程。学前儿童主要是在与成人的交往过程中,逐渐由简单到复杂,由个别到全面地获得这些标准的。成人可以在学前儿童的实际生活中,利用儿童自己的生活活动与变化,利用实际物体、玩具与专门的教具,或者通过专门组织的作业教学活动(如音乐活动、美工活动等),帮助儿童感知并体验这些标准,积累感觉经验,形成相关的概念。例如,利用自然界的昼夜更替、季节变换、月亮的圆缺等现象,以及儿童自己生活活动的有规律的变化,帮助学前儿童形成时间知觉与时间概念。

(3) 发展学前儿童的观察力

观察力是以感知觉为基础形成的一种重要的认知能力。发展良好的观察力,有利于学前儿童更好地认识周围环境,激发并使学前儿童的好奇心、求知欲得到满足。

学前儿童的观察力是在实际活动中逐渐形成与发展起来的。学前儿童观察力的培养,也应当以儿童的各种实际活动为基本途径。应当帮助引导学前儿童把已掌握的感觉经验标准运用到实际生活中去。例如,几何图形的区别在于角或边的数量不同。但是,在实际生活中很少存在非常规则的三角形或四边形。一般物体都是由几个图形构成的组合或不规则的图形。在学前儿童已经了解了关于"三角形""正方形""长方形"的基本"标准"以后,应当引导他们把这些标准应用到实际生活中去,帮助他们用已知道的"标准"来与所感知的物体进行比较对照,在这个过程中帮助他们掌握分析、比较、分类的方法。

4. 发展学前儿童的语言交往能力

培养学前儿童运用语言进行交往的能力,是学前儿童智育的一个重要任务。语言起源于交往的需要,语言最本质的功能是交际的工具。语言有口头语言与书面语言之分,人们既可以运用口头语言进行交往,也可以运用书面语言进行交往。学前期是口语发展的关键时期,培养学前儿童运用语言进行交往的能力,主要是指培养学前儿童运用口头语言交往的能力。

在口头语言中,又可以根据语言交往活动的不同性质,把口头语言分为对话性语言与叙述性语言。对话性语言的特点是情境性、简略性、合作性。叙述性语言的特点是完整、连贯、前后呼应,具有较强的逻辑性,例如在讲述图片、复述故事内容、表达自己的意见、想法等活动中,往往要求学前儿童使用叙述性语言。学前儿童语言交往能力的培养,既应重视叙述性

语言能力的培养,也应重视对话性语言能力的培养,同时,还要帮助学前儿童了解文字符号的交往功能与意义。

(1) 培养学前儿童语言交往的兴趣

培养学前儿童语言交往的兴趣,首先要培养他们喜欢运用语言与人交往,使他们喜欢说话,愿意说话,乐于用语言来表达自己的想法、经验与感情,也喜欢分享同伴的经验、想法与感情。

(2) 帮助学前儿童掌握语言交往的基本技能

培养学前儿童语言交往的能力,还要帮助学前儿童掌握语言交往的基本技能,例如轮流、等待、分享、协商、讨论等,学会有礼貌地倾听他人的讲话,体验到倾听是有效沟通的好办法。

(3) 促进学前儿童言语表达能力的发展

言语表达能力是重要的语言交往能力。要帮助学前儿童正确理解和使用常用词,学习使用文明礼貌用语,能够大胆清楚地表达自己的需要、感受,用言语解释和说明自己的想法与理由。

(4) 帮助学前儿童学习使用普通话

在发展本民族语言的同时,还要帮助学前儿童熟悉、听懂普通话,学习使用普通话。

(5) 帮助学前儿童了解文字符号的交际功能

学前期虽然以培养学前儿童使用口头语言进行交往的能力为主,但是也应帮助学前儿童了解文字符号的交往功能,理解书信、便条、图表、书报等在人们的社会生活中的意义与功能。

语言是思维的物质外衣,也是人们交往的工具。学前儿童语言的发展直接影响着思维的发展。学前期是学习口头语言的重要时期,发展学前儿童口头语言是学前教育极其重要的任务。应积极地、尽快地使学前儿童掌握口头语言,培养他们能够运用清楚、连贯的语言,表达自己的思想和要求,能自如地运用语言与别人交往。学前儿童掌握了口头语言能够更好地与人交往,接受教育,学习知识,能够用语言提出问题、思考问题、回答问题,促进思维的积极活动。因此应创造条件多让学前儿童说话,经常让学前儿童讲述所遇到的事物、现象及自己的思想、要求;组织好语言教学,在上课或其他活动中,培养学前儿童正确的发音,丰富词汇,教会他们一定数量的名词、动词及常用的形容词、连接词,并使学前儿童理解词义,会正确运用词;培养学前儿童口语表达能力,会正确地回答成人问题,能比较连贯地看图片讲述或围绕一定题目谈话,发展连贯性语言。

5. 增进学前儿童对环境的认识

增进学前儿童对环境的认识,不仅可以丰富学前儿童的知识经验,满足学前儿童的认知需要,而且也是培养学前儿童有益的兴趣和求知欲望,发展学前儿童智力的重要基础与途径。

学前儿童对环境的认识,包括以下基本内容:

(1) 社会生活常识,包括认识社会生活的物质环境和人们的生活及相互关系。具体来说,包括认识日常生活用品;认识邻里社区环境,如家庭、学校、商店、邮局等,知道它们的名称及主要功能;认识人们的工作及其相互关系,以及与自己生活的关系;认识自己与别人,了解在社会中生活的基本行为准则。

（2）自然常识，包括生物与非生物两大类。具体来说，包括认识常见的植物与动物，认识天气和季节的变化和动植物生长、人们生活之间的关系，以及人类保护环境的活动；了解与学前儿童生活关系密切的科学技术成果。

（3）关于数学的初步知识。任何物体都以一定的大小、形状、数量存在于一定的时间和空间中。数学知识是一种比较抽象的关于物体存在形式的知识。要求学前儿童学习关于数学的初步知识，包括认识和比较物体的大小、多少、长短、粗细、高低、轻重等；认识几何形体；认识时间、空间，形成基本的数概念和运算概念，学习用简单的调查、统计方法来搜集、处理和表现资料。

学前儿童对环境的认识，范围广泛而粗浅，主要来源于他们生活于其中，并经常接触的周围环境，以直接的、感性经验为基础。成人在引导学前儿童认识周围环境中的事物与现象时，要注意适合学前儿童的认识兴趣和理解能力，给学前儿童的概念既要形象具体又要具有科学性。

6. 培养求知欲和学习的兴趣

儿童在学前期就表现出较强的求知欲，他们的求知欲从低级向高级发展着。最初的求知欲表现为好奇心，他们对周围的许多事物都感到新鲜、好奇，喜欢去看，去摆弄；在学前儿童掌握语言后，便要发问，向成人提出大量的问题，"这是什么？""为什么？"等；再进一步学前儿童便自己想出一些方法，通过观察、试验、探索等，试探地解疑，寻求答案。学前儿童求知欲的发展不是自发的，成人应有目的地进行培养。求知欲是儿童学习积极性的内在动力，也为以后入学的学习活动提供有利条件。

学前儿童学习的兴趣表现为积极参加学习活动。如在学习时能集中注意力，按教师的指示认真地完成一定的学习任务；对学习有兴趣，会动脑筋；能清楚、正确地回答问题，并能提出问题；遵守上课纪律；能克服困难，主动地、积极地学习。

通过学习可培养良好的学习习惯。学习习惯的培养，不应单纯视为上课的纪律训练，强制学前儿童服从，而是通过能引起学前儿童兴趣的学习内容、难易恰当的学习任务，吸引他们的注意力；要运用启发式的教学方法，促使学前儿童勤于思考、积极反应、动脑动手、操作、练习，以养成学前儿童学习的主动精神。

全面完成智育任务，是入学学习的必要准备。在幼儿园中，智育主要通过上课、游戏、劳动、日常生活等多种活动进行，各项活动应有机配合。只重视上课这一种智力手段是很不够的，应使学前儿童在参加各种活动中，更多地发现问题，积极思考，寻求解决问题的途径和方法。要为学前儿童提供充足的玩具和教具，丰富多彩的环境，以激发学前儿童的求知欲，使学前儿童不断地增长知识，发展智力。

7. 培养学前儿童解决问题的能力

解决问题的能力是重要的认知能力，也是适应实际生活的能力。培养学前儿童解决问题的能力，是发展学前儿童智力中的重要问题，因为智力正是运用已有的知识经验来解决问题的能力。

学前儿童大约自2岁以后，逐渐出现发问的现象，这是学前儿童思维发展的标志，是求知欲的表现。最初学前儿童的问题带有"问题游戏"的性质，具体表现是在得到了答案以后，学前儿童还在不断地问"为什么呀"，皮亚杰称之为"心理的练习"。以后，学前儿童的问题逐渐减少了游戏的性质，问题所涉及的内容范围也在不断扩大。

能够提出问题,正是学前儿童积极活动的结果,问题的深度与广度是学前儿童智力水平发展的一个标志。因此,教师与家长应以积极的态度对待学前儿童的问题。对待学前儿童的问题,有以下两种解决方法:

(1) 引导学前儿童自己发现问题的答案

学前儿童提出问题后,成人应当分析学前儿童的问题,根据问题的难易程度采取不同的解决方法。如果问题是在成人的引导下学前儿童可以自己解决的,则应该引导学前儿童自己去寻找问题的答案。例如,一个4岁的学前儿童问妈妈:"为什么旅行车只有一个门,而公共汽车有三个门呢?"这是妈妈从来没想过的问题,但她觉得这是孩子动动脑筋可以自己解决的问题,于是,启发孩子想一想旅行车和公共汽车有什么不同。最后,在妈妈的引导下,孩子自己得出了答案:"公共汽车在停靠车站时,总会有很多人上下车。为了节约时间,方便上下车,所以公共汽车要有三个门。旅行车因为从一个地方到一个很远的地方,时间长,要让更多的人有座位,所以不需要有很多门,但座位要多一些。所以,旅行车只有一个门。"

(2) 成人解答

如果学前儿童提出的问题,他自己不能去发现问题的答案,必须由成人来解释时,则由成人来回答。但成人要根据不同年龄、不同学前儿童的知识经验和理解力,浅显易懂地正确回答学前儿童的提问。不顾学前儿童的理解力,照搬科学原理去回答,将是有害无益的。如有的学前儿童喜欢问:"第一个人是从哪里来的?"一位爸爸便从生物的进化讲到人类的进化,这种讲解虽然是符合科学的,但却超出了学前儿童的知识经验和思维的具体形象性的特点,反而将学前儿童带入了知识的迷惘中,造成了不科学的概念。这个学前儿童听完爸爸的解释以后说:"我知道了,我的爷爷原来是猴子,他劳动了就变成了人,后来生了我爸爸,我爸爸又生了我。"显然学前儿童理解错误了。一位教师在回答学前儿童这一问题时,将这一复杂的知识做了简化的、概括的解释:"很多很多万年以前的人是由猿猴逐渐变成的,当有了人类以后,现在的猿猴是不会变成人了。"学前儿童听后没有产生错误的理解。

我国儿童教育家陈鹤琴对学前儿童的好问心提出过教育建议,他说:"我们做父母的不要拒绝小孩子的问题,也不要以'有问必答'的方法对付他,我们应当利用他的问题来施行我们的理想教育。"

三、学前儿童智育的实施原则

在学前儿童智育工作中应遵循以下基本原则:

(一) 专门的教育教学活动与实际生活相结合

长期以来,在我国学前教育实践中,"作业"或"上课"这种专门组织的教育教学活动往往被看作智育的主要途径,甚至是唯一途径。这种观点是不正确的。智育可以有多种途径,除了上课以外,还可以通过其他各种活动来进行,尤其要注意通过学前儿童的游戏、实验、调查、观测等活动来进行。应组织学前儿童接触真实的社会环境与生活,引导学前儿童去认识周围的生活与世界。同时,也要创造条件,让学前儿童运用感官去直接感知事物,让他们在动手中动脑。

(二) 教师的引导与学前儿童的探索相结合

学前儿童的认知发展,是在学前儿童积极主动地与周围环境的相互作用中实现的。强调学前儿童的主动探索并不排斥教师的引导,相反,适宜的教师引导可以促进学前儿童的主动探索,因为在有些情况下,学前儿童只是"做"或"操作",但是并没有意识到他自己操作的意义。例如,学前儿童在做颜色混合的游戏时,他只是发现不同的颜色倒在一起,会变成别的颜色,他觉得很好玩。但是,他并没有进一步产生探索颜色混合的规律的想法,他仅仅只是在玩弄颜色。教师可以建议他:"看看红的和蓝的颜色放在一起会怎样?红的多蓝的少会怎样?"同时,还可以建议他做好记录,寻找出颜色混合的规律。

(三) 知识的获得与能力的培养相结合

知识的获得虽然不等于智力的发展,但是知识的学习与能力的发展是相互联系的。在引导学前儿童认识周围环境、丰富学前儿童的知识经验的过程中,要注意学前儿童动手动脑解决问题能力的培养,不要急于把现成的概念或结论告诉学前儿童,或者急于纠正学前儿童的错误,马上进行示范。学习永远是学前儿童自己的学习,成人不可能代替他去学习,包办代替培养不出聪明能干的学前儿童。学前儿童自己能做的事情、自己能发现的东西要让学前儿童自己去做、去发现。成人的示范、讲解、告知看起来似乎是一条"捷径",但是,这种直接示范、讲解、告知,往往剥夺了学前儿童通过尝试错误去学习解决问题、锻炼自己动手动脑能力的机会。人是通过"错误"和"失败"成长的。学前儿童更需要通过自己的"做"、自己的直接经验来学习。因此,在学前儿童智育中不能仅仅以学前儿童获得知识为目的,而应注意在帮助学前儿童获得知识的过程中,使他们的能力得到锻炼与培养。

(四) 智力因素与非智力因素的培养相结合

非智力因素是指有利于人们进行各种活动的、不包括智力因素在内的其他心理因素的总和。一般来说,智力因素是指感觉、知觉、记忆、思维、想象等心理因素,非智力因素是指动机、情感、兴趣、态度、意志、性格等。可以将非智力因素进一步概括为动力因素(包括需要、动机、兴趣、情感)和控制调节因素(主要指意志品质、坚持性、独立性)。非智力因素虽然不是智力的构成因素,但是它参与人们的智力活动,对学习活动起促进、定向、维持、调节和强化等多种作用。研究表明,利用儿童的非智力因素的作用,可以改善与提高儿童的学习成绩。人才的造就,不仅仅是由智力因素单方面决定的,而往往是智力因素与非智力因素相互作用产生的结果。

第四节 学前儿童德育

一、学前儿童德育的概念和意义

(一) 学前儿童德育的概念

德育即道德教育。道德是一种社会意识,是社会存在的反映。它是在一定社会条件下形成与发展起来的人们共同生活的行为准则的总和,也是评价人们行为的标准。道德反映社会对人们的要求以及人们对社会的态度,并调整人和人之间、个人与社会之间的关系。

德育是全面发展教育的重要组成部分。在促进学前儿童身心全面发展的全面发展教育体系中,德育主要指向于人的社会性发展过程,以引导和促进儿童社会性发展,培养和塑造儿童道德人格为目的。

学前儿童德育是年青一代德育的最初阶段,是教育者根据一定的社会要求,有目的、有计划地对学前儿童施加教育影响;是按照社会的要求,以引导和促进学前儿童社会性发展,培养和形成学前儿童道德品质为目的所进行的教育活动。根据学前儿童身心发展的特点和实际情况,学前儿童德育是向学前儿童进行道德品质教育,即品德教育,培养他们良好的品德、文明习惯和性格。

(二)学前儿童德育的意义

学前儿童时期是人的社会性、道德品质和个性形成与发展的重要时期。在这样一个时期,对学前儿童进行德育具有重要意义。

1. 促进社会主义精神文明建设

社会主义的现代化建设,不仅需要物质文明方面的建设,也需要精神文明方面的建设。"两个文明"建设,都需要培养有理想、有道德、有文化、有纪律的社会主义事业的接班人和建设者。年青一代的精神风貌体现社会的文明程度和民族精神,对我国未来的社会风貌有重要影响。德育在社会主义事业接班人和建设者的培养中,起着塑造人"灵魂"的作用,对于社会主义精神文明建设具有重要的意义。

学前儿童时期是人的品德与行为习惯形成的要时期。在这一时期,他们容易接受外界环境的影响与熏陶,并留下深刻的印象。"少成若天性,习惯成自然。"这一时期的德育,可以为人的终身发展奠定良好的品德基础,对人的一生都会有重要的影响。同时,如果家庭和幼儿园都注重学前儿童的德育,作为教育者的成人从自己做起,为学前儿童树立良好的榜样,注意自己的言行举止,不仅可以为学前儿童的成长提供良好的外部条件,同时,本身也可以优化家庭和社区环境,促进社会主义文明建设。

2. 帮助学前儿童适应社会生活

学前儿童与人相处、交往的态度与能力,既和学前儿童的生活环境与经验有关,也与教育影响有关。随着学前儿童年龄的增长,他的生活范围逐渐扩大,由家庭到托儿所、幼儿园。他的交往对象也由家庭成员而扩大到地位相等的同伴,以及家庭成员以外的成人,如教师。随着学前儿童生活范围的扩大和交往对象的变化,生活本身对学前儿童的要求逐渐提高,要求学前儿童逐渐地以一个独立的、与其他小朋友平等的"人"的角色或身份,与其他人相处、交往,适应社会生活。对于学前儿童来说,他们最初的社会生活,主要是幼儿园的集体生活。学前儿童在幼儿园能否愉快、舒服地生活,既与教师对待学前儿童的态度有关,也与学前儿童能否与小朋友友好相处有关。因此,同伴关系是影响学前儿童在园生活质量的一个重要因素。

德育过程,是外在的社会意识与行为准则转化为个体的思想意识与行为准则的桥梁,可以帮助年青一代更好地适应社会生活。学前儿童德育同样也具有这种社会化功能。学前儿童虽然还不能够理解抽象的道德概念与政治理论,但他们在与周围的成人和同伴的交往过程中,必然会遇到或产生如何与人交往、相处,应该遵循哪些行为准则的问题。这就为对学前儿童进行德育提供了可能性与必要性。德育帮助学前儿童了解和体验社会生活的基本行为准则,学习和掌握社会性交往技能,可以帮助学前儿童适应社会生活。

3. 促进学前儿童个性健康发展

学前儿童个性的全面发展包括身体的、智力的、情感的、品德和性格的以及审美等方面的发展。品德和性格的发展是全面发展中的重要部分。

在人的个性结构中,道德品质、性格、意志等是重要的构成因素。它们作为"非智力因素",对一个人的发展与成才起着十分重要的作用。它们不仅参与人的智力活动,对学习起着促进、定向、维持、调节强化的作用,而且影响人的社会生活,影响着个体在群体中的地位和受欢迎程度,影响着个体的心理健康。学前儿童德育的重要任务,是要培养学前儿童"诚实、自信、好问、友爱、勇敢、爱护公物、克服困难、讲礼貌、守纪律等良好的品德行为和习惯,以及活泼、开朗的性格",这对于促进学前儿童个性健康发展具有重要意义。

二、学前儿童德育的目标与内容

(一)学前儿童德育的目标

《幼儿园工作规程》在阐明幼儿园保育与教育目标时,阐明了学前儿童德育的基本任务:"萌发学前儿童爱家乡、爱祖国、爱集体、爱劳动、爱科学的情感,培养诚实、自信、好问、友爱、勇敢、爱护公物、克服困难、讲礼貌、守纪律等良好的品德行为和习惯,以及活泼、开朗的性格。"

学前儿童德育的任务确立了学前儿童德育工作的目标。在面向不同年龄的学前儿童进行教育时,应考虑不同年龄学前儿童身心发展的特点,提出适合该年龄学前儿童身心发展特点的合理要求,并长期坚持一贯的培养与教育。

具体而言,学前儿童德育的任务,对不同年龄学前儿童应有不同的具体要求。如培养学前儿童友爱的品德,要求三岁儿童习惯于班集体的生活,能和小朋友愉快友好地在一起玩,不争抢和独占玩具,不打人、不骂人。对5、6岁的儿童,则要求他们能和同伴友好相处,做到互相关心,互相帮助;关心集体,愿为同伴和集体做事;能帮助有困难的小朋友,不欺侮人,互相谦让;遇到纠纷能主动调解和解决等。

(二)学前儿童德育的内容

学前儿童德育的具体内容有:

1. 文明礼貌教育

文明礼貌教育主要培养学前儿童待人接物的文明行为,以养成文明的行为习惯为目的。对学前儿童进行的文明礼貌教育主要包括以下内容:

(1)培养学前儿童礼貌待人的态度与行为习惯

帮助学前儿童掌握文明礼貌用语,如"请""您""谢谢""对不起"等,并能主动地、正确地使用礼貌用语与人交往;有礼貌地倾听别人谈话,不乱插嘴;有礼貌地说话和与人交谈,不大声嚷嚷;有礼貌地与人共同进餐,学习文明进餐的礼仪与方式,不说脏话。

(2)培养学前儿童关注社会生活的态度与文明行为

对学前儿童进行文明礼貌教育,不仅应当培养学前儿童礼貌待人的态度与行为习惯,而且还应当培养学前儿童遵守社会公德,关注社会生活的态度与文明行为,包括爱清洁、讲卫生,不随地吐痰和乱扔果皮,保持环境整洁有序;不到处乱涂乱画,遵守公共场所的规则等。这些行为虽然同样反映出一个人的教养水平,但同时它也涉及人们共同生活的利益,属于"社会公德"的行为范畴。文明礼貌教育应在日常生活中进行,注重实际的行为练习和成人榜样的作用。

2. 友爱教育

对学前儿童进行友爱教育,目的在于帮助学前儿童掌握与同伴交往的基本技能,培养学前儿童尊重、关心和理解他人的态度与能力,学会分享、合作、谦让、助人,能与小朋友友好相处。

（1）培养学前儿童积极交往的态度与能力

良好的同伴关系，是在同伴交往的过程中形成和发展起来的。交往是指人与人之间的相互作用与信息沟通。人与人之间的交往或沟通能否顺利进行，与交往者对待交往的态度与交往的能力有关。表达自己的意愿、理解他人意愿、移情或体谅他人的心情等，是进行人际沟通、维持交往过程、实现交往意图所必需的、最基本的交往或沟通能力。

培养学前儿童积极交往的态度与能力，包括鼓励学前儿童主动交往，培养交往的兴趣，能够恰当地运用多种方式（包括言语的或非言语的）来表达自己的想法、态度与情感，并且能够注意倾听他人的谈话，了解倾听的意义，根据他人的言语、表情、姿势、动作等来理解别人的想法与感情，能站在别人的角度去体验别人的情感等。

培养学前儿童积极交往的态度与能力，首先，要为学前儿童创造自由交往的条件，鼓励学前儿童积极交往，满足学前儿童同伴交往的需要，体验交往的快乐，喜欢与小朋友在一起生活和游戏；其次，要指导学前儿童学习与掌握基本的交往技能，例如怎样和小朋友协商轮流玩玩具，怎样向小朋友借玩具，怎样加入其他小朋友的游戏，怎样有礼貌地拒绝，怎样耐心地等待别人的反应，正确理解别人的意愿、想法，不强要硬拿人家的东西等；最后，要帮助学前儿童学习体验别人的想法与感情。例如，自己把小朋友碰倒了，也跟他（她）说了"对不起"，可被碰倒的小朋友为什么还是在哭呢？

（2）帮助学前儿童学习分享、合作、谦让、助人等良好的行为

分享、合作、谦让、助人等行为是以基本的交往或沟通能力为基础发展起来的，符合一定的社会期望，并对他人、群体或社会有益的行为。

培养学前儿童分享、合作、谦让、助人的行为，要帮助学前儿童理解分享、合作、谦让、助人的意义，并创造条件使学前儿童有机会实际练习并体验这些行为及意义。同时，也要帮助学前儿童理解在什么样的情景下分享、合作、谦让、助人等行为是适宜的。例如，当小朋友不需要你帮助去系扣子的情况下，硬要帮人系扣子是不适宜的"助人"行为。分享、合作、谦让、助人都要以尊重他人的意愿为前提。

3. 集体生活教育

学前儿童从家庭进入幼儿园，是学前儿童生活环境的重大变化。要帮助学前儿童逐步适应幼儿园的新的生活环境，习惯在集体中生活。对学前儿童进行集体生活教育的目的是：① 使学前儿童喜欢上幼儿园，习惯于和家人短暂分离；② 遵守集体生活的基本规则；③ 对集体有归属感、认同感，并且愿意为集体做事，具有初步的责任感。对学前儿童进行集体生活的教育，应循序渐进，逐步提高要求。

4. 培养学前儿童诚实、勇敢的品质

（1）培养学前儿童诚实的品质

诚实的品质应注意从小培养。成人要为学前儿童树立诚恳老实的榜样，不在孩子面前撒谎、弄虚作假。要满足学前儿童合理的愿望与要求，过分严格的限制往往会导致学前儿童说谎。注意正面教育，合理要求，建立必要的规则，例如不随便拿别人的东西，不是自己的东西不带回家等。正确对待学前儿童的过失，使学前儿童信赖成人，敢于在成人面前说真话，不怕承认自己的过失。成人对待学前儿童的教育要求要一致。正确对待学前儿童的说谎，要分析学前儿童说谎的原因。根据不同的情况，帮助学前儿童区分想象与现实，或明辨是非，改正错误。

（2）培养学前儿童勇敢的品质

学前儿童的勇敢主要表现在积极参与各种活动，不怕羞、不胆怯，能够经受住一定的苦痛，勇于克服自己在生活和学习中遇到的困难，自己想办法解决力所能及的问题等方面。

成人应当鼓励学前儿童积极参加各种活动，根据学前儿童现有的身心发展水平，提出适合于学前儿童年龄与个体特点的任务与适当的挑战，使学前儿童有机会得到锻炼，体验克服困难后产生的成功感和愉悦感，增强学前儿童对自己的自信心。同时，要主动消除环境中的不安全因素，避免过多的行为限制，以免造成学前儿童的胆小怯懦，鼓励学前儿童不怕困难，继续尝试。成人还应当帮助学前儿童区分鲁莽与勇敢。在培养学前儿童勇敢的同时，还要教育学前儿童注意安全，制止学前儿童从事危险的活动。

5. 培养学前儿童自信、活泼开朗的性格

自信、活泼开朗的性格属于积极的个性品质，它们推动学前儿童积极主动地与周围环境中的人与事物交往、相互作用，有利于学前儿童与周围的人们结成良好的人际关系，有利于学前儿童适应环境，愉快、健康地生活。

学前儿童自信、活泼开朗的性格的形成与否，与成人对待他们的态度有关。对学前儿童过多的限制和过多的消极批评，甚至滥用惩罚，会影响学前儿童对自身的认识与评价，造成学前儿童畏首畏尾、消极懦弱甚至恐惧压抑的心理状态。成人对待学前儿童应以积极的鼓励与肯定为主，发现并欣赏每个学前儿童的优点与潜能，帮助学前儿童认识自己的优点与潜能，支持、鼓励学前儿童大胆地表现自己的意愿、想法与感受，使学前儿童有机会体验与展现自己的能力，增强他们的自我价值感与自信心。

6. 培养儿童良好的意志品质

学前期在培养意志品质上有重要意义。随着学前儿童认识能力的提高，自我意识在逐步形成，抑制能力从四岁以后迅速发展，这为培养儿童的目的性、积极性和自我控制能力创造了条件。通过各种练习，儿童可以形成较为稳定的意志品质。各年龄儿童在意志品质的形成上有着显著的差异，三岁儿童往往是在行动后才意识到做了什么；四五岁儿童可逐渐先有行动的目的，并为此而克服困难；六七岁儿童，不但目的更加明确，而且能考虑达到目的的方法，为达到目的而自我克制和坚持克服困难。

（1）目的性的培养

目的性的培养是指培养学前儿童能主动地提出明确的行动目的，并为达到这一目的而积极行动的意志品质。两三岁儿童心理活动富于情绪性，注意力极易分散，往往不会预定行动目的，不知道自己要做什么，即便有一些目的也常常受周围事物的影响和支配。所以，在开始阶段成人要引导、启发学前儿童提出目的，向学前儿童提问或做出必要的说明，并引起学前儿童的兴趣，使儿童按照目的进行活动，逐渐启发儿童自己提出行动的目的，并给以鼓励。学前儿童从提出目的到实现目的的过程往往是很不稳定的，或被其他兴趣转移了目标，或中途遇到困难而放弃了目的。所以，要及时提醒学前儿童应达到的目的，并指导学前儿童实现目的的具体方法，帮助克服困难，同时还要使学前儿童体验达到目的后的快乐。随着学前儿童年龄的增长，学前儿童不但能提出满足个人兴趣的要求，还应能提出对集体有意义的活动的要求。成人应在学前儿童从事的各种活动中培养他们的目的性，使儿童经常处于有目的的活动之中。

（2）坚持性的培养

坚持性是意志的重要品质之一。它是将目的贯彻到底以及克服困难或障碍的能力。坚韧的毅力和充沛的精力是它的两个重要的特点。

培养儿童的坚持性首先要使儿童树立信心，使他们知道只要努力就能达到目的，在目的没有达到之前，不能轻率放弃已经开始了的工作，要动脑筋、想办法克服困难，有始有终地做完一件事。要有意地为儿童设置一些困难，要求儿童克服的困难要与儿童的能力相当，是学前儿童花费一定的努力后能够克服的。

有的学前儿童表现消极、懦弱或缺乏稳定性，这样的学前儿童往往主动性不强，独立性差，总是服从别人的意志。成人了解原因后，应培养他们对周围事物的兴趣，使他们积极地活动起来，并安排他们一定的任务，如在游戏中担任一个角色，鼓励他们积极地完成任务，按自己的意愿进行活动。对懦弱的儿童，则要采用更多的鼓励的办法，对他们的活动或成绩表示关切、赞赏。要防止能力强的儿童事事代替他们去做，甚至排挤他们。不稳定的儿童，往往不能把一件事做到底，要培养他们的注意力，经常提醒和帮助他们做事要有始有终，坚持到底。

7. 爱家乡、爱祖国、爱劳动情感的萌发

萌发学前儿童爱家乡、爱祖国、爱劳动的情感，要由近及远，逐步扩大范围，从增进学前儿童对周围环境的认识，培养学前儿童关心和热爱周围的人们、周围的生活和家乡开始。

萌发学前儿童爱家乡、爱祖国的情感，应当从培养学前儿童热爱身边亲近的人开始。要培养学前儿童爱父母、爱教师和小朋友，帮助学前儿童体验父母、亲人和教师、小朋友对他的爱。例如，可以让家长来幼儿园，向学前儿童介绍自己的工作，展现自己的"本领"，帮助学前儿童认识家长的工作，培养学前儿童尊重和热爱父母的情感。要从小培养学前儿童懂得珍惜别人的关爱，学会"付出"而不是只会接受与享受他人的关爱。培养学前儿童对父母有礼貌、吃东西不独占、愿意帮助父母做一些力所能及的家务劳动，如扫地、擦桌椅等。

从爱身边的亲人开始，逐步扩展到爱周围的人。帮助学前儿童认识周围成人的劳动以及与自己生活的关系，了解人们之间的相互依存关系，培养学前儿童尊重劳动、珍惜劳动成果的情感，引导和鼓励学前儿童参加力所能及的简单劳动，体验劳动的愉快，掌握简单的劳动技能，逐渐对劳动产生兴趣，喜欢劳动，爱惜物品。学前儿童的劳动内容，主要包括照料自己生活的自我服务、力所能及的家务劳动和为集体的服务，如擦桌椅、值日生工作等，以及种植和饲养等活动。

"祖国"是一个抽象的概念，萌发学前儿童爱祖国的情感还可以从萌发学前儿童爱家乡的情感开始。可以充分利用当地的自然景观与人文景观，或当地土特产等，帮助学前儿童了解家乡，培养学前儿童对家乡的归属感与亲切感、自豪感。同时，结合节日和社会上发生的家喻户晓的重大事件等，向学前儿童介绍我国的历史、文化传统、名胜古迹，培养他们初步的爱祖国的情感。

三、学前儿童德育的实施原则

学前儿童德育的原则是进行德育工作必须遵循的基本要求和指导思想。在学前儿童德育工作中应遵循以下基本原则：

（一）"规范"与"尊重"相结合的原则

学前儿童德育的实施，首先要处理好尊重爱护学前儿童与严格要求学前儿童的关系，即

"规范"与"尊重"的关系。

1. 尊重爱护学前儿童

学前儿童年龄虽小,但他们也有自己的情感、需要与想法。在德育过程中,要尊重学前儿童学习与发展的主体地位,充分调动学前儿童自求进步的主动性与积极性。

首先,要充分利用学前儿童的社会性交往动机,发挥社会性情感需要对于学前儿童行为的调节作用。学前儿童除了基本的生理需要以外,在与成人和同伴的交往过程中逐渐形成社会性情感与需要,以这种社会性情感与需要为基础,便形成了学前儿童的社会性交往动机。进入幼儿园以后,他们会把对父母的情感、期望与要求迁移到教师身上,追求教师的关注与爱。同时,也期望得到同伴的接纳和认同,与同伴结成良好的关系。在德育过程中,教师应当关注每一个学前儿童,不偏爱、不歧视任何一个学前儿童,让学前儿童感受到教师的关爱。教师的爱是教育的基础与条件。

其次,要尊重和保护学前儿童的独立人格与自尊心。学前儿童虽然在情感与行为上都需要依附成人,但是,成人不能因此认为学前儿童年幼无知而对他们任意训斥,甚至是讽刺、挖苦和责骂。批评学前儿童一定要注意时间、地点、场合。批评要对事不对人。在批评的过程中,要让学前儿童看到自己的长处和优点,让学前儿童体验到教师对他的信任和关爱。

2. 严格要求学前儿童

德育过程是按照一定的社会期望与要求,对学前儿童有目的地施加影响,促进与引导学前儿童社会性发展的过程。这一过程中,成人总是要对学前儿童提出合乎社会期望与规范的要求,去规范学前儿童的行为。

正确地爱孩子就必须和严格要求相结合。严格要求学前儿童就是根据教育任务向学前儿童提出合理的要求,并且坚持执行;不满足学前儿童的无理要求;不迁就学前儿童的不良行为习惯;不允许学前儿童破坏他们应该而且能够遵守的规则。对学前儿童提出的要求必须是合理的,经过学前儿童一定的努力可以达到的。只有符合儿童接受能力的严格要求,才能使学前儿童的行为纳入合乎道德规范的轨道,才能从小培养他们良好的道德品质和行为习惯。

但是,不能把严格要求理解为消极的管束,处处限制儿童的活动。要让学前儿童在积极的活动中理解教师的合理要求和行为规范的实际意义,并逐渐学会遵守各种规则。

在道德教育过程中,尊重爱护学前儿童与严格要求学前儿童是辩证统一的。它们互为条件,不可分割。只有将二者紧密结合起来,才能促进学前儿童道德品质和行为习惯的养成与发展。

(二)坚持正面教育的原则

学前儿童知识经验少,理解力差,往往不易分清正确与错误,各种教育影响都容易接受。所以在教育中,必须坚持正面教育,对学前儿童进行正面引导,帮助学前儿童分辨是非,发扬积极因素,克服消极因素。

为此,应做到:

1. 创造良好的教育环境

幼儿园和家庭里有秩序的、整洁的、和谐的、欢乐的教育环境,有规律的生活制度,以及人与人之间文明礼貌、团结友爱的相互关系,是培养学前儿童良好的品德和个性的重要条件。所以,教育者应创造并利用这样的环境,以保证学前儿童德育的顺利进行。

2. 要给学前儿童树立正面的榜样

榜样是具体形象的,有强大的说服力和感染力。模仿是学前儿童的重要的学习方式之一。生动的榜样、活的范例比语言的议论更容易使学前儿童信服,能产生最直接、最具体的影响。教育者要善于发现各方面的榜样,引导儿童学习周围生活中的好人好事,以培养学前儿童良好的道德品质与行为习惯。

教师的以身作则是孩子直接学习的最好榜样。教师对人的态度、思想品德、行为习惯等对儿童有着深刻的、潜移默化的影响。所以,教师要时时处处用实际行动来影响、感染学前儿童,发挥榜样的作用。身教胜于言教这一原则在学前教育中更为重要。

3. 以鼓励表扬为主,用积极因素克服消极因素

鼓励表扬是广泛采用的一种有效的教育方法。它对培养学前儿童的自尊心、积极性都能起到很好的作用。学前儿童有着上进心,希望做个好孩子。教师对他们的进步和优点及时给以肯定和表扬,可以强化学前儿童良好的思想和行为,会使学前儿童得到满足,增强他们的上进心,还可以使学前儿童中的好品德、好思想在集体中扩大影响。通过发扬学前儿童积极因素还可帮助学前儿童克服消极因素。对有不良行为的学前儿童,要具体分析其原因。帮助他们分清是非,并且具体指示应该如何去做。不要任意训斥、挖苦、单纯地禁止,甚至体罚或变相体罚。这会造成学前儿童精神上的负担,或产生抵触情绪,有害于学前儿童身心健康的发展。

(三)教育影响的一贯性和一致性原则

学前儿童道德认识、情感意志和行为习惯的形成和发展是个长期的过程,需要循序渐进、一贯地培养和塑造。同时,学前儿童的坚持性、稳定性较差,容易随着外界条件的改变而变化。所以,学前儿童道德品质培养必须重视教育影响的一贯性,坚持要求,贯彻始终。

在学前儿童德育过程中,影响学前儿童思想品德形成的多种力量,如幼儿园、家庭、社会各方面,对学前儿童的教育影响应该一致。

首先,幼儿园应和家庭在德育上取得一致和配合。学前儿童的身体发育、生活经验的获得、行为习惯、性格、情感,以及智力才能等方面的形成与发展,家庭教育起着重大的作用,特别在儿童道德品质和行为习惯的培养和形成方面更为重要。幼儿园要向家长宣传对学前儿童的教育要求,做好家长联系工作,共同分析研究儿童的表现和教育方法。

其次,一致性还表现在幼儿园、家庭内部各方面教育力量的一致。幼儿园中成人之间的要求应一致,特别是班上教师之间,教师与保育员之间,在对学前儿童的具体要求和态度上必须取得一致。家庭中各成员的教育影响也应一致。学前儿童德育的一贯性、一致性应贯穿在学前儿童在园的一日生活和园外的各种活动中。

(四)集体教育与个别教育相结合原则

在德育过程中,教师要培养学前儿童的集体意识,通过集体活动教育个人,又要通过个人的进步,促进集体的发展。集体教育与个别教育是学前儿童德育中互相联系、互相促进的两个方面,幼儿园要让集体教育与个别教育并重。

实施集体教育是为了发展和提高每个学前儿童。但学前儿童间存在着个别差异,每个学前儿童都有自己的个性,他们行为习惯不同,性格不同,品德培养的重点也不同。所以,在进行德育时,必须重视个别教育,从每个孩子的实际出发,提出要求,在不同的水平和起点上,向着共同的目标前进。

第五节 学前儿童美育

一、学前儿童美育的概念与意义

(一) 学前儿童美育的概念

1. 美育的概念

美育,即美感教育,是审美教育的简称,本质上是一种情感教育。

美是客观事物和现象的属性之一。这种属性具有两个特征:凡是"美",都可以直接被人们的感官所感知,具有一定的形象;凡是"美",都能使人愉悦,使人动情。美的基本形态不外乎自然美、社会美和艺术美。大自然中有自然美,人类社会中有心灵美、语言美、行为美、环境美,艺术美是自然美和社会美的一种反映。

美育的特点是通过美的事物,用具体的鲜明的形象调动人的情感系统,使人在欣赏美的过程中愉悦、动情,不知不觉地受到感染、影响和熏陶。因此,美育对人的情感发展、对形成健全的人格有特殊的重要性。

【知识拓展4-4】 蔡元培关于美育的主张

蔡元培在《普通教育与职业教育》中说道:"所谓健全的人格,内分四育,即体育、智育、德育、美育。"美育以陶冶我们的情操为目的,从而使我们具有美的理想、美的情操、美的品格、美的素养,具有欣赏美和创造美的能力。他对美育的性质、特点和目的都做了明确地说明,指出"美育者,应用美学之原理于教育,以陶养感情为目的者也。"美育可以使人超脱利害,减少占有的冲动,获得精神的自由,激发创造的活力。"以美育代宗教"的主张是蔡元培美育思想的一个重要的内容,他还全面论述了美育的实施途径和方法,提出美育包括家庭美育、学校美育和社会美育三个方面,并指出美育是从生到老以至死的终生的教育,可以说美育无处不在,无时不在。

2. 美育与艺术教育的区别

谈起美育,人们往往会认为是音乐、舞蹈、绘画的训练等,或是蹦蹦跳跳、写写画画、吹拉弹唱……其实,这是对美育的误解。除了需要弄清美育的真正内涵,更要明确艺术教育与美育的差异。美育不仅仅是人们写诗、画画、唱歌,这些只是实施美育的途径之一,所以美育不等同于艺术教育。

美育有广义和狭义之分。狭义的美育就是艺术教育,主要是指通过艺术的手段来进行的教育。艺术的本质是审美,艺术活动是以创造审美价值为主要目的的活动,艺术价值是一种新的、特殊的审美价值。广义的美育是利用一切审美价值对人进行教育。

艺术教育是以艺术为中心,并且围绕艺术而展开的教育,它不能离开艺术。审美教育是指在一切审美活动中所进行的教育,它包括社会美、自然美与科技美的教育。

艺术教育是审美教育中极为重要的方面,但无论它如何重要,也不能取代审美教育。

所以,艺术领域是美育的主要媒介,艺术教育是美育的主要内容。而美育比艺术教育研究的范围更宽泛,除了艺术教育,美育还包括自然美、社会美、科技美的教育,它是对一个人审美眼光、精神境界与心胸等综合素质的培育。

3. 学前儿童美育的概念

学前儿童美育就是审美教育,也就是指培养儿童具有感受美、欣赏美、创造美的能力的教育活动。幼儿园的艺术教育是对学前儿童进行审美教育的重要手段之一。儿童美育是美育的一部分,它是根据儿童身心特点,利用美的事物和丰富的审美活动来培养儿童感受美、表现美的情趣和能力的教育。

(1) 学前儿童美感的发展规律

幼儿美育的发展有其共同的规律,这是由学前儿童生理发育和心理发展的特点所决定的。特别是思维的直觉行动性和具体形象性、认识过程中的情绪性等,它决定了儿童美感发展的过程:最初是对美的现象无意识的反映,逐渐能模仿周围的人表现美感,再发展到有意识地感受美、表达美。

所以我们可以通过活动,用具体鲜明的形象去引导儿童直接感受美,而不要求对美的形象从逻辑上进行过多地理解和分析;学前儿童美育是以培养儿童审美的情感、兴趣为主,而不以培养审美观念、概念为主;以培养表现美的想象力、创造力为主,而不以训练技能技巧为主。

(2) 学前儿童美感的获得

学前儿童美感的发展与儿童的感知觉、思维、想象、情感等心理发展过程有着密切的关系。儿童美感的获得还需要良好的教育,初期给予儿童色彩、声响、形体等多样美的感受,尔后再为儿童模仿成人的美感创造更好的机会与条件,扩大儿童感受多种形态美的范围,培养他们的美感,启发他们独立地表达美、创造美。

【知识拓展4-5】 儿童美育的特点

1. 儿童的美感与积极的情绪体验密切联系

在积极的情绪下,幼儿才表现出美感;在消极情绪下,对美的事物反应消极。因此,在培养幼儿美感的活动中,必须考虑幼儿的情绪,否则是无效的。

2. 儿童的美感是表面的

幼儿美感的另一特点是肤浅、幼稚,带有表面性和行动性。如幼儿喜爱鲜明、艳丽的色彩,不注重颜色的协调;喜欢明快、变化明显的曲调;喜欢故事中描述形象动态的情节,他们对形式的美容易感受,对内在美的感受则发展较晚。

3. 儿童美感具有行动性

幼儿美感的表现,多通过动作表情、语言及活动等方式表达出来,他们对美的事物喜欢和欣赏多是在动态中进行。如:动手去触碰、说一说、摸一摸、听一听、闻一闻等多种感官活动来探索美,而不能静静地欣赏。

(二) 学前儿童美育的意义

自古以来,中国就十分重视美育。孔子提倡诗教、乐教,诗教、乐教就是美育。他提出一个人的人格塑造的步骤是"兴于诗,立于礼,成于乐",在他看来,美育在整个人格的塑造中有十分重要的作用,美育和艺术教育不仅能影响一个人的情感、趣味、气质、胸襟,甚至人的无意识层面,这对于培育全面发展的、健康的人格是非常重要的。

蔡元培特别强调美育在国民教育中的地位和作用,他指出"美育为近代教育之骨干"。他一方面指出美育与德育、智育、体育的相互渗透、相辅相成的关系;另一方面,又强调美育的独立地位和独特价值,即美育应是与德育并行的一种教育,蔡元培还详细说明了在各门学科中所包含的美育因素,要求教育工作者要善于发现和利用这些美育因素,对学生进行审美教育。

1. 美育塑造学前儿童完美的人格,形成儿童良好的个性心理品质

美育对学前儿童来说,主要是强调感受美和审美情绪的体验,激发儿童愉快的审美情绪。因此,正确地实施学前儿童美育,能有效地促进儿童社会情感的发展,有益于他们接受良好的情感教育,有益于改善他们整个学习的习惯,使其积累到一些愉快的学习体验,有助于培养儿童的学习兴趣与学习能力的形成,良好的美育能有效地帮助儿童形成积极的个性特征。

美育活动可引导儿童建立良好的社会人际关系,培养他们的交往能力,使之赋予同情心,善于和勇于帮助他人,能为同伴的进步和成就而感到愉快。

2. 学前儿童美育是全面发展教育的重要组成部分

美育具有德育、智育所不能取代的独立功能,对于培养人的敏锐感受力、丰富的个性、广泛的知识、高尚的审美情趣和道德情操,以及创造力都具有特殊的功能。美育有助于造成整个社会的审美化,形成美的社会风气,建立美的人际关系。

美育与德育、智育、体育有密切关系,能促进各育的发展,同时也渗透在各育之中,成为全面发展教育不可分割的一部分,它们互相配合,相辅相成,但又各有自己的职责和特点,不能互相取代。

3. 美育是教育学前儿童的有效手段

学前儿童的思维具体、形象,情感占优势,认识过程常常受情绪和兴趣的支配。"美"具有形象、具体、可感知的特点,它符合学前儿童思维的发展特点。我们可以利用美育对学前儿童实施有效的教育。例如,艺术作品和生活中的美好事物,具有鲜艳的色彩、动听的旋律、生动的形象。这对学前儿童有着巨大的吸引力和感染力,极易引起学前儿童的注意和兴趣,也极易为他们所理解和接受。

【知识拓展4-6】 如何进行美育

1. 寓美于形

美育寓于形象之中,人们从审美对象或艺术作品中具体感受美与丑,接受熏陶和教育。在美术和舞蹈中通过可见的具体形象和故事情节唤起联想想象,产生具体形象。通过具体可感的形象进行美育,比说教效果更佳。

2. 寓美于情

美感教育寓于情感之中,在审美活动中,获得情绪体验,产生情感共鸣,审美者动之以情,以情感人,深入人心,从情感上受到感染和教育。幼儿的情感容易受外界事物的影响,运用艺术作品激励幼儿的情感,从情感上进行美的教育,这种动情的教育远比说教深刻,也适合幼儿的接受能力。郭沫若曾经说过:"人类社会根本改造的步骤之一,就是人的改造,人的根本改造应当从幼儿的感情教育,美的教育着手。"

3. 寓美于乐

美育寓于娱乐之中,使人在轻松、舒适、愉快的感受中受教育,使儿童在游戏娱乐的心情中自然地、自如地、毫不勉强地、高高兴兴地接受教育。这样的教育内容和方式使儿童易于接受,乐于接受。

美育陶冶人们的心灵,不是立竿见影的,而是需要经过一个循序渐进、不断熏陶、渗透的潜移默化的过程。儿童的思想感情天真纯朴,有时一首歌、一幅画就能激励他们,并在情感、

行动上有所反映。譬如,通过一幅绘画,我们告诉孩子为了环保垃圾要分类,孩子会把这样的行为带到生活当中,这就是对孩子的一种品德的陶冶。但这样的思想感情和行动往往不稳定,还需要反复进行美的熏陶和感染,不断地付诸实践,不断强化,才能逐渐提高他们的自觉性,形成一种品质,这种思想感情上的美的陶冶,需要有一个逐步深入的、潜移默化的过程。

关于学前儿童美育的重要性,苏联教育家苏霍姆林斯基曾说过:"学前儿童时代错过了的东西,到了少年时期就无法弥补,到了成年时期就更加无望了。这一规律涉及孩子精神生活的各个领域,特别是美育。"这段话对我们认识学前儿童美育的重要性有很好的启示。

美育对学前儿童有着深远影响,它像在儿童的心灵里种下一粒美感的种子,等到合适的时间和条件将会开花结果,使他们人格完整、热爱生活、思想自由。

二、学前儿童美育的目标与内容

(一)学前儿童美育的目标

美育的任务包括:培养审美感知能力、提高审美鉴赏能力、增强审美创造能力。对于学前儿童这个特殊的群体,学前儿童美育的目标是激发儿童感受美、表现美的兴趣,丰富学前儿童的审美经验,提高学前儿童感受美、表现美的能力,树立正确的审美观。

【知识拓展4-7】 《规程》中关于幼儿美育目标的概念

《幼儿园工作规程》提出幼儿美育的主要目标是培养幼儿初步的感受美和表现美的情趣和能力。美的事物虽可引起幼儿的注意,产生积极愉快的情绪,但只有在正确的教育下,才能形成幼儿对美的爱好,对美的欣赏、评价以及对美的创造。

感受美是审美的基础,学前儿童期是感知觉发展的关键时期。因此培养学前儿童对美的感受性是与学前儿童的发展规律相一致的。激发学前儿童感受美、表现美的情趣主要在于培养他们对美的健康的兴趣和爱好,这是学前儿童接受美育的最重要的前提条件,也是学前儿童今后继续成长,形成健全人格,形成对生命、对生活、对人类社会的积极态度的一个重要基础。在学前儿童自身主动投入审美活动的基础上,培养他们相应的表现能力,特别是想象力、创造力。没有这些能力的学前儿童不可能体验审美活动的乐趣,不可能进行艺术活动,也不可能表达自己对美的理解和感受,当然也就谈不上发展审美兴趣和爱好。

1. 培养和激发学前儿童感受美、欣赏美、表现美的兴趣

根据学前儿童的发展的特点,引导学前儿童注意欣赏日常生活、社会生活和大自然中的美,在各种活动中积极反映对美的感受和体验,激发和培养学前儿童感受美,表现美的兴趣。

培养学前儿童对美的感受力就是培养他们对自然美、社会美和艺术美的较灵敏的感知能力和正确的理解、评价美的能力以及相应的情感体验。美感是逐步发展起来的,年龄较小的学前儿童不大能发现和注意美的事物。教师应根据不同年龄儿童美感发展的特点,有意识、有目的地引导学前儿童去发现、注意和感知大自然和周围生活中的美,选择一些学前儿童易于接受的、较为简单的、形象生动的艺术作品,使学前儿童在对美的事物不断的感受和体验中,逐步形成对美的敏感性,以及对美的兴趣和爱好。

学前儿童从出生起,就表现出对美的早期感受力。但是,这种感受力是幼稚的、肤浅的,具有片面性,并与个人的情绪紧密联系。学前儿童认为美的东西,往往是形象夸张、色彩鲜

艳的事物，或是个人所喜爱的东西。他们常常以自己的行为和活动去反映对事物美丑的感受和爱憎。因此，要培养学前儿童对美的感受力，用适当的方式激发他们感受美、表现美的兴趣。如教师可以通过自己高超的技能吸引学前儿童并激发他们的审美表现欲望和兴趣。教他们欣赏一些美术作品、歌曲、乐曲和文学作品，评价人们的道德行为等，激发学前儿童感官对美的感知能力，对美产生情感与反应，进而培养学前儿童理解美评价美的能力。

2. 丰富学前儿童的审美经验

和学前儿童一起感受、发现和欣赏自然环境和人文景观中美的事物。让学前儿童多接触大自然，感受和欣赏美丽的景色和好听的声音。经常带学前儿童参观园林、名胜古迹等人文景观，讲讲有关的历史故事、传说，或共同参与传统民间艺术和地方民俗文化活动，如皮影戏、剪纸和捏面人等。有条件的情况下，带学前儿童去剧院、美术馆、博物馆等欣赏文艺表演和艺术作品。与学前儿童一起讨论和交流对美的感受，一起发现美的事物特征，感受和欣赏美。

提供丰富的便于学前儿童取放的材料、工具或物品，支持学前儿童进行自主绘画、手工、歌唱、表演、朗诵、舞蹈等艺术活动。经常和学前儿童一起唱歌、表演、绘画、制作，共同分享艺术活动的乐趣。让学前儿童接触多种艺术形式和作品，丰富学前儿童美的感受和体验。鼓励学前儿童在生活中细心观察、体验生活中的人格美、心灵美、社会美、艺术美、自然美等美的因素，积累丰富的审美情感经验与形象素材，为以后的审美表达奠定基础，树立正确的审美观。

在培养学前儿童初步的审美感知能力的基础上，逐渐启发和鼓励学前儿童在审美活动中充分发挥自己的主观能动性，进行大胆的联想和想象，使学前儿童的审美感受力进一步深化。能产生审美愉悦感，丰富审美情感体验，最终促进学前儿童人格的完善。

3. 提高学前儿童感受美、欣赏美、表现美的能力

发展和提高学前儿童对美的表现力和创造力，是指发展学前儿童在感受美、理解美的基础上创造性地表现美的能力，是在学前儿童大胆的表现过程中逐渐发展起来的能力。

欣赏美的能力是比感受美的能力更高层次的审美能力，在学前儿童有了一定的审美感知能力和对美的兴趣爱好的基础上，教师应有意识、有步骤地培养学前儿童初步的欣赏美的能力。比如，可以结合学前儿童的审美活动，通过比较和感受，引导他们识别美和丑的事物；又如，通过对大自然中优美的事物和现象以及对优美的艺术作品的感受和欣赏，使学前儿童逐渐理解什么是"优美"，使他们能对美的事物做出初步的判断，并能将自己的感受与他人进行交流。

首先，可以培养学前儿童善于在日常生活中，运用自己的言行举止来表现美。如，以美观大方的衣着，文明礼貌的语言行为，优美的身体姿势、动作和表情等来表现美。其次，教会学前儿童初步的绘画、音乐、舞蹈、手工、唱歌、表演等方面的知识与技能，使他们能利用艺术手段来表现美和创造美。

学前儿童早期的创造才能主要表现在创造性游戏中。如在游戏中扮演各种角色，以丰富的想象力，创造性地反映他们所熟悉的生活和人物。同时，学前儿童的创造才能也表现在艺术活动之中。学前儿童写字、绘画、唱歌、跳舞、朗读时，能体现他们表现美的能力，并带有每个人自己的特点，特别明显的是绘画。随着学前儿童创造性想象的发展，对艺术的创造才能有明显地提高。教师应主要激发学前儿童感受美、表现美的兴趣，丰富他们的审美经验，

使之体验自由表达和创作的快乐,在此基础上,根据学前儿童的发展情况,对表现方式和技能技巧给予适当的指导,进一步地挖掘学前儿童表现美、创造美的能力。将学前儿童感受世界的审美能力变为他们的内心需要和自我发展的内在动力,进而健全和完善学前儿童的人格。

(二) 学前儿童美育的内容

每个学前儿童心里都有一颗美的种子,要给学前儿童创造条件和机会,在大自然和社会文化生活中萌发对美的感受和体验,丰富其想象力和创造力,引导学前儿童学会用心灵去感受和发现美,用自己的方式去表现和创造美。通过认识美的事物和艺术作品,培养他们认识美、爱好美、创造美的能力。在美的熏陶、感染下进行美感教育。

1. 大自然是学前儿童美育的丰富源泉

自然界是学前儿童美育内容的天然宝库。它所提供的审美对象是丰富多彩、千变万化的。那姿态秀丽的天然风景,种类繁多的、形态各异的鸟兽虫鱼,变化无穷的自然现象,都是学前儿童美育的生动教材。

自然界的美是真实的美,它以具体、直观、生动、形象的特点,很容易被学前儿童感知。引导学前儿童观察和感受大自然的美是学前儿童美育的重要内容。自然界蕴藏的美又是绚丽多彩的,不仅表现为美丽的画面,而且有悦耳的声响,诱人的馨香,大自然本身就是动态美和静态美的统一,形、声、色、味的结合,能形成学前儿童的各种美感。大自然又是变化多端的,季节的更替、星球的运行、动植物的生长,会使学前儿童充分感受到大自然的运动,在愉悦中启迪着学前儿童探索大自然奥秘的愿望,激发着学前儿童对周围生活的热爱,培养学前儿童最初的健康的审美情趣。学前儿童接触大自然、亲近大自然能使学前儿童的美育和德、智、体育融汇为一体,在自然美的感受中,促进了个性充分地、和谐地发展。

教师应创设条件让学前儿童更多地接触大自然,郊游、采集是学前儿童亲近大自然的必要的方式。带学前儿童到户外散步,利用幼儿园周围的自然物进行美育。引导学前儿童探索季节更替的信息,带领学前儿童寻找天空、大地蕴藏着的美:晴空、白云、彩虹、轻风、细雨,最大限度地让学前儿童领略自然界丰富的美。另外,带领较大的学前儿童种植花卉、植物,建立自然体验角,就更能使学前儿童感受生活美和自然美。

大自然是美的永恒的源泉。教师应当充分利用大自然来进行美育。自然界最重要的特征是它的审美价值无穷无尽和日新月异。教师首先要以自己对自然的热爱来影响学前儿童,引导学前儿童善于观察和感受产生美的情绪体验,并借助于描写自然景色的艺术作品,帮助学前儿童感受大自然美的力量。

2. 社会生活是向学前儿童进行美育的广阔天地

学前儿童最初的美感是从日常事物开始的,因为日常生活中的美是学前儿童最接近、最熟悉和最容易感知的,又是学前儿童审美教育所必需的。利用日常生活中的美来进行教育,主要通过以下四个方面。

(1) 学前儿童的日常生活是美育的重要内容

美育的实施不应仅仅局限在艺术活动方面,日常生活是向学前儿童进行美育的极好机会。学前儿童最初的美感是从日常生活开始的,因为日常生活中的美是学前儿童最接近、最熟悉、最容易感知的。因此,学前儿童审美教育应当贯穿在学前儿童的整个生活中,与学前儿童的生活密切结合在一起,应注意引导学前儿童发现、认识周围生活中平凡的人和事物的美。如与老师、同伴交往过程中的言语美、行为美、仪表美;散步中观赏幼儿园及其周围的环境美;就餐时菜肴的色、香、味,以及炊事员叔叔阿姨的劳动美,等等。除了幼儿园的生活之外,与家长配合,在与学前儿童最密切的家庭生活中开展家庭美育,也是十分重要的。如家庭朴实、整洁的环境美,家庭成员言谈举止的形象美,家庭气氛的祥和美等,让学前儿童耳濡目染,潜移默化,对学前儿童精神美的形成有巨大影响。总言之,生活中处处有美,学前儿童的生活是儿童美育取之不尽、用之不竭的源泉。

(2) 创设并利用美的生活环境

学前儿童审美情趣,是在环境的影响下逐步形成的。美好的环境可以给学前儿童以最经常和持久的美的享受,使学前儿童在潜移默化中形成健康的审美情趣。因此,为学前儿童提供美的环境,是美育最基本的内容之一。

为学前儿童创设美的生活环境,应包括幼儿园室内外环境的布置,绿化、美化、幼儿化,使幼儿园真正成为学前儿童的乐园。装潢要整洁有序,造型美观,色彩协调,既符合学前儿童趣味,便于安全活动,又富有教育意义。为学前儿童创设的环境美还应当包括将音乐带入学前儿童的日常生活之中,在游戏时间、自由活动和午睡起床的时间,轻微音乐的伴奏,可以使学前儿童情绪镇静而愉悦,能更充分地感受到生活的美。

(3) 利用社会生活中的美好事物

社会生活是以人的活动为中心组成的,我们社会到处充满着美好的事物,要选择其中能为学前儿童所理解的事物,引导学前儿童去认识、去感受和观察,从而培养学前儿童对社会生活美的感受力、鉴别力,激发学前儿童对美好生活的热爱和追求。如,社会各行各业劳动者的劳动美、好人好事、一方有难八方支援的感人事迹、一些平凡人的英勇、坚韧、忍让、宽容等优良品德,它们都是感染和教育学前儿童的素材、培养学前儿童美好心灵的土壤。

(4) 教育学前儿童注意仪表美、行为美、语言美

语言美是心灵美的表现,而学前儿童期是人的行为习惯初步形成的重要时期,培养学前儿童文明的举止、有教养的行为是美育的重要内容,教育学前儿童说话文雅、不娇声娇气、不抢话、不说污秽语言。同时,要引导他们在与周围人的接触中,学会分辨人们行为的美与丑,培养他们举止大方、尊重别人、谦逊有礼、爱清洁讲卫生、友好热情、姿态端庄等美的行为。

这方面的成人示范行为对学前儿童有着非常直接的影响作用,除加强教师自身修养外,还应取得家长的配合,给学前儿童树立良好的行为榜样,使学前儿童从小学会分辨美丑,养成文明礼貌的良好行为习惯。

3. 艺术教育是向学前儿童进行美育的主要内容

艺术是人类审美实践的集中体现,所以艺术教育是美育的主要手段。在学前儿童美育内容中,艺术教育居于主要地位。艺术美以它的直观性、鲜明性和富于表现力,不仅使学前儿童易于接受、引起情感上的共鸣,而且可以更深刻地认识现实、陶冶情操、发展智力,让学前儿童懂得什么是丑,什么是美,对培育学前儿童的审美素养有极大的意义。

学前儿童的艺术教育主要通过音乐活动、绘画活动、手工制作、文学作品欣赏、表演活动等来实施。在这些活动中,发展学前儿童的听觉、视觉、触觉、身体感觉等的综合审美感知,让学前儿童被歌曲、旋律、舞蹈、绘画、工艺品、诗歌、童话、故事、木偶戏等所感染,产生情感体验,并激起学前儿童尝试用节奏、用色彩、用线条、用形体等来表达美、创造美的欲望和行动,这些是学前儿童美育的主要内容和手段。

学前儿童美育的任务是在儿童游戏、上课、劳动、节日、娱乐活动以及日常生活等各项活动中实现的。学前儿童的一切活动实际上都包含着美育的因素,都是美育的途径。

三、学前儿童美育实施过程中应注意的问题

4—5岁的学前儿童,是形成健康独立的审美意识的关键时期。教师应利用适时适当的教育方法,抓住大自然、生活中的美好的东西来激发学前儿童对美好事物和行为的向往,在这种向往的推动下,学前儿童会不知不觉地对审美活动中的情境进行模仿,最初虽是被动的、表面的,但天长日久,就会形成一种良好的行为习惯,增强他们的审美意识。

(一)尊重学前儿童审美兴趣,注意个体差异

学前儿童的美感教育应在游戏中快乐开始,在游戏中快乐进行,在美的体验中感到幸福,得到乐趣,自然而然地接受教育,真正做到"寓教于乐"。美的教育本身是一种美的享受,富有趣味性,应充分发挥它这一特点,防止在美感教育中进行枯燥、机械的训练和唠唠叨叨的说教,使孩子感觉乏味,造成负担、压力和痛苦。激发学前儿童对美的学习有兴趣,才能坚持学下去,进而形成某种能力。兴趣和能力是互相促进的,注意培养和爱护孩子学习的兴趣,这是教育成败的重要因素,在美感教育中尤为重要。

学前儿童对事物的感受和理解不同于成人,他们表达自己认识和情感的方式也有别于成人。他们独特的笔触、动作和语言往往蕴含着丰富的想象和情感,成人应对学前儿童的表现给予充分的理解和尊重,不能用自己的审美标准去评判学前儿童,更不能为追求结果的"完美"而对学前儿童进行千篇一律的训练,扼杀其想象与创造的萌芽。如艺术方面:根据学前儿童的生活经验,与学前儿童共同确定艺术表达的主题,引导学前儿童围绕主题展开想象,进行艺术表现。在学前儿童自主表达创作过程中,不做过多干预或把自己的意愿强加给学前儿童,在学前儿童需要时再给予具体的帮助。了解并倾听学前儿童艺术表现的想法或感受,领会并尊重学前儿童的创作意图,不简单用"像不像""好不好"等成人标准来评价。

教师应该根据学前儿童的个体差异,提供丰富的活动内容,做到多种多样,使学前儿童能够自由地选择自己感兴趣的审美活动,在活动中发展学前儿童的审美情趣和表现美的能力。如,我们可以给学前儿童提供丰富的材料、图书、照片、绘画或音乐作品等,让学前儿童自主选择,用自己喜欢的方式去模仿或创作,不做过多要求。

(二)重视学前儿童美育中的形象性

审美思维以形象直观思维为主,在全部审美过程中,一刻也不能脱离生动、丰富的感性形象。而学前儿童的思维处于表象思维阶段,以具体形象性为其思维认识特点,因此,以具体形象性为特征的美育是学前儿童容易接受的教育,家长美的言行、鲜明生动的艺术形象都是学前儿童美感教育的好教材。

学前儿童在审美活动中常常根据瞬间的审美直觉来审美,限于他们的认识能力,往往被审美对象的外表形态、色彩或音响所吸引,注重外表,不能触及事物美的本质,美感比较肤浅,缺乏深度和广度。这就需要教师和家长在审美活动中,既要巩固和发展孩子对事物美的形式、形象的认识能力,又要借助于孩子丰富的想象力,从美丽的色彩、动听的音响中探求美的内容和本质。譬如从画面的色调,人物的服饰、表情、动作去探求人物的行动指向和内心情感。从动听的旋律、节奏、节拍、速度、力度等表情中,去探求音乐表现的情绪和内容,借以启发、引导孩子感受艺术美,逐步培养和提高审美能力。

许多美的形象铭刻在孩子的心中,成为美感教育的种子,在孩子心灵中生根发芽,丰富和美化孩子的精神世界。

(三)重视学前儿童美育中的情感性

在审美活动中,审美对象真正触动了审美者的情感,使之产生了情感共鸣,才能发挥美感的教育作用。也就是说,审美必须动情,这是审美的特点。学前儿童的情感易受外界影响,易冲动且不稳定,在审美过程中需要采用多种方式,发挥美感教育应有的魅力,有效地触动孩子的情感,在全部审美活动中始终伴随着情感活动,进行着情感教育,这样的教育对孩子的影响既深刻又持久。

例如:教师要求幼儿"高兴地唱""乐着唱",但幼儿唱不好,教师就认为教幼儿带表情地唱歌是困难的。当然,幼儿带表情地唱歌有运用歌唱技能、技巧表达感情的问题,但关键的问题是要激发、引导幼儿对所唱歌曲在情感上产生共鸣。只有把幼儿内心的高兴、愉快用歌声表达出来,才是真正地、高兴地、带表情地唱。

(四)重视培养学前儿童健全的人格

学前儿童美育应当着眼于引导学前儿童人格向积极方面发展,特别是学前儿童情感的发展,这本来也是美育最重要的一种价值。但是长期以来,美育受重理智、轻情感倾向的影响,出现了许多值得注意的偏向。如在艺术活动中,没有充分地利用艺术这一媒介去丰富学前儿童的情感世界,比较偏重于追求艺术活动的结果,仅仅关心学前儿童作品是否达标,而不重视学前儿童活动中的情感体验和态度等。

(五)重视培养学前儿童的想象力和创造力

美育中儿童表现美的灵魂是他们的自由想象和创造,而绝不仅仅是"照葫芦画瓢"似地模仿。培养儿童创造的主动性是美育的重要目标。为此,在学前儿童艺术活动中,必须克服过分强调表现技能、技巧的偏向,因为这种偏向把创造性的表现活动降格为一种机械训练,这对发展学前儿童的想象力、创造力是不适宜的,其后果常常是使他们失去自信心、产生无能感、害怕或者讨厌艺术活动,或只学会机械地服从或模仿成人,这就完全背离了学前儿童美育的宗旨;在幼儿教师的指导方法上,必须注意使用引导启发式而非命令式,避免以教师为中心的倾向。

综上所述,美育对人类所起的作用是潜移默化的,"润物细无声"的情感教育。它把尊重儿童个性、情感放在首位,鼓励学前儿童积极创造,使其在自由、放松、愉悦的心境中,发展自己的个性,满足自己的审美情感需求,提高自己的审美素质。美国教育家,素质教育倡导者詹姆斯·汤姆生认为:"一个热爱生活,热爱人类,热爱真理,诚实正直的学生同仅仅是学业突出的百分学生相比,前者更有利于社会。因而我们的教育当下更应注重帮助学生确立自身价值,学会互补技能、正视竞争、尊重原则以及学前儿童体魄健康等方面,我们更需要快乐和健康,能够从事各项工作的普通人,而不是病态的天才。"因此,幼儿教师在实施美育时,通过各种美的事物,培养学前儿童的审美欣赏、审美表现、审美创造能力,同时促进他们体、智、德、美等素质全面和谐发展,为学前儿童今后的发展打下良好的基础。

小 结

学前教育目标是根据统一的教育目的,结合学前儿童身心发展水平而提出的具体目标,它是教育目的在学前教育中的具体体现。我国学前教育目标在《幼儿园工作规程》中做了完整表述,即:"对幼儿实施体、智、德、美诸方面全面发展的教育,促进其身心和谐发展。"要正确理解我国学前教育目标,就要:

1. 处理好体、智、德、美四育的关系。
2. 处理好全面发展和因材施教之间的关系。
3. 处理好全面发展与主体性发展的关系。

该目标充分反映了幼儿身心发展的客观规律。为促进我国学前教育目标的有效实现,应了解目标实现的途径、教师在教育目标实现中的作用以及目标贯彻应注意的问题。

学前儿童体育,是以身体锻炼为基本手段,并结合阳光、空气、水等自然因素进行的锻炼,着重遵循学前儿童身心发展的科学规律,最终实现身体、心理全面协调发展的一系列教育活动。学前儿童体育是实施终身体育的起点,通过体育活动能够有效地培养学前儿童身体的适应能力、初步的独立生活能力、控制和调节自身行为的能力,以及对学校生活的向往心情。学前儿童体育的目标是:

1. 促进身体各器官、系统的正常发育与机能协调发展。
2. 促进体能与身体素质的全面发展,提高基本活动技能。
3. 培养积极情绪,促进身心的和谐发展。
4. 培养参加体育活动的兴趣与习惯。
5. 进行安全教育,培养适应能力。

常见的学前儿童体育活动内容包括学前儿童基本体操、基本动作练习、体育游戏、各类运动器械锻炼、民族民间体育活动和利用环境因素锻炼等。学前儿童体育的实施要坚持以下原则:经常性原则、科学性原则、多样性原则、渐进性原则、兴趣性与实效性原则和全面发展原则。

学前儿童智育,就是按照学前儿童认识活动的特点与认知发展的规律,以增进儿童对周围环境的认识,培养认识活动兴趣和习惯,发展智力为目的所进行的教育活动。学前儿童智育的意义体现在:

1. 从社会发展价值看,智育是社会生产发展和社会文明进步的必要条件。
2. 从个体发展价值看,智育是学前儿童发展的重要方面。
3. 从智育与其他各育的关系看,智育为人的全面发展提供了知识和智力基础。

学前儿童智育的主要目标是:"发展幼儿智力,培养正确运用感官和运用语言交往的基本能力,增进对环境的认识,培养有益的兴趣和求知欲望,培养初步的动手能力。"学前儿童智育的任务与内容主要包括:

1. 引导学前儿童获得生活中易懂的和简单的知识,形成对事物的初步概念。
2. 发展学前儿童的智力。
3. 培养正确运用感官的基本能力。
4. 发展学前儿童的语言交往能力。
5. 增进学前儿童对环境的认识。
6. 培养求知欲和学习的兴趣。
7. 培养学前儿童解决问题的能力。

在学前儿童智育工作中应遵循以下基本原则:

1. 专门的教育教学活动与实际生活相结合。
2. 教师的引导与学前儿童的探索相结合。
3. 知识的获得与能力的培养相结合。
4. 智力因素与非智力因素的培养相结合。

学前儿童德育是年青一代德育的最初阶段,是教育者根据一定的社会要求,有目的、有计划地对学前儿童施加教育影响。对学前儿童进行德育具有重要意义,体现在:

1. 促进社会主义精神文明建设。
2. 帮助学前儿童适应社会生活。
3. 促进学前儿童个性健康发展。

学前儿童德育的基本任务是:"萌发幼儿爱家乡、爱祖国、爱集体、爱劳动、爱科学的情感,培养诚实、自信、好问、友爱、勇敢、爱护公物、克服困难、讲礼貌、守纪律等良好的品德行为和习惯,以及活泼、开朗的性格。"

学前儿童德育的具体内容有:文明礼貌教育,友爱教育,集体生活教育,培养学前儿童诚实勇敢的品质,培养学前儿童自信、活泼开朗的性格,培养儿童良好的意志品质以及促进儿童爱家乡、爱祖国、爱劳动情感的萌发。

在学前儿童德育工作中应遵循以下基本原则:

1. "规范"与"尊重"相结合的原则。
2. 坚持正面教育的原则。
3. 教育影响的一贯性和一致性原则。
4. 集体教育与个别教育相结合原则。

学前儿童美育是美育的一部分,它是根据学前儿童身心特点,利用美的事物和丰富的审美活动来培养学前儿童感受美、表现美的情趣和能力的教育活动。幼儿园的艺术教育是对学前儿童进行审美教育的重要手段之一。学前儿童美育塑造学前儿童完美的人格,形成学前儿童良好的个性心理品质,是全面发展教育的重要组成部分,是教育学前儿童的有效手段。学前儿童美育的主要目标是培养学前儿童初步的感受美和表现美的情趣和能力。

学前儿童美育的内容包括:大自然中的审美教育、社会生活中的审美教育和学前儿童艺术教育。

学前儿童美育实施过程中应注意的问题是:

1. 尊重学前儿童审美兴趣,注意个体差异。
2. 重视学前儿童美育中的形象性。
3. 重视学前儿童美育中的情感性。
4. 重视培养学前儿童健全的人格。
5. 重视培养学前儿童的想象力和创造力。

思 考 题

一、单项选择题

1. 根据《幼儿园工作规程》要求,"萌发幼儿爱家乡、爱祖国、爱集体、爱劳动、爱科学的情感,培养诚实、自信、好问、友爱、勇敢、爱护公物、克服困难、讲礼貌、守纪律等良好的品德行为和习惯,以及活泼、开朗的性格。"这一目标是学前儿童的(　　)。

　　A. 体育目标　　　　B. 智育目标　　　　C. 德育目标　　　　D. 美育目标

2. 学前儿童由于抽象思维发展水平有限、生活经验不足,所以为他们开展的体育活动应该注意贴近他们的实际生活,使他们容易理解。这反映了学前儿童体育应具备的特点是(　　)。

　　A. 生活化　　　　B. 社会化　　　　C. 简单化　　　　D. 均衡化

3. 下列各项中,不属于学前儿童智育任务的是(　　)。

　　A. 发展学前儿童智力

　　B. 增进学前儿童对环境的认识

　　C. 培养正确运用感官的基本能力

　　D. 提高基本活动技能

4. 学前儿童知识经验少,理解力差,往往不易分清正确与错误,各种教育影响都容易接受。所以在教育中,必须坚持正面教育,对学前儿童进行正面引导,帮助学前儿童分辨是非,发扬积极因素,克服消极因素。这反映了学前儿童德育的(　　)。

　　A. "规范"与"尊重"相结合的原则

　　B. 坚持正面教育的原则

　　C. 教育影响的一贯性和一致性原则

　　D. 集体教育与个别教育相结合原则

5. 姿态秀丽的天然风景,种类繁多的、形态各异的鸟兽虫鱼,变化无穷的自然现象,都是学前儿童美育的生动教材。这反映了学前儿童美育的内容是(　　)。

　　A. 社会生活中的审美教育　　　　B. 学前儿童艺术教育
　　C. 大自然中的审美教育　　　　　D. 学前儿童美术教育

二、名词解释

学前教育目标　　学前儿童体育　　学前儿童智育　　学前儿童德育　　学前儿童美育

三、简答题

1. 对学前儿童实施德育有什么重要意义?
2. 学前儿童体育的开展应遵循哪些基本原则?
3. 学前儿童智育包括哪些内容?

四、论述题

1. 结合现代教育发展谈谈对我国学前教育目标的理解。
2. 结合实例,试述应如何正确理解并实施学前儿童美育。

参考答案:

一、单项选择题

1. C　2. A　3. D　4. B　5. C

第五章 学前儿童家庭教育与社区学前教育

学习目标
1. 应了解、知道的内容
  ◆ 学前儿童家庭教育的概念。
  ◆ 学前儿童社区教育的概念。
2. 应理解、清楚的内容
  ◆ 影响学前儿童家庭教育的因素。
  ◆ 学前儿童家庭教养方式及对儿童的影响。
  ◆ 学前儿童家庭教育的特点、功能。
  ◆ 学前儿童社区教育的功能。
3. 应掌握、会用的内容
  ◆ 学前儿童家庭教育的方法和原则。
4. 应熟练掌握的内容
  ◆ 学前儿童家庭教育指导的形式、指导原则。

建议学时
  12学时

教师导学
  本章首先从广义和狭义两个方面概括家庭教育及学前儿童家庭教育的基本含义,然后总结了家庭教育的特点,阐述了学前儿童家庭教育的功能,介绍了国内外对学前儿童家庭教养类型的划分,以及不同教养方式对儿童性格特征、行为方式及智力的影响。分析了家长素质、家长教育观念、家庭结构及家庭物质环境等对学前儿童家庭教育的影响,总结了学前儿童家庭教育的原则与方法,以及学前儿童家庭教育指导的目的、原则,家庭教育指导的组织形式等。最后介绍了社区教育、学前儿童社区教育的概念,社区教育的功能,概述了学前儿童社区教育的发展进程及学前儿童社区教育的内容与形式。

第一节 学前儿童家庭教育

家庭作为一个特殊的、独立的社会组织形式,承担着众多的社会职能,教育是家庭的重要职能之一,即家庭教育。那么,什么是家庭教育呢?

广义的家庭教育是指家庭成员之间相互实施的一种教育和影响。即在家庭里,父母与子女之间,长幼之间,同辈之间,一切有目的有意识施加的影响都是家庭教育。家庭教育应当是家庭成员之间相互实施的一种教育,包括父母教育子女和家庭成员之间相互教育两个方面,父母教育子女是家庭教育中的主要方面。

狭义的家庭教育是指在家庭生活中,由家长,即由家里的长者(其中主要是父母)对其子女实施的教育和影响。这种家庭教育是父母或家里的其他的年长者自觉或不自觉、有意或无意地对子女实施的教育或影响。学前儿童家庭教育主要是指这种狭义的家庭教育,即在家庭生活中,由家长(主要是父母)对学前儿童进行教育和施加影响的活动。这种教育活动发生在家庭生活中,是以亲子关系为中心,从德、智、体、美、劳等各方面积极、正面地影响教育儿童,把儿童培养成身心健康、适应社会发展的富有创造力的社会需要的人才。

一、学前儿童家庭教育的特点

家庭教育是一种特殊的教育形式,它区别于学校教育和社会教育,是充满了亲情的非正规教育,有其独特的特点。

(一) 情感性

家庭教育是在家庭成员间进行的教育,亲子或祖孙关系是血缘关系和亲缘关系,这样形成的教育和受教育的关系,使家庭教育具有天然的亲情性和强烈的感染性的特点,对于学前儿童家庭教育来说,这一特点更加显著。

家庭教育受情感的制约和影响,即亲子间情感越深厚,感化作用就越强,子女年龄越小,对父母的依赖就越强,感染作用就越大,教育效果就越显著。但俗语说得好,"孩子是自己的好",家长总是认为自己的孩子是最优秀、最可爱的,家长对于学龄前儿童的这种看法更是普遍。因此在家庭教育过程中,父母容易情感用事,过度宠爱自己的孩子,而影响家庭教育的效果。

(二) 全面性

学前儿童家庭教育融于儿童衣、食、住、行和游戏玩耍等日常生活中,教育内容丰富、广泛、全面。既包括学习日常生活知识,养成良好的生活习惯,培养生活自理能力,也包括关注儿童人际交往能力、文明礼貌行为和良好的学习品质的养成等。

家庭教育是儿童社会化的开始,家长有责任把孩子培养成具备生存能力、适应社会发展、有创造能力的社会需要的人才。要达到这一目的,家庭教育就必须是全方位的教育,而不能只期望孩子成为"人上人"而重智力开发,忽视生活能力的培养,轻视良好的道德品质的养成。

(三) 稳定持久性

人的一生,要经历幼儿园教育、学校教育和社会教育。不论是教育环境、教育内容,还是教育者和受教育者,都要有很多的变化。但家庭教育是在家庭中进行的,家庭中的亲子关系是稳定的,家庭生活是持续的,家庭生活的这种相对稳定性和连续性使家庭教育相对于学校教育、社会教育而言,稳定性和持久性的特点非常显著。另外,父母的教育和影响,会直接或间接地影响子女的一生,家庭教育的过程也具有长期性、持久性的特点。

(四) 权威性

在家庭教育中,教育者是家长。家长是家庭生活的组织者和管理者,对于学前儿童而言,家长是儿童生活的依赖者。家长在家庭生活中的地位和作用决定了家长在孩子心目中的权威性。家长的权威不是自然产生的,是建立在相互尊敬和信赖基础之上的。儿童听从家长的教诲,接受家长的批评,理解家长的意图等并不是消极执行,也不是因为惧怕家长。苏联教育家马卡连柯曾说,家长的权威"主要基础只能建立在父母的生活和工作上,建立在父母的公民面貌和父母的行为上"。家长在家庭教育过程中,只有以身作则,成为孩子的良师益友,才能真正体现出家长的权威性。

二、学前儿童家庭教育的功能

儿童从出生到成长为社会人的过程中,家庭是第一教育场所,父母是第一任老师,家庭教育在儿童成长过程中起着重要的作用,主要功能如下:

(一)奠定儿童成长和发展的基础

苏联教育家马卡连柯曾说过:"教育的基础主要是在五岁以前奠定的,它占教育过程的90%。"儿童发展心理学的相关研究也表明,学前期是儿童人格形成的重要时期。儿童在语言、好奇心、智能和社会化发展过程中,8个月至3岁这段时期处于关键时期。我国儿童教育家陈鹤琴先生指出"幼稚期(出生起至7岁)是人生最重要的时期,什么习惯、言语、技能、思想态度、情绪都要在此时期打下基础,若基础打得不稳固,那健全的人格就不容易形成。"

家庭教育是从胎儿保健和教育开始的,孩子出生后,父母给孩子创造的舒适的生活环境,提供的合理营养的膳食,适宜的玩具、图书等都保证了儿童的健康成长。家庭不但给儿童发展提供了物质环境,父母的爱抚、理解和信任也满足了儿童的精神需要,对儿童身心发展同样起了重要作用。

(二)指导儿童基本的生活技能

家庭自产生以来,就承担了指导儿童衣食住行、人际交往等生活技能的功能。人从呱呱坠地开始,就进入了家庭生活,婴幼儿期的儿童经过父母精心照顾和抚养,学会排泄、进餐、穿衣、说话、走路,认识周围环境和与身边小朋友游戏交往等。衣食住行及人际交往是人生存在社会中的基本的生活技能。随着儿童的成长及生活内容的丰富,基本生活技能也随之复杂多样,家庭的指导功能越显重要。遗憾的是家庭这一功能在现实生活中被弱化,饭来张口、衣来伸手、儿童的生活被父母包办代替等,使儿童缺乏甚至是丧失了最基本的生活技能。顾名思义,基本生活技能是人生存在社会的基本能力。试想,如果一个人,生存的能力尚且不具备,他还能为家庭、为社会做什么。

(三)教导儿童规范的社会行为

众所周知,作为一个社会人,必须遵守一定的社会行为规范,具备一定的社会价值观念。家庭是儿童最早接触的社会,父母对儿童生活行为的要求也是最早的社会规范。儿童作为受教育者,总是以父母的言行为榜样,认同父母的需求和情感,通过同化作用,逐渐形成了儿童自己的行为方式和道德信念。家庭教育在教导儿童规范的社会行为,形成道德情操方面的功能不容被忽视,而且应该引起家长的重视。

正如马卡连柯所说:"家庭是最重要的地方,在家庭里面人初次向社会迈进!"家庭在规范子女社会行为方面起着非常重要的作用。

三、学前儿童家庭教育的类型

"家庭教育的类型"一词,国内的专家、学者在用词上没有严格的统一。有的学者使用"抚养方式""养育方式",有的学者用"教育方式",一般都用家庭教养方式。

家庭教养方式是指父母在抚养、教育儿童的日常活动中通常使用的相对稳定的方法和形式,是父母教养观念、教养行为及其对儿童的情感表现的一种组合方式。李洪曾老师在《学前儿童家庭教育》一书中指出:"学前儿童家庭教养方式是指学前儿童家长在教育、抚养子女的日常活动中表现出来的一种行为倾向,它是对父母各种教养行为的特征概括,是一种相对稳定性的行为风格。"

心理学家和教育家从各自领域和角度对家长教养方式进行了长期、深入的研究,形成了多种教养方式划分标准,也概括出相应的教养方式类型。根据国内外学者的研究成果,我们概括介绍以下几种教养方式。

(一)根据心理学实验结论划分的家庭教养类型

美国加利福尼亚大学教授、心理学家戴安娜·鲍姆林德(Diana Baumrind)把父母的教养方式分为权威型、专制型、溺爱型、忽视型四种。

1."权威型"教养方式

这种类型又称为"高要求、高反应"型。此类父母对孩子有明确合理的要求,会为孩子设立一定的行为目标,对孩子不合理的行为做出适当的限制并督促孩子努力达到父母设定的目标;同时,父母对孩子很温情,关爱孩子,耐心地倾听孩子的倾诉,对待孩子的错误能晓之以理、动之以情,激励孩子自我成长。这类父母多用理性、民主、耐心的教育方式。这种教养方式下的儿童思维活跃,富有想象力,自尊感和自信心较强,善于自我控制和解决问题,喜欢与人交往并具有一定的社会责任感。

2."专制型"教养方式

这种类型又称为"高要求、低反应"型。这类父母要求孩子绝对地服从自己,对孩子的要求很严格,提出很高的行为标准,稍有不顺,非打即罚。他们不会倾听孩子的诉说,对孩子缺乏热情和关爱,不能及时鼓励和表扬孩子。在这种"专制"下,孩子容易形成对抗、自卑、焦虑、退缩、依赖等不良的性格特征,自我调节能力和社会适应性都比较差,缺乏社会责任感。"专制型"教养方式会导致儿童缺乏独立思考的能力,做事优柔寡断,心理上容易产生抑郁和焦虑,缺乏学习的灵活性。

3."溺爱型"教养方式

这种类型又称为"低要求、高反应"型。这类父母对孩子充满了无尽的期望和爱,无条件地满足孩子的要求,但他们对孩子缺乏应有的控制和严格的要求,对孩子违反规则的行为采取忽视或接受的态度。这种教养方式下成长起来的儿童表现得很不成熟,自我控制能力很差,常以哭闹等方式寻求即时的满足,对父母依赖性很强,缺乏自信、恒心、毅力和责任感,具有较强的冲动性和攻击性,对父母缺乏孝心。"溺爱型"教养方式会使儿童缺乏创新能力,影响儿童创造性思维和个性发展。

4."忽视型"教养方式

这种类型又称为"低要求、低反应"型。这类父母对孩子的成长表现出漠不关心的态度,缺乏爱的情感和积极反应,不关心孩子的成长,他们不会对孩子提出要求和行为标准,对孩子冷漠,缺少对孩子的教育和爱。这类孩子对学校生活缺乏激情,学习成绩和自控能力差,具有较高的攻击性,感情冷漠,并且在长大后会表现出较高的犯罪倾向。

以上四种教养方式中,显然"权威型"的教养方式是较科学的教养方式。

(二)根据对母子的调查研究划分的结果

日本学者奥平洋子以母子作为调查对象进行研究,其结果是把母亲的养育方式分为"细微的干预型""垂直的亲爱型""情动型"和"水平的亲和型"四种类型。

1. 细微的干预型母亲

这类母亲在养育孩子时,通常表现出郁郁寡欢、悲观失望、罪恶感强、情绪不稳、惊慌失措、反思自省、对孩子刨根问底、啰啰嗦嗦等特点。由她们培养出来的孩子,一般来讲,情绪比较安定,喜欢冥思苦想、反省自己、分析别人等。但当这种教养态度过于强烈时,就会使孩子丧失孩子气,变得少年老成。

2. 垂直的亲爱型母亲

这类母亲在抚养孩子时,往往表现出善于交际、不拘小节、开朗爽快、无忧无虑、对孩子温和慈祥、采纳孩子意见等特征。经她们培养的孩子,容易与别人和睦相处,适应社会等。但当这种教养方式走向极端时,就会溺爱孩子,对孩子百依百顺,助长孩子的依赖性,导致孩子有自卑感。

3. 情动型母亲

这类母亲在抚养孩子时,呈现出多愁善感、自卑忧郁、主观武断、马马虎虎、感情用事、打骂训斥孩子等特点。由她们培养出的孩子,喜欢抛头露面,与人交往胆大妄为,不信任别人,合作性较差等。这种教养方式过于强硬时,孩子虽然不一定会成为问题儿童,但却极有可能成为棘手的孩子,浮躁冲动,攻击性强,难于适应社会生活。

4. 水平的亲和型母亲

这种母亲在教育孩子时,大都有民主平等、尊重孩子、与孩子和睦相处、成为孩子游戏伙伴等特征。经她们培养出来的孩子,基本都充满自信,好幻想,有较强的主动性和适应能力,能正确评价自己等。但当这种教养方式过于偏激时,可能会使孩子变得好高骛远,产生不切合实际的想法,也可能会使孩子受到溺爱。

(三)中国的家庭教育方式

中国家庭教育专家、学者经过多年的研究,归纳总结了多种类型的家庭教养方式,如"民主权威型""绝对权威型""娇惯溺爱型""忽视冷漠型"等。我们综合各种研究结果,概括为专制型、放任型和民主型三种教养方式。这些教养方式的表现及其对儿童性格、行为的影响如下。

1. 专制型教养方式

专制型父母严格控制孩子的行为,信奉"棍棒之下出孝子"的信条,对孩子的教育十分严厉、粗暴甚至有虐待行为,如果孩子的行为不符合父母的愿望,就对孩子进行打骂。这种教养方式,容易使子女形成自卑、懦弱、冷漠、消极情绪,产生恐惧或焦虑、敌意或残忍的心理,容易发生不能克制的逆反、倔强、攻击和冲动行为。

另一种专制是父母严格限制孩子的自主权,过度保护孩子。孩子的事情全由父母包办、代替。这种教养方式,使孩子养成过分依赖父母,一旦离开父母,则易产生分离焦虑,拒绝入园,拒绝上小学,形成儿童退缩行为等。过度保护还会养成孩子自我中心,自私自利,适应集体生活的能力差,易造成挫折感,产生对立、自卑、仇视、嫉恨乃至采取攻击报复行为,人际关系紧张造成情绪问题等。

2. 放任型教养方式

放任型父母不善于承担父母的教养责任,亲子间缺乏亲密性,父母对孩子的生活与学习漠不关心,听之任之,也不予以指导和约束等。这种教养方式影响儿童养成良好个性和态度,往往没有责任心,行为放纵,严重影响今后的学习和工作。

亲子间正常接触和交流能给孩子带来安全感、信赖感、温馨感,是缓解青少年恐惧焦虑、不安的精神良药,对子女的心理健康发育、健全性格形成具有极重要的作用。

另一种放任是父母溺爱和过度宽容子女,使子女容易养成放纵骄横、自私自利的品德和嫉恨的心理,对自己的社会责任模糊不清,不能学会在欲望不能满足时应有的忍耐,无法适应社会生活,以自我为中心,自控力差,道德观念薄弱,缺乏行为准则和规范,事事依赖成人,与人交往产生挫折后,易产生对立、仇视情绪,从而发生侵犯行为。

3. 民主型教养方式

民主型父母不任意打骂孩子,对孩子的行为更多的是加以分析与引导,对于孩子在成长过程中发生的问题更多的是采取帮助与鼓励的方法,并合理地应用奖励与处罚的手段,使孩子从父母的行为与教育中获得知识,明白事理。

调查发现,学业不良儿童的父母中更多的是使用专制及放任的教养方式,而正常儿童,特别是优秀学生的父母,更多的是用民主型的教养方式。民主教养不等于什么事情都是协商,有民主还要有集中,孩子由于知识经验、社会经验等方面的局限性,看问题不够深刻与全面,所以有些重大问题要由家庭全体成员来讨论,父母可以事先统一口径,要求少数服从多数,让孩子沿着正确的轨道发展。

在家庭教育过程中,家长应该积极努力地采取民主型的教养方式,这样才有利于学前儿童的健康成长。

四、学前儿童家庭教育的影响因素

影响学前儿童家庭教育的因素是多方面的,我们介绍以下几个方面。

(一) 家长的素质

1. 家长的文化素质

家长文化素质的高低会影响家庭教育。

家长的文化素质高对家庭教育有积极促进的作用。文化素质高的家长一般都受过良好的教育,具备不断学习的能力,在掌握家庭教育的知识、运用先进的教育理念、选取适当的教育内容及教育方法等各方面具有优势。"中国城市独生子女人格发展状况与教育"的调查结果表明,父母文化程度与学习有关教育孩子知识的情况均有显著相关性,即父母的文化程度越高,学习各类家庭教育的知识越多。对上海市市区幼儿家长教育观念的调查也发现,受教育程度高的家长对孩子更充满信心和自信,更重视教育。

另外,素质高的家长自身修养一般也较好,这就自然给儿童树立了学习的榜样。文化素质高的家长往往还比较注重对孩子进行早期教育和智力投资,能够解答孩子在探究和学习、生活过程中遇到的问题,满足孩子的好奇心和求知欲。

家长的文化素质低可能会阻碍家庭教育的正常进行。文化素质低的家长往往会由于自身文化水平的制约,缺乏基本的家庭教育的知识,教育观念不能与时俱进,在教育内容的选择和教育方法的运用方面会有欠缺,从而影响了家长在早期教育过程中的主导作用。家庭教育效果的相关研究表明,受教育程度低的幼儿家长对孩子的教育要么无原则地溺爱,要么对孩子放任自流,造成家庭教育的恶性循环。

2. 家长的道德素质

家长的道德素质是影响儿童成长的关键因素。

家长的道德素质会通过家长的日常行为反映出来。学前儿童的道德认识能力较弱,辨别是非能力较差,但儿童的模仿能力极强,家长遵纪守法、行为规范,就会对孩子产生良好的影响。父母助人为乐,孩子也会乐于助人。家庭教育实践证明,家长的思想道德是孩子道德品质形成的基础,制约着孩子道德认识的提高。父母高尚的道德情操会陶冶孩子的情操,父母具有坚强的意志品质和道德行为,也会使孩子的意志品质得到锻炼,促使孩子养成良好的道德意志和道德行为。家长的人生信仰也会影响儿童的人生观和价值观。

(二)家长的教育观念

家长的教育观念是家长基于对儿童及其发展的认识而形成的对儿童教养的理解。它包括:家长的儿童观、人才观、亲子观和教育观等内容。

1. 家长的儿童观对家庭教育的影响

学前儿童家长的儿童观是家长对学前儿童的认识和看法。主要指儿童家长对儿童期的意义、儿童的权利和地位、儿童的特质和能力及儿童发展规律的认识。有些家长认为儿童是被动发展的,儿童没有自己的权利、地位和主观意愿。家长在实施家庭教育的过程中往往会无视儿童发展的规律和儿童自身的主动性、积极性的发挥,强迫儿童完全按照父母的意愿发展。也有些家长,把儿童发展看成是自然成长的过程,不需要进行什么教育活动。不同的儿童观,影响着家长的教育方式是"专制"的还是"放任"的,或是"民主"的。

家长只有了解儿童发展的特点及规律,充分认识到儿童具有发展的主动性,在儿童成长过程中及时有效地创造条件,适时给予教育和启发,才能使家庭教育产生实效。

2. 家长的人才观对家庭教育的影响

学前儿童家长的人才观主要是指学前儿童家长对子女成才的价值取向,即家长对什么是人才,期望自己的子女成为什么样的人的认识。包括人才的标准、人才的价值。它反映了家长本人的价值取向。一般来说,人才可分为知识型、技能型、社交型、创造型、品德型及普通型等。家长对自己子女的期望,影响着家长的教育方式。知识技能型的家长在家庭教育方式上会注重儿童的智力和品德的培养,社交型的家长会培养子女诚实、活泼开朗的性格,普通型家长不会刻意追求子女的学业成绩优异等。家长不切合实际的人才观,会阻碍儿童的健康发展。

3. 家长的亲子观和教育观对家庭教育的影响

家长的亲子观是指家长对子女和自己的关系的基本看法,也可以说是养育动机。把子女看成是自己的私有财产和附属物,还是认识到子女是独立的个体,亲子观的不同,会影响到家长的教育方式。如果养育动机是传宗接代、光宗耀祖、补偿自己理想中的不足,那么家长就不会顾及子女的想法,要求子女完全服从家长的意志,听从家长的安排。反之,家长会多采用民主型的教育方式。

"树大自然直",代表了一些家长的教育观,有这种观点的家长认为教育对孩子的成长作用不大,只要给孩子吃好、穿暖,生活上照顾周到,不出任何意外事故,孩子自然会成长。还有些家长认为教育儿童是幼儿园、学校的责任,即"只养不教"的观念,这些都是放任自流、推卸责任的错误观念。

(三)家庭结构类型

家庭结构是指家庭成员的构成及其相互作用、相互影响的状态,以及由这种状态形成的相对稳定的联系模式。家庭由两个或两个以上成员组成,即夫妻、子女和祖辈等。家庭结构可分为核心家庭、主干家庭、单亲家庭、隔代家庭和联合家庭等。不同结构的家庭,家庭教育的模式和氛围会有很大区别。

1. 核心家庭

指已婚夫妻与未婚子女组成的家庭。对于城市来说,家庭内一般只有夫妻和一个子女。这种类型的家庭人口少,关系简单,比较有利于家庭教育功能的发挥。尤其是夫妻关系和谐,亲子关系融洽的家庭,父母对子女教育热情高、投入多、有耐心,对子女进行教育时,夫妻意见容易达到一致,能采取正确的教育方式来教育子女。

2. 主干家庭

在一个家庭中有两代以上,而且每一代只有一对夫妇组成的家庭。如祖父母、父母和孩子三代组成的家庭。主干家庭人口较多,代际关系较为复杂,对家庭教育的影响有利也有弊。有利的一方面,主干家庭中的家长即祖父母,帮助照看孩子,可以弥补双职工家庭在抚育孩子上的时间及精力的不足;不利的一面,不同代际,由于年龄、观念、接受新事物的能力方面有差异,在家庭教育中会出现观念或方法不一致的情况。教育的不一致性会削弱家庭教育的功能,不利于孩子的发展。为了最大限度发挥其优势,克服不足,作为家长的祖(外)父母、年轻夫妇都要多进行交流沟通,做到互相配合、意见一致、形成合力,要理性地爱孩子、教育孩子,使孩子在情感和谐融洽的大家庭中健康成长。

3. 单亲家庭

单亲家庭也就是以往常说的残缺家庭。包括夫妻离异或一方去世,由父亲或母亲与孩子组成的家庭。近年来,特别是大城市离婚率的上升,客观上造成单亲家庭不断增加,越来越多的孩子生活在不完整的家庭,给家庭教育带来不利影响。

生活在单亲家庭的孩子,心理承受着父亲或母亲离世带来的伤痛和阴影,忍受着父母离异带来的伤害。因为得不到父母的完整的爱,孩子会情绪低落、缺乏安全感、不自信,也容易出现反叛行为。离异的家庭从父母感情破裂开始,家庭关系失和、父母不断的争吵,会对孩子的心灵造成严重的创伤。

4. 隔代家庭

隔代家庭指祖(外)父母与孙辈组成的家庭。隔代家庭的孩子长期与父母分离,亲子关系有隔膜,老人对孙辈的照顾主要在生活方面,对孩子的教育问题力不从心,这样的孩子由于不能接受良好的家庭教育,会出现各种各样的问题。

另外,还有一种联合家庭,即由一个以上核心家庭联合而成的家庭。这样的大家庭,在我国尤其是城市中已为数不多,就不再进行分析。

不同的家庭结构对家庭教育的影响不是绝对的、一成不变的。

(四)家庭物质环境

家庭物质环境包括家庭经济收入、居住条件等,它决定着家庭生活条件、儿童学习的环境及身心健康。良好的物质环境不仅可以为儿童提供良好的成长环境;还可以为儿童提供丰富的学习资源。物质条件较匮乏的家庭,经济收入低,生活水平差,除了不利于儿童身心发展外,家长还可能会因为经济问题产生矛盾,从而影响对子女的教育。虽然良好的物质条件有利于儿童的成长和发展,但社会学研究发现,在家庭物质条件达到基本保证正常生活的情况下,经济上的再增长对儿童的成长并不能产生积极的效果。在经济条件相似的家庭中,家庭文化用品比生活用品对儿童的发展影响更显著。有研究证明,家庭中儿童单独拥有的书刊量与其语文、数学的学习成绩和语言能力有极其显著的相关;家庭中为子女购买的玩具与儿童的社会性行为、身体发展、语言表达能力有极其显著的相关。

另外,良好的物质条件也如同一把双刃剑,既可以起到正面积极的促进作用,也可能阻碍儿童的发展。物质条件过于优越的家长对儿童的期望也会过高,家长容易养成"专制型"或"溺爱型"的教育方式。另外,家长在满足儿童的物质需求时可能会忽略儿童精神上的需求,而使亲子关系冷漠。对于儿童来说,优越的物质条件,容易使儿童养成过度依赖家长、养尊处优、任性等不良习惯。物质条件不太富裕的家庭,如果合理安排家庭收入,家长重视家庭教育,接受科学的教育理念,克服经济条件不利等因素,也会保证儿童的健康成长。

因此,我们要辩证地看待物质条件对家庭教育的影响。

五、学前儿童家庭教育的原则与方法

(一)学前儿童家庭教育的原则

马卡连柯针对家庭教育的特点,提出过一系列的家庭教育原则,如及早教育、以身作则、集体教育、掌握分寸尺度及与社会生活联系等原则。

学前儿童家庭教育的原则是国内外家庭教育的成功经验的总结和概括,是进行家庭教育的重要依据,是提高家庭教育质量的重要保证。

1. 全面发展原则

学前儿童的发展包括身心、认知、语言、情感、社会性和审美等各方面,家庭教育应有利于孩子的全面发展。正如"木桶理论"所认为的,一个木桶由多块木板组成,木桶盛水多少取决于全部木板的长度,在于各块木板间相互连接的质量,缺少哪块木板都不行,哪块木板短都会影响木桶的容积。把儿童整体发展比作一个木桶,各个方面的能力和水平比作木桶的每一块木板,儿童的各个方面都得到发展,即每块木板的长度都得到增加,才能扩大木桶的容积,即全面提高了儿童的能力和水平。

目前,家庭教育中普遍存在重认知和语言的发展,轻身心健康和情感培养等问题,不利于儿童的全面发展,这是需要儿童家长认真对待和妥善解决的重要问题。学前儿童家长只有做到全面了解儿童的身心、认知、语言、情感、社会性和审美等各方面的发展特点和规律,通过家庭教育促进孩子全面发展,才能把孩子培养成适应社会需要的人才。

2. 严慈相济原则

传统的家庭中,父母在家庭教育上承担着不同的角色,即严父慈母。现代的家庭教育不论父母,都应该秉承严慈相济的原则。

"严"指严格要求,它和"慈爱"是一致的,是不断向孩子提出合理的要求,逐步将他们的行为纳入合乎社会道德规范的轨迹。学前期是养成儿童良好的行为习惯的关键期,虽然父母很爱孩子,尊重孩子的人格,但在对孩子习惯养成的问题上绝不能含糊,该让孩子做到的

事情一定要让孩子做,该让孩子承担的责任一定要让孩子承担,该让孩子养成的习惯一定要让孩子达到要求。

"慈"为慈爱,爱孩子是父母的天性,也是教育孩子的基础,它可以转化为孩子成长的心理动力。会疼爱孩子的家长,常常把对孩子的爱融入对孩子健康成长的关心上,把爱表露在对孩子良好行为的赞许上。

爱的力量是教育中重要的力量。马卡连柯曾经说过:"父母对子女的爱如果不够,子女会感到痛苦。但过分的溺爱,虽然是一种伟大的感情,却会使子女受到毁灭。"

总之,家长在慈爱中体现严格,严格中体现慈爱。慈爱与严格是辨证统一体,没有真正的严格要求就不会有真正的慈爱,二者必须相辅相成。

3. 正面教育原则

正面教育,即从事物的正面或以正面的事例积极引导、说服为主的教育。从正面看事物最易看清,尤其是孩子幼稚无知,辨别是非、善恶的能力差,以正面为主进行教育才能收到预期效果。在实践中,家长要坚持正面教育引导,千方百计地让孩子知道"我能行""我进步"。

孩子良好行为习惯的养成靠教育培养,对不良的行为习惯重在预防和矫治。当发现孩子有不良行为出现,处于萌芽状态,家长要及时阻止,切勿大骂。阻止的最好方法是正面引导,告诉他应该怎么做,并帮助孩子学会怎么做。

4. 一贯一致原则

一贯即连贯性,指家庭教育的内容、要求应根据孩子不同年龄段,循序渐进逐步提高要求,教育内容要前后衔接,系统长期地进行。一贯性还指家长对孩子错误行为出现时的态度要前后一致,不能随心所欲。

一致性指父母、老人及家庭其他成员对孩子所提要求要一致。教育过程中,首先,父母家长对孩子的教育应当始终保持积极的态度,坚持正确原则,不能时而严格时而松懈,如果不能坚持一惯性原则,已有的教育就会前功尽弃。其次,家庭中父母要将自己对孩子的要求告知老人和其他家庭成员,让他们了解父母的要求,以便在教育过程中达到一致。另外,老人如果在教育方法上有异议也要背着孩子和父母交换意见,不让孩子无所适从,不知所措。

一致性还指家庭与幼儿园、社会相互配合、步调一致,采取积极措施,取得幼儿园和社会的支持与合作。家、园教育保持一致可以充分发挥家、园教育的合力,达到最好的教育效果。

5. 科学适度原则

科学性主要指在家庭教育中,家长要用科学的育儿观、正确的价值观对儿童施加影响,使孩子能够按照社会所期望的目标健康地成长。

在家庭教育中,家长的育儿观和价值观对孩子的发展有着重要影响,为贯彻科学性原则,家长应该具备科学育儿知识,了解儿童身心发展特点和规律,运用科学育儿方法促进孩子健康成长。用正确的价值观教育影响孩子,需要家长更新家庭教育的价值观,摒弃传统世俗把孩子培养成人上人的观念,树立科学价值观和人才观,给孩子提供自由发展的空间,信任和支持孩子,让孩子以各种方式尝试各种事物,充分发挥孩子的个人潜能,让孩子在自己的探索中成长发展。

适度性指家长对孩子的要求要适度,必须适合孩子的年龄和接受能力,使孩子经过自己的努力能够达到家长的要求,又符合孩子自己的承受能力。适度性还表现在家长为了达到教育目而运用的教育方法要适度,奖惩并用,奖惩分明,奖惩适度,以培养和强化孩子的良好行为。

要想运用好科学适度性原则,家长要适时地反思自己的教育观念和教育行为是否遵循了教育规律,是否符合孩子发展的特点。

(二)学前儿童家庭教育的方法

家庭教育方法是家长在对孩子进行教育时所选择和运用的策略及措施。教育方法的选择决定着家庭教育的成败。法国教育家爱尔维修认为"即使是普通的孩子,只要教育得法,也会成为不平凡的人。"宋代儒学大师朱熹早就指出:"子之教在父之方,方适则子成,不适则毁。"这是说运用科学的方法教育子女才能取得成功,否则就会失败。家庭教育的方法多种多样,总结家庭教育的成功案例,介绍以下几种常用的家庭教育方法。

1. 榜样示范法

榜样示范法是指在家庭教育中,家长以自身良好的思想品德、道德行为以及典型人物的优良道德风范去感染、教育孩子的教育方法。榜样示范法的特点是具体形象,生动活泼,具有极强的说服力和示范性,特别适于学前儿童。

孔子说得好:"其身正,不令而行,其身不正,虽令不从。"陆世仪在《思辩录》中说:"教子须是一身率先。"这都指出了父母要为儿童做出正面的榜样,将言教与身教统一。马卡连柯也指出:"父母对自己的要求,父母对自己的家庭的尊敬,父母对自己一举一动的检点,这是首要和最基本的教育方法。"

父母是孩子的榜样,孩子是父母的镜子,父母的言行举止都会影响到孩子。因此父母要严于律己,处处事事以自己的正确言行为孩子树立榜样,引导孩子健康成长。

针对孩子好模仿的特点,家长们还可以选择和运用周围生活中、文艺作品中的先进(英雄)典型和事迹作为孩子学习的榜样。让孩子在看电影(电视)、听故事、扮演中,模仿优秀人物的品德行为,激发道德情感,培养良好的行为。

2. 游戏体验法

游戏是儿童的天性,游戏活动是最能促进儿童身心全面发展的活动形式。家长将教育的内容融于游戏,引导孩子在游戏中通过体验角色学到知识和养成好的品行。美国心理学家桑德拉等人通过长期的跟踪研究得出结论,成年人能力源于儿时的游戏,小时候有机会玩一些独创性游戏的孩子,长大后有更强的解决问题的能力,能更好地解决日常生活问题和其他复杂问题。

家长在运用游戏体验法时,要为孩子提供充足的游戏时间,设置安全的游戏空间,准备适当的游戏材料,和孩子进行各种有意义的游戏活动。在游戏活动中,父母可以根据孩子的意图进行角色扮演活动,在和孩子一起愉快游戏的过程中教育和影响孩子。

3. 正面说理法

正面说理法是通过摆事实、讲道理来启发、引导和提高儿童辨别是非善恶的能力和认识,从而使儿童接受家长的教育,进而养成良好的行为习惯的方法。

在生活中,学前儿童因为知识和经验的不足,常常会做错事。父母对孩子的不当之处应该耐心、温和地通过谈话、讨论、讲解去引导孩子认识自己的不足,用说理的方法帮助孩子,使孩子认识到什么事该做能做,什么事不该做不能做。面对孩子的错误行为,如果父母讽刺、挖苦,甚至打骂,效果会适得其反,不仅不能使孩子认识到自己的错误或不足,反而会损伤孩子的自尊心。只有父母尊重孩子,孩子才能按照父母所提出的合理要求去做,只有孩子感到家庭的温暖,家长提出的合理要求才会被孩子愉快地接受。

4. 赏识激励法

赏识激励法是家长在与孩子活动的过程中,多以肯定、期待的言语鼓励孩子,无论是孩子的生活技能、道德品质还是身体运动能力,只要有点滴进步就表扬、鼓励,让孩子获得被表扬、被信任的成功体验。让孩子在赞美声中成长。

教育学家认为,教育孩子,奖励是比惩罚更有效的方式。因此他们建议,用奖励正确来代替惩罚错误,用肯定优点来代替否定缺点,这样既可以避免给孩子造成伤害,又可以使孩子取得更好的进步。

日本教育家铃木镇一说:"有了天才的感觉,你会成为天才;有了英雄的感觉,你会成为英雄。孩子找到了好孩子的感觉,他就会成为好孩子。"用虚拟的手段,给孩子制造一个"我很棒"的自我感觉,他就会逐渐"棒"起来。

5. 自然后果法

自然后果法是法国教育家卢梭首先体现出来的,是指在家庭教育中,通过让孩子体验由于自己的不良行为所造成的后果来纠正其行为的方法。孩子犯了错误,运用自然后果法对其进行惩罚,可以为其提供正确或错误行为的合理知识;如果儿童由于自己的错误行为受到痛苦的惩罚,他必然多少清楚地认识到对他的惩罚是公正的;儿童体验到自然的惩罚,他的脾气可以较少地激动并保持安静的态度,也避免了父子之间的冲突。适当地运用此方法有利于培养孩子对自己行为的责任感,提高孩子独立生活的能力。

六、学前儿童家庭教育的指导

(一)进行学前儿童家庭教育指导的缘由

20世纪80年代,中国教育科学研究所主持了"适应我国国情提高幼儿素质"的大型研究。该研究以辽宁、北京、上海、江苏等10个省市的25 478名4岁和6岁的学前儿童为研究对象,调查内容涉及幼儿的身心发展水平、家庭环境和教育情况等一千多个项目。在对全部数据进行分析后得出研究结论。其中,幼儿受照顾和受教育类型的基本情况的调查结果是,4岁儿童完全由父母(监护人)照顾和教育的类型比例为59%,由他人照顾和教育的类型比例为41%;6岁儿童两种类型比例分别为34.23%和65.77%。结果表明我国未入园的适龄儿童仍占相当比例。另外,对幼儿认知发展水平影响的研究结果表明,家庭的影响超过教养机构。研究结果表明家庭教育也是学前儿童教育的重要组成方面。

然而,家庭教育不是正规教育,不同于学校教育和社会教育。家庭教育有很强的独立性和自主性,对子女实施什么样的教育,把子女培养成什么样的人,主要取决于家长的意志,家长有自主权。而家长的文化素养、教育能力、教育观念等各不相同,水平参差不齐,教育效果差别很大。要充分发挥家庭教育在促进个体发展中的作用和社会生活中的作用,必须加强对家庭教育的指导。

家庭教育指导是社会和儿童教养机构根据家庭教育过程中存在的问题,家长的困惑和家长自身的需要,向家长提供帮助的过程。学前儿童家庭教育指导以提高学前儿童家长的教育素质、改变家长的教育行为为根本,它不仅能促进儿童身心的健康成长,而且会给家庭、学校和社区带来变化。

（二）学前儿童家庭教育指导的目的和对象

学前儿童家庭教育指导是指，托幼机构、社区或企事业单位组织的，以学前儿童家长为主要对象，以家庭教育为主要内容的指导活动。对家长进行家庭教育指导的主要目的是：

1. 指导家长提高育儿水平

通过指导、倡导母乳喂养，普及科学喂养知识，培养儿童良好的饮食习惯，提高儿童营养水平，从整体上增强儿童体质，提高身心健康水平。

2. 提高家长的教育素质

提高家长的教育素质包括转变家长的教育观念，形成对子女正确的教养态度，增强家长的教育能力，提高家庭教育质量，促进儿童身心发展。

3. 指导家长优化教育环境

指导家长优化教育环境包括指导幼儿家长，形成良好的亲子关系，正确对待子女的行为表现，建立民主、平等、和谐的家庭氛围，为幼儿健康成长创设良好的家庭环境，最大限度地促进学前儿童身心健康成长。

4. 向家长进行法制教育

通过向家长宣传《未成年人保护法》《儿童权利公约》等法律法规，提高家长的法制意识，依法保护儿童生存权、发展权、受保护权和参与权。

学前儿童家庭教育指导是学前儿童家庭外的幼教机构和其他社会团体对学前儿童家庭教育的指导。参与学前儿童家庭教育的对象主要由学前儿童、学前儿童家长、指导学前儿童及其家长的指导者和组织者四个对象。

学前儿童家庭教育指导的主要对象是：0—6岁的学前儿童、学前儿童家长、与儿童生活在一起的祖辈老人和儿童的非亲监护人。大多地区还组织新婚夫妇、孕妇和她们的丈夫进行家庭教育指导。对0—3岁婴儿家长主要进行科学育儿的指导。对3—6岁幼儿家长的指导的普及率最高，这是因为我国城市3—6岁幼儿大都进入幼儿园，农村也有相当数量儿童进入中心幼儿园或村办幼儿园，对比较集中的幼儿家长进行指导比较方便。

家庭教育指导者指直接对学前儿童家长和学前儿童进行家庭教育指导的托幼机构教师、社区工作者、社会企事业机构、大众传播媒介和其他社会教育机构中负责家庭教育指导工作的组织者和管理者。

（三）学前儿童家庭教育指导的渠道

学前儿童的家长作为幼儿的家长、社区的居民或企事业单位的职工，可以从多种渠道接受家庭教育指导，包括托幼机构、社区及机关企事业单位。另外还有大众传媒和其他社会教育机构对学前儿童家长进行指导。

托幼机构的指导，由幼儿园等托幼机构组织，由幼儿园教师和工作人员担任指导者，对儿童家长进行指导。托幼机构的教师和工作人员，具备对儿童的教育素养及指导儿童家长的能力，托幼机构现有的场地、设施、设备等为对家长的指导提供了场所，托幼机构这一指导渠道具有其特殊的优势。

社区的指导，由街道、社区组织，由社会工作者、托幼机构的教师和其他志愿者担任指导角色，对社区居民进行指导。一般来说，主要对未入园幼儿的家长、外来流动人口的家长进行指导。

企事业机关的指导，根据本单位职工的需要，由工会对学前儿童的父母进行家庭教育指导。较多的形式是利用企事业单位的业余时间,请托幼机构教师、卫生保健医生、社会工作者或其他家庭教育专家介绍家庭教育知识,组织亲子活动等。

报刊、杂志、广播、电视、网站等大众传播媒介,也是对家长进行家庭教育指导的重要渠道,它们凭借时效、通俗、可受性方面的优势,对家庭教育指导上的作用日益增长。

(四)学前儿童家庭教育指导的原则

家庭教育指导原则是家庭教育指导工作中指导者应该遵循的基本要求,是家庭教育指导规律的反映和实践经验的科学概括,它对家庭教育指导工作有指导意义。一般来说,家庭教育指导原则包括分类指导原则、家长主体原则、双向互动原则、因地制宜原则等。

1. 分类指导原则

学前儿童家庭教育指导对象存在不同类别。不同对象本身特点不同,教育观念、教育态度和行为不同,对指导者的需求也不同。

指导对象可以按子女的年龄划分,分为新婚夫妇、孕妇和她们的丈夫、0—3岁婴儿家长、3—6岁幼儿家长。按家长身份划分,可分为父母亲、与孩子生活在一起的祖辈老人、非亲法定监护人、保姆等。此外还可以按家长本身某一特点的不同,分为高学历家长、单亲家长、贫困家长等。

对不同类型的对象进行不同的指导,应注意根据不同类别对象的特点,在指导要求、指导内容、指导形式和具体指导方法上有所区别。如对于隔代家长,在教育内容上要突出教养态度的理智、减少溺爱,教育观念要有时代性,使家庭教育指导具有一定的针对性。

2. 家长主体性原则

学前儿童家庭教育指导的主要对象是家长。家长的学历层次、教育观念、参与活动的积极性与过去相比有较大的变化。由于不少家长的观念、教育能力、获取家庭教育知识的能力都已经超出指导者的指导范围。在家庭教育指导过程中,家长实际上不是教育对象而应是服务对象。家庭教育指导的组织者和管理者应该了解家长的需求,征求家长对家庭教育指导工作的意见和建议,提供必要和有效的服务,指导形式要生动多样,内容有针对性,提高家长参与的积极性,在指导过程中呈现出双向互动性,使家长由被动参加变为主动参与,发挥家长的主体作用。

3. 双向互动原则

家庭教育指导是指导者与家长之间的双向互动的过程。家庭教育指导者与家长的互动发生在家长接受指导者的指导行为,互动的结果是通过指导者的指导影响到家长的教育观念、教育态度和教育行为,改变家长对指导者的认识、态度和行为,同时家长也改变着指导者的指导观念、指导态度和指导行为。指导者要想达到指导的预期效果,在家庭教育指导活动的准备过程中要搜集、积累、总结有效的家庭教育经验,为提高指导质量提供充分、鲜活的材料。在指导过程中要注意创设互动活动,为家长提供交流经验、讨论问题的机会。

4. 因地制宜原则

因地制宜的原则是指根据不同地区、不同时期和不同对象的实际情况,提出适宜的指导要求,采取适宜的措施,获得指导的实际效果。

中国地域辽阔,各地区社会发展水平不均衡。不同地区的家长特点不同,指导者的水平不同,家庭的要求也不尽相同。要根据各地区的实际情况,理论联系实际,制订阶段性指导目标、指导要求、指导内容等,推动家庭教育指导活动有效地开展。

（五）学前儿童家庭教育指导的组织形式

家庭教育指导的组织机构有多种形式,如家长学校、亲子园、家庭教育咨询站、家庭教育网站等。

家长学校是由社会教育机构和团体组织的,有目的、有计划地向儿童家长介绍家庭教育的相关知识和方法,指导不同年龄段儿童家长,重视在家庭教育中容易出现的问题并提供处理建议,对家庭教育中的各种问题进行咨询的一种教育指导的组织形式。家长学校的工作由全国妇联和教育部共同牵头进行指导管理。目前有托幼机构、卫生单位和社区等各类组织组织的家长学校,除此外,还有父母学校、新婚夫妇学校、孕妇学校、亲子园等多种类型。

第二节 社区学前教育

社区是由居住在一定区域范围内的人们所结成的社会区域共同体。社区教育就是以社区全体成员为对象,以提高社区成员的素质和生活质量,以及实现社区发展的社会性的教育活动过程。

社区学前教育,是以社区范围内的学前儿童为教育对象,依靠社区力量、利用社区资源来促进学前儿童全面发展的保教活动过程。学前儿童是社区人口的组成部分,其教育是社区建设的一项重要内容,将学前儿童、儿童家长、幼教机构的教师整合在一起,充分发挥各自的积极性,为学前教育创造一个良好的社区环境。

一、社区教育的功能

家庭是人社会化的摇篮,在儿童社会化过程中,社区教育有着特殊的功能。

（一）优化社会环境的功能

家庭作为儿童社会化第一场所,在很大程度上受其所在社区环境的影响。社会环境给人提供才能、经验、知识,有时也能确定人的身份、地位角色,并造就和改变人的心理和人格。因此优化社区环境对儿童社会化十分重要。社区创造了人际交往的和谐空间,通过社区文化活动把社会所公认的道德品德、行为规范等表现出来,社区注重培养塑造文化活动者,帮助社区成员提高道德水平、建立文明科学健康的生活方式,并渗透到社区成员身上,形成良好的社区文化氛围。因此社区教育,使儿童的社会化环境得以净化和优化。

（二）统筹社会化因素,整合社会优质资源的功能

在儿童社会化过程中,有来自家庭、幼儿园、社会各种因素的影响,而社区则是诸多因素的综合。作为对儿童实施教育的不同载体,社区教育成为统一协调各类教育的实体,起到了统筹社会化因素的作用。同时社区教育活动把社区内的卫生保健、文化娱乐、社会服务等相关部门及工作有机联系起来,开展适合社区学前儿童需要的多种形式的教育服务,有效地整合了各种资源,推动了家庭、幼教机构和社区的合作。

（三）强化个体社会角色的功能

个体社会化始自家庭,父母是儿童最初的施教者。但父母承担着众多的社会角色,加之父母作为教育者的角色训练不足,无力承担起父母的责任,不可避免会出现很多问题。

社区教育的家长学校,承担起教育父母的责任,帮助、训练父母履行教育角色职能,成为

社区教育的重要职能。

二、社区学前教育的产生发展

（一）世界社区学前教育的产生

1. 社区教育的产生

社区教育起源于丹麦，1844年丹麦教育学家科维隆在乡村创建国民高等教育学校，这是成人社区教育的开始。19世纪末，美国芝加哥设立社区学院，培养适应工业发展的技术人才。

社区教育真正发展是在第二次世界大战后，300万美国退役军人进入社区学院学习，为战后的经济发展准备了人才。

英国的社区教育在20世纪70年代，社区教育服务的对象为教师、儿童、家长及社区居民。其教育目的在于改善家庭与学校的联系，改善儿童的学前教育及义务教育，进行教师交流以及为留学生的孩子提供服务等。日本的社区教育机构有为公民和青年设立的，也有儿童中心、妇女中心等。社区教育重视对青少年的意志品质教育，学校与社区联合组织儿童的训练活动，关心老年人生活，为老年人提供活动设施。

社区教育是社会经济、文化、教育发展的产物，成为现代教育发展的潮流。

2. 社区学前教育的发展

社区学前教育在经济实力发达国家率先得到发展。

20世纪50年代，美国开展了教育机会均等运动，1964年美国政府提出了"向贫困宣战"的口号，其中一项重要措施就是使贫困的儿童与富裕儿童有同等的环境，包括同等受教育的机会。1965年美国政府颁布了"先行计划"，使90%以上的生活贫困线以下的家庭的3—5岁的儿童享受了教育活动。"先行计划"为每个参加的儿童提供适合其发展的活动，或在家接受教育活动，或到活动中心，进行绘画、科学、文学阅读、戏剧活动、游戏或计算机等活动。接受该计划的儿童可与其他幼儿园的儿童一样适应进入小学后的学习，他们之间不再有显著差异。该计划包括培训家长，向家庭提供教育、健康保健等服务。另外，"先行计划"10%的费用用于为残疾儿童安排在最有力的环境中矫治，让残疾儿童与正常儿童在一起接受教育，大部分时间和正常儿童在一起，对于障碍问题由专业人员给予单独的训练。"先行计划"由美国社区组织实施，努力使该计划与公立学校合作，如开展教师交流活动。另外，该计划还开展师资培训，包括营养师、社区工作人员、司机培训等。

美国社区还为儿童提供多内容、多形式的教育设施，如玩具图书、儿童博物馆、各式儿童展览、儿童游戏、儿童电视节目等。

澳大利亚的社区学前教育有其本土特点。澳大利亚的学前社区教育由社区行政部门主持，社区行政投资，其特点是重点为边远地区家庭和儿童提供服务，其服务方式适应性强，灵活多样，服务范围和接受对象广泛。尽可能满足本地区的不同需求，提高家长的知识和经验，帮助家长照顾儿童，直接为儿童发展提供各方面所需的条件。澳大利亚学前社区教育的服务方式有玩具图书、游戏小组、儿童活动中心、远距离教育计划、组织家长学习等。

英国的"确保开端"项目，该项目由英国政府发起，面向4岁以下婴幼儿，并主要针对低收入家庭。计划旨在改善包括出生前在内的儿童及其家庭的健康和福利状况，使他们做好入学准备；以社区为依托调动各种社会力量全面参与，为处境不利的儿童提供医疗保健、儿童保育、早期教育的服务及对家庭的支持等。

20世纪90年代,日本的"天使计划",致力于"建立社会共同支援,面向社会开放的儿童教育新局面",动员全社会力量共同构建起社会育儿支援系统。在实施该计划过程中,学前教育机构充分发挥作用,提供有益资源,对社区开放,拓展服务功能为家庭育儿提供指导和帮助。

1995年,德国政府开始推行婴儿读书计划,免费向9个月大的婴儿赠送一个礼包(内有故事书、童话诗和其他图书),鼓励父母到国家婴儿图书馆去借阅图书,培养儿童对图书的喜爱,提高儿童未来的读写能力和遵纪守法的自觉性。

【知识拓展5-1】 走进家庭和社区的学前教育方案

为了实现学前教育的目标,许多国家都制定了以社区为依托的学前教育方案。

德国已形成两种典型的教育方案:

(1)家庭助手方案:社区青年服务部、慈善机构把经过培训的社会工作者组织起来,分派到一些特殊家庭里去工作,每周义务为家庭服务5~10个小时,帮助父母掌握教养孩子的基本知识和技能。

(2)家庭互助方案:社区把家庭联合起来,结成对子,互相帮助,共同提高教育孩子的艺术。

以色列社区极为重视对不同年龄儿童的家长进行分层指导,以提高指导的效率。

(1)指导1—3岁儿童家长的方案:社区挑选、推荐专业协调员和专职家访员,经培训后上岗;每个协调员统管几个家访员,每个家访员负责指导十几个家庭的家长。家访员第一年每周都要去家访,第二年每两周去家访一次,旨在帮助父母认识到游戏对儿童发展的重要性,学会和孩子一起游戏。家访员还要帮助家长成立互助小组,每半个月活动一次,在小组内交流育儿经验。

(2)指导3—6岁儿童家长的方案:教育部组织专家编写了两年使用的教材,每年九册,每册配有亲子活动方案,每项活动持续几分钟。社区专职家访员协助家长使用教材。家访员每两周对社会处境不利的家庭进行一次访问,向父母传递教育知识,帮助父母构建家庭教育环境,提高父母的教育水平。家访员还鼓励家庭成立友好小组,每半个月活动一次,探讨教养孩子的问题。

印度以社区为中介,教育学前儿童的方案主要有两种。

(1)母亲教育孩子的方案:社区工作者对母亲进行专门培训,教给母亲保育教育儿童的基础知识和基本技能,使母亲能更好地发挥出自身独特的教育作用,促进孩子身心的健康发展。

(2)大孩子帮助小孩子的方案:由于许多父母要外出工作,照料弟妹的任务落在哥哥姐姐的身上,社区工作者就对年长儿童进行简单的培训,使他们拥有健康、卫生、营养、游戏、歌舞等方面的常识及技能,能更好地关爱、帮助年幼儿童。

——摘自育儿网,走进家庭和社区的学前教育方案。

(二)我国社区学前教育的兴起

我国社区教育的起步较晚,一些学者受到美国社区教育思想的影响,相继在农村办起了教育,以此来改良中国社会。

1926年晏阳初开展的"贫民教育"实验、1927年陶行知乡村教育实验、1928年梁漱溟在山东邹平开展的"乡村建设",都是立足农村社区发展教育,将教育与社区建设融为一体,彰显教育效益的典范。但这些创举都因没有得到当时政府的支持而夭折。

20世纪80年代,我国在总结了原有的学校教育、家庭教育和社会教育相结合的经验基础上,借鉴国外社区教育的经验,从不同地域的实际情况出发,在经济发达地区率先探索社区教育的模式。此外,农村地区社区教育也在经济发达地区悄然成长。如江苏、山东都有各自的乡村社区教育模式。

随着社区的建设和社区教育的出现,在一些城市和农村社区学前教育也在兴起。广大社区为学前儿童的优生、优育、优教创设环境,发扬社区人力资源力量,取得了初步成效。

对于开展社区学前教育的必要性,李生兰老师在《幼儿园与家庭、社区合作共育的研究》一书中指出"幼儿园与家庭、社区共育,不仅是我国学前教育依法治教的需要,而且也是发挥学前教育的整体教育功能、促进儿童全面发展的需要,此外还能推动我国学前教育改革的国际化进程。"

三、我国社区学前教育的内容与形式

(一) 我国社区学前教育的内容

1996年《幼儿园工作规程》颁布,这是我国幼教法规第一次使用"社区"这一概念。2001年颁布的《幼儿园教育指导纲要(试行)》提出,幼儿园要"充分利用自然环境和社区的教育资源,扩展幼儿的生活和学习空间"。2003年,国务院办公厅转发了教育部等部门的《关于幼儿教育改革与发展的指导意见》。这两份文件表明,我国要以社区为依托,发展幼儿教育。社区教育的主要目的在于提高社区成员的素质和生活质量,发展社区。社区学前教育是社区教育的一个重要组成部分,是社区教育系统的基础工程。北京师范大学张燕老师认为:"社区学前教育属于大教育范畴,其对象不仅仅限于机构中的幼儿,而是社区内从出生至学前阶段的全体幼儿,甚至包括他们的家长及社区全体成员。"

社区学前教育由街道办事处协调妇联、计生委、居民科、医院保健科等各部门为社区儿童提供服务。社区学前教育包括送教上门、游戏小组、假日活动、社区玩具站等多种方式。社区和幼儿园合作开办亲子园、家长学校、保姆学校、爷爷奶奶班等,向对儿童有直接影响的成员进行培训,免费发放学习材料,以学前儿童为主题,以家庭为基础,开展讲座与咨询服务,向家长讲授儿童心理发展规律,宣传科学育儿知识,提高家长对科学育儿的认识等。

在众多的社区学前教育中,北京四环游戏小组开展的教育内容更加丰富和独具特色。她们经过多年的探索和实践,出版了《幼儿教师培训手册》《幼儿教师的教育理念》和《家长育儿读本》等丛书,指导致力于服务外来务工流动人员子女的志愿者,面向城市外来务工人员,针对流动学龄儿童的具体问题,为家庭教育提供了具体的教育内容和方式,尤其是《家长育儿读本》,从儿童一日生活到家庭开展亲子阅读、亲子游戏、幼小衔接等问题,内容翔实具体,对社区学前教育内容的选择有指导意义。

【知识拓展5-2】 社区学前教育的新形式——亲子园
亲子园是如何出现的?

改革开放以来,我国社会经济得到了很大的发展,社会和家庭对早期教育有了进一步的认识和需求。0—3岁婴儿多数是在家庭中教养。由于只有一个孩子,家长对孩子教育的期

望在上升,同时迫切需要了解0—3岁婴儿身心发展究竟有哪些特点,如何进行适宜的早期保育和教育,如何提供家庭教养指导,帮助家长更好教养婴儿?面对这一社会现实需要,一种新的学前教育形式——亲子园应运而生。0—3岁婴儿教育也引起了我国政府的重视。2001年《国务院关于基础教育改革与发展的决定》中提出,到2005年,全国大中城市,要基本满足社会对学前三年教育的需求,重视发展儿童的早期教育。并且提出,要大力发展以社区为依托,公办与民办相结合的多种形式的学前教育和儿童早期教育服务。以社区为依托,开展多种形式的早期教育成为幼儿教育政策的基本取向,政策的引导进一步推动了针对学前儿童实施早期教育的亲子园形成的热潮。

亲子园是做什么的?

亲子园是一种新的独特的教育模式。目前较多附设在幼儿园,也有社区兴办的或是经营式亲子园。亲子园是以处于学前阶段的婴幼儿及其父母为对象,以普及科学育儿知识和方法为主要内容,以亲子活动为主要特征的一种家庭教育指导的组织形式。一般是在周末由家长带着自己的婴幼儿来到专门的教育机构或幼儿园,参加这里组织的1~2个小时或是半日的亲子活动。

——摘自四环游戏小组新浪博客。

(二)我国玩具图书馆的建立

玩具图书馆在我国出现是改革开放以后,是借鉴国外学前儿童教育经验,结合我国国情,积极努力的结果。20世纪80年代,先后在天津、北京、上海等一些大城市出现。

1984年6月1日,天津市河东区唐山街创建了我国第一所儿童玩具图书馆。这所玩具图书馆是在天津市儿童保健所、市妇联、托幼机构等单位到外国参观后,结合天津本地情况创办的。1987年,中国玩具协会参加加拿大第四届世界玩具会议,回国后在上海开展了玩具图书馆的试点工作。1988年北京市建国门街道在东单苏州胡同建起了北京第一所儿童玩具图书馆。之后,内蒙古、福建也先后建起了玩具图书馆。

玩具和图书是儿童良好的伙伴,它们给儿童的成长带来快乐,使儿童获得知识,有益于儿童身心健康发展;玩具图书馆是丰富儿童娱乐生活、促进儿童发展的重要场所。建立玩具图书馆,为儿童提供一个共同游戏的场所,可以增加儿童之间的交往的活动,有益于培养儿童适应社会的能力。另外,在培养儿童读书习惯、宣传科学育儿知识等方面都有积极的意义。

玩具图书馆已成为我国社区学前儿童教育工作的一个重要内容,成为社区教育发展的潮流和趋势,正引起社会越来越多的关注。

(三)我国社区学前教育的形式

1. 城市社区学前教育的概况

城市社区学前教育是利用社区内各种社会资源来开展教育工作的,社区学前教育主要由社区街道办事处牵头组织和管理。主要工作有积极创设条件,为更多的学前儿童提供保教机会;以优生、优育、和优教"三优"为龙头,形成社区学前教育工作网络;优化街道社区的社会环境;充分利用社区内的各种资源,为学前儿童家庭提供全方位的帮助,为儿童提供舒适多样的活动环境。

2. 城市社区学前教育形式

城市社区学前教育的形式如下:

(1) 正规的社区学前教育

正规的社区学前教育的一种形式是,以幼儿园(学校)为中心,联络社区中其他部门成立社区教育委员会,集社区力量关心学前儿童,集社会各方面的信息于社区居委会,并将幼儿园(学校)、家庭、社会三方面教育一体化,促进对学前儿童的教育,为促进社区儿童的健康成长,繁荣社区生活服务;另一种形式是以社区为中心,由社区街道办事处牵头,将社区内的一切教育机构(幼儿园、中小学)和地区中的教育部门组成社区教育委员会,集社区妇幼保健医院等各部门力量支持幼儿教育,丰富儿童生活,关心儿童成长,实现幼儿园(学校)、家庭、社会的教育一体化。

(2) 非正规的社区学前教育

在众多的社区学前教育机构组织中,有区别于正规幼儿园、幼教机构的学前教育的组织,如社区的亲子园,社区幼儿所、活动小组等。这种学前教育也被称为非正规学前教育。

北京师范大学张燕在《非正规学前教育的理论与实践——基于四环游戏小组的探索》一书中认为,"非正规学前教育是由政府、非政府机构或个人发起,依托社区资源,针对无法接受正规学前教育的0—6岁儿童,特别是处境不利儿童(如残疾儿童、家庭经济困难的儿童等),开展的学前教育形式。"

在我国20世纪80年代中期,为解决城市生育高峰而产生的入园难问题,"家庭托儿所"作为非正式学前教育组织应需而生。1983年中国妇联下发了《关于大力发展家庭托儿所的报告》和《关于家庭托儿所的几项管理办法》等文件,发动和鼓励群众自办家庭托儿所,同时建立了相应的管理机制。1984年—1994年,仅北京就开办了一万家以上家庭托儿所。非正规的学前教育组织,基本解决了双职工家长的后顾之忧,缓解了城镇入园难题。

20世纪90年代以来,大量农村剩余劳动力进入城市,学龄前儿童跟随父母流入到城市。由于多种原因,大量的进城务工人员的子女无法享受正规的学前教育,非正规学前教育则成为这类儿童接受教育的现实途径。2000年初建立的北京四环游戏小组就是其中之一。

四环游戏小组是根据外来务工人员子女的实际需要,由学前教育的专业人士发起,组织社区人士和家长及志愿者的力量,整合教育资源,无偿为社区未进入正规托幼机构的0—6岁儿童提供教育服务的非正规教育组织。四环游戏小组的课程包括玩具和操作材料的开发及日常教学活动。课程开发注重与传统乡土文化的融合,强调家长的参与,并通过志愿者的教育公益服务,唤起家长作为"第一任教师"的角色意识,达到家长互助,最终实现家长自治。

北京四环游戏小组的教育实践,证明了非正规学前社区教育的可行性。非正规学前教育为不能入园的儿童提供了活动场所,也能为居住分散、交通不便的偏远地区的儿童提供接受学前教育的机会,并能在一定程度上改善我国家长素质偏低、家庭教育质量偏差的局面,形成了在不断发展与提高正规幼儿园、学前班的同时,发展非正规学前教育的多样化的社区教育领域。

多种社区学前教育的教育形式,已形成家庭、幼儿园和社会三位一体的立体化学前社区教育体系,扩大了受教育儿童的范围,丰富了社区学前儿童教育资源,优化了社区学前儿童教育环境。

3. 农村社区学前教育的主要形式

我国农村地域广阔,条件各异。平原、山区、草原和沙漠,沿海与内陆气候状况和民族分布不同,交通和经济发展程度有差异。

改革开放以来,农村学前教育有了较快的发展,以乡村社区为依托开展了灵活多样的学前教育。农村社区学前教育有以下几种形式:幼儿园、学前班、幼儿班、草原流动幼儿园、巡回辅导班、游戏点、学前教育基地、儿童游戏场、家庭辅导和家长学校等。这些种类的教育形式既有直接面向儿童实施的学前教育,也有面向家长的教育形式。

未来社会是日趋教育化的社会,终身教育已成为人们的普遍需求,学前社区教育是终身教育的开端,学前教育社区化是今后发展的必然趋势。

小　　结

学前儿童家庭教育主要是指狭义的家庭教育,由家长,即由家里的长者(其中主要是父母)对其子女实施的教育和影响。

家庭教育的特点是家庭教育的情感性、家庭教育的全面性、家庭教育的稳定持久性和家庭教育的权威性。

学前儿童家庭教育的影响因素:

1. 家长的素质。

(1) 家长的文化素质。

(2) 家长的道德素质。

2. 家长的教育观念。

家长的教育观念是家长基于对儿童及其发展的认识而形成的对儿童教养的理解。它包括:家长的儿童观、人才观、亲子观和教育观等内容。

3. 家庭结构类型。

4. 家庭物质环境。

学前儿童家庭教育的原则:

1. 全面发展原则。

2. 严慈相济原则。

3. 正面教育原则。

4. 一贯一致原则。

5. 科学适度原则。

学前儿童家庭教育的方法:

1. 榜样示范法。

2. 游戏体验法。

3. 正面说理法。

4. 赏识激励法。

5. 自然后果法。

托幼机构家庭教育指导的目的是:

1. 通过做家长工作,向家长介绍托幼机构的工作任务、内容、要求和进度安排。

2. 通过做家长工作,让家长了解托幼机构的发展规划及发展过程中存在的问题。

3. 通过做家长工作,向家长介绍不同年龄儿童的特点和身心发展的规律。

社区或企事业单位组织对家长进行家庭教育指导的主要目的是：

1. 指导家长提高育儿水平。
2. 提高家长的教育素质。
3. 指导家长优化教育环境。
4. 向家长进行法制教育。

学前儿童家庭教育指导原则：分类指导原则、家长主体原则、双向互动原则、因地制宜原则等。

家庭教育指导的组织形式有多种，如家长学校、亲子园、家庭教育咨询站、家庭教育网站等。

社区教育就是以社区全体成员为对象，以提高社区成员的素质和生活质量，以及实现社区发展的社会性的教育活动过程。

社区学前教育，是以社区范围内的学前儿童为教育对象，依靠社区力量，利用社区资源来促进学前儿童全面发展的保教活动过程。

社区学前教育的内容，包括送教上门、游戏小组、假日活动、社区玩具站等多种方式。社区和幼儿园合作开办亲子园、家长学校、保姆学校、爷爷奶奶班等向对儿童有直接影响的成员进行培训，免费发放学习材料，以学前儿童为主题，以家庭为基础，开展讲座与咨询服务，向家长讲授儿童心理发展规律，宣传科学育儿知识，提高家长对科学育儿的认识等。

社区学前教育的形式如下：

（1）以幼儿园（学校）为中心的社区学前教育。
（2）以社区为中心的社区学前教育。
（3）非正规学前教育——北京四环游戏小组。

思 考 题

一、单项选择

1. 下面不符合家庭教育的特点的项是（　　）。
   A. 情感性　　　　B. 全面性　　　　C. 阶段性　　　　D. 权威性
2. 在家庭教育中，家长以自身良好的思想行为、品德以及典型人物的优良道德风范去感染、教育孩子，这是（　　）的教育方法。
   A. 正面说理法　　B. 榜样示范法　　C. 自然后果法　　D. 批评惩罚法
3. 20世纪60年代，在（　　）开展了"先行计划"，这是社区学前教育的开始。
   A. 美国　　　　　B. 英国　　　　　C. 日本　　　　　D. 澳大利亚
4. 在众多的社区学前教育机构组织中，区别于正规幼儿园、幼教机构的学前教育的组织，也被称为非正规学前教育，如（　　）。
   A. 社区里的幼儿园　B. 社区保健所　　C. 社区活动小组　　D. 社区居委会
5. 玩具和图书是儿童良好的伙伴，它们给儿童的成长带来快乐。我国第一家玩具图书馆在（　　）建立。
   A. 北京　　　　　B. 上海　　　　　C. 天津　　　　　D. 山东

二、名词解释
学前儿童家庭教育   社区学前教育   非正规学前教育

三、简答题
1. 简述学前儿童家庭教育的特点。
2. 影响学前儿童家庭教育的因素有哪些?
3. 概述学前儿童家庭教育的原则与方法。
4. 简述学前儿童家庭教育指导的渠道、原则。
5. 我国社区学前教育的内容与形式有哪些?

四、论述题
论述中国父母常用的家庭教养方式对儿童的影响。

参考答案:

一、单项选择题
1. C   2. B   3. A   4. C   5. C

第六章 幼儿园教育

学习目标

1. 应了解、知道的内容
   ◆ 幼儿园、幼儿园教育的概念,幼儿园教育评价的概念。
   ◆ 幼儿园的性质、任务。
   ◆ 幼儿园教育目标与我国教育目的的关系。
2. 应理解、清楚的内容
   ◆ 幼儿园教育的地位和作用。
   ◆ 幼儿园教育的目标与原则。
   ◆ 幼儿园教育的内容与指导要点。
3. 应掌握、会用的内容
   ◆ 幼儿园教育的组织形式与实施方法。
   ◆ 幼儿园教育的评价方法与评价过程。
4. 应熟练掌握的内容
   ◆ 幼儿园教育的五大领域及教育要求。

建议学时

24 学时

教师导学

幼儿期是一个人认知、道德、情感等迅速发展的重要时期,为幼儿一生的发展打下重要基础。在幼儿园里,教师有目的、有计划、有组织地引导幼儿生动、活泼、主动活动,在这个过程中,幼儿通过与同伴和教师共同生活,能够获得有益的学习经验和良好的生活习惯,锻炼社会交往能力。同时,幼儿园教育作为基础教育的重要组成部分,在我国学校教育体制中占据着重要的地位,并有着自身的特点。本章将从幼儿园的性质与任务、幼儿园教育目标与原则、幼儿园教育内容、幼儿园教育组织与实施以及幼儿园教育评价几个方面进行具体阐述。

幼儿园古时称蒙养院,近代称幼稚园,是对幼儿集中保育和教育的机构,接纳三至六周岁幼儿。到 2012 年末,我国幼儿园数量达到 18.13 万所,幼儿园在园幼儿数达 3 685.8 万人。我国的幼儿园正进入发展的黄金时期,幼儿教育必将迎来一个崭新的春天。

目前,幼儿园在我国主要由教育部门负责,按照举办主体的不同,在我国主要分为公办幼儿园和私立幼儿园,两者在资金来源、师资力量、教育体制、教学理念等方面均存在差异。

公办幼儿园多由政府举办,幼儿园的一切财产均属公有,园长由教育局任命,建设经费、办公经费、教师及保育员工资均为财政拨付。公立幼儿园一般按照国家推广使用的教材开展幼儿早教工作,其教学模式和方法相对统一,受国家教育部门的管理。私立幼儿园,举办主体为私人、民办团体或民办企事业等,资产属于私有。私立幼儿园近年来发展较快,经营管理相对自由,然而相较于公办幼儿园,私立幼儿园的办学条件参差不齐。为解决我国幼儿园城乡发展不均衡,提高幼儿入园率,保证教育公平,国家出台了一些具有针对性的规划措施,并且已经取得了积极的成效。

本章,我们将探讨幼儿园的性质与任务以及幼儿园教育的目标、原则、内容、组织、实施、评价等问题。

第一节 幼儿园的性质与任务

幼儿园是3至6周岁的幼儿学习、生活、娱乐及保教的场所,是根据幼儿生理、心理发展的客观规律及其年龄特征,对幼儿进行体、智、德、美全面发展教育的机构。幼儿园与小学、中学、大学等教育机构相比,有自身的特殊性。幼儿园主要有以下三个特征:

1. 招收对象一般为3—6周岁的幼儿

根据学龄前儿童的身心发展特点,我们一般将幼儿的年龄范围定为3—6周岁。但实际上幼儿园招收对象的适龄范围并非绝对严格的,例如1951年政务院《关于改革学制的决定》规定幼儿园的招收对象为"3足岁到7足岁的幼儿",1996年原国家教委颁布的《幼儿园工作规程》中规定幼儿园的适龄幼儿为"3周岁至6周岁(或7周岁)。"并且除三年制的幼儿园以外,"亦可设一年制或两年制的幼儿园"。世界上不同国家会根据自身的经济、社会发展需要及幼儿的身心发展特点规定幼儿园招收对象的年龄范围,例如日本,很多幼儿园仅实施以5岁幼儿为对象的学前一年的教育;英国则将保育学校的年龄范围定为2—5岁,小学起始年龄为5岁。

2. 幼儿园的教育区别于其他教育机构

首先,幼儿园根据幼儿的身心发展特点对其进行教育,而幼儿的身体与心理发展有别于其他年龄阶段的儿童,因此幼儿园教育区别于其他各级学校的教育。其次,幼儿园教育有别于其他类型的早教机构的教育,幼儿园的教育有自身的任务、目标、原则及教育活动的组织形式。另外,幼儿园又不同于其他以幼儿为对象的纯福利机构或慈善机构,幼儿园一般需要收取学费。

3. 幼儿园是幼儿公育的专门社会机构

如今,幼儿园已经成为很多国家的正规学校教育机构,成为各国国民教育体系的一部分。幼儿在幼儿园中通过与老师、同伴交往,获得有益的学习经验,掌握社会生活所必需的态度和能力。

一、幼儿园的性质

在我国,1903年,湖北巡抚端方在武昌创办幼稚园,并拟订了《湖北幼稚园开办章程》。清政府于1904年颁布《奏定学堂章程》,命名学前教育机构为蒙养院,湖北幼稚园遂改名为武昌蒙养院,也叫武昌模范小学蒙养院,这是我国最早的一所官办幼儿教育机构,招收3—7

岁的儿童,之后又在长沙、北京、上海相继成立了蒙养院。1919年,民国政府将蒙养院改为幼稚园,同时将其纳入学制,成为教育体系的组成部分。新中国成立后,中国由半殖民地半封建社会进入社会主义初级阶段,幼儿园及各类学校也成为社会主义性质的教育机构。1951年10月,政务院颁布《政务院关于改革学制的决定》,将幼儿园纳入学制系统,明确规定:"实施幼儿教育的组织为幼儿园。幼儿园收三足岁到七足岁的幼儿,使他们的身心在入小学前获得健全的发育。"从此我国幼儿园确立了作为社会主义学校教育机构的性质和学制系统第一环的地位。《规程》中有如下描述:"幼儿园是对3周岁以上学龄前幼儿实施保育和教育的机构,是基础教育的有机组成部分,是学校教育制度的基础阶段。"2001年国家教育部颁布的《幼儿园教育指导纲要(试行)》(以下简称《纲要》)中指出:"幼儿园是学前教育的主要教育机构之一。"

总的来说,我国幼儿园具有双重性质。

(一) 教育性

1. 从社会发展的角度看,幼儿园适应社会变革,培养现代化建设人才

幼儿是未来国家的主人,是社会主义现代化建设的接班人。3—6、7岁的学龄前儿童是建立正确的人生观、世界观和价值观的关键期。中国经历了几千年的沧桑演变,留传下来许多优良的教育传统,如集体主义教育、行为习惯教育、知识技能教育等。幼儿园根据中国国情,立足于我国社会变革的实际,在批判地继承我国幼教的传统经验、反映中国特色和中华民族悠久的历史文化传统的基础上,吸收国外优秀的教育研究成果,积极进行幼教改革,以发展具有中国特色的现代幼儿教育,这些均体现了幼儿园的教育性。

2. 从个体发展的角度看,幼儿园坚持保教结合,促进幼儿在体、智、德、美等方面全面发展

首先,现代社会的飞速发展已经使人们的生活进入了以知识和信息为生产力的时代。幼儿园也必然要从素质教育入手,以人为本,全面改革教育思想、教育内容、教育形式、教学方法,做到与时俱进,为幼儿一生的发展打下良好基础。俗话说"三岁看大,七岁看老",强调的是幼儿时期教育的重要性,因为良好的行为习惯的培养和生活经验的积累从幼儿时期就已经开始。其次,幼儿园作为一个幼儿交往的小社会,在这里孩子们慢慢地学会如何与人合作、分享、同情、安慰,学会遵守规则和秩序,体验与人交往的快乐。例如,在幼儿园中,幼儿要学会与其他小朋友分享玩具、图画书或食物,在游戏的过程中要学会与其他幼儿合作,学会如何去关心他人和体会同伴的感受,这些将为幼儿形成健全的人格奠定基础。正如一位诺贝尔奖获得者所说,人生中最重要的东西并非是在哪所大学和实验室中获得,人生中最重要的东西是在幼儿园学会的。

3. 从家园合作的角度看,能够弥补家庭教育的不足

《规程》中明确规定:"幼儿园应主动与幼儿家庭配合,帮助家长创设良好的家庭教育环境,向家长宣传科学保育、教育幼儿的知识,共同担负教育幼儿的任务。"《纲要》中也指出:"幼儿园应与家庭、社区密切合作,与小学相互衔接,综合利用各种教育资源,共同为幼儿的发展创造良好的条件。"家庭教育具有局限性,比如很多家长在教育理念、教育方法上存在问题;有些父母用简单粗暴的方式来"教育"孩子,有些父母则对孩子过度溺爱。幼儿园可以通过指导家长建立科学的幼儿教育观念,帮助家长掌握有效的教育方法,使家长在幼儿教育过程中和幼儿园基本保持一致。例如,幼儿园可以通过家长会、家访、举办儿童教育讲座

等多种方式与家长进行沟通。陈鹤琴先生就十分重视家庭和幼儿园的合作,他认为家庭教育和幼儿园教育不能脱节,幼儿园应帮助家长了解幼儿园的情况,提高家长的教育意识,主动和家长加强联系和合作,充分发挥家长在幼儿教育中的作用。

(二) 福利性

幼儿园为家长的工作和学习提供便利,具有福利性。陶行知在《幼稚园之新大陆》一文中指出:"最需要幼稚园的地方是什么?最欢迎幼稚园的地方是什么?幼稚园应当到而没有到的是什么地方?幼稚园还有什么新大陆可以发现?"他认为工厂和农村最需要幼稚园,工农大众妇女上工厂做工,要承受孩子留在家里无人照应的痛苦,但若带在身边,工厂的特殊环境又不利于儿童的生长发育。在他看来"倘使工厂附近有相当之幼稚园,必能增进儿童之幸福而减少精神上之痛苦,同时女工既不必心挂两头,手边又无拖累,则工作效率也增加好多。所以,为儿童教育计,为女工精神计,为工业出产效率计,这种工厂附近必须开办幼稚园。"同时,陶行知又认为农村也是最需要幼稚园的,他说:"农忙的时候,田家妇女们忙个不了,小孩子跟前跟后,真是麻烦。哥哥姐姐要帮忙操作,无暇陪伴弟妹玩耍,乡村小孩子就要缺乏照料。"因此,幼儿园作为一种社会公共育儿机构,不仅是一个教育机构,也是一个社会福利机构,为在园幼儿家长服务。

如今,在社会生活节奏逐步加快的时代,幼儿家长在工作和事业中支出了大部分的时间,幼儿的保育与教育成为许多家长的后顾之忧。这种情形在我国尤为突出,因此,如何适应社会的变化,满足家长对子女教育的要求,是幼儿园面临的任务之一。幼儿园对于幼儿的保育和教育,有助于解决家长参加工作、学习而无暇照顾子女的问题。因此,我国将解决"入园难""入园贵"的问题当做民生工程来抓。当下,幼儿园作为公共教育机构仍然存在很多问题,类似服务范围狭窄、机制不灵活的现状不能适应家长的需求。因此,在办园形式、管理制度、收托时间、保育范围、运作机制等各方面应更灵活、更方便,更能适应家长工作、学习、生活方面的特点,满足家长的需要。

【知识拓展6-1】 **幼儿园优质服务制度**

1. 家长因公出差,可与幼儿园取得联系,园内安排教师照顾孩子的生活起居。
2. 家长如因工作17:00点前不能赶回家,与园方联系后,幼儿园可延长服务时间。
3. 凡有气管炎或季节性易发病,不能吃鱼腥味食物,与保健老师联系后,幼儿园可安排营养菜,让孩子吃饱吃好。
4. 幼儿早晨未及时用餐者,家长与值班老师联系,幼儿园将开放教工餐厅,为幼儿提供早点服务。
5. 凡血色素不合格的孩子,幼儿园将及时与家长联系,并根据医院要求为孩子提供营养菜进行矫治,家园配合,尽可能地让孩子健康成长。
6. 幼儿在园突然生病,班主任与保健老师将及时把幼儿送去医院就诊,同时向领导汇报,与家长取得联系。
7. 孩子需继续吃药,家长将药品带到幼儿园交于卫生保健老师处,卫生保健老师负责按时给孩子吃药。
8. 孩子便溺在身,幼儿园及时帮助孩子换洗衣裤并及时与家长联系,保证孩子干干净净地离园。
9. 积极开展家庭教育指导活动,帮助家长创设良好的家庭教育环境,科学育儿。

10. 热情接待来访家长,解答家长提出的问题。

11. 依靠家长委员会定期听取家长意见和要求,不断改进服务工作,以满足家长的各种需要。

——摘自妈咪爱婴网

二、幼儿园的任务

《规程》中指出:"幼儿园的任务是实行保育与教育相结合的原则,对幼儿实施体、智、德、美诸方面全面发展的教育,促进其身心和谐发展。幼儿园同时为家长参加工作、学习提供便利条件。"

《纲要》中指出:"幼儿园教育是基础教育的重要组成部分,是我国学校教育和终身教育的奠基阶段。城乡各类幼儿园都应从实际出发,因地制宜地实施素质教育,为幼儿一生的发展打好基础。幼儿园应与家庭、社区密切合作,与小学相互衔接,综合利用各种教育资源,共同为幼儿的发展创造良好的条件。幼儿园应为幼儿提供健康、丰富的生活和活动环境,满足他们多方面发展的需要,使他们在快乐的童年生活中获得有益于身心发展的经验。幼儿园教育应尊重幼儿的人格和权利,尊重幼儿身心发展的规律和学习特点,以游戏为基本活动,保教并重,关注个别差异,促进每个幼儿富有个性地发展。"《纲要》在《规程》的基础上凸显了幼儿园在终身教育和儿童可持续发展方面的任务。

总而言之,我们可以把幼儿园的任务归结为以下两个方面:

首先,幼儿园作为学制教育的基础阶段,与其他各级各类学校一样,担负着保育、教育幼儿,使幼儿在体、智、德、美等方面得到全面发展,为社会主义现代化建设培养建设者和接班人的任务。

其次,幼儿园又是一种社会公共育儿机构,担负着其他学校教育机构所没有的为家长服务的特殊任务。

第二节　幼儿园教育目标与原则

一、幼儿园教育的概念与地位

(一)幼儿园教育的概念

我们首先分析教育和幼儿教育的概念。教育从广义上来讲,是一种人类社会所特有的,有目的、有意识进行的,以影响人的身心发展为直接目的的,培养人的社会活动。教育从狭义上来讲,即学校教育,学校教育是根据社会的要求对受教育者进行的一种目的性、系统性、组织性最强的教育活动,由专门的机构和专职人员承担。幼儿教育的概念也有广义和狭义之分:从广义上来讲,凡是以幼儿为对象的教育即幼儿教育;从狭义上来讲,幼儿教育指幼儿园教育。

幼儿园教育可以界定为根据国家的教育目标与任务,在教育行政部门的指导与监督下,结合社会的需求,由幼儿园实施的有目的、有计划、有组织的,以促进幼儿身心和谐发展为目的的活动。

（二）幼儿园教育的地位

幼儿园教育在整个学校教育体系中的地位可以归结为以下几点：

1. 幼儿园教育属于基础教育，是我国学校教育和终身教育的奠基阶段

幼儿园教育重视学习习惯、能力和兴趣的培养，强调幼儿自主学习，为幼儿进入小学做准备。另外，自20世纪80年代以来，终身教育已经成为各国教育改革与实践的新思潮，幼儿园教育应树立终身教育的理念，关注幼儿长远、可持续发展。

2. 幼儿园教育属于我国学校教育体系中的启蒙教育阶段

我国幼儿园的招收对象是幼儿，儿童入园年龄一般在3周岁左右。从世界范围来看，各国幼儿园教育对象的起始年龄不尽相同，但通常各国普通义务教育是从小学开始，例如我国小学教育的儿童入学年龄一般是7岁；而英国预备学校的入学年龄为5岁，幼儿教育年龄范围为2—5岁。日本许多幼儿园则只以5岁幼儿为教育对象。总体来讲，幼儿园教育属于早期教育，是儿童教育的启蒙阶段。

3. 幼儿园教育在我国目前不属于义务教育

针对幼儿园"入园难"，及目前我国幼儿园办学水平参差不齐，曾有人提出为提高学前教育办学质量，可将幼儿园教育纳入义务教育的范畴。近年来，地方两会期间，有人大代表就幼儿园纳入义务教育体系进行讨论并提出议案。幼儿园教育可否纳入义务教育、定性为义务教育的一部分，引发了社会的广泛讨论，多数人认为目前我国幼儿园教育相关法律法规尚不健全，并且受到各地经济发展状况不平衡等因素的制约，将幼儿园教育纳入义务教育的提议尚早，条件尚不具备。

【知识拓展6-2】 其他国家的幼儿园教育模式

中广网北京3月6日消息：据中国之声《全球华语广播网》报道，"入园难，入园贵"是如今很多家长的共同呼声，在两会上，有人大代表就建议"把学前教育纳入义务教育"。对于这一建议，有赞成的，也有反对的。

赞成的代表说，纳入义务教育意味着幼儿园教育免费，能遏制现在收费昂贵的私立民办学校，同时，增建公立幼儿园，减轻家长负担。反对的代表则提醒，"义务教育"除了免费性，还有强制性，幼儿园一旦强制化，"小孩就惨了"，强制化的幼儿园教育也许会和小学中学一样，剥夺了对小孩个性化教育的自由。

那么，世界其他国家的幼儿教育都有哪些模式呢？

美国：幼儿园分阶段，有义务教育、私立教育两种

美国幼儿园分两部分，大班是义务教育，大班前的学前教育由私立机构负责。美国义务教育一般是13年，在这13年中会包含一年幼儿园教育。美国一般实行的上幼儿园的规则是，不论孩子的家庭背景，都一律平等地就近入学。对于部分经济情况允许的家庭来说，父母如果不满意就近入学的学校教学质量，也可以去一些质量相对好一些的私立学校，这时费用就要自行支付。3到4岁的幼儿教育费用，根据各地的经济状况、发展水平，包括机构本身的差异，会有一定的区别，一般情况是在600美金到1 000美金之间。在美国，一般家庭会有两到三个孩子，这样算下来，每个月的支出大概要在两千美金左右，所以如果家庭收入确实比较低的话，孩子进行3到4岁或更早的学前教育也可以由州政府买单。

澳大利亚：幼儿园费用昂贵，全日制一年将近20万

澳大利亚幼儿园不是义务教育，价格让有些家长吃不消。由于澳大利亚有严格的教师孩子比例规定,在0到2岁时,4个孩子要有一个专门的老师看管,2到3岁时是5个孩子,而3到5岁时允许8个孩子配一个老师,这导致幼儿园成本居高不下,价格也就下不来了。在悉尼,中档次的幼儿园收费差不多在近100澳币一天,相当于650元人民币一天,如果孩子要全年全日制上幼儿园的话,价格差不多要达到人民币15到20万一年,虽然政府会通过发放福利补贴的形式来提供部分经费,但剩下的费用仍然让很多澳洲家长头痛不已。

日本:公立幼儿园根据家庭收入来收费

日本的幼儿园也按年龄分成两种学前教育模式。不过,日本的公立幼儿园根据家庭收入来收费,有钱的多交,没钱的少交。日本的学龄前儿童的教育和看护有两个不同的政府机构负责管理,一个是厚生劳动省管理从0岁到6岁入托的儿童福利设施托儿所,另一个是和小学、中学、大学一样,归文部科学省管理的从3岁开始上的幼儿园。托儿所和幼儿园都有私立和公立之分,公立的比较少,所以想进公立需要经过抽签或排队,公立的学费是按照家庭收入来计算的,收入非常低的家庭几乎不用负担学费,而收入高的家庭所交的学费就和私立的园费差不多了。比如,私立幼儿园一般从早上8点到下午2点,学费和饭费等是3万日元左右,相当于2千人民币,如果要延长时间还要另外交费,一个小时是十几元人民币。

——摘自中国广播网《世界眼光看中国》,2013年3月6日报道。

二、幼儿园教育目标

(一)制订幼儿园教育目标的意义

幼儿园教育目标对幼儿园教育的整体规划和教育活动的组织与实施起着根本性的指导作用,是幼儿园教育活动的出发点和归宿。幼儿园的一切教育活动都要为幼儿园教育目标服务。具体来讲,幼儿园教育目标的作用主要体现在以下几个方面:

1. 明确教育目标,有利于在幼儿教育阶段贯彻落实我国的教育目的

幼儿园教育以我国的教育目的为依据,结合幼儿身心发展的特点,选择适当的教育内容,采取适宜的方法与手段,对幼儿提出恰当的教育要求。"十年树木,百年树人",儿童的发展是阶段性与连续性的统一,教育目的的实现必然是长期的、连续的过程,前一阶段的教育是后一阶段教育的基础,后一阶段教育是前一阶段教育的继续。幼儿园教育是国民教育的基础阶段,对于国家和个人的发展都具有十分重要的意义。因此,明确幼儿园教育目标有利于实现我国的教育目的。

2. 明确教育目标,有利于在幼儿园教育过程中体现幼儿的主体地位

《纲要》中指出:"教育活动目标要以《幼儿园工作规程》和本《纲要》所提出的各领域目标为指导,结合本班幼儿的发展水平、经验和需要来确定。"幼儿园教育目标是根据幼儿的身心发展特点决定的,所以教师要从本班幼儿现有的发展水平出发,尊重幼儿的年龄阶段特点和兴趣来选择教育内容,运用方法时不能"一刀切",要考虑幼儿的个别差异,因材施教。幼儿园教育目标应尊重幼儿的身心发展规律,重视孩子健康生活习惯的养成,注重激发孩子的求知欲望、开发孩子的创造性思维、培养孩子良好的社会性行为习惯,还给孩子一个快乐的童年。这有利于教师在教育活动中摒弃传统的知识灌输和技能训练,关注幼儿多方面的发展,以幼儿为本,尊重幼儿学习的兴趣和能动性,采取多种形式相结合的教学方法,有目的、有计划地引导幼儿生动、活泼、主动地活动。

3. 明确教育目标,有助于增强教师组织教育活动的目的性和计划性

在明确教育目标的基础上,教师在制订具体的教育活动目标的过程中,需要对整个教育活动的内容、方法和实施过程进行思考、优化。例如,教师在组织语言教育活动的过程中,根据教育目标,应该培养幼儿与人谈话、交流的兴趣,因此教师应该在活动中为每个儿童提供自由的表达机会,让幼儿讲述自己看到了什么、听到了什么或者生活中发生的故事;教师还应该培养幼儿注意倾听并能理解对方的话,因此教师如果发现在教学过程中,有些幼儿经常打断别人的发言,只顾自己表达,这就需要幼儿教师及时给予纠正;教师应培养幼儿能清楚地说出自己想说的事,因此在幼儿发言或表达自己的观点时,教师可以采用"主题式活动法",让幼儿围绕一个大家彼此都感兴趣的主题与他人交流,并且教给幼儿一些表达技巧,比如要求幼儿在发言时以这样的话开头:"我今天想要说的是……";教师应引导幼儿喜欢听故事、看图书,因此教师在教学过程中可以通过图画书、录音带等作为辅助进行教学。在明确教育目标的前提下,教师的教育目标意识和组织教育活动的目的性与计划性逐步增强,这样才能够让教师通过多样的教育活动有效地引导幼儿全面发展。

4. 明确教育目标,有利于帮助幼儿教师对教育活动结果进行比较客观、全面的评价

具体的教育活动离不开教育目标,否则就无法科学地评价一次活动。教师在组织教育活动之前,都是参照教育活动目标进行设计的,在教育活动目标的确定阶段就已经考虑到评价问题。教育目标既是评定幼儿学习与发展是否达到标准的客观依据,也是衡量一堂教育活动课成功与否的客观尺度。明确的目标可避免教育评价的主观性、片面性。例如,在美术教育活动中,如果将教育活动目标表述为"训练幼儿的绘画技法",那么非常可能带来评价中的问题:有人会认为重点应该是教会并指导幼儿熟练地运用绘画技巧。教学中,错误或者不明确的教学活动目标有可能导致教育活动的结果与教育目标南辕北辙。比如有些教师过分注重幼儿美术的技能训练,习惯以绘画技法的成熟与否来评价一幅画的好坏,而忽略了幼儿的身心发展与认知事物的关系,用幼儿是否能够熟练运用技巧来评价教学活动,忽视了幼儿自身需要的满足和兴趣的培养,扼杀了幼儿丰富的想象力和创造力。

5. 明确幼儿园教育目标,有利于解决幼儿园"小学化"的问题

以我国教育目的为依据,结合幼儿身心发展的特点制订幼儿教育的目标,在实践中可以防止和克服幼儿教育小学化、成人化的现象。在我国,幼儿园教育"小学化"的情况比较普遍,很多幼儿园的教学内容和教学方式都存在"小学化"倾向。有些幼儿园甚至组织考试、布置沉重的家庭作业,过早地让幼儿承受应试教育的压力,失去了自由游戏的空间和健康、轻松的心理状态。因此,明确教育目标有助于帮助教师在教育教学过程中遵循幼儿的身心发展规律,循序渐进地对幼儿进行教育。

(二)制订幼儿园教育目标的依据和应注意的问题

幼儿园教育目标的制订必须反映我国的教育目的,为幼儿园教育活动的设计与实施、内容的选取、教育教学方法的运用提供基本的依据。同时,幼儿园教育目标规定了幼儿教育活动的预期效果,同时作为评价幼儿园教育质量的基本标准。因此,具备明确的幼儿园教育目标才能够保证幼儿教育活动过程科学、效果理想,全面而有效地促进幼儿的身心健康发展。我国幼儿园教育目标制订的依据主要有以下三个方面:

1. 我国幼儿园教育目标的制订应适应社会发展的客观要求

幼儿园教育具有社会属性,要培养社会主义事业的建设者和接班人,造就一代新人,把人类历史上积累的知识、经验、技能、思维方式、精神文明、优良素质、民族传统等,有计划、有

组织、有目的地传播给下一代,培养为社会服务的人。社会在不同的发展阶段,对新一代人应具备的素质要求是不同的。20世纪50年代初,我国社会要求幼儿园在教养幼儿的同时为生产建设服务;20世纪70年代末、80年代初,国家明确规定培养"四有""三热爱""两精神"的一代新人,我国的幼儿园教育适应"四个现代化"建设的要求,为社会"多出人才、快出人才、出好人才";20世纪80年代至20世纪末,幼教改革不断深入,社会的发展要求丰富幼儿知识、经验的同时,注重开发智力和才能、培养良好个性、发展社会性品质和适应能力;21世纪以来,社会的发展要求进一步深化幼儿园教育改革、全面推进素质教育,培养幼儿的创新精神和实践能力。

2. 我国幼儿园教育目标的制订应依据幼儿教育的启蒙性质

幼儿园教育是启蒙教育,是为幼儿进入小学打基础的重要阶段。幼儿园教育活动的内容应围绕幼儿的生活经验,选择有代表性的、具体形象的、浅显易懂的自然知识和社会知识,培养幼儿探索世界的兴趣。在教育方法的运用上,幼儿园教育应形象、具体、直观、生动活泼、动静结合。幼儿园教育区别于小学教育,应防止小学化或成人化倾向,应坚持在幼儿教育启蒙性质的基础上确立教育目标。

3. 我国幼儿园教育目标的制订应依据幼儿的身心发展规律和要求

3~6、7岁的儿童处于认知、情感和行为发展的关键期,在这一时期,促进幼儿身心全面、和谐发展是幼儿园教育的重要任务。幼儿身心发展既有连续性,又有阶段性。因此,如果对幼儿提出过高或过低的教育要求,都有违幼儿的身心发展规律,达不到促进幼儿身心全面、和谐发展的目的。所以,制订教育目标必须尊重幼儿的"最近发展区",以幼儿身心发展的客观规律和要求为依据。

幼儿园教育目标的制订应注意以下两个问题:

首先,幼儿园教育目标涵盖的内容要全面。幼儿园的教育目标的实现是将其内容逐步、层层具体化的过程,在任何一个层次都应该保证教育目标的完整性、全面性,应涵盖幼儿全面发展的各个方面和每个方面的全部内容。

其次,幼儿园教育目标应体现连续性和一致性。幼儿园教育目标的实现不是一蹴而就的,是一个由不同阶段组成的、长期的过程。幼儿的心理发展具有阶段性和连续性,因此,每个阶段性目标之间要互相衔接、协调一致,使每一个具体目标的实现都成为实现上层目标的有效环节,最终实现总目标。

(三)幼儿园教育目标的结构体系和内容

结构是功能的保证,预期教育目标是通过目标结构及其整、分、合的运转过程而实现的。我国幼儿园教育目标的结构是在国家幼儿教育总目标的宏观指导下的各层次目标有机结合的完整系统。

幼儿园的教育目标按照目标的范围可以划分为以下的结构体系(图6-1):

1. 幼儿园教育总目标

根据《教育法》中的规定,我国的教育目的是"培养德、智、体等方面全面发展的社会主义事业的建设者和接班人。"在幼儿阶段,这一目的表现为"对幼儿实施体、智、德、美诸方面全面发展的教育,促进其身心和谐发展。"《规程》中第一章第三条明确规定:"对幼儿实施体、智、德、美诸方面全面发展的教育,促进其身心和谐发展。"该条规定以"任务"的形式做了这一概括性的表达,将目标包含到任务中,把侧重点放在了目标的实现上;该章的第五条提出了幼儿园体、智、德、美教育各方面的具体目标,对幼儿园教育目标的内容做出了较详细的规定,体现了国家对新一代要求的总方向。

《规程》中规定,幼儿园保育和教育的主要目标是:

(1) 促进幼儿身体正常发育和机能的协调发展,增强体质,培养良好的生活习惯、卫生习惯和参加体育活动的兴趣。

(2) 发展幼儿智力,培养正确运用感官和运用语言交往的基本能力,增进对环境的认识,培养有益的兴趣和求知欲望,培养初步的动手能力。

(3) 萌发幼儿爱家乡、爱祖国、爱集体、爱劳动、爱科学的情感,培养诚实、自信、好问、友爱、勇敢、爱护公物、克服困难、讲礼貌、守纪律等良好的品德行为和习惯,以及活泼、开朗的性格。

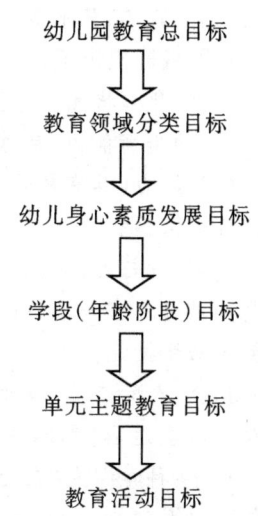

图 6-1 幼儿园教育目标结构体系一

(4) 培养幼儿初步的感受美和表现美的情趣和能力。

《纲要》中明确指出,"幼儿园教育应当贯彻国家的教育方针,坚持保育与教育相结合的原则,对幼儿实施体、智、德、美诸方面全面发展的教育"。

在人的素质发展的顺序结构上,《规程》和《纲要》同时强调在幼儿园教育阶段应把"体"放在首位,有别于其他阶段德、智、体、美的顺序,这充分考虑了幼儿身心发展的年龄特点。幼儿园教育的总目标以体、智、德、美四个方面的内容为主,我们应当注意的是,幼儿园教育的目标当中还包括现代社会需求的幼儿其他素质发展的内容,例如,发展幼儿与他人友好相处的交际能力、自律能力、创造性思维和创新精神、环保意识以及对环境的适应能力等。

2. 教育领域分类目标

《纲要》按照幼儿学习活动的范畴将幼儿园教育的内容相对划分为健康、语言、社会、科学、艺术五个领域,每一个领域都有相应的教育目标:

(1) 健康:身体健康,在集体生活中情绪安定、愉快;生活、卫生习惯良好,有基本的生活自理能力;知道必要的安全保健常识,学习保护自己;喜欢参加体育活动,动作协调、灵活。

(2) 语言:乐意与人交谈,讲话礼貌;注意倾听对方讲话,能理解日常用语;能清楚地说出自己想说的事;喜欢听故事、看图书;能听懂和会说普通话。

(3) 社会:能主动地参与各项活动,有自信心;乐意与人交往,学习互助、合作和分享,有同情心;理解并遵守日常生活中基本的社会行为规则;能努力做好力所能及的事,不怕困难,有初步的责任感;爱父母长辈、老师和同伴,爱集体、爱家乡、爱祖国。

(4) 科学:对周围的事物、现象感兴趣,有好奇心和求知欲;能运用各种感官,动手动脑,探究问题;能用适当的方式表达、交流探索的过程和结果;能从生活和游戏中感受事物的数量关系并体验到数学的重要和有趣;爱护动植物,关心周围环境,亲近大自然,珍惜自然资源,有初步的环保意识。

(5) 艺术:能初步感受并喜爱环境、生活和艺术中的美;喜欢参加艺术活动,并能大胆地表现自己的情感和体验;能用自己喜欢的方式进行艺术表现活动。

教育部 2012 年 10 月发布的《3—6 岁儿童学习与发展指南》(以下简称《指南》)从健

康、语言、社会、科学、艺术等五个领域,分别对3—4岁、4—5岁、5—6岁三个年龄段幼儿应该达到的发展目标提出了合理期望。具体目标包括以下内容:

(1)健康:身心状况(具有健康的体态,情绪安定愉快,具有一定的适应能力);动作发展(具有一定的平衡能力,动作协调、灵敏,具有一定的力量和耐力,手的动作灵活协调);生活习惯与生活能力(具有良好的生活与卫生习惯,具有基本的生活自理能力,具备基本的安全知识和自我保护能力)。

(2)语言:听与说(认真听并能听懂常用语言,愿意讲话并能清楚地表达,具有文明的语言习惯);阅读和书写准备(喜欢听故事、看图书,具有初步的阅读理解能力,具有书面表达的愿望和初步技能)。

(3)社会:人际交往(喜欢交往,能与同伴友好相处,具有自尊、自信、自主的表现,关心尊重他人);社会适应(喜欢并适应群体生活,遵守基本的行为规范,具有初步的归属感)。

(4)科学:科学探究(亲近自然、喜欢探究,具有初步的探究能力,在探究中认识周围事物和现象);数学认知(初步感知生活中数学的有用和有趣,感知和理解数、量及数量关系,感知形状与空间关系)。

(5)艺术:感受与欣赏(喜欢自然界与生活中美的事物,喜欢欣赏多种多样的艺术形式和作品);表现与创造(喜欢进行艺术活动并大胆表现,具有初步的艺术表现与创造能力)。

3.幼儿身心素质发展目标

身心素质是身体素质和心理素质的合称。幼儿身体素质通常指的是幼儿肌肉活动的基本能力,是各器官系统的机能在肌肉工作中的综合反映。幼儿身体素质体现出个体在身体运动中的机能水平,反映了神经系统对肌肉活动的控制、调节能力(平衡能力、协调能力和灵敏性等)和肌肉组织及心肺系统的功能状况(力量、耐力等)。幼儿心理素质同样是幼儿的整体素质的重要组成部分,包括认识能力、情绪和情感品质、意志品质、气质和性格等诸方面。

幼儿期是幼儿身体发育心理发展的关键期。促进幼儿身心素质综合发展,不仅关系到幼儿时期,也将会对其未来的发展产生重要而深远的影响。幼儿身心素质的发展领域,应包括身体发育与体质、知识与经验、动作与技能、智力与才能、个性与社会性品质等五个方面,幼儿身心素质发展目标即在这五个方面幼儿应达到的具体发展规格。只有根据规定的教育内容和要求,从身心素质的各个方面入手,保教结合,实施全面发展教育,才能使幼儿的身心发展达到预期的教育目标,实现幼儿整体素质发展的最终目的。

4.学段(年龄阶段)目标

幼儿的身心发展具有阶段性和连续性,不同年龄阶段的幼儿有着不同的身心发展特点,因此幼儿园教育目标的制订也应该是一个循序渐进、螺旋上升的过程,根据不同年龄阶段幼儿的身心发展特点,制订不同的学段目标。

【知识拓展6-3】 天津市《幼儿园教育指导纲要(实施细则)》中关于学段目标的内容

在天津市《幼儿园教育指导纲要(实施细则)》中,在规定了各领域总的教育目标之后,又根据不同年龄阶段幼儿的发展特点提出了具体的教育目标。

例如,在"社会"领域提出:

2—3岁:愿意来幼儿园,亲近老师,能随老师、同伴一起游戏、活动;知道自己的姓名、年龄,认识班里的老师及小朋友;乐意与熟悉的人打招呼,喜欢和同伴在一起;学习选择自己喜欢的玩具、材料和活动;有自己做事的愿望,在成人帮助下尝试生活自理。

3—4岁:能参加自己喜欢的集体活动,体验老师对自己的爱,对老师、同伴产生亲近感;知道自己是幼儿园的小朋友,认识同伴、教师,并愿意在成人和同伴面前展示自己的活动和作品;能有礼貌地与人打招呼、求助及表示感谢。在成人启示下能有安慰、关心、帮助他人的行为,尊敬父母、长辈;能按自己的意愿选择玩具、材料和活动;愿意做自己能做的事,不依赖成人;在游戏中,懂得爱护玩具,学习收拾玩具和日常用品;在生活中,了解、学习遵守一些基本规则。

4—5岁:乐于参与集体活动,体验与老师、同伴共处的快乐,喜欢老师、小朋友;知道自己的兴趣和能力,积极参与活动,体验成功。感受他人的尊重和信任,对感到不合理的要求,敢于提出不同的意见;喜欢与他人交流,学习轮流、分享、商量、结伴等交往策略,愿意与同伴分享快乐。在交往中能表达自己的爱好和想法,并能帮助遇到困难的同伴;在自由活动中能按自己的意愿选择、学习计划活动;愿意为自己、他人和集体做力所能及的事;在游戏和生活中能爱护玩具和用品,知道爱护公物;通过结果反馈、讨论等方式,理解生活、游戏等规则与自己的关系,遵守规则,学习控制自己的情绪和行为;了解自己的亲人以及与自己有关的各行各业人的劳动与自己的关系,尊重他们的劳动;爱父母、长辈;在生活中理解、感受社区及天津的著名设施、景观,参与一些传统节日活动,实际感受和体验家乡的美好,并结合生活感知我国的民间艺术及传统文化精品;在生活中愿意了解其他国家的事,知道世界上有许多国家。

5—6岁:知道自己是集体中的一员,积极参与集体活动、小组讨论,感受集体活动的乐趣和集体的力量;学习评价自己和同伴,具有接纳自己、欣赏他人的态度。能感到自己在教师、同伴心目中的地位,对不公平的对待能提出申辩。乐于尝试新的、具有挑战性的活动,表现得自信;在活动中,愿意与人合作,能分工、协商、配合,共同解决问题,分享成功,并能觉察他人的情绪,尊重他人的需要,形成初步的合作意识。能同情、关心有困难的人,初步体验帮助别人的快乐;能自主地选择和计划活动,并努力实践自己的想法。学习独立思考,尝试解决问题的方法,不轻易放弃,体验成功的快乐;能独立完成力所能及的事,喜欢参与成人劳动,并乐于为集体做事,认真地完成任务,有初步的责任感;在生活、活动中能爱护物品和公共环境;在生活中体验、理解社会行为规则的重要,乐于参与制定有关的生活、游戏和活动规则,遵守集体规则,学习自律,形成初步的规则意识;在日常生活中了解父母、老师对自己付出的劳动,愿意以自己喜欢的方式表达爱心。接触不同职业的人,了解他们劳动的社会意义,尊敬他们并爱惜劳动成果;在参观、游览、远足等活动中,感受天津的变化。了解重大、传统节日,在庆祝活动中体验节日的快乐,感受祖国文化的丰富与优秀,并关注感兴趣的社会事件;在实际生活中,初步了解我国各民族的风俗习惯以及世界优秀文化,初步感受人类文化的多样性,逐步形成理解、尊重、平等的态度及多元文化的意识。

——摘自天津市教育委员会,《幼儿园教育指导纲要(实施细则)》。

《指南》在分析比较13个国家早期儿童学习与发展指南的相关内容,广泛征求幼儿园园长、教师和家长的意见,并在全国东中西部抽取3 600名幼儿及其家长作为测查对象的基础上,分别对3—4岁、4—5岁、5—6岁三个年龄段的幼儿应该知道什么、能做什么、大致可以达到什么发展水平提出了合理期望。目标的制订以五大领域为维度,每个领域按照幼儿学习与发展最基本、最重要的内容划分为若干方面,包括32个学习与发展目标和87条教育建议。《指南》涵盖了不同年龄阶段幼儿发展的各个方面,为幼儿园教师组织教育活动提供了帮助,为幼儿园学段教育目标的制订提供了参照标准。

例如,《指南》健康领域,首先明确了健康的概念:"是指人在身体、心理和社会适应方面的良好状态",提出"发育良好的身体、愉快的情绪、强健的体质、协调的动作、良好的生活习惯和基本生活能力是幼儿身心健康的重要标志"。然后分别为3—4岁、4—5岁、5—6岁三个年龄段的幼儿制订了发展目标。健康的第一部分内容"身心状况"包括幼儿身体和心理两个方面的发展状况,从幼儿体态发育、情绪表现和适应能力三个维度提出了三个不同年龄阶段的幼儿需要学习与发展的具体目标:

目标1　具有健康的体态

3—4岁:身高和体重适宜。(参考标准:男孩身高94.9~111.7厘米,体重12.7~21.2公斤;女孩身高94.1~111.3厘米,体重12.3~21.5公斤);在提醒下,能自然坐直、站直。

4—5岁:身高和体重适宜。(参考标准:男孩身高100.7~119.2厘米,体重14.1~24.2公斤;女孩身高99.9~118.9厘米,体重13.7~24.9公斤);在提醒下,能保持正确的站、坐和行走姿势。

5—6岁:身高和体重适宜。(参考标准:男孩身高106.1~125.8厘米,体重15.9~27.1公斤;女孩身高104.9~125.4厘米,体重15.3~27.8公斤);经常保持正确的站、坐和行走姿势。

幼儿阶段正处于身体机能发育与形态发展的重要时期,也是身体姿势形成的重要时期。《指南》围绕该目标,从营养与健康的膳食供给、桌椅和床的卫生要求、睡眠时间的保证、定期的健康检查以及正确身体姿势的培养等方面对三个年龄阶段的幼儿提出了较为全面的教育要求。为幼儿园的教育提供了非常明确的工作方向,具有较强的针对性和指导性。其中,身高和体重是评价幼儿生长发育状况最常用、最重要的指标,它在一定程度上反映了幼儿身体发育的基本特征和幼儿的营养状况,因此,《指南》为每个年龄阶段的幼儿都规定了身高和体重的参考标准。另外,《指南》强调在幼儿园教育中应关注幼儿是否保持正确的坐姿、站姿和行走姿势,这往往是有些教师容易忽视的问题。不正确的坐姿、站姿和行走姿势对幼儿的健康发展十分不利,例如幼儿在进餐,或进行其他学习活动时,若长时间保持错误的姿势,容易造成幼儿耸肩、弯腰驼背等问题,若长时间得不到纠正,甚至会导致幼儿脊柱弯曲及身体其他部位的异变。

目标2　情绪安定愉快

3—4岁:情绪比较稳定,很少因一点小事哭闹不止;不高兴时能听从成人的哄劝,较快地平静下来。

4—5岁:经常保持愉快的情绪,不高兴时能较快缓解;需要不能满足时能够接受解释,不乱发脾气;愿意把自己的情绪告诉亲近的人,一起分享快乐或求得安慰。

5—6岁:经常保持愉快的情绪。知道引起自己某种消极情绪的原因,能努力化解;表达情绪的方式比较适度,不乱发脾气;能随着活动的需要较快地转换情绪和注意。

安定、愉快的情绪表现是心理健康的重要标志之一,尤其对于幼儿来说,安定、愉快的情绪有助于维护其身心健康、促进其良好的社会行为和个性的发展。针对该目标,《指南》依据不同年龄阶段幼儿的情绪特点与发展需要,从幼儿稳定情绪、保持愉快情绪、适度表达和调节情绪等方面提出了具体的发展目标。例如,初入园的小班幼儿因为与亲人分离以及对环境感到陌生,容易产生焦虑、紧张、伤心、害怕等不良情绪,《指南》中针对3—4岁的小班幼儿提出"情绪比较稳定,很少因一点小事哭闹不止;不高兴时能听从成人的哄劝,较快地平静下来"的发展目标,这要求教师要帮助幼儿缓解入园焦虑,给予他们关爱,及时通过丰富有趣的活动转移幼儿的注意力,使他们体验到幼儿园生活与学习的快乐。

目标3　具有一定的适应能力

3—4岁:能在较热或较冷的户外环境中活动;换新环境时情绪能较快稳定,睡眠、饮食基本正常;在帮助下能较快适应集体生活。

4—5岁:能在较热或较冷的户外环境中连续活动半小时左右;换新环境时较少出现身体不适;能较快适应人际环境中发生的变化,如换了新老师能较快适应。

5—6岁:能在较热或较冷的户外环境中连续活动不少于半小时;天气变化时较少感冒,能适应车、船等交通工具造成的轻微颠簸;能较快融入新的人际关系环境,如换了新的幼儿园或班级能较快适应。

人的适应能力既体现在身体对自然环境的适应上,又体现在对社会环境的适应上。因此,《指南》根据幼儿的年龄特点,从人体对自然环境(室内外温度、天气冷热及其变化等)和社会环境(日常交通工具、人际关系变化等)两个方面提出了幼儿学习与发展的具体目标。其中幼儿对于社会环境变化的适应能力的发展目标还包含在《指南》的"社会"领域中。针对不同年龄阶段的幼儿,《指南》规定了幼儿的户外活动时间,有利于指导幼儿园明确幼儿适应能力发展的目标,开展多种室内外游戏活动,充分锻炼幼儿适应生活环境变化的能力。

《指南》在健康领域的第二个部分——"动作发展"中,提出了"具有一定的平衡能力,动作协调、灵敏""具有一定的力量和耐力"及"手的动作灵活协调"的发展目标。

目标1　具有一定的平衡能力,动作协调、灵敏

3—4岁:能沿地面直线或在较窄的低矮物体上走一段距离;能双脚灵活交替上下楼梯;能身体平稳地双脚连续向前跳;四散跑时能躲避他人的碰撞;能双手向上抛球。

4—5岁:能在较窄的低矮物体上平稳地走一段距离;能以匍匐、膝盖悬空等多种方式钻爬;能助跑跨跳过一定距离,或助跑跨跳过一定高度的物体;能连续自抛自接球。

5—6岁:能在斜坡、荡桥和有一定间隔的物体上较平稳地行走;能以手脚并用的方式安全地爬攀登架、网等;能连续跳绳;能躲避他人滚过来的球或扔过来的沙包;能连续拍球。

幼儿园教育以各种活动为主,动静结合,离不开需要幼儿通过肢体运动来完成的游戏活动,而平衡能力是幼儿完成各种身体动作的前提。《指南》针对不同年龄阶段的幼儿在进行多种多样的活动(走、跑、攀登、拍球等)的过程中应达到的平衡能力提出了不同的要求。这有助于幼儿园在教育过程中,关注幼儿在平衡能力上面的发展,使各年龄段的幼儿身体保持在平稳、安全的状态下进行各种活动。

目标2　具有一定的力量和耐力

3—4岁:能双手抓杠悬空吊起10秒左右;能单手将沙包向前投掷2米左右;能单脚连续向前跳2米左右;能快跑15米左右;能行走1公里左右(途中可适当歇歇、停停)。

4—5岁:能双手抓杠悬空吊起15秒左右;能单手将沙包向前投掷4米左右;能单脚连续向前跳5米左右;能快跑20米左右;能连续行走1.5公里左右(途中可适当停歇)。

5—6岁:能双手抓杠悬空吊起20秒左右;能单手将沙包向前投掷5米左右;能单脚连续向前跳8米左右;能快跑25米左右;能连续行走1.5公里以上(途中可适当停歇)。

力量是幼儿发展站立、行走、奔跑、跳跃、攀登、搬运等动作的基础,而耐力体现了幼儿心肺功能的健康状况。《指南》中通过对于幼儿双手抓杠悬吊时间、单手投掷沙包距离、单脚连续前跳、快跑和连续行走距离进行了规定,随着幼儿年龄的增长,不断调整幼儿应达到的目标。

目标3　手的动作灵活协调

3—4岁:能用笔涂涂画画;能熟练地用勺子吃饭;能用剪刀沿直线剪,边线基本吻合。

4—5岁:能边线较直地画出简单图形,或能边线基本对齐地折纸;能用筷子吃饭;能沿轮廓线剪出由直线构成的简单图形,边线吻合。

5—6岁:能根据需要画出图形,线条基本平滑;能熟练使用筷子;能沿轮廓线剪出由曲线构成的简单图形,边线吻合且平滑;能使用简单的劳动工具或用具。

幼儿学习的过程离不开操作,而操作是幼儿通过手的动作来完成的。手的动作属于精细动作,需要视觉、触觉、动觉及感知觉之间的相互协调。《指南》对幼儿使用学习和生活工具中展现的手的动作发展水平提出了具体的发展目标。随着年龄的增长,幼儿的手部动作越来越多、越来越精细,操作技能不断提高。操作活动为幼儿积累使用工具的方法和经验的同时,促进了幼儿思维与智能发展。

幼儿的身心健康离不开良好的生活习惯与生活能力,在健康领域的第三部分,《指南》从培养幼儿"良好的生活与卫生习惯""基本的生活自理能力"和"基本的安全知识和自我保护能力"三个方面,对不同年龄阶段的幼儿提出了具体的发展目标:

目标1　具备良好的生活与卫生习惯

3—4岁:在提醒下,按时睡觉和起床,并能坚持午睡;喜欢参加体育活动;在引导下不偏食、挑食。喜欢吃瓜果、蔬菜等新鲜食品;愿意饮用白开水,不贪喝饮料;不用脏手揉眼睛,连续看电视不超过15分钟;在提醒下,每天早晚刷牙。

4—5岁:每天按时睡觉和起床,并能坚持午睡;喜欢参加体育活动;不偏食、挑食,不暴饮暴食。喜欢吃瓜果、蔬菜等新鲜食品;常喝白开水,不贪喝饮料;知道保护眼睛,不在过强或过暗的地方看书,连续看电视不超过20分钟;每天早晚刷牙且方法基本正确。

5—6岁:养成每天按时睡觉和起床的习惯;能主动参加体育活动;吃东西时细嚼慢咽;主动饮用白开水,不贪喝饮料;主动保护眼睛。不在过强或过暗的地方看书,连续看电视不超过30分钟;每天早晚主动刷牙,方法正确。

目标2　具有基本的生活自理能力

3—4岁:在提醒下,饭前便后能洗手;在帮助下能穿脱衣服或鞋袜;能将玩具和图书放回原处。

4—5岁:饭前便后能主动洗手,方法正确;能自己穿脱衣服、鞋袜、扣纽扣;能整理自己的物品。

5—6岁:能根据冷热增减衣服;会自己系鞋带;能按类别整理好自己的物品。

幼儿随着年龄增长,需要逐步养成良好的生活、卫生习惯和基本的生活自理能力。成人需要培养幼儿用健康的方式来从事各种活动,才能有效地保护幼儿的健康。因此,《指南》从睡眠、饮食以及生活习惯的其他方面具体地规定了不同年龄阶段的幼儿应该养成的生活习惯以及应该掌握的生活技能。

目标3　具备基本的安全知识和自我保护能力

3—4岁：不跟陌生人走，不吃陌生人给的东西；在提醒下能注意安全，不做危险的事；在公共场所走失时，能向警察或有关人员说出自己的名字、家庭地址、家长的名字或电话号码。

4—5岁：在公共场合不远离成人的视线单独活动；认识常见的安全标志，能遵守安全规则；运动时能主动躲避危险；知道简单的求助方式。

5—6岁：未经大人允许不给陌生人开门；能自觉遵守基本的安全规则和交通规则；运动时能避免给他人造成危险；知道一些基本的防灾知识。

近年来，幼儿意外伤害事件层出不穷，幼儿的安全教育逐渐引起各地幼儿园的重视，加强幼儿的安全意识、提高幼儿的自我保护能力是预防此类事件发生的重要手段。《指南》对不同年龄阶段的幼儿提出了不同的发展目标，旨在从根本上保护幼儿的身心健康与生命安全。

【知识拓展6-4】 中班安全教育活动方案举例

中班安全教育活动：《我在这儿》

目标：

1. 教育幼儿遇到危险或紧急情况时，可以采取大声喊叫的方式，以便及时得到帮助。
2. 培养幼儿的自我保护意识和能力。

准备：

1. 狐狸、母鸡头饰各一个；小鸡头饰每名幼儿一个。
2. 请两位大班幼儿排演好游戏角色。

过程：

1. 设置游戏情境，让幼儿初步感知体验。

教师扮鸡妈妈，幼儿扮小鸡，在草地上捉虫子吃，"小黄鸡"（一名大班幼儿）说："妈妈，我口渴了。"鸡妈妈去为小鸡找水喝，离开了小鸡（站在门口观察）。这时，一只狐狸（一名大班幼儿）出现了，要抓小鸡，小鸡们四处躲闪。小黄鸡大声叫起来："妈妈，快救救我们，我们在这儿。"鸡妈妈听见小鸡的呼叫，马上冲进来，赶走了狐狸，大家高兴地拍起手来。

2. 和幼儿一起回忆交流游戏场景。

（1）刚才狐狸要抓小鸡时，小黄鸡想了什么办法？

（2）小黄鸡为什么要喊妈妈？它是怎样喊的？还可以怎么喊？

3. 组织幼儿讨论遇到危险时应该怎么办。

（1）当我们玩玩具时，被玩具卡住或从玩具上摔下来怎么办？

（2）当我们在房间或阳台上玩，别人不知道，门被锁住怎么办？

（3）当陌生人给你吃东西，要把你带走怎么办？

小结：我们在遇到危险时不要害怕，可以大声喊叫呼救，在幼儿园可以叫老师或小朋友；在家里可以叫爸爸、妈妈。在外面可以叫路人叔叔、阿姨。当小朋友发现别人遇到危险时，应该赶紧告诉大人。

——摘自幼儿学习网

5. 单元主题教育目标

主题目标强调幼儿的主动体验式、创造性学习，尊重幼儿学习的主体性。在幼儿园教育过程中，采用单元主题教育是根据幼儿的发展水平，确立若干个主题，以主题为线索，开发和重组相关的教育内容进行教育的过程。单元主题教育按照教育需求把各学段规定的多领域的教育内容整合起来,并制订相应的、具有针对性的主题教育目标。单元主题目标包括在主题教育过程中幼儿应获得的知识、经验、技能、方法、智力、个性以及社会性品质等要求。

【知识拓展6-5】 小班上学期健康领域主题教育活动

一、主题解读

小班新生刚刚从家庭进入幼儿园,将会面临分离的焦虑、生活习惯的改变、独立应对陌生的环境等各种各样的困难与挑战,因此,我们从情绪、情感入手,为幼儿创设充满爱与温馨的环境,开展丰富多彩的游戏活动,帮助幼儿逐步喜欢并适应集体生活。依据《幼儿园教育指导纲要(试行)》,健康领域的教育目标,九月以"我爱我的幼儿园"为大主题,设置了"幼儿园里真快乐""健康宝宝不挑食""排排队,慢慢走""危险的事情我不做"四个小主题。幼儿通过这些主题活动能够体验集体生活的乐趣,初步形成不挑食、不偏食的良好饮食习惯,初步学会自我保护的技能,喜欢参加体育活动并学会正确的站姿和行走姿势等。

二、预期效果

(一)知识技能目标

1. 了解幼儿园环境,熟悉所在班级和经常活动的场所的名称与位置。
2. 认识并说出班级老师及小朋友的名字,喜欢和小朋友一起游戏。
3. 喜欢幼儿园的饮食,知道健康宝宝不偏食、不挑食。
4. 了解幼儿园中容易发生危险的地方,初步形成自我保护意识,学会躲避危险的技能。
5. 喜欢参加体育活动,学会正确的坐卧站立及行走姿势。

(二)素养目标

1. 初步形成调节、控制自己情绪的方式方法。
2. 在幼儿园集体生活过程中,逐步获得适应新环境的能力。
3. 学会欣赏并享受幼儿园的美味。

——摘自《幼儿视听互动探索资源·教师用书(3~4岁上)》"健康"部分,霍力岩主编,接力出版社,2012年12月出版。

6. 教育活动目标

教育活动目标指引教育活动的开展,并贯穿教育活动过程的始终,同时制约着教育活动的质量。具体的教育活动目标是对于幼儿在活动中学习任务与发展结果的预期和设定。幼儿园教育目标最终都要落实到一个个的具体教育活动中来实现,教育活动目标比主题教育目标更突出针对性、活动性和可操作性。在设计教育活动目标时,应首先考虑幼儿的发展实际和能力水平,另外教育活动目标还需要强调幼儿的全面发展。美国教育家布鲁姆将教育目标分成认知、动作技能(行为)和情感体验三个维度,在设计教育活动目的时可以参照这三个维度来进行。

例如,在"知识拓展6-5"中提到的"小班上学期健康领域主题教育活动",其中包括"幼儿园里真快乐""健康宝宝不挑食""排排队,慢慢走""危险的事情我不做"四个具体的教育活动,每个教育活动又有各自的教育目标。

"幼儿园里真快乐"活动目标:

- 情绪稳定,产生对幼儿园、老师、同伴的亲近感,能够体验共同生活的快乐。
- 愿意和同伴、老师一起进行活动。

"健康宝宝不挑食"活动目标：
- 认识几种常见的有特殊味道的蔬菜，了解这几种蔬菜对人体的益处，鼓励幼儿多吃蔬菜。
- 主动饮水、按时吃饭，学习正确拿勺、端碗的方法，养成独立饮水、进餐的习惯。
- 初步培养不挑食、不偏食的良好饮食习惯。

"排排队，慢慢走"活动目标：
- 进行体育活动时，能够学会排队，靠右行走，能听从教师口令。
- 能保持身体平衡，保持上下肢协调，按照指定方向行走。
- 感受进行体育活动的快乐，喜欢进行集体体育活动。

"危险的事情我不做"活动目标：
- 认识身边潜在的危险。
- 有自我保护意识，不做危险的事情。
- 遇到伤害时能够及时大胆地寻求帮助。

幼儿园教育目标体系还可以划分为（图6-2）：

每个层次的教育目标由下到上层层递进，具体内容不再赘述。

（四）落实幼儿园教育目标需要注意的问题

幼儿教育目标的实现，是通过把幼儿教育目标由上到下、由抽象到具体，按照幼儿的年龄特点和教育工作展开的时间顺序逐级分解落实到学期、月、周、日的具体教育活动中来实现的。确定幼儿园教育目标之后，下一步要把它落实到幼儿园教育实践中去，才能实现幼儿的身心全面、和谐发展。幼儿园的教育理念、幼儿教师对于教育目标的理解与执行，都会影响教育效果。只有在树立正确的儿童观与教育观的基础上，正确把握教育目标，不断反省和调整教育行为，才能真正实现幼儿体、智、德、美的全面发展，才能贯彻落实好幼儿园教育总目标。

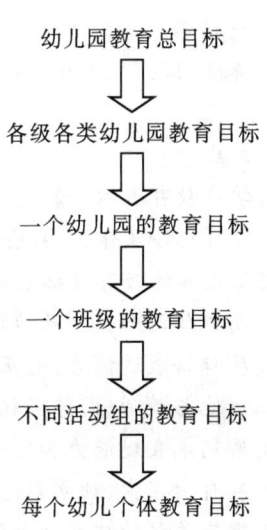

图6-2　幼儿园教育目标结构体系二

总的来讲，在落实幼儿园教育目标时，首先应注意计划性与灵活性相结合，幼儿园教育活动的组织必须符合幼儿身心发展的规律，根据不同幼儿的年龄发展特点和水平来安排教育活动。尽管幼儿园的教育目标、具体的教育活动目标要预先拟订，但教师要注意根据实际情况和不同幼儿的发展需要加以适当调整，才能使教育活动真正符合儿童的需要。幼儿园教育目标的制订，根本上是为了使教师明确目标并自觉地用教育目标来指导自己的教育行为，不断在与幼儿的实际互动中发展、补充与完善目标。因此，教师应当坚持计划性与灵活性相结合的原则，随时调整自己预定的计划，以使教育工作更切合幼儿身心发展的实际水平与要求。其次，在落实幼儿园教育目标的时候应坚持统一要求与因材施教相结合。幼儿园教育目标规定了不同年龄阶段的幼儿必须达到的基本发展要求和规格，但是由于每个幼儿原有的发展水平、特点与兴趣需要各不相同。因此，教师应在对每个幼儿提出同样的基本发展目标的同时，注重个体差异，因人施教，适应他们独特的学习方式与不同的发展速度，并给予他们所需要的支持与帮助。

【知识拓展6-6】　国外幼儿园教育目标：

一、美国

美国的幼儿教育机构在教育目标上不尽相同：有的倾向于儿童智力能力的发展，有的侧重于儿童情感社会性的发展，也有的强调为儿童进入小学做好准备。美国学前教育专家指出，不同的机构目标可以有所不同，但都应该包括一些最基本的目标。美国北德克萨斯大学G.S.莫里逊教授认为，这些基本的目标涉及儿童的社会交往、自我服务、自尊、学习、思考、学习准备、语言、营养等方面的发展。美国的幼儿园教育目标有：

1. 有好奇心、想象力和创造力，发挥自己的潜力，在各方面都得到发展。
2. 能发现问题、解决问题，有独立精神和探索精神。
3. 能对成人的各种要求做出反应，有信任感、责任感、自尊心。
4. 能够表达自己的需要，学会与人分享和合作，友好地与同伴交往。
5. 不断提高肢体动作的准确性、手眼动作的协调性。
6. 通过游戏丰富知识、经验，并对知识经验进行总结、分类。
7. 通过培养艺术技能和认知技能，发展他们的社会性和情感。
8. 培养学习技能，如读、写、算，但不强迫他们学习，使他们能够根据自己的接受能力进行学习。

二、法国

法国学前教育承担着教育、诊断、治疗三种职能，即把社会、卫生、心理三者综合起来。幼儿园教育目标涉及体力、社会性、智力、艺术能力等方面的发展，为儿童未来的生活做好准备。法国幼儿园的教育目标主要有：

1. 提高机体的平衡性及协调性。
2. 发展口语表达能力，能正确表达自己的思想、情感和需要。
3. 积极地与教师、同伴交往。
4. 发展艺术表现能力和创造力，提高审美能力。
5. 发展自由探索、独立创造的精神。
6. 获得有关科学技术方面的粗浅知识与技能。

三、德国

德国学前教育课程领域包括：游戏、社会教育、语言教育、动作教育、韵律与音乐教育、图像与劳作性教育、事实与环境教育、实际生活与家政教育等方面，每一个领域都有其相关的目标要求。德国的幼儿园教育同样强调幼儿表达、思考、操作、认知等能力，重视幼儿独立性以及社会适应能力的培养，并且特别强调游戏的作用。德国幼儿园的教育目标主要有：

1. 要培养幼儿有自己独立的观点，有主见，不是老师怎么说，别的幼儿怎么说，自己就怎么说。
2. 要培养幼儿敢于说，敢于发表自己的观点，克服个别幼儿的害怕心理。
3. 要帮助幼儿认识周围的环境，如认识信箱，他可以把要寄的信放进去；认识电话亭，可以用来打电话。
4. 培养幼儿手工劳动的能力，如写字、拿针等，可以锻炼幼儿的手，训练幼儿四肢的技能。

5. 教幼儿认识厚薄,认识颜色,学认 1—10 的数字,认识具体的国家,认识不同材料制品。

6. 对幼儿进行音乐方面的训练,学唱歌、跳舞、培养节奏感。

7. 培养幼儿熟悉马路上的交通规则,知道如何过马路、看红绿灯。

四、日本

日本 2000 年开始实施的《幼稚园教育要领》是指导日本幼儿园教育的纲领性文件,认为幼儿园教育的宗旨是:"根据幼儿期的特点通过环境进行教育"。文件中强调,幼儿园是幼儿期乃至整个一生人格形成的基础时期,为此,应根据幼儿园教育的宗旨,通过幼儿园的生活,使幼儿园教育达到如下目标:

1. 培养健康、安全、幸福的生活所需要的基本的生活习惯、态度,打好幼儿身心健康成长的基础。

2. 培养对他人的友爱和信赖,以启迪自主协同的态度以及良好的道德品质。

3. 培养对自然界以及周围事物的兴趣和关心,以启迪丰富的情感和思考问题的能力。

4. 培养日常生活中对语言的兴趣和关心,以养成幼儿积极听说的态度和对语言的感受力。

5. 通过多样的体验,培养丰富的感性知识,丰富创造性。

三、幼儿园教育原则

(一)教育的一般原则

教育原则是反映教育规律的、在教育系统内部制约和指导教育工作的基本法则和标准。幼儿园教育原则是反映幼儿园教育规律,指导幼儿园教育工作的基本法则和标准。幼儿园教育原则必须遵循教育的一般原则,而教育的一般原则包括:

1. 尊重儿童的人格尊严和合法权益

首先,要尊重儿童的人格尊严。尊重孩子的人格,孩子便学会尊重他人。教育只有在尊重儿童人格、维护儿童尊严的前提下,才可能培养出健全的人。幼儿与教师之间的关系是平等的人与人的关系。例如,若教师在教育教学过程中随意对儿童施加言语或肢体暴力,让儿童常常感受到委屈、羞辱,或让儿童在其他同伴面前出丑,这样的教育方式就挫伤了儿童的自尊心,不利于帮助幼儿建立正确的自我概念,阻碍了儿童心理的健康发展。教师要将儿童作为具有独立人格的人来对待,建立民主的师生关系。其次,要尊重儿童的合法权益。儿童拥有生存权、发展权、受教育权等合法权益,家庭、学校、社会应当保障儿童的合法权益不受侵犯。

2. 促进儿童全面、协调发展

首先,儿童的发展是整体的,而非片面的。教育应促进儿童在体、智、德、美诸方面的全面发展,任何一方面都不可偏废。例如,在教育教学过程中,教师要智力因素和非智力因素并重,确保儿童认知发展和身体发展相统一,传授知识与发展能力相结合,促进儿童的全面发展。其次,儿童的发展应是协调的发展,教育应促进儿童身体的各个器官、各系统机能的协调发展、儿童各种心理机能(包括认知、情感、性格、社会性、语言等)的协调发展、儿童的身体和心理协调发展、儿童个体需要与社会需求之间的协调发展。

3. 面向全体,重视个别差异

首先，教育必须面向每个儿童，帮助每个儿童达到教育目标。因此教师应平等地、一视同仁地对待所有的儿童，不能一味地关注"好孩子"。其次，教育应关注儿童在需要、兴趣、性格、能力、学习方式等方面的不同特点，因材施教，使每个儿童都能发挥自己的优点和特长，在原有的水平上获得发展。

（二）幼儿园教育原则

幼儿园教育原则是教师在向幼儿进行教育时必须遵循的基本要求，它受教育一般原则的制约，同时具备自身的特点。

《规程》第二十一条指出："幼儿园教育工作的原则是体、智、德、美诸方面的教育应互相渗透，有机结合。遵循幼儿身心发展的规律，符合幼儿的年龄特点，注重个体差异，因人施教，引导幼儿个性健康发展。面向全体幼儿，热爱幼儿，坚持积极鼓励、启发诱导的正面教育。合理地综合组织各方面的教育内容，并渗透于幼儿一日生活的各项活动中，充分发挥各种教育手段的交互作用。创设与教育相适应的良好环境，为幼儿提供活动和表现能力的机会与条件。以游戏为基本活动，寓教育于各项活动之中。"第二十二条指出："幼儿一日活动的组织应动静交替，注重幼儿的实践活动，保证幼儿愉快的、有益的自由活动。"第二十三条规定："幼儿园日常生活组织，要从实际出发，建立必要的合理的常规，坚持一贯性、一致性和灵活性的原则，培养幼儿的良好习惯和初步的生活自理能力。"

《纲要》中指出了幼儿园教育的外部原则与内部原则。总则第三条规定："幼儿园应与家庭、社区密切合作，与小学相互衔接，综合利用各种教育资源，共同为幼儿的发展创造良好的条件。"这是我国幼儿园教育的外部原则，强调幼儿园教育必须充分地挖掘、利用外部物力与人力资源，与家庭、社区密切合作。总则第五条规定："幼儿园教育应尊重幼儿的人格和权利，尊重幼儿身心发展的规律和学习特点，以游戏为基本活动，保教并重，关注个别差异，促进每个幼儿富有个性的发展。"这是我国幼儿园教育的内部原则，是幼儿园教育过程中必须遵循的基本准则。

《指南》中指出幼儿园教育在实施《指南》时应遵循以下原则：

1. 关注幼儿学习与发展的整体性。儿童的发展是一个整体，要注重领域之间、目标之间的相互渗透和整合，促进幼儿身心全面协调发展，而不应片面追求某一方面或几方面的发展。

2. 尊重幼儿发展的个体差异。幼儿的发展是一个持续、渐进的过程，同时也表现出一定的阶段性特征。每个幼儿在沿着相似进程发展的过程中，各自的发展速度和到达某一水平的时间不完全相同。要充分理解和尊重幼儿发展进程中的个别差异，支持和引导他们从原有水平向更高水平发展，按照自身的速度和方式到达《指南》所呈现的发展"阶梯"，切忌用一把"尺子"衡量所有幼儿。

3. 理解幼儿的学习方式和特点。幼儿的学习是以直接经验为基础，在游戏和日常生活中进行的。要珍视游戏和生活的独特价值，创设丰富的教育环境，合理安排一日生活，最大限度地支持和满足幼儿通过直接感知、实际操作和亲身体验获取经验的需要，严禁"拔苗助长"式的超前教育和强化训练。

4. 重视幼儿的学习品质。幼儿在活动过程中表现出的积极态度和良好行为倾向是终身学习与发展所必需的宝贵品质。要充分尊重和保护幼儿的好奇心和学习兴趣，帮助幼儿逐步养成积极主动、认真专注、不怕困难、敢于探究和尝试、乐于想象和创造等良好学习品质。忽视幼儿学习品质培养,单纯追求知识技能学习的做法是短视而有害的。

由此,我们把幼儿园教育原则在遵循教育的一般原则的基础上,同时具备的自身的特点总结如下:

1. 保教结合的原则

保育和教育是幼儿园两大方面的工作,所谓"保育",是指对幼儿身体的照顾、保护、养育和促进,以及对幼儿心理能力的保护和培养。所谓"教育",就是遵循幼儿身心发展的规律,把握幼儿的年龄特点,有目的、有计划地对幼儿进行体、智、德、美诸方面全面发展的教育。保育和教育在幼儿园教育中紧密联系、相互依存,互相渗透、共同实现。幼儿园应在对幼儿进行全面发展教育的同时,重视对幼儿的照顾和保护,保教合一。例如,在幼儿午睡起床后,保育员都要整理床铺,叠好被子,而整理床铺和叠被子是幼儿园中大班的孩子应该掌握的一项生活技能,因此,保育员可以针对孩子的年龄特点,安排生活技能技巧的随机教学活动——"大家一起叠被子",充分抓住幼儿午睡起床后的一小段时间,开展生活技能技巧的教学,做到保中有教,教中有保,保教结合。

2. 以游戏为基本活动的原则

幼儿园教育应以游戏为基本活动,这是由幼儿年龄特点决定的,同时也是幼儿园教育区别于小学教育的主要特点。基本活动,是在人生的某阶段出现频率最高、对人的生存发展最有价值、最适合那一个年龄阶段的活动。游戏既是幼儿的主要活动,又是幼儿学习的主要方式。游戏活动最符合幼儿阶段的身心发展特点,最能够满足幼儿的需要,同时能有效地促进幼儿发展,其教育价值是其他活动无法取代的。因此,幼儿园教育活动的组织应该以游戏为主,做到教育活动游戏化,同时为幼儿营造良好的游戏环境,提供必要的游戏材料,组织多样、有趣的游戏活动;教师应重视幼儿的自发性游戏,充分利用游戏形式组织幼儿园各类教育活动,满足幼儿对多种游戏的需要。

3. 发挥一日活动的整体教育功能的原则

幼儿园一日活动是指幼儿园每天进行的所有保育、教育活动,包括由教师组织的活动(如幼儿的生活活动、劳动活动、教学活动等)和幼儿的自主自由活动(如自由游戏、区角自由活动等)。幼儿园的一日生活活动具有重要的教育作用,一日活动中的各种活动不可偏废,每一种活动对幼儿的发展都是不可缺少的。每种活动不是分离地、孤立地对幼儿发挥影响,各种活动必须有机统一为一个整体。一日活动必须统一在共同的教育目标下,形成合力,才能发挥整体教育功能。因此,幼儿园在教育教学过程中不能顾此失彼,保证一日活动在共同的教育目标指导下,合理组织、科学安排,发挥一致的、连贯的、整体的教育功能,寓教育于一日活动之中。

4. 坚持教育的活动性和活动的多样性的原则

首先,活动是幼儿发展的基础和源泉,幼儿往往是通过感性知识和直接经验对周围环境进行感知,幼儿身心发展的特点决定了他们不可能只通过课堂上书本知识的学习来获得发展,他们必须通过多样的活动去接触各种事物和现象,通过操作活动和交往活动来逐步积累经验。其次,幼儿园的活动不应当是单一的、枯燥的。不同的活动内容、活动形式,在幼儿发展中发挥着不一样的作用。因此,幼儿园教育应从幼儿身心发展的特点和水平出发,开展多种形式的活动,让幼儿能在多种多样的活动中得到发展。

5. 充分利用同伴、家庭、社会的教育资源的原则首先,幼儿同伴资源包括同伴中有助幼儿健康成长和发展的一切因素的总和。同伴来自于不同的家庭,有不同文化背景,不同的知识经验、性格特点、兴趣爱好、能力基础和不同的价值观念,这些差异都是幼儿园教育的重要资源。其次,家庭也是幼儿园教育的重要资源。幼儿园可以在教育活动中,充分调动家长的积极性,引导家长参与幼儿教育活动,和幼儿一起体验学习的快乐。幼儿园教育要让家长明白自身的教育功用,认识到自己本身对孩子来说就是一大教育资源,自己的一言一行、一举一动都会成为孩子模仿的对象,会潜移默化地影响着孩子。家庭资源的运用有助于提高家长的教育能力,帮助家长树立正确的教育观念,亲子间的积极互动还有利于实现幼儿全面健康地发展。再次,幼儿园可以充分挖掘社区的自然资源和人文资源,扩展幼儿生活和学习的空间。社区资源是潜在的教育资源,因此,幼儿园应对社区资源进行分类和筛选,并整合适合幼儿发展的优质资源,使之成为幼儿园的教育内容。

第三节 幼儿园教育内容

过去的幼儿园教育实践当中,人们往往过多地关注幼儿的身体健康和知识获得,而忽视了幼儿在能力、情感、态度等方面的发展。幼儿的发展是全面和谐的发展,幼儿园教育的内容应该体现幼儿的年龄特点、遵循幼儿的身心发展规律,以幼儿为本,保证幼儿在情感、态度、能力、知识技能等方面无缺失、均衡地发展。

《纲要》中指出,"幼儿园的教育内容是全面的、启蒙性的,可以相对划分为健康、语言、社会、科学、艺术等五个领域,也可做其他不同的划分。各领域的内容相互渗透,从不同的角度促进幼儿情感、态度、能力、知识、技能等方面的发展。"《纲要》在幼儿园教育内容的选择上强调幼儿的主动学习,改变了以往把关注点过分集中在具体的知识或技能的教育观念,突出了情感、兴趣、态度、个性等方面的价值取向,体现了以人为本的教育思想。五大领域的教育内容,相互结合,相互渗透,缺一不可。《指南》从健康、语言、社会、科学、艺术五个领域描述幼儿的学习与发展。每个领域按照幼儿学习与发展最基本、最重要的内容划分为若干方面,每个方面由学习与发展目标和教育建议两部分组成。

本节,我们将根据《纲要》和《指南》对幼儿园教育的内容进行归纳、总结。

一、健康教育

健康是指人在身体、心理和社会适应方面的良好状态。幼儿阶段是儿童身体发育和机能发展极为迅速的时期,也是形成安全感和乐观态度的重要阶段。发育良好的身体、愉快的情绪、强健的体质、协调的动作、良好的生活习惯和基本生活能力是幼儿身心健康的重要标志,也是其他领域学习与发展的基础。

健康领域的教育涉及幼儿的身心状况、动作发展、生活习惯与生活能力等方面的内容。因此,幼儿园健康教育应培养幼儿良好的体态、安定愉快的情绪和一定的适应能力;锻炼幼儿具备一定的平衡力、力量和耐力,手部动作灵活协调;养成幼儿良好的生活与卫生习惯,具备基本的生活自理能力和自我保护能力与安全意识。我们可以把该领域的内容归结为:

(一)幼儿日常生活习惯教育

幼儿日常生活习惯教育包括:洗手、刷牙、洗脸的基本方法;穿、脱衣服,系鞋带;使用手帕、纸巾;坐、站、行走、睡眠姿势;按时睡觉、起床、进餐、排便、坚持午睡;不偏食、不挑食、不暴饮暴食,吃饭细嚼慢咽;不贪喝饮料,多喝白开水;知道保护眼睛;整理自己的物品等。

幼儿良好日常生活习惯的培养,需要幼儿园与家长配合,根据幼儿的需要建立科学的生活常规,逐步培养幼儿良好的饮食、睡眠、盥洗、排泄等生活习惯和生活自理能力,教育幼儿爱清洁、讲卫生,注意保持个人和生活场所的整洁和卫生。

(二)幼儿身心素质教育

幼儿身心素质教育包括:了解身体机能、特征;走、跑、跳、投掷、跨越障碍物等肢体协调能力;连续进行某一项体育活动,如连续走、跑、跳、跳绳、抓杠、拍球、抛接球等;躲避物体及他人的碰撞,会自我保护;沿轮廓涂画或修剪图形;使用筷子等简单的工具;适应人际关系变化,适应新环境,情绪稳定等。

幼儿身心素质的和谐发展,需要幼儿园开展丰富多彩的户外游戏和体育活动,培养幼儿参加体育活动的兴趣和习惯,增强体质,提高对环境的适应能力;用幼儿感兴趣的方式发展基本动作,提高动作的协调性、灵活性;在体育活动中,培养幼儿坚强、勇敢、不怕困难的意志品质和主动、乐观、合作的态度;帮助幼儿建立良好的师生、同伴关系,让幼儿在集体生活中感到温暖,心情愉快,形成安全感、信赖感。

(三)幼儿安全知识和自我保护能力教育

幼儿安全知识和自我保护能力教育包括:识别陌生人,不跟陌生人走,不吃陌生人给的东西;不做危险的事,能主动躲避危险;记住家长的名字、电话号码;会求助,知道110、119、120等求救电话;认识常见的安全标志,能遵守安全规则等。

幼儿安全意识和行为的培养,需要幼儿园密切结合幼儿的生活进行安全、营养和保健教育,提高幼儿的自我保护意识和能力。

【知识拓展6-7】 幼儿园中班健康领域教育案例

幼儿园中班4—5岁下学期健康领域教育活动案例:《保护牙齿》

活动目标:

1. 了解不刷牙对牙齿的危害。
2. 掌握正确的刷牙方法。
3. 养成早晚刷牙的良好卫生习惯。

活动准备:

1. 物质准备。

硬纸板制小熊、小熊妈妈。黑色碎纸条,橡皮泥捏制的虫子。牙刷、糖果等食物。

2. 经验准备。

每天刷牙的经验。

活动过程:

1. 出示小熊牙齿掉了、虫子从牙中钻出、牙缝上充满残渣(黑色碎纸条),引起幼儿注意,教师提问:"小朋友,你们看,小熊的牙齿怎么了?想一想,为什么它的牙齿会成这样?"
2. 教师用图片讲故事,使幼儿了解长蛀牙的原因。
3. 请幼儿当医生,帮助小熊,请幼儿示范刷牙的动作,教师分析指导。
4. 小朋友学习、交流刷牙的姿势,教师巡回指导。

5. 请幼儿刷掉小熊牙齿上的残渣,并正确帮小熊刷牙。

活动延伸:

1. 美术活动——一起洗刷刷。

(1) 复习刷牙的方法。

(2) 准备空白牙齿图片。

(3) 用废旧牙刷蘸颜料,用刷牙的姿势为牙齿刷牙。

2. 阅读活动——《小熊不刷牙》。

(1) 讨论自己刷牙的经验,什么时候刷牙、怎么刷牙。

(2) 阅读绘本,集体讨论。

(3) 交流预防蛀牙的方法。

(4) 学习儿歌《预防蛀牙》:

饭后漱口,

早晚刷牙。

少吃糖果,

定期检查。

家园共育:

拍摄一套三口人刷牙的分解动作,制成家庭刷牙手册,班级展示交流。

——《幼儿视听互动探索资源·教师用书(4—5岁下)》,霍力岩主编,接力出版社,2012年12月版。

二、语言教育

语言是交流和思维的工具。幼儿期是语言发展,特别是口语发展的重要时期。幼儿语言的发展贯穿于各个领域,也对其他领域的学习与发展有着重要的影响:幼儿在运用语言进行交流的同时,也在发展着人际交往能力、理解他人和判断交往情境的能力、组织自己思想的能力。通过语言获取信息,幼儿的学习逐步超越个体的直接感知。

幼儿语言能力的发展涉及幼儿倾听、表达、阅读与书写等能力。幼儿的语言能力是在倾听和运用的过程中发展起来的,幼儿看图书、讲故事的兴趣培养,与他人交流的能力等都属于语言教育的内容。总的来讲,我们可以把幼儿园语言教育的内容归结为以下几点:

(一) 倾听与表达能力教育

倾听与表达能力教育包括:注意听老师或其他人讲话,不打断别人,并能够做出回应;听懂普通话;与他人交谈话题、讲述见闻或故事;使用文明礼貌用语,不说脏话;根据场合调节说话声音大小等。

培养幼儿良好的倾听与表达能力,幼儿园需要创设自由、宽松的语言交往环境,吸引、支持并鼓励幼儿与教师、同伴或其他人交谈,体验语言交流的乐趣,学习使用适当的、礼貌的语言交往;养成幼儿注意倾听的习惯,发展语言理解能力;鼓励幼儿大胆、清楚地表达自己的想法和感受,尝试说明、描述简单的事物或过程,发展语言表达能力和思维能力。

(二) 阅读与书写能力教育

阅读与书写能力教育包括:听故事、看图画书;认识常见的标志、符号、简单的文字;爱护图书;感受故事人物的情感变化;用图画或符号表达想法;手眼协调,由上至下、由左至右的运笔技能等。

培养幼儿良好的阅读与书写技能,幼儿园应引导幼儿接触优秀的儿童文学作品,使之感受语言的丰富和优美,并通过多种活动帮助幼儿加深对作品的体验和理解;培养幼儿对生活中常见的简单标记和文字符号的兴趣;利用图书、绘画和其他多种方式,引发幼儿对书籍、阅读和书写的兴趣,培养前阅读和前书写技能。

三、社会教育

幼儿社会领域的学习与发展过程是其社会性不断完善并奠定健全人格基础的过程。人际交往和社会适应是幼儿社会学习的主要内容,也是其社会性发展的基本途径。幼儿在与成人和同伴交往的过程中,不仅学习如何与人友好相处,也在学习如何看待自己、对待他人,不断发展适应社会生活的能力。良好的社会性发展对幼儿身心健康和其他各方面的发展都具有重要影响。

幼儿园是一个小社会,幼儿在这个小社会中通过同教师和同伴交往逐渐获得社会意识和社会规范以及社会性行为。幼儿园教育要让幼儿在积极健康的人际关系中获得安全感和信任感,发展自信和自尊,在良好的社会环境及文化的熏陶中学会遵守规则,形成基本的认同感和归属感。幼儿园社会教育的内容具体归结为以下几点:

(一) 自我意识教育

自我意识教育包括:认识接纳自己,自尊、自信、自主;控制自己的情绪,不打人、骂人,不破坏东西;努力做好力所能及的事等。

培养幼儿良好的自我意识,帮助幼儿形成积极的自我概念,需要幼儿园为幼儿提供自我认识的机会,支持、鼓励幼儿大胆地表达自己的意志、想法和态度,鼓励幼儿独立自主,并让幼儿认识到要为自己的行为负责;为每个幼儿提供表现自己长处和获得成功的机会,增强其自尊心和自信心;提供自由活动的机会,支持幼儿自主地选择、计划活动,鼓励他们通过多方面的努力解决问题,不轻易放弃克服困难的尝试。

(二) 人际交往能力教育

人际交往能力教育包括:乐于与人交往,学会轮流、分享、合作;不欺负弱小,有同情心;关心、理解、尊重他人;愿意结交新朋友,乐于同伙伴一起游戏等。

培养幼儿进行人际交往的兴趣与技巧,幼儿园应引导幼儿参加各种集体活动,体验与教师、同伴等共同生活的乐趣,帮助他们正确认识自己和他人,养成对他人、社会亲近、合作的态度,学习初步的人际交往技能;在共同的生活和活动中,以多种方式引导幼儿认识、体验并理解基本的社会行为规则,学习自律和尊重他人。

(三) 社会规范教育

社会规范教育包括:遵守游戏规则;公共场所遵守规则;爱护玩具和其他物品;爱护公物和公共环境;知道社会上人们的分工、职业角色;不乱拿别人的东西;敢于承认错误,不说谎;接受的任务要努力完成;节约粮食、水、电等。

引导幼儿掌握正确的社会规范,并逐步内化,幼儿园需要与家庭、社区合作,引导幼儿了解自己的亲人以及与自己生活有关的各行各业人们的劳动,培养其对劳动者的热爱和对劳动成果的尊重;帮助幼儿认识自己的行为对周围的人造成的影响,引导幼儿规范自己的行为举止。

（四）多元文化教育

多元文化教育包括：知道自己家庭所在的街道、小区的名字；认识国旗、知道国歌；知道自己是中国人；了解祖国传统民俗节日；接触不同国家的外国人；感受不同民族的风俗习惯等。

多元文化教育是幼儿园社会教育的重要组成部分，幼儿园应让幼儿实际感受祖国文化的丰富与优秀，感受家乡的变化和发展，激发幼儿爱家乡、爱祖国的情感；适当向幼儿介绍我国各民族和世界其他国家、民族的文化，使其感知人类文化的多样性和差异性，培养幼儿对这种多样性与差异性的理解、尊重、平等的态度。

四、科学教育

幼儿的科学学习是在探究具体事物和解决实际问题中，尝试发现事物间的异同和联系的过程。幼儿在对自然事物的探究和运用数学解决实际生活问题的过程中，不仅获得丰富的感性经验，充分发展形象思维，而且初步尝试归类、排序、判断、推理，逐步发展逻辑思维能力，为其他领域的深入学习奠定基础。

幼儿的思维特点是以具体形象思维为主，幼儿通过直接感知、亲身体验和实际操作进行科学学习，因此幼儿园科学教育的内容不只是知识和技能的掌握，还包括激发幼儿的探究兴趣，让幼儿亲身体验探究过程，发展幼儿初步的探究能力。幼儿园教师应善于发现和保护幼儿的好奇心，充分利用自然和实际生活机会，引导幼儿通过观察、比较、操作、实验等方法，学习发现问题、分析问题和解决问题；帮助幼儿不断积累经验，并运用于新的学习活动，形成受益终身的学习态度和能力。幼儿园科学教育的内容可归结为以下几个方面：

（一）自然环境教育

自然环境教育包括：常见的动植物，探究动植物的多样性；沙、石、土、水、空气等非生命物质的认识；气候和季节变化；生活中的物理现象；生活中的化学现象；生活中的天文现象等。

对幼儿进行自然环境教育，要求幼儿园为幼儿的探究活动创造宽松的环境，从幼儿的日常生活环境出发，培养幼儿的探究兴趣，保护幼儿的好奇心，为幼儿提供主动探究的机会并帮助幼儿掌握科学的探究方式；引导幼儿对身边常见事物和现象的特点、变化规律产生兴趣和探究的欲望；提供丰富的可操作的材料，为每个幼儿都能运用多种感官、多种方式进行探索提供活动的条件。

（二）数学教育

数学教育包括：感知集合，认识1和许多，对物体进行分类；10以内的数的认识；10以内数的加减法；认识圆形、正方形、三角形、长方形、半圆形、椭圆形、梯形等平面图形；认识球体、圆柱体、正方体、长方体等立体图形；比较大小、长短、高矮、粗细、厚薄、宽窄、轻重；认识上、下、前、后、左、右、里、外、远、近等空间方位；区分早晨、晚上、白天、黑夜；区分昨天、今天、明天；认识星期、年月的名称及顺序；认识时钟等。

培养幼儿初步的数学认知能力，幼儿园应引导幼儿对周围环境中的数、量、形、时间和空间等现象产生兴趣，建构初步的数概念，并学习用简单的数学方法解决生活和游戏中某些简单的问题；让幼儿初步感知生活中数学的有用和有趣；引导幼儿感知和理解数、量及数量关系，感知形状与空间关系。

五、艺术教育

艺术是人类感受美、表现美和创造美的重要形式,也是表达自己对周围世界的认识和情绪态度的独特方式。每个幼儿心里都有一颗美的种子。幼儿艺术领域学习的关键在于充分创造条件和机会,在大自然和社会文化生活中萌发幼儿对美的感受和体验,丰富其想象力和创造力,引导幼儿学会用心灵去感受和发现美,用自己的方式去表现和创造美。

幼儿艺术教育的过程是培养幼儿的审美兴趣与审美能力的过程,其主要内容可以归结为:

(一)音乐教育

音乐教育包括:集体歌唱教学;学唱短小歌曲;模仿有趣的声调;用拍手、踏脚等身体动作或可敲击的物品、打击乐器来敲打节拍和基本节奏;欣赏音乐作品,感受音乐作品的美等。

对幼儿进行音乐教育,幼儿园应为幼儿提供倾听音乐的机会,教师应教会幼儿正确的歌唱发声方法,引导幼儿用音乐来表达自己的情感。为幼儿提供丰富的歌唱活动材料和节奏打击活动材料,鼓励幼儿在音乐学习中学会表达与创造。

(二)美术教育

美术教育包括:绘画教育,会用线条、形状、色彩、构图等形式语言;手工教育,会用刀、剪刀、胶水等手工工具及沙子、橡皮泥、面团、纽扣、毛线、树叶、纸盒、瓶子等手工材料,掌握串联、粘贴、剪、撕、折、染、盘绕、编织、塑、插接等手工技法;美术欣赏教育,欣赏绘画作品、雕塑作品、工艺美术作品、建筑艺术、自然景物、周围环境等。

幼儿的美术教育,要求幼儿园应帮助幼儿提高表现美的技能和能力,指导幼儿利用身边的物品或废旧材料制作玩具、手工艺品等来美化自己的生活或开展其他活动;为幼儿创设展示自己作品的条件,引导幼儿相互交流、相互欣赏、共同提高;教师在教给幼儿美术技法的同时,应注重引导幼儿接触周围环境和生活中美好的人、事、物,丰富他们的感性经验和审美情趣,激发他们表现美、创造美的情趣。

(三)韵律活动教育

韵律活动教育包括:模仿自然景物或社会活动,如鸟飞、鱼游、刮风、下雨、花开、树长、洗脸、拍球、骑马、开火车;小碎步、小跑步、蹦跳步、侧点步、进退步、交替步等基本舞蹈动作;运用基本的舞蹈动作进行韵律动作组合,如进行集体舞、表演舞;感受律动美等。

幼儿园韵律活动教育要求创造轻松自由的学习氛围,从幼儿日常生活中已经掌握自如的自然动作入手,鼓励幼儿大胆表现;选择循序渐进的动作学习程序,采用幼儿最舒适的进度进行学习;动作教学可以分解进行,把复杂的动作简单化;逐步发展幼儿动作的随乐性,引导幼儿感受韵律动作的美。

第四节 幼儿园教育组织与实施

一、幼儿园教育活动的概念与组织形式

《纲要》中指出:"幼儿园的教育活动,是教师以多种形式有目的、有计划引导幼儿生动、活泼、主动活动的教育过程。"幼儿园教育活动具有广泛性、启蒙性、趣味性、游戏性、综合

性、整合性、随机性、潜在性等特点。《纲要》第七条规定:"教育活动的组织形式应根据需要合理安排,因时、因地、因内容、因材料灵活地运用。"

幼儿园教育活动的组织形式按照不同的标准可以有多种分类方法:

(一)按照特征,可以分为以下三种组织形式

1. 生活活动

生活活动是培养幼儿良好卫生习惯(如饭前便后洗手)及行为习惯(如排队喝水)的主要途径,它包括幼儿园一日生活中的进餐、饮水、睡眠、盥洗、如厕等活动,是培养幼儿社会性品质(如分享、合作等)的主要途径。在生活活动中,教师要根据幼儿的身心特点,建立合理的生活常规,逐渐培养幼儿生活自理、自立的能力,同时应及时发现幼儿的不良习惯并加以纠正,抓住幼儿的个别教育时机。

2. 区域活动

区域活动又称活动区(活动角)活动,是指幼儿在活动区(如角色游戏区、积木区、音乐角、嬉水区、沙池区、科学区、语言区、美工区、故事角、图书区等)进行的以自由游戏为主要特征的活动,是幼儿在园一日生活的主要活动形式之一,能够满足不同幼儿的兴趣和需要。区域活动为幼儿提供主动尝试、探索和交往的机会,培养幼儿的创造性,有利于促进幼儿社会性和个性的发展。

【知识拓展6-8】 美国幼儿园教室的区域布置

美国幼儿园教室各个具体的活动区域可以促使幼儿学习特定的知识,发展特定的技能,培养社会性的个性。

积木角:
● 把积木放在卡车里,然后把它们打倒,让幼儿了解大小、重量和数概念。(数学和科学)
● 讨论在哪儿放下一个大积木,让幼儿表达思想并学会和同伴合作。(语言和社会性技巧)
● 试着将一个大积木放在另一个的上面,让幼儿学会控制和协调肌肉。(身体协调性)

家庭角:
● 学会穿衣服,让幼儿使用他们的小肌肉技巧。(自我帮助、眼手协调)
● 假装成人,让幼儿了解角色在社会中的活动。(生活技巧)
● 把盘子和杯子分开,让幼儿分类活动。(数学)

桌面玩具角:
● 盒子里有一些几何体的模子,把一些不同的几何体放进盒子里。(眼手协调、空间思维)
● 完成一个迷宫,让幼儿完成一个任务。(学习习惯、自尊)
● 把相同的图形放在一起,让幼儿配对和分类。(数学)

艺术角:
● 玩橡皮泥,让幼儿了解材料的变化。(科学)
● 为了完成一个任务,把纸、剪刀和胶水放在一起,让幼儿计划和实现一个任务。(学习习惯、独立)
● 画一个人,让幼儿使用象征。(眼手协调、抽象)

沙水角:
- 让船沉下去,让幼儿认识到原因和结果。(科学和逻辑思维)
- 和其他儿童一起活动,让幼儿和其他儿童相处。(社会技巧)
- 灌水(不是洒水),让幼儿使用他们的小手和肌肉。(身体协调)

图书角:
- 从头到尾地翻书,让幼儿从左到右读书。(学习习惯)
- 听一个故事,让幼儿热爱书和发展阅读的兴趣。(阅读技巧)
- 谈论在书中发生的事情,让幼儿记住细节并表达思想。(语言发展)

——摘自中国幼儿教师网

3. 教育活动

教育活动是指由教师依据目标专门设计、组织的有目的、有计划的活动,它在促进幼儿的全面发展中具有重要作用,是幼儿在一日生活中的重要内容之一。在教育活动中,教师有目的地选择教育内容,有计划地组织教育活动,灵活地运用多种教育形式、教育方法和教学手段,鼓励幼儿主动参与。

(二)按照教育内容,可以分为以下三种组织形式

1. 分学科式教学活动

学科课程以学科为中心,将有价值的知识系统化并形成一定的科目或学科,然后将这些知识传授给学生,以达到教育目标。幼儿园一般开设计算、语言、常识、音乐、体育、美术等学科。在学科教学活动中,教学形式以集体教学、分组教学为主。分科教学过程以教师为主导,包括教学准备、教学过程及教学评价等环节。

2. 综合主题式活动(或称单元式主题活动)

综合主题式活动主要是指以某一主题为中心组织课程,打破学科或领域的界限,建立各学科之间的自然的、有机的联系,把学习内容融合成一种新的体系的教育活动组织形式。综合主题式教育活动改变了分科课程教学中重知识轻能力、重教师主导轻幼儿主体的教学弊端。幼儿园综合主题式教育活动既可以是以某一学科知识为线索,整合其他学科知识,又可以以幼儿兴趣为出发点选取教育内容、组织教育活动。

3. 按领域分类的活动

《纲要》在"教育内容与要求"中明确规定:"幼儿园的教育内容是全面的、启蒙性的,可以相对划分为健康、语言、社会、科学、艺术等五个领域,也可做其他划分。各领域的内容相互渗透,从不同的角度促进幼儿情感、态度、能力、知识、技能等方面的发展。"因此,幼儿园教育活动按照领域划分,可以分为健康、语言、社会、科学、艺术五大领域。

【知识拓展6-9】 幼儿园小班科学领域教学活动案例

图形分类教学活动案例

设计意图:

《幼儿园教育指导纲要(试行)》指出:学习的过程应该是幼儿主动探索的过程。教师要让幼儿运用感官,亲自动手动脑去发现问题、解决问题;鼓励幼儿合作,并积极参与探索活动。传统的小班数学"图形分类"教学常以教师提供的现成图形或实物来进行,幼儿缺少自己动手操作和探索的机会,我在设计此次活动时试图融入白板技术来弥补这一不足,有意识地将图形分类和艺术领域整合,利用交互式电子白板的聚光灯、拖动、幕布等一系列功能,让幼儿和活动材料有效地进行互动。

活动目标：

1. 巩固认知圆形、三角形、正方形和长方形。

2. 能按事物的形状、颜色两种特征给图形分类。

3. 发展想象力和动手操作能力，体验成功的喜悦。

活动准备：

电子白板课件，人手一个托盘，背景音乐，七巧板拼图。

活动过程：

一、请图形宝宝出来

师：今天，我们要来和图形宝宝做"捉迷藏"的游戏。请你们把眼睛闭起来，当我喊到"3"的时候你们睁开眼。瞧，哪个图形宝宝来了？

（用电子白板的聚光灯功能逐一把藏起来的圆形、三角形、正方形和长方形显现出来。）

二、帮图形宝宝找朋友

1. 师：瞧，又有图形宝宝来了。图形宝宝穿了什么好看的衣服？它们分别是什么颜色、什么形状的图形宝宝？

（用电子白板的幕布功能逐一把图形宝宝的朋友请出来。）

2. 师：图形宝宝们要找好朋友了，请你们把相同形状的好朋友连起来。

（幼儿用电子白板的智能笔操作。）

三、将图形宝宝分分类

1. 按颜色分类。

师：这些图形宝宝太调皮了，它们找不到朋友了，我们来帮它们找一找吧。

（用电子白板的拖动功能直接把相同颜色的图形放到一起。）

2. 按形状分类。

（用电子白板的拖动功能直接把相同形状的图形放到一起。）

四、拼拼搭搭真好玩

1. 师：我们的图形宝宝还会变魔术，瞧，图形宝宝变成了什么？（卡车）谁能来把隐藏在卡车里的图形找出来？

（让幼儿自主用电子白板的拖动功能把下面对应的图形填补到卡车里面去。）

2. 师：除了卡车，你觉得它们还可以变出哪些图形呢？你们也想拼一拼吗？

3. 提出要求：(1) 听到音乐就走到桌边操作，音乐结束回到位子上；(2) 拼好的小朋友要跟旁边的小朋友说一说拼的是什么，是由什么形状组成的，有几个。

4. 幼儿分组操作，教师巡回指导。

5. 幼儿交流。

(1) 师：你拼搭的是什么？请你上来试试看。

（用电子白板的拖动功能拼搭组合图形。）

(2) 师：请你来找找里面藏了几个三角形，几个长方形，几个正方形。

（用电子白板的聚光灯功能让孩子清楚地感知各种图形的数量。）

(3) 师：你们真棒，如果拼搭的时候需要长方形却没有怎么办？

举例：用两个正方形变成一个长方形。

（用电子白板的拖动功能演示。）

（4）师：图形宝宝玩累了，它们要回去休息了。老师会把这些图形拼盘放在益智区里，下次你们还可以和它们再做游戏。

——摘自中国幼儿教师网

（三）按照组织形式，可以分为以下三种

1. 集体活动

幼儿园集体活动是指全班幼儿在教师的组织与引导下，参与同样的教育活动，在同一时间内以同样的方式学习同样的内容。一方面，人类优秀的文化传统、社会行为规范、与健康生活有关的安全、卫生等常识等要求全体儿童都应该掌握的内容，或是全班儿童共同感兴趣的或有着共同经验基础的内容，采用集体教学的形式是十分有效的。另一方面，从儿童发展的角度出发，采用集体教学的方式也是适宜的。集体教学有利于让幼儿在有限的时间内提高学习效率，并且幼儿在与同伴的互相交流和学习中可以分享经验、体验快乐。但是，由于集体活动幼儿人数较多，教师往往无法顾及每个儿童在教育过程中的表现，也不利于幼儿学习主动性的发挥。

2. 小组活动

小组活动就是将全班幼儿分成几个小组进行的活动，可以是教师有计划安排的或组织的活动，也可以是儿童自发的活动。小组活动有利于调动幼儿操作材料的积极性，给予幼儿和同伴、教师交流的机会，能让幼儿在合作学习、共同建构中学会理解、学会交往、学会遵守规则。小组游戏与集体游戏不同的是，它有助于满足幼儿不同的兴趣需要，可以让他们有更多的机会交往、交流、合作、分享，有利于促进幼儿解决问题能力的发展。

3. 个体活动

个体活动是指由一个教师面对一两个幼儿进行指导的活动，也可以是幼儿自发的、自由的活动；可以是教师根据观察到的情况随机进行指导，还可以是有计划的专门辅导。个体活动能满足不同幼儿的学习需求，尊重幼儿的兴趣。教师在个体活动中可以根据幼儿的发展速度、认知方式因材施教，为幼儿提供更为自由的活动空间。

（四）按照学习方式的不同，可以分为以下四种

1. 接受式学习

接受式学习是指幼儿通过教师呈现的材料来掌握知识的过程，它不要求幼儿去独立发现，只要求幼儿被动接受教师所传授的东西并加以内化，储存在认知结构中。

2. 体验式学习

体验式学习是指幼儿发挥主动性，亲身参与到教育活动中，在主动认知、体验和感悟中习得新的知识、技能与态度。

【知识拓展6-10】 体验式学习的几种具体形式

1. 在户外自然情境中习得体验式的认知方式

大自然是最好的课堂，自然界中富有生机的花草树木、丰富多样的虫鱼鸟兽、变化无穷的风霜雨雪，这些自然现象和动植物世界都是幼儿体验自然、感知生命的最佳素材。

我们利用幼儿园周围的街心花园这一自然情境，让幼儿认识植物的生长变化。小班的幼儿认识花草时，可以直接带幼儿到草地上与小花草交朋友。幼儿通过直观的观察后进行讨论，从而开始关心起小草、小花的成长，他们会说："小花为什么你是红的、小草变黄了……",有的幼儿甚至对小草说:"小草你为什么长得没有小树高?小草你吃什么呀?"幼儿从对植物的关心和爱护中认识、观察植物,形成了一种体验式的认知方式,更会激发幼儿的求知欲望。

2. 在社会交往体验中学会解决实际问题

带幼儿走出幼儿园,融入社区,与成人接触,以及参加一些社会实践活动,这样的机会对幼儿来说是一种挑战,也是一种能力的培养。

如带大班的幼儿去逛超市时,只允许他们带10元钱,要求他们遇到什么问题不能找老师帮忙。幼儿遇到的难题当然很多,找不出自己购买的物品,买多少才不会超过10元钱,大家都想买同一物品而物品存货不多时怎么办等一些问题需要幼儿们自己解决,在解决这一系列问题时,也可能出现其他问题。幼儿在解决这些问题时,他们做事的能力也就不断地提高了。

3. 在集体活动体验中学习共同生活

幼儿园一日生活的每一个环节都是具有教育价值的,在实践中,教师主动将幼儿的学习、发展与一日生活紧密联系起来,比如:有关"自我保护""关爱""习惯养成"等方面的活动内容,除了集体教学活动以外,更多地将之渗透于幼儿的课间、散步、用餐等幼儿的日常生活之中,让幼儿在不知不觉中习得相关经验,尽情享受体验课程的乐趣。

进行探究性活动时,让幼儿相互交流、讨论、互助,共同分享经验,这样既拓宽了大家的知识面,又发挥了群体力量,让幼儿获得分享智慧的快乐。又如:活动中幼儿会因为伙伴不遵守游戏规则而发生很多议论;活动时伙伴弄坏了玩具时,幼儿会各有各的态度,责怪的,同情的都有,这时候我们便把幼儿的情绪引导成为一种集体共同的挫折,让幼儿讨论如何解决。鼓励幼儿主动向他人表示友好,让幼儿感受集体的力量,产生了共同生活的责任感,这样他们懂得了理解他人的欢乐与痛苦,懂得了宽容,在班级里建立了一种平等、和谐的气氛。

——摘自《幼儿园体验式教学的探索与实践》,北京蒙台梭利教育科技中心网站

3. 探究式学习

探究式学习是指幼儿自主发现问题、探究问题并解决问题的学习方式。目前的幼儿园教育中越来越倡导在教育活动中鼓励幼儿主动探究,教师及时地进行角色转变,正确引导幼儿的探究活动。

4. 合作式学习

合作式学习是指幼儿在教育活动中以共同目标达成为目的,通过相互合作的形式来进行的学习活动。合作式学习给予幼儿经验分享和解决认知冲突的机会,幼儿在学习活动中不断相互协商、互助合作,最终达到教育目的。

(五)除此之外,还有其他的组织形式

1. 全园活动,是指根据某一主题或某一类的教育内容而开展的全园性的集体活动。

2. 亲子活动,是指对幼儿及其家长实施的亲子体验、家庭游戏等亲子互动的活动。

以不同标准划分的教育活动形式有各自的特点和优势,它们之间相互交叉,幼儿园应根据幼儿年龄特点和教育目标加以综合运用,充分发挥它们的作用。

二、幼儿园教育活动的实施

幼儿园教育活动的实施主要有以下途径：

（一）专门的教育教学活动

它是教师依据课程目标和内容，有计划、有组织地设计和安排活动，以引导幼儿获得有益的学习经验。

（二）游戏活动

游戏是幼儿的基本活动，是幼儿通过模仿和想象，有目的、有意识、创造性地反映现实生活的活动，是人的社会活动的初级形式。游戏是幼儿学习的基本途径，也是他们最喜爱、最适合其年龄特点的活动。幼儿园游戏活动对于促进幼儿的身体、认知、社会性、情感的发展具有重要作用。幼儿园常见的游戏有多种分类方式，例如，按照教育的作用来划分，有结构游戏、角色游戏、表演游戏等类型；按照教师的指导来划分，可以分为教学游戏和幼儿的自主游戏。

【知识拓展6-11】 幼儿园常见经典游戏活动举例

游戏：丢手绢

活动目标：

1. 提高幼儿参与游戏活动的兴趣。
2. 培养幼儿集体行动的意识。
3. 锻炼幼儿的及时反映能力。

活动准备：

足够的室内或是室外场地；手绢一条；幼儿能够理解游戏规则。

活动流程：

1. 教师让幼儿围成一个大圆圈后席地坐下。
2. 教师示范演唱"丢手绢"，并与另一位教师示范游戏的玩法。
3. 教师带领幼儿进行游戏，可先挑选出一名幼儿，考虑到小班的幼儿年龄较小，刚开始时教师陪同幼儿丢手绢，另外一名教师提醒并陪伴拿到手绢的幼儿去追赶丢手绢的幼儿。
4. 在幼儿理解游戏规则后，游戏可由幼儿自发组织进行，教师可作为游戏的一员参与到游戏中。

（三）日常生活活动

日常生活活动是指幼儿园一日活动中的生活环节和每天都要进行的活动，包括进餐、睡眠、盥洗、来园、离园、自由活动、散步等。日常生活活动是幼儿园教育中必不可少的活动，幼儿在日常生活活动中，必须具备一定的知识和技能，学会适应幼儿园集体生活，使自己的行为符合社会规范。幼儿在自身需要和客观要求、主观能动性和外部条件的相互作用下，获得符合社会要求的行为，由"自然人"向"社会人"转化。

（四）其他类型活动

除了幼儿园内的教育活动，还可以利用节日活动、外出活动、亲子活动等形式对幼儿进行教育。

一般来讲，教师在组织幼儿园教育活动之前需设计教育活动方案，在具体地实施方案的过程中应注意以下问题：

1. 主体性

幼儿园教育活动应充分考虑幼儿的学习特点和认知规律,注意内容的综合性、趣味性、活动性,寓教于生活、游戏之中。

2. 全面性

幼儿园教育各领域的内容要有机联系、相互渗透,促进幼儿情感、态度、能力、知识、技能等全方位的发展。

3. 整合性

幼儿园教育应运用整合的思想,在目标的指导下,整合有益的教育资源、教育内容、教育方法,发挥最优功效,取得良好的效果。

4. 灵活性

《纲要》中指出,"教育活动的组织与实施过程是教师创造性地开展工作的过程。教师要根据本《纲要》,从本地、本园的条件出发,结合本班幼儿的实际情况,制订切实可行的工作计划并灵活地执行。"

第五节 幼儿园教育评价

《幼儿园教育指导纲要(试行)》指出:"教育评价是幼儿园教育工作的重要组成部分,是了解教育的适宜性、有效性,调整和改进教育工作,促进每一个幼儿发展,提高教育质量的必要手段。"

【知识拓展6-12】《幼儿园教育指导纲要(试行)》第四部分对"教育评价"的相关要求

1. 教育评价是幼儿园教育工作的重要组成部分,是了解教育的适宜性、有效性,调整和改进教育工作,促进每一个幼儿发展,提高教育质量的必要手段。

2. 管理人员、教师、幼儿及其家长均是幼儿园教育评价工作的参与者。评价过程是各方共同参与、相互支持与合作的过程。

3. 评价的过程,是教师运用专业知识审视教育实践,发现、分析、研究、解决问题的过程,也是其自我成长的重要途径。

4. 幼儿园教育工作评价实行以教师自评为主,园长以及有关管理人员、其他教师和家长等参与评价的制度。

5. 评价应自然地伴随着整个教育过程进行。综合采用观察、谈话、作品分析等多种方法。

6. 幼儿的行为表现和发展变化具有重要的评价意义,教师应视之为重要的评价信息和改进工作的依据。

7. 教育工作评价宜重点考察以下方面:

(1) 教育计划和教育活动的目标是否建立在了解本班幼儿现状的基础上。

(2) 教育的内容、方式、策略、环境条件是否能调动幼儿学习的积极性。

(3) 教育过程是否能为幼儿提供有益的学习经验,并符合其发展需要。

(4) 教育内容、要求能否兼顾群体需要和个体差异,使每个幼儿都能得到发展,都有成功感。

(5) 教师的指导是否有利于幼儿主动、有效地学习。

8. 对幼儿发展状况的评估,要注意:
（1）明确评价的目的是了解幼儿的发展需要,以便提供更加适宜的帮助和指导。
（2）全面了解幼儿的发展状况,防止片面性,尤其要避免只重知识和技能,忽略情感、社会性和实际能力的倾向。
（3）在日常活动与教育教学过程中采用自然的方法进行。平时观察所获的具有典型意义的幼儿行为表现和所积累的各种作品等,是评价的重要依据。
（4）承认和关注幼儿的个体差异,避免用统一的标准评价不同的幼儿,在幼儿面前慎用横向的比较。
（5）以发展的眼光看待幼儿,既要了解现有水平,更要关注其发展的速度、特点和倾向等。

一、幼儿园教育评价的内涵

（一）教育评价的内涵

本质上,评价是一种价值判断活动,是为判断事物的价值而系统地搜集资料和分析资料的过程。

教育评价是教育体系中不可缺少的重要组成部分。教育评价,指对教育活动有关的各种要素的价值衡量或价值判断,是以教育目标为依据,运用科学有效的评价技术和手段,对与教育有关的各个方面和要素进行系统检测、分析、比较,并做出价值判断。由于教育评价通常涉及对人的行为进行衡量评估,因而是一个具有动态性、多变性和潜在性的领域,难度较大。

（二）学前教育评价的内涵

学前教育评价是学前教育体系的重要组成部分,是对学前教育活动有关的各个方面和各种问题进行系统的检测和科学的价值判断的过程。

学前教育是一种有目的、有计划、有组织的教育活动。各类学前教育活动是否反映了正确的教育价值观,是否达到了预期的教育目标,是否产生了适宜的教育效果等,这些都需要通过评价来找到答案。

（三）幼儿园教育评价的内涵

幼儿园教育评价是教育评价的一部分。它以幼儿园教育目标为评价标准,在系统测量的基础上,对幼儿园教育活动及其相关要素进行价值判断,以促进幼儿全面发展的过程。幼儿园教育评价既可以是对儿童发展情况的评价,也可以是微观上对幼儿园各项工作的评价,还可以是宏观上对幼儿园教育状况的评价。

作为幼儿园教育工作的重要组成部分,幼儿园教育评价有重要作用。运用教育评价,不仅有助于使幼儿园教育中各个组成部分处于令人满意的协同活动状态,有助于选择适宜的幼儿园教育模式或方案,而且还有助于幼儿园教育目标的实现和幼儿园教育改革的顺利进行。可见,幼儿园教育评价有助于幼儿园教育的发展。

二、幼儿园教育评价的功能

幼儿园教育评价是为了提高幼儿园教育的质量而采用的手段或过程,它具有多元化功能,具体如下:

（一）鉴定功能

幼儿园教育活动究竟是否已达到目标所提出的要求，需要通过评价来做出鉴定。幼儿园教育评价的重要功能之一，就是检查和鉴定教育目标是否达成，或判断达到目标的程度。通过评价可以区分教育质量的优劣，也可以为建立合理的奖惩制度提供客观依据。

（二）诊断功能

评价是发现和诊断存在问题的重要而有效的手段。通过评价可以及时发现与预定目标之间的差距，明确努力方向，提高教育效果。对于幼儿在体、智、德、美各方面的能力和实际发展状况的评价，也具有诊断意义，有助于一般化教育教学计划制订，又便于个别化教育和辅导。

（三）改进功能

幼儿园教育评价最重要的功能是改进功能，也称发展功能。在评价过程中发现的不足和问题，可以及时地通过信息反馈，引起被评价对象的注意，并根据评价标准采取改革措施，促进保教工作的改进。

（四）激励功能

评价还可能引起一定的心理效果。适宜的评价与适宜的奖励制度相结合时，可使幼儿教育工作者在认识到自身的成绩和缺点的同时，激发改进工作的内在需要和动机，调动积极性。幼儿教育事业的发展和保教工作质量的提高，很大程度上依赖于这种内在积极性的发掘。

（五）导向功能

幼儿园教育评价所依据的目标或标准具有鲜明的方向性，就目前而言，它应是在《幼儿园工作规程》《幼儿园管理条例》和《幼儿园教育指导纲要（试行）》的目标和精神的引导下确立的。鉴于评价可能产生的激励作用，它会促使被评价对象追求肯定的评价结果，从而有意识地时常对照标准和目标，把教育工作引向正确的方向。

三、幼儿园教育评价的类型

从不同的角度，幼儿园教育评价可以划分为不同的类型。

（一）根据评价设计的系统性程度分类

1. 正式评价

正式评价按照经过预先严密设计的评价方案进行，围绕某些预定的评价问题，系统地搜集资料，经深入细致的分析后做出价值判断结论。这种评价具有科学研究的性质，主要为政策性决策提供依据，或对幼儿园教育质量及课程做出全面的质量评估。

2. 非正式评价

非正式评价与教育教学活动同时进行，目的在于了解教育对象，改进教育效果。如，教师在日常教育工作中随时开展的各种形式的评价活动。

（二）根据评价的范围分类

1. 整体评价

对较大范围内的幼儿园教育的现状进行综合性的整体评估。如，对全国或某地区幼儿园教育质量的全面评估、对某类幼儿园的课程评价、对某幼儿园各方面工作的全面评价等。此类评价因对象范围广，所要评价的要素较多，因而评价的难度较大。

2. 局部评价

对幼儿园教育活动的个别方面,或对某幼儿园内部的一部分对象的实态或价值做出判断。如幼儿园的园舍评价、管理工作评价、幼儿教师能力评价等。相比"整体评价"而言,此类评价相对简单易行。

3. 单纯评价

对更为具体、微观的现象的某一方面进行评判,如园舍的卫生工作评估、幼儿动作发展评估、园长岗位职责评估、教师学历资格评估等。此类评价更为简单易行。

4. 区域评价

在某个地理区域搜集有关评价对象的资料,并根据该地区的标准,对评价对象的实态和价值进行评判。如某地区的示范园、优质园评估等。

5. 全国评价

在全国范围内分层搜集有关评价对象的资料,针对某种标准,对不同地区的资料加以比较和分析,并做出价值判断。有时也可能对不同地区采取因地制宜的评价标准。

(三) 根据评价的功能分类

1. 诊断性评价

在教育活动之前进行预测性评价或"事实评价",目的在于了解对象的基础情况,并有效地发现问题,为制订教学计划或解决某些实际问题做准备。

2. 形成性评价

在教育过程中持续地进行,目的在于及时了解教育动态过程的成效,以便及时地做出反馈性调节,获取改进工作的依据,提高教育过程的质量。

3. 终结性评价

在完成某个阶段教育活动后进行,目的在于全面了解该教育活动的结果,对达成目标的程度做出总结性评价。终结性评价注重教育活动的结果,可能不涉及过程,主要向各类决策者提供信息。

(四) 根据评价的对象分类

1. 儿童发展评价

儿童发展评价是指对儿童各方面的发展状况进行评价,具体包括身体发展、认知发展和社会性发展。此类评价又有正式评价和非正式评价之分。正式评价是对儿童发展的各个方面进行正规、系统的评价,即一般意义上的儿童发展评价;非正式评价一般是在具体的教育活动情境中,对儿童发展的某个方面或某种行为表现进行评价,它非常重视以发展的眼光处理儿童成长中所遇到的问题,主张通过评价肯定、激励儿童,重视发挥评价的发展性功能。

儿童发展评价应面向儿童真实的世界和真实的生活,关注儿童解决问题的动态过程,提倡多元价值取向,重视描述性评价,强调评价结果的价值性体现。

2. 教师工作评价

教师工作评价分为行政性评价和发展性评价。行政性评价通常是在目标分析的基础上制定出一套量化的评价标准体系,在工作结束时由管理者据此评定教师的工作,多采用他人评价、定量评价的方法。发展性评价不同于行政性评价,它提倡用多种评价方法,如形成性评价、自我评价等对教师的工作进行评价。

3. 幼儿园课程评价

幼儿园课程评价是课程建构、生成与发展的重要环节,是针对幼儿园课程的特点和组成要素,通过搜集和分析比较系统全面的有关资料,科学地判断幼儿园课程效益的过程。

从内容看,幼儿园课程评价包括三部分:对方案的评价、对课程实施的评价、对课程效果的评价。根据评价的时间分布,它可以分为两种类型:形成性课程评价和终结性课程评价。形成性课程评价是指在课程方案实施的全过程中,对课程各要素及相关因素的合理性、适宜性进行检验,以便为调整、完善课程提供反馈信息。终结性课程评价则是在课程方案实施告一段落后对课程进行综合性的检验,以判断课程方案的成功度和推广价值。

进行课程评价必须要有课程评价方案。课程评价方案作为课程评价活动的前提,是依据一定的教育目的和评价活动的规律,对评价的内容、范围、方法、手段和程序等方面加以规范的基本文件。制订课程评价方案,一要确定评价的目的,二要确定课程评价对象。

4. 托幼机构教育质量评价

托幼机构质量评价是指对托幼机构的教育质量进行评价,即对托幼机构教育活动是否满足儿童身心健康发展的需要,或者满足儿童身心健康发展需要的程度进行评价。它由条件质量和过程质量构成。条件质量包括人员条件、物质条件和园所管理,如教师/幼儿比例、班级人数、师资条件、教育行政管理以及总体上的物质环境和设施等。它为托幼机构教育活动提供必要的条件和支持。过程质量包括与幼儿的生活和学习经验有更直接联系的活动,如教师与幼儿的互动、学习环境、课程、健康和安全、家长参与等,其中,以教师行为为核心的班级教育活动是托幼机构教育质量评价的中心内容。

(五)根据评价的参照体系分类

1. 常模参照评价

以个体的测量结果与同一团体的平均分数(常模)相比较,从而确定个体成绩在团体中的相对位置。常模是由标准化样本测试结果计算而来的标准量数,建立在样本来源的基础上,比较时也应当与该常模所依据的人群相宜。由于这种评价衡量的是个体的相对水平,因而又常被称为相对评价。

2. 标准参照评价

以某种能体现教育教学目标的标准为参照,确定评价对象是否达到标准以及达到标准的程度。标准参照评价主要运用在对基本知识和技能的测量上,适用于形成性评价和诊断性评价过程。标准参照评价重视的是评价对象在既定标准方面的实际水平,而不是比较评价对象之间的相对位置,因而又常被称为绝对评价。

3. 个体内差异评价

把某类评价对象中的每一个个体的过去和现在相比较,或将同一评价对象的若干侧面相互比较。例如,把某幼儿园学期初和学期末的动作发展测试成绩相比较,评价其获得进步的程度;或将某幼儿园各方面的工作达到某种标准的程度相比较,以考察其优点和不足。为了弥补个体内差异评价本身的弊端,常与相对评价结合使用。

(六)根据评价资料搜集与分析的方式分类

1. 质的评价

质的评价一般通过自然情景下的调查,或对各种口头的、书面的材料加以细致的分析,全面充分地描述评价对象的各种特质,揭示其中的意义。如,通过个案追踪了解某幼儿在较长一段时间的发展状况。

2. 量化评价

量化评价即采用直接量化的方式,对确实存在量化途径的评价指标进行量的描述,或经统计分析得出某些结论,借此评判其价值,以表明对象的某些特征。如,通过问卷调查某地区幼儿园教师的工作满意度。

3. 混合型评价

现代教育评价主张采用质的评价和量化评价相结合的方式,即混合型评价。量的评价主要是事实判断,而质的评价则主要是价值判断,二者有机结合才能全面地揭示教育现象的本质。从某种意义上说,量的评价是质的评价之基础,而质的评价又是量的评价的出发点和结果。两者结合使用,有助于对评价对象做出更全面、合理的评价结论。如,通过问卷调查某地区幼儿园男教师的职业发展状况,同时通过个案追踪和访谈深入了解某几位男教师的职业发展状况。

(七)根据评价的主体分类

1. 内部评价

内部评价也称自我评价。被评价者通过自我认识与分析,对照某种标准,对自己的工作、学习状况与成就做出判断。由于被评者又是评价的主动参与者,可使评价过程成为自我认识提高的途径,有利于改进工作,并接受评价结论。

2. 外部评价

外部评价也称他人评价。由有关方面人士组成的评价小组,或由专门人员实施评价,对被评者某方面的实态进行评价。例如,政府主管部门评价、社会中介机构评价等。

3. 内部与外部相结合的评价

由外部评价机构组织或发起,在自我评价的基础上,对评价对象有关方面搜集资料证据,进行认证或鉴定,并做出结论。

学前教育事业的发展需要各种类型和形式的评价,各类评价活动均具有自身的重要性和职能,不能简单地以孰轻孰重论处。以上分类是相对的,只是为了更清楚、细致地认识各种评价活动的特征而已。对于同样一项评价活动,其所处的类别有时相互重叠,有时在不同目的驱使下又可以归入同一分类标准下的不同类别。

四、幼儿园教育评价的基本过程与方法

(一)幼儿园教育评价的基本过程

1. 一般评价历经的基本阶段

科学合理的幼儿园教育评价对幼儿教育改革,提高保教工作的质量有着举足轻重的意义。只有当评价能按照科学、合理的程序加以组织实施时,才能保证其有效性与可靠性。

一般而言,每一项评价都要经历计划、实施和结果三个阶段:

(1)明确界定需要评价的问题

包括背景分析和条件分析。这是使得评价具有针对性并能取得实效的关键所在。准备工作还包括设立项目,解决资金来源,确定评价项目主持人,选择和组织评价的工作人员班子等。评价主持人确定之后,需立即着手设计制订出详细的评价方案。

(2)评价的实施过程必须在评价方案的指引下进行

评价工作人员根据评价方案搜集评价资料,包括从各种来源和用各种方式获取原始资

料,以及汇总、整理、检查和验证资料。细致周到的评价计划和准备,认真科学的资料搜集过程,以获取有价值的评价资料,是进行下一阶段结果分析的必要前提条件。

(3) 对评价资料以及评价过程加以深入地分析,得出评价结果

评价结果不但包括对评价问题的解答,而且含有对评价本身质量的考察。评价的结论将建立在对评价资料的分析的基础上,结合有关的教育与儿童发展理论和研究成果,以及评价中客观存在的局限性,做出综合性的价值判断。评价人必须根据客观的评价实施过程与结果撰写评价报告,并搜集对项目或评价的反馈意见。

2. 评价过程包含的基本步骤

评价过程涉及许多的具体工作和步骤。主要包括:

(1) 确定评价目的

评价过程中的一切活动和所付出的努力,都必须紧紧地围绕其目的,否则将导致精力财力浪费,或使评价达不到预期成效。

评价之前,必须首先明确评价的目的与性质,其中主要涉及三个方面的问题:

① 为何评价? 当前评价的直接目的是什么? 评价目的不同,评价的具体内容、组织方式、搜集资料的方法会有较大差别。如,是为了鉴定某(些)幼儿园的质量类型,判断它(们)是否已经达到某些标准,还是为了帮助该园领导找出当前工作中存在的问题与不足,根据评价信息调节教育计划,改进保教工作?

② 由谁评价? 评价的主要组织者和评审者是谁? 如果评价是为了改进本单位的工作,则本园内部领导和教师的自我评价或相互评价将发挥主要作用。如果评价的目的是鉴定机构质量,则评价将主要由上级行政管理部门执行,评价者可能是幼儿园以外的专门人员。

③ 评价什么? 评价的具体内容与对象是什么? 例如,在一项教师工作评价中,是对教师工作全面评估,还是针对某一方面(如备课情况或组织游戏情况)的评价? 幼儿园课程评价中,是对课程合理性、独特性、有效性等方面做出全面系统的评估,还是仅就课程的某种结果——幼儿发展状况做出评价?

(2) 设计评价方案

评价方案,即依据一定的评价目的和目标,对评价的内容、对象、范围、过程、方法和程序等加以计划和规范的书面文件,是整个评价工作的总体结构与工作计划,是评价工作的关键性指南。评价者应在充分酝酿和构思计划的基础上,对许多有关问题做出周密细致的考虑安排,制订出既科学合理又切实可行的评价方案,并以方案为指南,指导评价全过程。具体而言,评价方案的设计主要包括以下各项工作:① 明确评价所依据的目标;② 设计评价指标体系;③ 确定搜集评价资料的方法和步骤;④ 准备评价记录表格与文件;⑤ 根据资料性质与特点选择处理和分析评价资料的方法。评价方案还应包括评价项目的人员配备、费用预算、完成各阶段任务的时间表等。

(3) 搜集评价资料

教育评价的科学性和准确性与评价信息的搜集和处理密切相关。评价信息搜集得越充分,处理信息的手段越科学,评价的结果就越准确。所以,评价信息的质量是影响教育评价信度和效度的关键因素。

在搜集评价资料之前,应做相应的组织准备,如确定资料采集人员、聘请有关专家做指导,或成立专门的评价委员会机构。搜集评价资料的工作应按已制订好的方案进行,并注意

对足以影响准确地形成判断的各因素加以尽可能有效的控制。评价工作需对各项指标进行科学而简便的评分,一般应严格按照方案中规定的评分方式和要求,对照标准谨慎地执行评定或评分。在获得评价资料之后,应迅速而准确地汇总与整理资料,以便及时分析和处理评价结果。

（4）处理评价结果

评价人员应在采用适宜的量化方法或质的评价方法,全面认真地分析全部资料之后,形成对评价对象的综合性判断意见,做出评价结论。例如,对办园水平有关的逐级指标得分进行综合性评价之后,对某幼儿园所属的质量类型或等级做出鉴定;对每个幼儿的发展状况在相应团体中所处的位置做出结论。评价结果处理和结论的形成应以评价目的为根据,并应慎重而合理地检查与限定本次评价的效度与信度,以便修正结论或改善未来相似的评价方案。根据评价结论,还可分析与诊断当前学前教育工作中的问题与不足,把有关的重要信息纳入评价报告,反馈性地指导学前教育的改革决策,或有的放矢地调整教育计划进行个别教育,等等。

（5）向有关对象提供评价报告

做出评价结论之后,评价者要向评价听取人提供某种形式的书面报告或鉴定。例如,在对某地区学前教育机构质量进行全面评估以后,可向幼儿园提供评价结论报告,为改进该园保教质量,深化幼儿园改革工作提供决策依据。评价者在制订评价方案时就应当确定主要报告对象,这样可以有意识地充分征求这些对象的意见和建议,在此基础上对问题做出适宜的描述,也有助于这些对象理解评价的结果。此外,评价对象中可能会有不同的需求,较早地与之接触交流有助于在评价中适当地纳入对这些需求的资料和结果。

（二）幼儿园教育评价的基本方法

根据不同的角度,评价方法可以分为不同的类别。各类方法从不同的角度入手搜集资料和做出相应的价值判断,并各有其优点和不足。幼儿园教育评价应多种方法兼容并包,恰当地加以利用。

1. 绝对评价法和相对评价法

（1）绝对评价法

绝对评价法是指根据某种绝对客观标准,将评价对象的有关方面与标准进行比较。这种标准的确定并不照顾所有对象的整体状态,而是根据需要,由有经验的专业人员拟定指标集合。例如,某地区教育主管部门协同专家与有经验的教师,拟定本地区示范幼儿园的标准,用来对申请示范园资格的单位进行评判裁定,凡达到标准的均可授予"示范幼儿园"称号,表示它们已经达到某个绝对的标准。

（2）相对评价法

相对评价法则是根据被评价对象的整体状况来确定评价标准,然后把各个对象与这个标准进行比较,评价各对象达到评价标准的程度并排序。例如,对某市某类幼儿园进行随机抽样测试,根据测试结果,计算出各年龄段幼儿在某些方面发展水平的平均值。在随后的几年中,利用该平均值作为标准,衡量该类园幼儿在该方面的发展是处在平均值之上还是之下。在同类幼儿园范围内,还可以将各幼儿园的平均发展状况加以比较,以考察作为一个整体。例如,评价某幼儿园的孩子在某方面发展上在同类幼儿园幼儿中处于何种相对地位。

2. 分解评价法和综合评价法

（1）分解评价法

分解评价法即预先根据一定的评价观点，把要考察的内容分解为几个方面，分别加以测量和评定。例如，对幼儿身体与动作、认知与语言、品德与社会能力等方面的发展分别进行观察评价，评定各幼儿在各个方面的发展处于何种水平或何种相对地位。

（2）综合评价法

综合评价法则是对评价内容的整体状况进行评定。在定性的综合评价中，评定者按照自己的丰富经验，在头脑里进行分析综合后，直接给出一般评语或一个等第。在定量的综合评价中，则常采用模糊综合评判技术，把各方面的数量信息加以处理，做出综合性判断。

3. 自我评价法与他人评价法

（1）自我评价法

自我评价法是由评价者对自己做出评价，实施评价的主体为评价者自己。在对幼儿园保教质量或教师工作进行评价时，常采用自我评价法。运用自我评价法时，最好能结合一些外界的客观评价标准进行，并注意加强指导，避免盲目主观性偏差。为增进评价的有效性，常把自我评价法与他人评价法结合起来使用。

（2）他人评价法

他人评价法是由外部人员与本单位其他人员对评价对象做出评价。例如，上级部门对幼儿园工作的评价、园领导对教师的评价、幼儿对教师的评价、家长对幼儿园的评价等。一般情况下，若能排除主观偏见和不正之风，他人评价比自我评价更客观、严格，但要花费较多人力和时间，要进行大量的组织工作和资料整理分析工作。近年来教育评价倾向于把二者结合进行，先对照标准进行自我评价，再由他人客观地予以鉴定。

4. 量化评价法和质的评价法

（1）量化评价方法

量化评价法是用数字表示评价标准或结果，是根据测量结果对被评价对象的某些特征加以价值判定。为了对现象进行客观公正的评价，强调评价者必须保持客观态度，以避免偏见。

量化评价主要采用观察、实验、调查、统计等方法搜集有关教育现象的资料，强调测量及其结果的信度和效度，以及公平的抽样，借此来证明预定假设的成立与否，进而试图推论出一个可以推断到总体的结论。量化评价要求有一套完备的操作技术，包括抽样方法、资料搜集方法、数字统计方法等，通过测量、计算和统计分析等过程，对所要评价的对象做出结论。

量化评价方法的优点是：适合进行较大范围的调查和评价；可以通过一定的评价工具对假设进行检验；可以使用实验干预的方法对控制组和实验组进行对比评价；通过随机抽样可以获得有代表性的数据和评价结果；适合对事情的因果关系以及相关变量之间的关系进行研究。但是，该方法也有明显的缺点：它只能对事物的一些比较表面的、可以量化的部分进行测量，难以获得具体的细节内容；只能对评价者事先预定的一些假设进行证实，很难了解当事人的视角和看法；评价结果只能代表抽样总体中的平均情况，不能兼顾特殊情况等。

（2）质的评价方法

质的评价方法是社会科学及教育领域常使用的方法。该方法一般是指在自然环境中，使用实地体验、开放型访谈、参与性与非参与性观察、深度访谈、文献分析、个案调查、行动研究等手段，对教育现象进行深入细致和长期的研究，然后对具体的描述性资料加以分析和归纳,从而对评价对象的某些特征做出某种价值判断。

质的评价方法强调在当时当地搜集真实、生动和详尽的第一手资料,从当事人的视角来理解行为的意义和对事物的看法,对评价对象的现实行为及其意义做出整体性的解释性理解。质的评价比较符合教育现象和教育学科的基本特点,能有意义地处理教育过程中难以用量化方法描述的因素或方面,可以发现和界定未知或模糊的问题和现象,从总体上把握评价对象的性质。

但是,质的评价方法的局限性也是显而易见的。它要求评价者具备一定的经验和能力,掌握有关的方法和技术,通常需要经过特别的专业训练才能达到,否则将无法获取有效的结果。此外,该方法的主观性也较明显,评价者的参与可能导致被评价对象的角色和情感冲突,或行为的改变。此外,质的评价方法通常持续时间较长,需要大量的人力和资金投入。

上述各类评价方法都有其各自的优点和不足,在教育评价中单独使用任何一种评价方法,都难以有效达成评价目的。因此,应综合利用多种评价方法,在各种方法之间取长补短,以促进幼儿园教育评价的准确性、科学性和有效性。

五、当代幼儿园教育评价的理念与发展趋势

(一)当代幼儿园教育评价的理念

1. 评价目的的发展性

近年来,社会的发展变化对教育评价提出了新的要求,即评价不应只是发挥鉴定和选拔的功能,更应实现其改进和发展的功能。评价目的是为了诊断和改进教育、促进教育活动的参与者(包括儿童、教师甚至家长)能在原有基础上得到发展。《纲要》明确提出评价是"促进每一个儿童发展,提高教育质量的必要手段",强调评价的过程也是教师"自我成长的重要途径"。这些要求清晰地凸显了当今幼儿园教育评价的发展性目的:促进每一个幼儿的发展、教师的反思性成长和教育质量的提高。

2. 评价主体的多元化

《纲要》在第四部分"教育评价"的第二条中规定,"管理人员、教师、儿童及其家长均是幼儿园教育评价工作的参与者";在第四条中指出"幼儿园教育工作评价实行以教师自评为主,园长以及有关管理人员、其他教师和家长等参与评价的制度"。可以看出,《纲要》关于教育评价的一个重要革新是评价主体的多元化,即评价主体由单纯的管理者转变为幼儿园管理人员、同行教师、儿童、家长以及教师本人的共同参与。

评价主体的多元化,一方面可以从多个角度出发对教育活动进行更全面、更客观、更科学的评价;另一方面,教师由原先的评价对象成为评价的主体,在进行评价的过程中,处于一种主动的积极参与状态。这十分有利于教师反思自己的教育工作,自觉进行自我调控、自我完善、自我修正,从而不断提高教育的质量和效率。

3. 评价方法的多样化

每一种评价方法都有自己的特点、长处和缺陷,有特定的适用范围和界限。多方法的结合使用,可以充分发挥各种评价方法的优势和特长,又可以互相弥补各自的缺点和不足,从而使评价的结果更加客观、公正。《纲要》提倡"综合采用观察、谈话、作品分析等多种方法"进行评价,以及儿童发展状况评估应"在日常活动与教育教学过程中采用自然的方法进行"就是在鼓励多方法相互融合的倾向。

4. 评价内容的全面性

以往,幼儿园教育评价的内容主要集中在儿童知识技能方面。《纲要》所提到的教育评价内容主要包括了两个方面:儿童发展状况的评估和幼儿园教育工作的评价。在儿童发展评估中,《纲要》指出要"全面了解儿童的发展状况,防止片面性,尤其要避免只重知识和技能,忽视情感、社会性和实际能力的倾向"。在教育工作评价方面,《纲要》指出评价考察的重点为:(1)教育计划和教育活动的目标是否建立在了解本班幼儿现状的基础上;(2)教育的内容、方式、策略、环境条件是否能调动幼儿学习的积极性;(3)教育过程是否能为幼儿提供有益的学习经验,并符合其发展需要;(4)教育内容、要求能否兼顾群体需要和个体差异,使每个幼儿都能得到发展,都有成功感;(5)教师的指导是否有利于幼儿主动、有效地学习。

可见,幼儿园教育评价的范围不再仅仅局限在儿童的知识技能上,而是充分注意到了儿童发展的各个方面,包括知识、技能、情感、社会性和实际能力的倾向等。此外,幼儿园教育评价也不再单纯地评价幼儿园的发展状况,而是包括了对整个教育过程和各教育环节的评价,即不仅要对教育计划和活动的目标进行考察,还要评估教育的内容、方式、策略、环境条件、过程、教师的指导及对个体差异的关注程度等方面。

5. 评价标准的个体化

当代幼儿园教育评价还反对用统一死板的标准(绝对标准)来衡量儿童,鼓励采用个体化的评价标准,强调评价时针对每个儿童的个别情况,确立不同的发展目标和评价标准。例如:当前儿童发展评价的新方法之一是"档案袋评价",这种方法是根据教育教学目标,有意识地将各种有关儿童表现的作品及其他证据搜集起来,通过合理分析与解释,反映儿童在达到目标过程中付出的努力与进步,并通过儿童的反思与改进激励儿童取得更高的成就。

评价标准的个体化,能够切实地关注个体的处境和需要,真正地尊重和体现个体的差异,激发个体的主体精神,以促使每个个体最大可能地实现其自身价值。

(二)幼儿园教育评价的发展趋势

幼儿园教育评价是伴随着学前教育的产生而产生,并随着学前教育的发展而发展的。当代世界范围内学前教育的改革和进展,推动着学前教育评价的演化。

1. 评价与研究相结合

幼儿园教育评价研究已成为当代学前教育科学研究的重大领域之一。它已逐渐成为一门独立的学科或理论体系,具有自己独特的方法论原则和工具技术系统。对评价理论与方法加以系统地研究,可以为幼儿园教育评价实践提供重要的指南。

我国当前的幼儿园教育评价,基本上处于实践先行的状况,对评价理论与方法的研究尚十分欠缺。我们应当努力借鉴国内外评价理论、传统经验、相关学科的理论与经验,建构我国系统的、独立的幼儿园教育评价理论和方法体系,兼顾理论研究与实际应用需要,在开展学前教育评价的工作中,做到有理论、有方法、有实施评价工作的参考模式,有对评价工作鉴定和提高性指导,努力使评价工作兼有学术和应用的双重价值。

同时,将评价工作本身作为一个研究过程,把评价和研究结合起来进行,是当代教育评价实践的一个越来越明显的重要特点。然而必须指出的是,作为研究项目的评价固然重要,其他各种类型的教育评价活动同样是不可忽视的。在教育实践中,持续性地开展各种评价工作是改进教育质量和效果所必需的。

2. 评价为决策提供依据

评价必须是决策的核心,教育决策必须以评价研究成果为依据,这就需要不断地进行评价研究和持续不断地改进评价研究。幼儿园教育评价的最终目的,在于推动和改善学前教育改革的深入发展和保教质量的不断提高。要达到这一目的,需要通过评价的反馈机制,对学前教育的决策过程发生影响,从而借助行政决策的导向,影响学前教育的实践活动。可见,"评价—决策—实践"三者之间呈密切配合关系和动态循环状态。

许多国家的教育决策部门开始鼓励并支持有价值的评价项目,并把评价结果作为决策的重要依据。例如,美国联邦政府为了准备制订新学期学前教育的政策,不惜耗费巨资,资助庞大的"家庭开端课程"(home start)和"跟进计划课程"(follow through)等学前教育项目的评价工作。许多州政府也出资开展学前教育课程项目的评价研究,为继续改进项目服务质量提供科学依据。例如,密歇根州耗资8 490万美元委托High/Scope教育研究机构设计并实施长达五年的跟踪评价研究,以获取该州于1985年开始实行的针对所有不利家庭背景4岁儿童的"学前儿童入学准备课程项目"的效果证据。

3. 重视评价的动态过程和反馈、前馈作用

现代幼儿园教育评价越来越强调对教育活动的过程评价,以及评价对整个学前教育的动态调控机能。因此,评价的反馈作用已被人们所熟识,并有意识地启动它作为促进教育的杠杆。随着近年来系统科学的方法论深入评价领域并产生日益深远的影响,人们又开始重视控制论范畴的另一新概念——前馈作用。所谓前馈,即在系统输出之前,就根据预测的信息,采取相应的措施,以便把失误和偏差消灭在潜在状态。评价的前馈作用,主要体现在制定科学、合理、意义深远的前馈性评价指标体系上,以此为评价的核心和评判实践工作的标准,再利用反馈机制促进这些前馈性指标的达成。

众所周知,学前教育的效益和回报具有迟滞性。如果单纯采取反馈措施进行评价,难以避免某些无法挽回的重大失误。因此,面向未来的教育,必须同时注意发挥评价的反馈和前馈作用,认真而又科学合理地研究与确定评价指标体系,利用前馈和反馈的有机结合的控制机制,推动学前教育的发展沿着正确轨道前进。

小　　结

幼儿园是3至6周岁的幼儿学习、生活、娱乐及保教的场所,是根据幼儿生理、心理发展的客观规律及其年龄特征,对幼儿进行体、智、德、美全面发展教育的机构。

幼儿园具有双重性质:教育性和福利性。

幼儿园的任务是:

1. 幼儿园作为学制教育的基础阶段,与其他各级各类学校一样,担负着保育、教育幼儿,使幼儿在体、智、德、美等方面得到全面发展,为社会主义现代化建设培养建设者和接班人的任务。

2. 幼儿园是一种社会公共育儿机构,担负着其他学校教育机构所没有的为家长服务的特殊任务。

幼儿园教育目标可以划分为:幼儿园教育总目标、教育领域分类目标、幼儿身心素质发展目标、学段(年龄阶段)目标、单元主题教育目标、教育活动目标;还可以划分为:幼儿园教育总目标、各级各类幼儿园教育目标、一个幼儿园教育目标、一个班级的教育目标、不同活动

组的教育目标、每个幼儿个体教育目标。

幼儿园教育原则必须遵循教育的一般原则,同时具备的自身的特点为:

1. 保教结合的原则。
2. 以游戏为基本活动的原则。
3. 发挥一日活动的整体教育功能的原则。
4. 坚持教育的活动性和活动的多样性的原则。
5. 充分利用同伴、家庭、社会的教育资源的原则。

幼儿园教育内容可以划分为健康、语言、社会、科学和艺术五大领域。

幼儿园教育活动按照特征,可以分为生活活动、区域活动、教育活动;按照教育内容,可以分为分学科式教学活动、综合主题式活动(或称单元式主体活动)、按领域分类的活动;按照组织形式,可以分为集体活动、小组活动、个体活动;按照学习方式的不同,可以分为接受式学习活动、体验式学习活动、探究式学习活动、合作式学习活动。幼儿园教育还有全园活动、亲子活动等组织形式。幼儿园教育活动的组织与实施需要通过专门的教育教学活动、游戏活动、日常生活活动、其他类型活动等形式。

学前教育评价是学前教育体系的重要组成部分,是对学前教育活动有关的各个方面和各种问题进行系统的检测和科学的价值判断的过程。

从不同的角度,幼儿园教育评价可以划分为不同的类型。根据评价设计的系统性程度可以分为正式评价和非正式评价;根据评价的范围可以分为整体评价、局部评价、单纯评价、区域评价、全国评价;根据评价的功能可以分为诊断性评价、形成性评价、终结性评价;根据评价的对象可以分为儿童发展评价、教师工作评价、幼儿园课程评价、托幼机构教育质量评价;根据评价的参照体系可以分为常模参照评价、标准参照评价、个体内差异评价;根据评价资料搜集与分析的方式可以分为质的评价、量化评价、混合型评价;根据评价的主体分类可分为内部评价、外部评价、内部与外部相结合的评价。

幼儿园教育评价有鉴定、诊断、改进、激励和导向功能。幼儿园教育评价的基本方法包括:绝对评价法和相对评价法、分解评价法和综合评价法、自我评价法与他人评价法、量化评价法和质的评价法。

当代幼儿园教育评价的理念有评价目的的发展性、评价主体的多元化、评价方法的多样化、评价内容的全面性、评价标准的个体化等特点,评价涉及越来越多的相关领域,评价机构趋于多样化,评价与研究相结合,评价方法技术不断革新,评价为决策提供依据,重视评价的动态过程和反馈与前馈作用。

思 考 题

一、单项选择题

1. 幼儿园的招收对象是(　　)。
   A. 0—3 周岁儿童　　　　　　　　B. 3—6 周岁儿童
   C. 0—6 周岁儿童　　　　　　　　D. 出生至入学前儿童
2. 下列说法错误的是(　　)。
   A. 幼儿园是对幼儿进行全面教育的机构

B. 幼儿园的教育有自身的任务、目标、原则及活动组织形式

C. 幼儿园是学前教育的主要机构之一

D. 我国幼儿园的教育属于义务教育

3. 幼儿园的福利性体现在(　　)。

A. 幼儿园具有慈善性

B. 公办幼儿园不收费

C. 为幼儿提供德、智、体、美等方面的全面教育

D. 幼儿园为幼儿家长服务,为家长的工作学习提供便利

4. 《幼儿园教育指导纲要》将我国幼儿园的教育内容划分为(　　)。

A. 体育、智育、德育、美育

B. 健康、语文、社会、科学、艺术

C. 健康、语言、社会、科学、艺术

D. 语言、计算、美术、舞蹈、音乐

5. 我国幼儿园教育目标是实现幼儿全面发展的教育,其包括(　　)。

A. 促进幼儿德、智、体、美诸方面的全面发展

B. 促进幼儿智、德、体等诸方面的全面发展

C. 促进幼儿美、体、智、德诸方面的全面发展

D. 促进幼儿体、智、德、美诸方面的全面发展

6. 幼儿园应以(　　)为基本活动。

A. 游戏　　　　B. 生活　　　　C. 上课　　　　D. 讲故事

7. 幼儿园一日活动是指(　　)。

A. 教学活动　　　　　　　　　B. 幼儿的自主自由活动

C. 生活活动　　　　　　　　　D. 以上都是

8. 幼儿园的保教原则是(　　)。

A. 保教合一,完整教育　　　　B. 以保为主,以教为辅

C. 寓教育于幼儿园的生活活动之中　　D. 寓教于养,保证幼儿身体健康

9. "引导幼儿参加各种集体活动,体验与教师、同伴等共同生活的乐趣,帮助他们正确认识自己和他人,养成对他人、社会亲近、合作的态度,学习初步的人际交往技能。"这属于幼儿园教育中(　　)领域的内容与要求。

A. 健康　　　　B. 社会　　　　C. 科学　　　　D. 语言

10. "幼儿园教育活动应充分考虑幼儿的学习特点和认知规律,注意内容的综合性、趣味性、活动性,寓教于生活、游戏之中。"这体现了幼儿园教育活动应注意(　　)。

A. 主体性　　　　B. 全面性　　　　C. 整合性　　　　D. 灵活性

二、名词解释

幼儿园　　幼儿园区域活动　　幼儿园教育活动　　幼儿园集体活动　　幼儿园教育评价

三、简答题

1. 简述幼儿园保育和教育的主要目标。

2. 简述制订幼儿园教育目标的意义。

3. 简述幼儿园教育在遵循教育的一般原则的基础上,同时具备哪些自身的特点?
4. 简述幼儿园教育的组织形式有哪些?
5. 根据你的理解,阐述学前教育评价的含义。
6. 如何才能较好地发挥学前教育评价的各项功能?

四、论述题
1. 举例说明幼儿园教育活动在组织与实施的过程中应注意哪些问题?
2. 论述幼儿园教育评价的类型有哪些?

参考答案:

一、单项选择题
1. B 2. D 3. D 4. C 5. D 6. A 7. D 8. A 9. B 10. A

第七章 幼儿园教师

学习目标

1. 应了解、知道的内容
   ◆ 教师的含义。
   ◆ 幼儿园教师的含义。
   ◆ 幼儿园教师专业素养的含义。
   ◆ 幼儿园教师专业发展的含义。
2. 应理解、清楚的内容
   ◆ 幼儿园教师角色与幼儿父母角色的差异。
   ◆ 我国幼儿园教师专业素养的相关标准。
3. 应掌握、会用的内容
   ◆ 幼儿园教师的一般角色定位。
   ◆ 幼儿园教师在幼儿学习活动中扮演的具体角色。
   ◆ 幼儿园教师的职责。
   ◆ 幼儿园教师的权利。
   ◆ 幼儿园教师的义务。
   ◆ 幼儿园教师专业素养的基本构成。
4. 应熟练掌握的内容
   ◆ 幼儿园教师劳动的特点。
   ◆ 幼儿园教师专业发展的主要途径。

建议学时

11学时

教师导学

对于在一定教育机构中承担对学前儿童教育工作的兼职或专职人员，人们一般都称为教师，他们工作的机构十分多样，如0—3岁婴儿教室、儿童俱乐部、儿童绘本馆、托儿所、保育院、少年宫、亲子班、兴趣班、幼儿园等，工作的内容与要求也存在较大的差异，由于学前儿童教师队伍的多样性和复杂性，我们很难将之作为一个统一的整体加以介绍，相比较而言，幼儿园教师在学前儿童教师队伍中是一个非常重要的组成部分，因此，在本章中，我们将就幼儿园教师的角色，幼儿园教师劳动的特点，幼儿园教师的职责、权利和义务，幼儿园教师的专业素养和专业发展进行阐述。需要提醒的是，其他学前教育机构的教师也可以从中获得启示。

该吃点心了,保育教师对我说,今天本应都吃酸奶糖的,可是酸奶糖差四颗,没办法,只好用大软糖来凑数了。于是,我对孩子们说:"今天看谁坐得最端正,表现最好,老师就把大大的软糖发给他吃!"话刚说完,所有的孩子都坐得端端正正。我扫视了一下,说:"波波、涛涛、艺艺、甜甜这几个小朋友最乖,老师把大软糖发给他们吃。""我早知道会是这样的!"棋棋大声地说。我吃了一惊,棋棋为什么这么说呢?我又看了看全班孩子,发现有些小朋友神情失望,有些小朋友神情木然。于是,我走到棋棋身边问:"棋棋,你怎么知道我要叫的是那几个小朋友呢?""袁老师,你平时最喜欢表扬他们,叫他们回答问题,抱他们,亲他们。所以,我想肯定是他们。"我恍然大悟,同时深感内疚。波波、涛涛、艺艺、甜甜几个孩子漂亮、聪明、活泼,平时我对他们总是悉心关照,偏爱有加,想不到孩子们都看在眼里。现在想想,作为一名教师真不该这样……

上面的这则教育笔记摘自《幼儿教育》2004年第四期袁秀娟《我早知道会是这样的》一文,揭示了部分幼儿园教师偏爱幼儿的现象,所幸的是,这篇教育笔记的作者袁老师"恍然大悟"了,但还有多少老师"深处其中"而"不自知"呢?这理应引起我们的警惕。幼儿园教师需要牢记自身专业教育工作者的角色,注意管理自己的情绪情感,在实践中落实"热爱每一个幼儿",不断提升专业素养,获得专业发展。

第一节 幼儿园教师的角色

一、教师与教师角色

(一)教师

教师指在各级各类学校和其他教育机构中专门从事教育教学工作的人员。根据我国《教师法》的有关规定,国家实行教师资格制度,中国公民凡遵守宪法和法律,热爱教育事业,具有良好的思想品德,具备规定的学历或者经国家教师资格考试合格,有教育教学能力,经认定合格的,可以取得教师资格。《教师法》进一步解释了"各级各类学校""其他教育机构""中小学教师"这些用语的含义,其中,"各级各类学校"指实施学前教育、普通初等教育、普通中等教育、职业教育、普通高等教育以及特殊教育、成人教育的学校,"其他教育机构"指少年宫以及地方教研室、电化教育机构等,"中小学教师"指幼儿园、特殊教育机构、普通中小学、成人初等中等教育机构、职业中学以及其他教育机构的教师。值得注意的是,《教师法》中所讲的中小学教师是包含幼儿园教师在内的。

《教师法》高度概括了教师需要承担的责任和享有的便利,指出,教师是履行教育教学职责的专业人员,承担教书育人,培养社会主义事业建设者和接班人、提高民族素质的使命,教师应当忠诚于人民的教育事业;各级人民政府应当采取措施,加强教师的思想政治教育和业务培训,改善教师的工作条件和生活条件,保障教师的合法权益,提高教师的社会地位,全社会都应当尊重教师,每年九月十日为教师节。

(二)教师角色

在社会学上,角色常指个体在特定的社会生活中的身份,以及他人对这种身份的行为期待。角色是围绕地位或职位而产生的权利、义务、行为规范和行为模式的统一体,往往以与一定地位、职位相连的一套规范的形式出现。社会上的每个人都处在特定的地位或职位上,每个人都同时承担了多个角色,比如某幼儿的妈妈,她既是孩子的妈妈,也是丈夫的妻子,父母的女儿,公司的员工,游泳俱乐部的会员,因此每个人都是一个"角色集"。在一个人扮演的多个角色中,不同角色的规范要求可能会存在不一致的地方,比如在忙碌的上班时间,孩子在家里生病了,妈妈的角色要求她马上回家照顾孩子,员工的角色又要求她留在公司高效率地工作,这时便产生了"角色冲突",需要角色主体从中协调,加以解决。

角色作为围绕地位或职位而产生的权利、义务、行为规范和行为模式的统一体,它不仅指社会或者公众对处于某个地位或职位的个体的期望,也包含了社会或者公众需要为处于该地位或职位的个体提供的便利。也就是说,扮演某个角色的个体除了要履行该角色所承担的责任外,还必然会享有该角色带来的权利或利益。没有只享有权利而不履行义务的角色,也没有只履行义务而不享有权利的角色。任何一个角色的功能要想得以充分发挥,其权利与义务必然要取得平衡,实现和谐统一。

社会学中关于角色的论述对于我们理解"教师角色"具有重要的启示。教师角色是人们生活中存在的难以计数的社会角色的一种,由于其自身的专业性,许多国家都实行严格的资格准入制度。我国具有尊师重教的传统,人们对教师角色寄寓了无限的期望,教师角色被赋予了崇高的使命。从对事业的奉献角度讲,教师是"蜡烛",是"孺子牛",是"人梯";从对心灵的哺育与净化角度讲,教师是"人类灵魂的工程师";从教育活动中发挥的作用角度讲,教师是"促进者",是"引导者",是"点燃火炬的人";从师生关系角度讲,教师是学生的"知心朋友""人生导师";从亲师关系角度讲,教师是学生的"临时监护人"。教师角色包含了太多的次级角色,可以说,教师角色本身就是一个复杂的角色丛。

二、幼儿园教师的一般角色定位

幼儿园教师是以幼儿教育为职业的专业工作者,肩负着国家和社会的委托,在幼儿园这种集体教育机构向3—6岁的幼儿进行专门的保育与教育工作。1996年原国家教委颁布的《幼儿园工作规程》在"第六章　幼儿园的工作人员"部分明确提出:幼儿园教师必须具有《教师资格条例》规定的幼儿园教师资格,并符合本规程第三十五条规定。第三十五条的内容是,"幼儿园工作人员应拥护党的基本路线,热爱幼儿教育事业,爱护幼儿,努力学习专业知识和技能,提高文化和专业水平,品德良好,为人师表,忠于职责,身体健康。"幼儿园教师实行聘任制。由于3—6岁幼儿其身体、认知、情感、社会性等身心各方面的发展存在年龄特点和个体差异,同时幼儿园又必须考虑幼儿的特点提供与幼儿身心发展相适宜的教育,幼儿园教师的角色定位也就相应地与中小学某一学科的任课教师、带班班主任等有很大的区别,结合《幼儿园工作规程》中对幼儿园教师职责的相关规定,我们提出,幼儿园教师的一般角色定位如下:

(一) 幼儿园教师是幼儿身心健康的养护者

幼儿是身心尚未发育成熟的未成年人,离开家庭来到幼儿园这个集体教育机构时,吃饭、睡觉、穿衣、饮水等方面的独立生活能力尚未培养起来,在情绪情感上也具有一定的依恋心理,需要经历分离焦虑与本班教师建立起新的依恋关系,适应班级群体的学习生活,这些独特的工作任务要求幼儿园教师不能只是一位教学工作者,不能只限于教好某一门科目,而要成为幼儿身心健康的养护者。养护者的角色对幼儿园教师提出了两个方面的要求:一方面,要照顾好幼儿的一日生活,科学、合理地安排和组织一日生活,确保幼儿在园的人身和物品安全,并做好卫生保健工作,有计划地培养幼儿的独立生活能力;另一方面,还要关注幼儿的情绪情感状况,积极呵护幼儿多方面的心理发展需要,努力提高幼儿的心理健康水平,使幼儿具有健全的人格。

(二)幼儿园教师是教育性环境的创设者

环境是重要的教育资源,幼儿园作为幼儿成长的重要场所,应努力为幼儿创设教育性环境,有效地促进幼儿的发展。班级的空间布局、设施的投放和使用、活动材料等,这些可以触摸的、有形的部分构成了班级中的"物质环境";班级的常规要求、带班教师的态度和管理方式、教师之间的关系与配合、师幼关系等,这些不能触摸的、无形的部分构成了班级中的"精神环境"。具有教育性的物质环境和精神环境共同促进着幼儿的身心发展,教师要通过自身的积极努力,全方位地为幼儿提供适宜的"有准备的教育性环境"。例如,利用窗台上的空间种植土豆、蒜苗等植物,为幼儿创设自然观察角;在班级入口处挂上日历,留出"今日天气"的公告栏等,精心地为幼儿创造有吸引力的、具有美感的生活环境,同时,保证幼儿每天有适当的自主选择和自由活动时间,支持幼儿动手操作、亲身体验和积累直接经验,使班级环境适宜、丰富、温馨和富有吸引力。

(三)幼儿园教师是沟通幼儿与社会的中介

幼儿对社会的了解和认识还十分有限,社会认知、社会情感、社会行为等社会性的方方面面都有待于发展,教师一方面要观察了解幼儿,熟悉本班幼儿的具体情况,另一方面还要熟知国家规定的幼儿园课程标准,领会《3—6岁儿童学习与发展指南》的精神,结合本班制订和执行教育工作计划,完成教育任务。可以说,幼儿园教师站在"幼儿"和"课程"之间,发挥着沟通中介的作用。在实际的幼儿园教育教学活动中,我们经常看到,其中的大部分内容与幼儿的社会生活有关,如认识小区里的车位和门牌号码、开展节日庆祝活动、春游秋游,组织"汽车""公园""幼儿园附近的地图"等主题活动,这些活动是教师在充分考虑幼儿的兴趣和需要的基础上,依据《幼儿园教育指导纲要(试行)》和《3—6岁儿童学习与发展指南》的要求,密切结合幼儿的社会现实生活组织的活动,这些活动能够满足幼儿多方面发展的需要,使他们在快乐的童年生活中获得有益于身心发展的经验。

(四)幼儿园教师是幼儿的榜样示范者

好模仿是幼儿的特点之一,也是幼儿好奇心的一种表现,在幼儿园一日生活中,教师的一言一行都可能会对幼儿产生一定的影响。如果某教师涂了红指甲来幼儿园上班,幼儿看见了,很可能会回家要求家长也把他们的指甲涂红;教师讲故事时带有"然后呢"这样的口头禅,幼儿讲故事时可能也总会说"然后呢"。因此,幼儿园教师在工作中要时时处处事事考虑自己的言行可能会对幼儿带来的影响,将自身的榜样示范作用作为重要的教育途径。欲培养幼儿成为什么样的人、养成什么样的好习惯,首先教师自身也要成为什么样的人、养成相应的好习惯,才能在幼儿心目中留下积极乐观的美好印象。

(五)幼儿园教师是家长提高教育能力的支持者和帮助者

家庭是幼儿重要的合作伙伴,家园共育才能共同促进幼儿的健康成长,为了实现家园共育,幼儿园教师应本着尊重、平等、合作的原则,争取家长的理解、支持和主动参与,并积极支持、帮助家长提高教育能力。为此,教师需要通过多种方式,如家园沟通本、家长园地、家长约谈、e校通群发短信平台等,与家长保持经常联系,也可以通过家访了解幼儿家庭的教育环境,教师只有主动支持和帮助家长不断提高教育能力,经常与家长商讨符合具体幼儿特点的教育措施,争取家长的配合来完成教育任务,才能使幼儿教育的效果最优化,做到心中有每一个幼儿。

(六) 幼儿园教师是幼儿教育的终身学习者和研究者

人们普遍认为,幼儿园教师是一线实践工作者,然而,随着时代的发展和"终身学习"时代的来临,幼儿园教师"终身学习者"的角色也越来越得到认同,不仅如此,幼儿园教师还是幼儿教育的研究者,准确地说是反思型实践者。幼儿园教师的在职学习和研究更多体现为他们对自身的教育教学活动进行科学、理性的反思上,他们的学习与学校学生学习相比具有不同的特点,比如他们是成人学习者和全职工作者,需要学习的内容具有全面性和综合性,其学习方式以日常经验学习为主,对学习效果的评价具有应用取向和功利取向,他们的研究主要采用行动研究、案例研究、叙事研究、园本教研等方法,研究成果能够为自己所用。终身学习者和研究者的角色使得幼儿园教师的专业发展具有了源源不断的推动力量。

三、幼儿园教师在幼儿学习活动中扮演的具体角色

2001年教育部颁布的《幼儿园教育指导纲要(试行)》倡导"教师应成为幼儿学习活动的支持者、合作者、引导者",明确了幼儿园教师在幼儿学习活动中应当扮演的角色。

《纲要》对"支持者、合作者和引导者"角色的进一步阐述是:(1)以关怀、接纳、尊重的态度与幼儿交往。耐心倾听,努力理解幼儿的想法与感受,支持、鼓励他们大胆探索与表达。(2)善于发现幼儿感兴趣的事物、游戏和偶发事件中所隐含的教育价值,把握时机,积极引导。(3)关注幼儿在活动中的表现和反应,敏感地察觉他们的需要,及时以适当的方式应答,形成合作探究式的师生互动。(4)尊重幼儿在发展水平、能力、经验、学习方式等方面的个体差异,因人施教,努力使每一个幼儿都能获得满足和成功。(5)关注幼儿的特殊需要,包括各种发展潜能和不同发展障碍,与家庭密切配合,共同促进幼儿健康成长。

上述内容详细说明了教师应当如何支持、如何合作、如何引导的问题,同时"支持者、合作者和引导者"三种角色定位也体现了教师在幼儿学习活动中与幼儿的关系具有灵活、多样的特点。如何理解教师在幼儿学习活动中的具体角色呢?我们结合一些实际案例来加以说明。

(一) 教师是幼儿学习活动的支持者

"支持者"角色要求教师站在幼儿的背后,为幼儿的学习活动提供所需的物质支持和心理支持。物质支持主要包括提供一定的空间、设施和材料,支持幼儿开展游戏活动和探索活动。例如,幼儿在探索"影子在哪里"时,需要使用手电筒、球、记录纸和笔等物品,教师要及时提供给他们。心理支持要求教师以接纳的态度与幼儿交往,重视幼儿的想法与感受,鼓励他们大胆探索与表达,同时理解幼儿发展进程中的个别差异,支持他们按照自身的速度和方式从原有水平向更高的水平发展。例如,幼儿在户外观察幼儿园内种植的各种树后,开始在纸上画树,教师原来的设想是,全班幼儿都画一棵树,活动时却发现有的幼儿想画柳树,有的幼儿想画梧桐树,还有的幼儿画完了一棵树后还想多画一些"树的朋友",考虑到幼儿的这些想法实际上同样包含着有益的学习经验,没有充足的"非画一棵树不可"的理由,教师就及时调整了活动设计,请幼儿自己选择树来画。

"支持者"角色既包括教师对全班幼儿学习活动的支持,又包括对小组幼儿和个别幼儿学习活动的支持;既包括对幼儿独自学习的支持,也包括对幼儿合作学习的支持。从根本意

义上讲,扮演"支持者"角色,要求教师努力消除自觉不自觉地表现出来的"专制"的一面,避免将自己的想法、做法不讲道理地或者在找出看似合理借口的情况下强加给幼儿,将幼儿的想法、做法同自己预设的想法和做法放在同样重要的位置上一起考察,接纳幼儿实际表现出来的能力水平,相信幼儿的学习潜力,懂得鼓励幼儿充分发挥主动性、独立性和创造性。

(二)教师是幼儿学习活动的合作者

"合作者"角色要求教师站在幼儿的旁边,以伙伴的身份参与幼儿的学习活动,共同推动学习活动的进行。《纲要》将教师扮演合作者角色时的师幼互动称为"合作探究式"的师幼互动,要实现"合作探究式"的师幼互动,教师首先要怀有一颗童心,愿意设身处地地考虑幼儿的表现和反应,对幼儿感兴趣的事情感兴趣,能够降低姿态同幼儿一起做事情、讨论问题、想办法解决遇到的问题。例如,夏天下过雨后,幼儿来到户外准备进行户外活动,发现地上爬了几只蜗牛,就纷纷蹲下来看蜗牛。音乐声响起,幼儿小心翼翼地站在圆点上做操,互相说着,别踩到了蜗牛,做完操后,有幼儿提议要救救蜗牛,因为蜗牛爬在路上很危险,还有的幼儿说要捉几只蜗牛回去,在班里养蜗牛。教师也表现出十分感兴趣的样子,和幼儿一起讨论接下来如何分头行动,有幼儿说在地上画出一个安全的圆圈,就像《西游记》里孙悟空给师傅画的那样,把发现的蜗牛先送到安全圈里,再找个瓶子装蜗牛,拿到班里。讨论好了如何行动,教师就和幼儿一起行动起来,养蜗牛的活动就这样开始了。之后的一段日子,教师和幼儿一起围绕"蜗牛吃什么""怎么睡觉"等问题一起查阅资料、分享资料,以"蜗牛"为主题的一系列教育活动陆陆续续地在班里开展起来。

要实现"合作探究式"的师幼互动,教师还要能够从幼儿教育专业的角度预见到活动的价值,看到幼儿活动的意义,能够敏感地、准确地把握幼儿活动中所包含的关键学习经验。比如,"蜗牛"主题活动可以培养幼儿关爱小动物、珍爱生命的美好情感,掌握查阅资料、分享交流等科学探究的方法,获得印象深刻的关于蜗牛的简单知识等。从根本意义上讲,扮演"合作者"角色,要求教师将幼儿视为与自己一样有思想、有感情、有需要、有主动性、有能力的人,平等地对待幼儿,甚至故意降低姿态做"不知道老师"(承认自己不知道这是什么,或者该怎么办),同幼儿一起尝试错误、解决问题,避免以全知全能的权威身份单向灌输,避免要求幼儿一味被动接受和服从。

(三)教师是幼儿学习活动的引导者

"引导者"角色要求教师站在幼儿的前面,以直接或间接的方式发挥"指引"和"导向"的作用,使幼儿的活动朝着预期的目标发展。教师扮演引导者的角色需要同时具备两个基本条件:一是了解幼儿当前的学习状况和预期教育目标之间的距离,能够准确把握全班幼儿、小组幼儿和个别幼儿的"最近发展区",清楚应该向何处引导幼儿,充分发挥"指南针"的作用。二是掌握并能根据实际情况灵活地运用多种直接或间接的引导方式,懂得"条条大路通罗马""一把钥匙开一把锁",帮助幼儿逐渐达到预期的教育目标。直接的引导方式有讲解、演示、提问、建议、鼓励等,间接的引导方式有自身行为暗示、将操作材料或同伴作为中介等。例如,幼儿进入图书区活动要遵守哪些规则,教师和全班幼儿进行讨论,对于幼儿没有考虑到的规则,如进图书区要脱鞋子,将鞋子放整齐,要保持安静等,教师可以向幼儿说明,建议幼儿将规则写或者画在纸上,这时教师主要扮演了引导者的角色,采用的引导方式主要是讲解、建议等。

由此也可看出,幼儿园教师对幼儿学习活动的引导不仅仅局限于读、写、算等传统意上的学业学习方面,由于幼儿的学习与发展具有整体性,是全方位的,属于"全人教育",会涉及健康、语言、社会、科学、艺术等领域的目标、内容与要求,涉及情感、态度、能力、知识和技能等方面的发展,因此,在扮演引导者角色时,教师在强调引导的发展适宜性和有效性的同时,一定还要强调引导的全面性,特别是在容易被人们所忽视的幼儿的学习品质的培养上,教师要格外留意,绝不能单纯追求知识技能的学习,忽视对好奇心、学习兴趣、积极主动、认真专注、不怕困难、敢于探究和尝试、乐于想象和创造等良好学习品质的培养。

四、幼儿园教师角色与幼儿父母角色的差异

幼儿园教师和幼儿父母都是幼儿成长道路上的重要他人,二者的职责在很多方面是相同的,比如,教师要照顾幼儿的生活,父母也要关心、帮助幼儿学习具体的知识与技能,但这两种角色在本质上却存在很大的差异,了解这些差异,对于各自扮演好自身的角色是十分有益的。美国著名幼教专家丽莲·凯茨(Lilian G. Katz)在《与幼儿教师对话——迈向专业成长之路》一书中曾花了较大的篇幅来论述教师与父母角色的差异问题,见表7-1所示,观点全面而深刻,对我们具有重要的启示。

表7-1 幼儿园教师角色与幼儿父母角色的差异

角色本质	幼儿父母	幼儿园教师
1. 功能范围	全面、无限度	特定、有限度
2. 关爱程度	强	弱
3. 依恋程度	适度依恋	适度疏离
4. 理性	适度非理性	适度理性
5. 自发性	适度自发性	适度目的性
6. 偏爱性	偏心	公平
7. 责任范围	个人	集体

(一)功能范围

如表7-1所示,父母的功能范围是全面而无限度的,幼儿园教师的功能范围则是特定而有限度的,具体来讲,与幼儿有关的所有事情都属于父母"分内的事",都属于父母的职责范围,扮演父母角色根本没有"下班时间",但教师就不同了,教师担负的职责是有明确界定的,比如,《幼儿园工作规程》就明确规定了幼儿园教师的职责范围,而且教师是有较为严格的上下班时间的,超时的服务可能会涉及加班、额外付费等问题。

(二)关爱程度

教师与父母在对幼儿表现出关爱行为的次数和强度上也有明显的区别,一般来讲,父母对幼儿表现出的关爱行为次数更多,在程度上也更加强烈,这与父母与幼儿具有血缘关系、在养育幼儿的过程中父母付出了太多的心血,以及父母常常将幼儿视为自己生命的延续等因素有关。

(三)依恋程度

依恋是一种成人与儿童之间存在的双向关系,指任何一方的行为与情感反应都可以引发另一方的强烈感受与反应,与"依恋"相对的词是"疏离"。父母与子女应当维持适度的、

相互的依恋关系，依恋不足或过度均不可取，而教师与幼儿则应维持适度的疏离关系，即有意识且刻意地与幼儿保持适度的距离。首先，如果无法与幼儿保持适度距离而维持过度亲密关系，教师将会很容易陷入"情感衰竭"的困境，丧失感应的能力，但过度的疏离也会降低教师对幼儿的反应能力，同样无法取得良好的教学效果。其次，保持适度的疏离有助于教师客观地评价幼儿的学习与发展状况。最后，保持适度的疏离还可以防止教师侵犯幼儿的家庭隐私以及防止教师偏心。

（四）理性

父母对幼儿的养育态度应该保持"适度的非理性"，因为过度理性会让幼儿认为父母太冷酷、不慈爱，容易引起幼儿的情绪困扰，过度的非理性又会使幼儿难以预测人际关系，也会引发一连串的行为问题。"适度的非理性"强调父母发自内心对幼儿的各种事情有深入的自我卷入，用"心"来养育幼儿。著名儿童教育家布朗芬布伦纳曾说过："儿童在发展的过程中，需要有一位或多位成人提供长久而且非理性的参与；也就是说，为了让儿童正常发展，'一定要有人为他疯狂'。"与之不同的是，教师对幼儿的态度应保持"适度的理性"，凡事都需要经过审慎的思考，依据自身对幼儿发展、学习以及教学法的了解，理智地设计和组织教育教学活动。

（五）自发性

父母对幼儿的态度应保持"适度的自发性"，这种自发性使父母的行为可能每天都有变化，幼儿可以从这些变化与前后不同的行为中产生假设，并进行尝试和验证，从而了解生活中各种经验的意义。与此相反的是，教师对幼儿的态度应力求保持"适度的目的性"，在教学上应尽量减少自发或随机性的活动与刺激，而增加有计划、有预期目的的刺激活动，以保证幼儿在特定学习内容上的学习效果。

（六）偏爱性

一般来讲，父母都偏爱自己的孩子，把自己孩子的需求放在第一位，还会到处夸奖他们，因为每个孩子都是父母眼中最特别的人。相反，教师对幼儿的态度则力求公平、一视同仁，当父母要求教师给予自己的孩子特殊的照顾或特别的权利时，教师有义务拒绝。正是因为教师能够将自己的专业才能用于自己可能并不特别喜欢的幼儿身上，才显示出了教师的专业性。

（七）责任范围

父母有保护幼儿在文化与种族方面独特性的权利，有权据此要求教师适度地为幼儿做些特别的考虑或安排，但是，教师不仅要顾及集体中的个别幼儿，还要兼顾集体的需求，教师需要在幼儿的个别需求与集体的纪律中求得平衡。

第二节　幼儿园教师劳动的特点

一、劳动对象的主体性和幼稚性

幼儿园教师的工作坚持保育与教育相结合，幼儿作为保教的对象，既具有主体性，是学习和发展的主体，又有幼稚不成熟的一面，身体发育、语言、认知、情感和社会性还都处于发展的过程中，远未发展成熟，幼儿的这些特点决定了幼儿园教师的工作具有鲜明的特点。

(一）劳动对象的主体性

幼儿具有主体性，也就是说具有主动性、独立性和创造性，不是消极被动地接受外部照看的机器，也不是接受知识灌输的容器，而是积极主动地与外部刺激进行相互作用的人。对于教师的照料，幼儿会有自己的感受和喜好，这可能与教师的预期存在差异，对于教师同样方式的照料，不同的幼儿也会产生不同的感受；对于教师施加的教育影响、教师的说教，幼儿往往会根据自己的理解加以选择和接受，他们主动加工着外来的信息，并形成自己的认知结构。例如，教师向幼儿提问，"爸爸买来了2个苹果，妈妈也买来了2个，现在家里一共有多少个苹果？"一名幼儿站起来说，"我不喜欢吃苹果，我喜欢吃香蕉。"

幼儿具有主体性这一特点，决定了幼儿园教师的工作要尊重幼儿的主体性，调动幼儿参与活动的积极性和热情，将教育教学活动的设计和组织视为师幼共同参与、双向互动的过程。教师既要了解幼儿的兴趣、需要、理解水平、行为反应，倾听幼儿的想法和不同的观点，积极创造条件让幼儿发挥主动性、独立性和创造性，同时也要"随时能够接住幼儿抛过来的球再以某种适当的方式抛过去"，与幼儿之间进行积极有效的师幼互动。

（二）劳动对象的幼稚性

幼儿具有幼稚性，所积累的社会经验和达到的身心发展水平尚十分有限，对周围环境中的危险因素缺乏足够的认识，对事情的认识和处理常常充满了天真和幼稚的表现。例如，某位大班幼儿练习自己梳小辫，她想从中间将头发分开梳成两个小辫，两个小辫都扎起来后，她一摸竟发现两个小辫中间还有一绺头发没有扎起来，于是就找来剪刀将这绺头发剪掉，这样她自己感觉终于将头发梳好了。幼儿是不成熟的、正处于发展过程中的人，这一特点要求教师在尊重幼儿主体性的同时客观地把握幼儿的年龄特点和现实发展水平，对于幼儿各种不成熟的表现进行适当的引导，逐步促进幼儿在原有的发展水平上获得充分的发展，绝不能绝对化地理解"尊重幼儿主体性"这一理念，而放弃了自己应当承担的教育责任。

二、劳动任务的全面性和细致性

（一）劳动任务的全面性

幼儿园教师的工作职责从其范围上讲是十分全面的，他们既要承担保育的工作，又要承担教育的工作，既要负责幼儿的学习，又要负责幼儿的生活，既要保护幼儿的安全，管理好幼儿的一日生活，配合保育员做好班级的卫生保健工作，又要观察了解幼儿，依据《幼儿园教育指导纲要（试行）》《3—6岁儿童学习与发展指南》指导幼儿在体、智、德、美几个方面获得全面的发展，还要与幼儿家长保持经常联系，了解幼儿家庭的教育环境，与家长商讨教育措施，共同配合完成教育任务，此外，在日常工作的同时还要注重业务学习和幼儿教育研究活动，紧跟时代的步伐。

（二）劳动任务的细致性

幼儿园教师的工作不仅是全面的，而且是非常细致的。由于幼儿独立生活、独立活动的能力较差，他们还不能够很好地保护和照顾自己，在幼儿园的一日或半日活动中，需要教师给予细致入微的照料和教育。可以这样讲，幼儿园教师几乎要关心幼儿生活中的每一件事情，关心幼儿生活和学习中的每一个细节。例如，幼儿洗手的行为习惯如何？他们拧开水龙头的力度大小是否适宜？有没有使用洗手液或者香皂？搓手是否全面细致？有没有将水洒到地上？将水洒到地上后是否能有意识地避免摔倒？是否能及时擦干净？

在幼儿园里,教师面向幼儿的工作从时间分布上看,是"不漏秒"地持续进行的,这对教师工作的全面性和细致性也提出了非常高的要求。从幼儿"入园"到"离园"一天或半天的"带班"活动由各个环节稳定而有序地构成,每一个环节都要在教师的关注或组织之下进行,即便是幼儿午睡环节,教师也要做许多相关的保教工作,如午睡前营造有助于幼儿入睡的气氛,午睡过程中关注和适当调整幼儿的睡姿,及时提醒幼儿小便,在需要时给幼儿盖好被子等。教师要细心钻研如何适宜、高效地组织各个环节的活动,此外,还要研究如何做好各环节之间的衔接和过渡,比如带领幼儿排好队从室内来到户外,如何在确保安全、有序和高效的基础上,探索有助于培养幼儿自我管理意识和能力的好方法。

在我国实行计划生育政策的背景下,幼儿家长对幼儿园教师的保教工作不断提出更高的要求。我们知道,在幼儿园里两名教师要面对 25~35 名幼儿,在家里是几位家长面对 1 个孩子,家长常常将幼儿在幼儿园里的一天和在家的一天做比较,并以此评价幼儿园教师的工作是否细致。例如,某幼儿园在每个班都安装了联网的视频监控,家长将孩子送到幼儿园后,就会坐在家里看监控,一旦发现自己孩子被照顾不周的情况,如孩子的裤子前后穿反了,孩子的头发乱了,孩子的脖子上好像被蚊子叮了一下,就会马上给园长打来电话要求带班教师及时处理。家长的监督既使教师感受到了极大的工作压力,也成为他们尽心尽力照顾和教育每一个幼儿的动力。

三、劳动过程的创造性

幼儿园教师的工作极具创造性。这既与幼儿的特殊性有关,也与幼儿教育情境的复杂性有关。

一方面,幼儿不是没有生命、等待被加工的物,而是活生生的人,处于迅速发展变化的阶段,他们不仅生活在幼儿园中,还生活在各自的家庭、广泛的社会中,来自家庭和社会的影响因素会对幼儿的发展产生重要的影响,教师要关注影响幼儿成长的多方面因素,不断地用新的眼光去看待眼前的幼儿。而且,幼儿园教师面对的常常是一个班级的幼儿,他们在世界上都是独一无二的,他们具有不同的生活经历、兴趣爱好、行为习惯、性格特点和能力水平,教师要了解每个幼儿的独特之处,因材施教,做到"一把钥匙开一把锁",促进每个儿童健康成长,这使这项工作充满创造性,没有固定不变的模式或统一的操作程序。

另一方面,幼儿教育的情境是十分复杂的,教育教学工作具有很强的探索性和艺术性,教无定法,教师单纯依靠照搬以往的经验是很难取得良好教育教学效果的,他们必须充分发挥创造性,结合本班幼儿的发展需要、学习需求,灵活地选择具体的教育内容,选用与之相适宜的教育方法,积极反思教育教学活动的得与失,并在此基础上积极探索更有价值的教育内容、更有效的教育教学方法。而且,在幼儿园的一日生活中,许多教师预想不到的事情也会随时发生,比如,某幼儿过生日,家长突然把蛋糕送到了班里,希望该幼儿能和全班小朋友一起过生日,再比如,幼儿正在户外活动时,几辆消防车从幼儿园外面呼啸而过,引起了幼儿的极大兴趣,面对这些偶然发生的事情,教师需要做出迅速的、恰当的处理,及时发现偶发事件中所隐含的教育价值,并能把握时机,积极引导,使幼儿获得印象深刻的学习经验。

四、劳动手段的主体性

幼儿园教师的劳动手段,具有很强的主体性。幼儿爱模仿,模仿是幼儿的一种重要的学习方式,在幼儿园一日生活中,教师常常是幼儿模仿的对象。同时,幼儿对教师也充满特殊的信任、尊重和依恋的情感,"亲师"表现明显,教师在幼儿心目中具有甚至超过其家长的权威地位,我们常常会听到幼儿讲,"我们老师说……",因为是老师提出的要求,幼儿就会自觉地遵守,努力成为老师心目中的好孩子。幼儿的这些心理特点要求幼儿园教师要时时处处严格要求自己,能够堪称幼儿的好榜样,做到为人师表,并且在工作中,重视自身日常态度言行对幼儿发展的重要影响与作用,每日三省吾身,检讨不足,不断完善自我。

五、劳动成效的长期性和潜在性

幼儿园教师从事的是育人的工作,其工作成效常常不能马上显现出来,让人观察到、感受到,它往往需要经历一段较长的时间才能够显现出来,具有长期性和潜在性。它明显不同于一些短期的培训班,如游泳班等,有立竿见影的效果,容易被验证。工作成效的长期性和潜在性特点决定了幼儿园教师必须长期坚持付出精力和心血来促进幼儿的全面发展,坚持不懈地实施素质教育,为幼儿一生的发展打好基础,同时还要积极争取家长对工作成效的认可,争取家长的支持与配合,家园密切合作,共同为幼儿的发展创造良好的条件。

第三节 幼儿园教师的职责、权利和义务

在我国,幼儿园是对3周岁以上学龄前幼儿实施保育和教育的机构,幼儿园教育作为基础教育的有机组成部分和学校教育制度的基础阶段,受到人们的广泛重视。教师是受社会委托全面负责一个班的幼儿身心发展的重要工作人员,教师在幼儿园切实履行职责,享有合法的权利,履行应尽的义务,对于确保幼儿园保教质量、促进幼教事业的可持续发展具有重要的意义。

一、幼儿园教师的职责

《幼儿园工作规程》对幼儿园教师的职责做出了明确规定,提出,幼儿园教师对本班工作全面负责,其主要职责如下:

1. 观察了解幼儿,依据国家规定的幼儿园课程标准,结合本班幼儿的具体情况,制订和执行教育工作计划,完成教育任务;

2. 严格执行幼儿园安全、卫生保健制度,指导并配合保育员管理本班幼儿生活和做好卫生保健工作;

3. 与家长保持经常联系,了解幼儿家庭的教育环境,商讨符合幼儿特点的教育措施,共同配合完成教育任务;

4. 参加业务学习和幼儿教育研究活动;

5. 定期向园长汇报,接受其检查和指导。

二、幼儿园教师的权利

1993 年公布、1994 年 1 月 1 日起施行的《中华人民共和国教师法》在"第二章　权利和义务"部分明确规定,教师享有下列权利:

1. 进行教育教学活动,开展教育教学改革和实验;
2. 从事科学研究、学术交流,参加专业的学术团体,在学术活动中充分发表意见;
3. 指导学生的学习和发展,评定学生的品行和学业成绩;
4. 按时获取工资报酬,享受国家规定的福利待遇以及寒暑假期的带薪休假;
5. 对学校教育教学、管理工作和教育行政部门的工作提出意见和建议,通过教职工代表大会或者其他形式,参与学校的民主管理;
6. 参加进修或者其他方式的培训。

三、幼儿园教师的义务

权利和义务总是对等的。1993 年公布、1994 年 1 月 1 日起施行的《教师法》在"第二章　权利和义务"部分也明确规定了教师的义务,提出,教师应当履行下列义务:

1. 遵守宪法、法律和职业道德,为人师表;
2. 贯彻国家的教育方针,遵守规章制度,执行学校的教学计划,履行教师聘约,完成教育教学工作任务;
3. 对学生进行宪法所确定的基本原则的教育和爱国主义、民族团结的教育,法制教育以及思想品德、文化、科学技术教育,组织、带领学生开展有益的社会活动;
4. 关心、爱护全体学生,尊重学生人格,促进学生在品德、智力、体质等方面全面发展;
5. 制止有害于学生的行为或者其他侵犯学生合法权益的行为,批评和抵制有害于学生健康成长的现象;
6. 不断提高思想政治觉悟和教育教学业务水平。

第四节　幼儿园教师的专业素养与专业发展

一、幼儿园教师的专业素养

(一) 幼儿园教师专业素养的含义

专业素养是专门职业对从业人员的整体要求。有资料显示,关于"教师专业素养"的研究最早起源于 1896 年克拉茨(Kratz)采用问卷调查的方法对优秀教师的素质所进行的研究,随着社会对教师专业发展越多越重视,许多国家先后确立了不同专业发展阶段教师专业素养的标准,相关的研究也大量涌现。有研究者指出,教师的"专业素养"是"教师拥有和带往教学情境的知识、能力和信念的集合,它是在教师具有良好的先存特性的基础上经过正确而严格的教师教育所获得的",它"以一种结构形态而存在"。自幼儿园教师职业产生以来,人们也开始关注达到什么要求的人能够从事这一工作。幼儿园教师专业素养就是幼儿园教师这一专门职业对从业人员提出的整体要求。

(二) 幼儿园教师专业素养的基本构成

尽管不同研究者列出的专业素养的基本构成说法不一,但大体上都包含了以下三个方面的基本构成,即专业理念与师德、专业知识和专业能力。

1. 专业理念与师德

专业理念是专业人员对自身专业的性质、标准、价值等的理解、判断、期待与认同,指引着专业人员的思考方式和行为举止。幼儿园教师的专业理念是指幼儿园教师在对教育工作本质理解基础上形成的关于教育的观念和理性认识,它直接决定教师组织保教活动的目的、内容和方式,影响其保教活动的效果以及自身专业发展的方向。

师德即教师的职业道德,也称为教师的专业伦理规范,是教师在长期的教育教学实践中形成的比较稳定的道德观念、行为规范和道德品质的综合,是教师的思想觉悟、道德品质和精神面貌的集中体现。幼儿园教师的师德是一定社会对幼儿园教师的职业行为提出的基本道德要求,它一般通过幼儿园教师与幼儿、同事、家长等相关人群的交往表现出来。幼儿园教师以3至6、7岁的年幼儿童作为服务对象,一般来说,职业的服务对象越弱小,其从业人员的职业道德就越显重要,人们常说"幼儿园教师的工作'关起门来就是良心活儿'",讲的就是这个道理。

幼儿园教师的专业理念与师德一般涉及"职业理解与认识""对幼儿的态度与行为""幼儿保育和教育的态度与行为"和"个人修养与行为"等方面。

2. 专业知识

专业知识是特定专业领域里被实践证明是真实准确的、可以指导该领域的实践问题的经验,从业者要胜任这一专业化的职业,就必须具备这些知识。教师的专业知识是胜任教育教学工作所必须具备的知识,是被教育实践证明了的、真实准确的、可以指导教育教学实践中的问题的经验,它是教师专业理念和专业能力的基础。

许多研究者围绕"教师应该具有哪些知识"进行了深入的研究,各自提出了教师专业知识的类型,较为有代表性的有"本体性知识、程序性知识和现代教育技术知识"三类知识的观点,其中,本体性知识指所教学科的专业知识,程序性知识指教师如何将其具有的学科知识"心理学化"以便于学生理解的知识,涵盖教育学、心理学和教学法等知识,现代教育技术知识指了解和运用现代教育技术方面的知识,如多媒体、幻灯机、摄像机等的了解和运用。

幼儿园教师由于服务对象的特点和由此带来的幼儿园教育工作的特殊性,幼儿园教师的专业知识也有自身的相对独特性,幼儿园教师的专业知识一般涉及"幼儿发展知识"、"幼儿保育和教育知识"和"通识性知识"等方面。

3. 专业能力

知识是能力形成的基础和条件,但仅有知识是远远不够的。专业能力是在专业实践中解决问题的水平。教师的专业能力是教师专业化在教育实践中的集中体现,它直接影响着教育教学的实效和儿童的发展。

幼儿园教师的专业能力是一般能力的合理整合和特殊发展,是在系统学习教育专业知识的基础上在幼儿园保教实践中发展起来的、反映幼儿园教师职业活动要求的能力体系。它作为幼儿园教师专业化发展在教育实践中的集中体现,直接影响着幼儿园的保教质量和幼儿的发展。幼儿园教师的专业能力一般涉及"环境的创设与利用""一日生活的组织与保育""游戏活动的支持与引导""教育活动的计划与实施""激励与评价""沟通与合作"和"反思与发展"等方面。

(三)我国幼儿园教师专业素养的相关标准

幼儿园教师作为履行幼儿园教育教学工作职责的专业人员,需要经过严格的培养与培训,具有良好的职业道德,掌握系统的专业知识和专业技能。为保证幼儿园教师队伍的质量,规范幼儿园教师专业发展,建设高素质幼儿园教师队伍,许多国家和地区从幼儿园教师专业素养的角度制定了相关的专业标准。在一些国家,幼儿园教师专业素养的相关要求已形成了连续的标准体系,涉及职前专业准备标准、职业准入标准、合格教师标准和优秀教师标准等若干个"阶梯"。我国幼儿园教师专业素养的相关标准也呈现出规范化、体系化、阶梯化的发展趋势,由职前专业准备标准、职业准入标准、合格教师标准构成,目前,我国优秀幼儿园教师专业标准也在研制之中。

教育部 2011 年 10 月 8 日颁布的《教师教育课程标准(试行)》制定了教育类课程的标准,提出,幼儿园职前教师教育课程要帮助未来教师充分认识幼儿阶段的特性和价值,理解"保教结合"的重要性,学会按幼儿的成长特点进行科学的保育和教育;理解幼儿的认知特点和学习方式,学会把教育寓于幼儿的生活和游戏中,创设适宜的教育环境,保护与发展幼儿探究、创造的兴趣,让幼儿在愉快的幼儿园生活中健康地成长。在幼儿园职前教师教育课程目标部分,从"教育信念与责任""教育知识与能力"和"教育实践与体验"三个目标领域对未来教师详细列出了 9 条目标 38 项具体要求。该标准可以称为幼儿园教师职前专业准备标准。

教育部 2011 年 10 月颁布并在试点省份开始试行的《中小学和幼儿园教师资格考试标准》是我国教师职业准入的国家标准,其中幼儿园教师资格考试标准是我国幼儿园教师的职业准入标准。在幼儿教师的"考试内容"部分提出了"职业道德与基本素养""教育知识与应用"和"保教知识与能力"3 个一级指标、10 个二级指标、40 项三级指标。该标准是制定幼儿园教师资格考试大纲以及命题的依据。

教育部 2012 年 2 月颁布了《幼儿园教师专业标准(试行)》,该标准是国家对幼儿园合格教师专业素质的基本要求,是判断已在职场工作的幼儿园教师是否合格、是否能够胜任的标准,是幼儿园教师实施保教行为的基本规范,是引领幼儿园教师专业发展的基本准则,是幼儿园教师培养、准入、培训、考核等工作的重要依据,它的颁布具有重要的意义。《专业标准》共包括基本理念、基本内容和实施建议三部分,在"师德为先、幼儿为本、能力为重、终身学习"的基本理念下,对幼儿教师的专业素质做了详细的阐述。《专业标准》的基本内容分为维度、领域和基本要求三个层级,涉及"专业理念与师德""专业知识"和"专业能力"三个维度、14 个领域,共计 62 项基本要求,见表 7-2 所示。三个维度的内容相辅相成,共同构成了国家对合格幼儿园教师专业素质的要求。

表 7-2 我国幼儿园教师专业标准的基本构成

维度	领域	基本要求的数量在总体中所占的百分比
专业理念与师德(20)	1. 职业理解与认识(5)	32.3
	2. 对幼儿的态度与行为(4)	
	3. 幼儿保育和教育的态度与行为(6)	
	4. 个人修养与行为(5)	

续表

维度	领域	基本要求的数量在总体中所占的百分比
专业知识（15）	5. 幼儿发展知识（5）	24.2
	6. 幼儿保育和教育知识（6）	
	7. 通识性知识（4）	
专业能力（27）	8. 环境的创设与利用（4）	43.5
	9. 一日生活的组织与保育（4）	
	10. 游戏活动的支持与引导（4）	
	11. 教育活动的计划与实施（4）	
	12. 激励与评价（3）	
	13. 沟通与合作（5）	
	14. 反思与发展（3）	

注：小括号中的数字为该维度或该领域所包含的基本要求的数量。

"专业理念与师德"在《专业标准》的结构框架中居于首要位置，体现了"师德为先"的基本理念。在《专业标准》提出的62项基本要求中，"专业理念与师德"共20项，占总数的32.3%。关于教师职业道德规范，教育部曾颁布过一份重要的文件，详细列出了六条内容，详见"知识拓展7"，对于幼儿园教师自觉遵守职业道德要求具有重要指导意义。

【知识拓展7】 中小学教师职业道德规范

《中小学教师职业道德规范》（2008年修订）

1. 爱国守法。热爱祖国，热爱人民，拥护中国共产党领导，拥护社会主义。全面贯彻国家教育方针，自觉遵守教育法律法规，依法履行教师职责权利。不得有违背党和国家方针政策的言行。

2. 爱岗敬业。忠诚于人民教育事业，志存高远，勤恳敬业，甘为人梯，乐于奉献。对工作高度负责，认真备课上课，认真批改作业，认真辅导学生。不得敷衍塞责。

3. 关爱学生。关心爱护全体学生，尊重学生人格，平等公正对待学生。对学生严慈相济，做学生良师益友。保护学生安全，关心学生健康，维护学生权益。不讽刺、挖苦、歧视学生，不体罚或变相体罚学生。

4. 教书育人。遵循教育规律，实施素质教育。循循善诱，诲人不倦，因材施教。培养学生良好品行，激发学生创新精神，促进学生全面发展。不以分数作为评价学生的唯一标准。

5. 为人师表。坚守高尚情操，知荣明耻，严于律己，以身作则。衣着得体，语言规范，举止文明。关心集体，团结协作，尊重同事，尊重家长。作风正派，廉洁奉公。自觉抵制有偿家教，不利用职务之便谋取私利。

6. 终身学习。崇尚科学精神，树立终身学习理念，拓宽知识视野，更新知识结构。潜心钻研业务，勇于探索创新，不断提高专业素养和教育教学水平。

"专业知识"在《专业标准》的结构框架中居于中间位置，在《专业标准》提出的62项基本要求中,"专业知识"共15项,占总数的24.2%,"专业知识"包括幼儿发展知识、幼儿保育和教育知识、通识性知识三个领域。专业知识是《专业标准》基本内容三个维度中内容最少的部分,但这并不意味着专业知识不重要,而是因为,身在职场的幼儿园教师理应是经过教师资格考试并取得教师资格证的,他们已经具备了全面系统的专业知识,作为对身在职场的幼儿园教师提出的专业标准,其中所强调的只是与教师保育教育工作实践密切相关的重要专业知识。这也意味着,教师在提升自身的专业知识时,应重点考虑这15条基本要求,但不能仅局限于此。

"专业能力"在《专业标准》的结构框架中居于重要位置,体现了"能力为重"的基本理念。在《专业标准》提出的62项基本要求中,"专业能力"共27项,占总数的43.5%,是基本内容三个维度中内容最多的部分。"专业能力"部分提出了全方位的、具有很强实用性的能力要求。

深入领会上述标准的要求并付诸实践,将能提升幼儿园教师队伍的专业素养,为确保幼儿园保教的整体质量奠定坚实的基础。这些标准犹如一盏盏指路明灯,将引领幼儿园教师队伍向着高素质和专业化的方向不断前进。

二、幼儿园教师的专业发展

(一)幼儿园教师专业发展的含义

关于"教师专业发展",通常存在两种不同的理解,即"教师专业"的发展和教师的"专业发展"。前者指教师职业的历史演变、专业化进程,是从群体的角度来谈的。后者指教师个体由非专业人员成为专业人员的成长过程,是从个体的角度来谈的。

一种职业能否称得上是专业需要符合三大基本特征:具有不可或缺的社会功能;具有完善的专业知识和成熟的专业技能;具有高度的专业自主权和权威性的专业组织。对照上述标准,尽管从目前我国幼儿园教师职业的现状来看,幼儿园教师职业的专业特性要得到全社会的广泛认可还有待时日,它离成熟的专业还有很长的路要走,但幼儿园教师职业是一种专业,这种判断已经成为越来越多研究者、教育管理人员以及幼儿园教师的共识。职业的现状并未阻挡教师追求群体专业化的脚步。2012年教育部颁布的《幼儿园教师专业标准(试行)》明确提出了"认同幼儿园教师的专业性和独特性,注重自身专业发展"的要求,为实现教师个体的专业发展和群体的专业化提供了有力的支持。

在本节,如无特别说明,我们所谈的幼儿园教师的专业发展均指幼儿园教师个体的专业发展,指教师个体专业性不断增强的历程,即通过接受专业培养、培训和自身的主动学习,在专业理念与师德、专业知识、专业能力等方面不断发展和完善,由专业新手逐步成长为专家型教师的过程。

(二)幼儿园教师专业发展的主要途径

幼儿园教师的专业发展一般有两条途径:外控式的培养培训和内驱式的自主发展。前者指对幼儿园教师进行有目的、有计划的培养和培训,使其达到社会对幼儿园教师在不同发展阶段提出的相应要求;后者指幼儿园教师有意识的自我完善与发展,它来自幼儿园教师在幼教事业上不断追求自身价值实现的努力。这两条途径常常交织在一起,共同助推幼儿园教师实现专业发展。

1. 外控式的培养培训

（1）职前培养

职前培养为幼儿园教师的专业发展奠定了重要的基础。在20世纪80年代以前，我国幼儿园教师的职前培养主要由中等幼儿师范学校、中等师范学校和职业高中的幼师班承担，应届初中毕业生通过参加中招考试、专业面试，在自愿报考的基础上被择优录取到这些学校学习3年，掌握基本的幼教专业知识和技能之后，被分配到幼儿园、保育院、学前班等托幼机构任教，成为在编教师。20世纪80年代以后，全国一些高等师范院校的学前教育专业、高等幼儿师范专科学校开始招收高中毕业生，经过两年的培养，他们作为大专层次的幼教专业毕业生被分配到托幼机构工作，成为在编教师。当时本科层次的学前专业毕业生一般不直接进入幼儿园工作，而是到中等幼儿师范学校、中等师范学校等教育机构工作，成为"幼儿园教师的教师"。

20世纪90年代以来，随着我国师范教育结构的不断调整，三级师范的格局（中专、大专、本科）逐渐被二级师范（大专、本科）所取代，中等幼儿师范学校、中等师范学校大量减少，与此同时，社会对更高文化层次幼儿园教师的需求日渐强烈，在此形势下，一些较有实力的中等幼儿师范学校纷纷升格为高等幼儿师范专科学校，或者增设大专班，一些高等师范院校和综合性大学的学前教育专业也纷纷从教育系中独立出来，成立专门的学前教育系、学前教育研究所，或者与当地的高等幼儿师范专科学校、幼儿师范学校合并，组建学前教育学院，从中专、大专、本科到研究生的幼儿园教师培养的新格局逐渐形成，见表7-3所示。不同学历层次的毕业生主要通过参加招录幼儿园新教师的选拔性考试进入幼儿园工作，成为在编教师。

表7-3 我国幼儿园教师的职前培养体系

学历层次	主要机构	学制
中专	中等幼儿师范学校 中等师范学校幼师班 职业高中幼师班	3年
大专	高等幼儿师范专科学校 幼儿师范学院 师范学院	2年（高中起点） 5年（初中起点）
本科	师范学院 师范大学	4年
硕士		2年（全日制专业学位硕士研究生） 3年（全日制学术型研究生）
博士	师范大学	3年

需要特别指出的是，目前我国幼儿园教师的培养已经由封闭走向开放，1993年颁布、1994年1月1日起施行的《中华人民共和国教师法》规定："各级师范学校毕业生，应当按照国家有关规定从事教育教学工作。国家鼓励非师范高等学校毕业生到中小学或者职业学校任教。""国家实行教师资格制度。"根据2000年我国发布实施的《〈教师资格条例〉实施办法》，师范生可以申请直接认定相应的教师资格，其他符合学历要求的人员则需要经过相关

的测试,在提交所需的一系列材料后才能申请认定教师资格。教师资格制度的全面实施是开放式教师培养体系的制度保障,为社会人员从教开辟了一条渠道,有利于吸引优秀人才从事教育工作。

为了加强中小学和幼儿园教师队伍建设,提高教师队伍整体素质,完善教师资格制度,严把教师入口关,促进教师专业化,2011年10月教育部颁布了《关于开展中小学和幼儿园教师资格考试改革试点的指导意见》,颁布了考试标准、笔试大纲和面试大纲,同年在浙江、湖北两省开展教师资格考试改革试点,2012年试点省份新增上海、河北、海南和广西,2013年试点省份又增加了山西、安徽、山东、贵州。在试点省份,当年新入校的师范类学前教育专业学生在毕业时也需要参加幼儿园教师资格考试才能取得幼儿园教师资格,并且破除教师资格终身制,实行五年一个周期的定期注册制度。

为落实教育规划纲要,深化教师教育改革,规范和引导教师教育课程与教学,培养造就高素质专业化教师队伍,2011年10月8日教育部出台《关于大力推进教师教育课程改革的意见》和《教师教育课程标准(试行)》,提出了国家对教师教育机构设置教师教育课程的基本要求,其中包含幼儿园职前教师教育课程目标与课程设置。《教师教育课程标准(试行)》要求,幼儿园职前教师教育课程要帮助未来教师充分认识幼儿阶段的特性和价值,理解"保教结合"的重要性,学会按幼儿的成长特点进行科学的保育和教育;理解幼儿的认知特点和学习方式,学会把教育寓于幼儿的生活和游戏中,创设适宜的教育环境,保护与发展幼儿探究、创造的兴趣,让幼儿在愉快的幼儿园生活中健康地成长。该标准从目标领域、目标、基本要求三个层级描述了幼儿园职前教师教育课程目标,从学习领域、建议模块和学分要求三个方面对课程设置提出了要求,详细列出了幼儿园教师在职前阶段应当学习的内容和达到的要求,该标准作为国家认定教师资格的重要依据,将指导和规范教师教育机构的课程与教学,也为有志于成为幼儿园教师的学习者提供了重要参考。

(2) 职后培训

为提高思想政治和业务素质,对已经取得教师资格的幼儿园在职教师进行的培训,我们通常称为幼儿园教师继续教育。根据教育部1999年颁布的《中小学教师继续教育规定》,参加每五年为一个培训周期的继续教育是教师的权利和义务,继续教育的考核成绩是教师职务聘任、晋级的依据之一,需要说明的是,该规定所称的中小学教师,是包括幼儿园教师的。幼儿园应有计划地安排教师参加继续教育,并组织开展园内多种形式的培训。

《中小学教师继续教育规定》明确提出,中小学教师继续教育分为非学历教育和学历教育。非学历教育包括:(1)新任教师培训:为新任教师在试用期内适应教育教学工作需要而设置的培训,培训时间应不少于120学时。(2)教师岗位培训:为教师适应岗位要求而设置的培训,培训时间每五年累计不少于240学时。(3)骨干教师培训:对有培养前途的中青年教师按教育教学骨干的要求和对现有骨干教师按更高标准进行的培训。学历教育是对具备合格学历的教师进行的提高学历层次的培训。

《中小学教师继续教育规定》还提出,各级教师进修院校和普通师范院校具体实施中小学教师继续教育的教育教学工作;综合性高等学校、非师范类高等学校和其他教育机构,经教育行政部门批准,可参与中小学教师继续教育工作;经主管教育行政部门批准,社会力量可以举办中小学教师继续教育机构,但要符合国家规定的办学标准,保证中小学教师继续教育质量。

  2011年教育部颁布的《教师教育课程标准（试行）》对在职教师教育课程也提出了规范要求，提出，学历教育课程方案的制订要考虑教师教育机构自身的培养目标、学习者的性质和特点，并参照在职教师教育课程设置框架；非学历教育课程方案的制订要针对教师在不同发展阶段的特殊需求，参照在职教师教育课程设置框架，提供灵活多样、新颖实用、针对性强的课程，确保教师持续而有效的专业学习。

  在职教师的学习具有特殊性，他们是成人学习者和全职工作者，需要学习的内容具有全面性和综合性，其学习方式以日常经验学习为主，对学习效果的评价具有应用取向和功利取向，这些特点决定了只有充分利用教师自身的经验与优势，密切联系教育实际，注重学用结合，才能不断增强在职教师教育课程的针对性和实效性，并最终促进教师专业发展。目前各地幼儿园纷纷开展的园本教研活动就是十分有价值的探索，它主要由幼儿园发起组织，立足本园实际确定教研主题，在园内外专家引领下，教师充分参与互动，持续性地开展一系列研讨活动，并及时将研讨成果在实践中加以应用和检验，教研、科研、培训三位一体。实践证明，园本教研活动在提高幼儿园教育质量、促进教师专业发展上取得了明显的成效，值得广泛推广。

  2. 内驱式的自主发展

  近年来，幼儿园教师的自主发展受到日益广泛的重视，人们逐渐认识到，能否自主发展是关系到幼儿园教师能否实现可持续发展的关键。一般认为，自主发展主要包括三个方面：

  （1）自主发展的意识与动机

  自主发展的意识与动机，即能否意识到教师是自主发展的，是否有主动发展的动机。幼儿园教师自主发展的意识与动机与其成就动机密切相关。成就动机是指由成就欲望转化而来的个体对自己认为重要的、有价值的事情愿意去做，并力求达到成功的一种内在动机。幼儿园教师的成就动机存在个体差异，高成就动机的教师倾向于确立较高的目标，并为他们确立的高目标付出努力，他们有自主发展的意识，自主发展的动机强烈；低成就动机的教师则倾向于确立较低的目标，甚至缺乏专业发展的明确目标，情愿安于现状、得过且过，他们没有自主发展的意识，缺乏自主发展的内在动力。

  （2）自主发展的规划

  自主发展的规划即是否制订适合自己专业发展的目标、计划。自主发展的规划作为幼儿园教师为自己的专业发展设计的"施工蓝图"，能够引导、监督和鞭策教师自身的专业发展。在制订此规划时，教师首先必须了解专业发展的阶段理论，全面分析自身专业发展的实际状况，准确判断目前所处的发展阶段，预期将来可能的发展方向，然后详细列出短期与长期的发展目标，安排好完成各项发展任务的进度表，为下一步行动的跟进奠定必要的基础。

  （3）自主发展的行动

  自主发展的行动即是否将自主发展的观念落实到具体的行动中。自主发展的行动既包括幼儿园教师在保教实践中针对现实需要与问题进行的探索与尝试，也包括对自身专业实践的不断反思和持续性的改进。美国心理学家波斯纳曾提出了一个教师成长的公式：经验＋反思＝教师成长，这一公式得到了广泛的关注，它非常深刻地揭示了经验、反思与成长的关系，它告诉我们，仅有经验，或仅有反思，对于获得专业成长都是不够的。为此，幼儿园教师可以通过撰写反思笔记、专业发展日记，随时记下自己的感受、思考、困惑、改进等，来帮助自己对每天的保教工作进行教育反思，从而不断审视和改进自己的教育教学行为，即对自身经验进行反思,反思也将带来实践上的相应改变,从而使经验与反思发生有效的、及时的互动,有力地支持和促进自身的专业成长。

小 结

教师指在各级各类学校和其他教育机构中专门从事教育教学工作的人员。教师角色是人们生活中存在的难以计数的社会角色的一种,实行严格的资格准入制度。幼儿园教师是以幼儿教育为职业的专业工作者,肩负着国家和社会的委托,在幼儿园这种集体教育机构向3—6岁的幼儿进行专门的保育与教育工作。

幼儿园教师的一般角色定位是:

1. 幼儿园教师是幼儿身心健康的养护者。
2. 幼儿园教师是教育性环境的创设者。
3. 幼儿园教师是沟通幼儿与社会的中介。
4. 幼儿园教师是幼儿的榜样示范者。
5. 幼儿园教师是家长提高教育能力的支持者和帮助者。
6. 幼儿园教师是幼儿教育的终身学习者和研究者。

幼儿园教师在幼儿学习活动中扮演三种具体角色:支持者、合作者和引导者。

幼儿园教师角色与幼儿父母角色在功能范围、关爱程度、依恋程度、理性、自发性、偏爱性和责任范围上均存在明显的差异。

幼儿园教师的劳动具有以下特点:

1. 劳动对象的主体性和幼稚性。
2. 劳动任务的全面性和细致性。
3. 劳动过程的创造性。
4. 劳动手段的主体性。
5. 劳动成效的长期性和潜在性。

幼儿园教师应切实履行职责,享有合法的权利,履行应尽的义务。

幼儿园教师对本班工作全面负责,其主要职责是:

1. 观察了解幼儿,依据国家规定的幼儿园课程标准,结合本班幼儿的具体情况,制订和执行教育工作计划,完成教育任务。
2. 严格执行幼儿园安全、卫生保健制度,指导并配合保育员管理本班幼儿生活和做好卫生保健工作。
3. 与家长保持经常联系,了解幼儿家庭的教育环境,商讨符合幼儿特点的教育措施,共同配合完成教育任务。
4. 参加业务学习和幼儿教育研究活动。
5. 定期向园长汇报,接受其检查和指导。

教师享有的权利是:

1. 进行教育教学活动,开展教育教学改革和实验。
2. 从事科学研究、学术交流,参加专业的学术团体,在学术活动中充分发表意见。
3. 指导学生的学习和发展,评定学生的品行和学业成绩。

4. 按时获取工资报酬,享受国家规定的福利待遇以及寒暑假期的带薪休假。

5. 对学校教育教学、管理工作和教育行政部门的工作提出意见和建议,通过教职工代表大会或者其他形式,参与学校的民主管理。

6. 参加进修或者其他方式的培训。

教师应当履行的义务是:

1. 遵守宪法、法律和职业道德,为人师表。

2. 贯彻国家的教育方针,遵守规章制度,执行学校的教学计划,履行教师聘约,完成教育教学工作任务。

3. 对学生进行宪法所确定的基本原则的教育和爱国主义、民族团结的教育,法制教育以及思想品德、文化、科学技术教育,组织、带领学生开展有益的社会活动。

4. 关心、爱护全体学生,尊重学生人格,促进学生在品德、智力、体质等方面全面发展。

5. 制止有害于学生的行为或者其他侵犯学生合法权益的行为,批评和抵制有害于学生健康成长的现象。

6. 不断提高思想政治觉悟和教育教学业务水平。

幼儿园教师专业素养是幼儿园教师这一专门职业对从业人员提出的整体要求。它包含三个方面的基本构成:专业理念与师德、专业知识和专业能力。我国幼儿园教师专业素养的相关标准呈现出规范化、体系化、阶梯化的发展趋势,由职前专业准备标准、职业准入标准、合格教师标准构成。其中,幼儿园教师资格考试标准是我国幼儿园教师的职业准入标准,《幼儿园教师专业标准(试行)》是国家对合格幼儿园教师专业素质的基本要求。

"教师专业发展"既指"教师专业"的发展,也指教师的"专业发展",前者指教师职业的历史演变、专业化进程,是从群体的角度来谈的,后者指教师个体由非专业人员成为专业人员的成长过程,是从个体的角度来谈的。幼儿园教师个体的专业发展,指教师个体专业性不断增强的历程,即通过接受专业培养、培训和自身的主动学习,在专业理念与师德、专业知识、专业能力等方面不断发展和完善,由专业新手逐步成长为专家型教师的过程。外控式的培养培训和内驱式的自主发展是幼儿园教师专业发展的两条基本途径。自主发展主要包括三个方面:

1. 自主发展的意识与动机。

2. 自主发展的规划。

3. 自主发展的行动。

思 考 题

一、单项选择题

1. 与幼儿有关的所有事情都属于父母"分内的事",扮演父母角色根本没有"下班时间",这与幼儿园教师的角色具有明显的不同。这种差异反映的角色本质是( )。
   A. 关爱程度　　　　B. 依恋程度　　　　C. 功能范围　　　　D. 理性

2. 幼儿园教师的工作"关起门来就是良心活儿",这句话体现的专业素养属于( )。
   A. 专业理念与师德　B. 专业知识　　　　C. 专业技能　　　　D. 专业能力

3. 在幼儿园教师专业素养相关标准体系中,幼儿园教师资格考试标准属于( )。

A. 职前专业准备标准　　　　　　　　B. 职业准入标准

C. 合格教师标准　　　　　　　　　　D. 优秀教师标准

4. 根据《幼儿园教师专业标准(试行)》,"个人修养与行为"属于(　　)。

A. 专业理念与师德　B. 专业知识　　C. 专业技能　　D. 专业能力

5. 关于"教师专业发展",下列说法正确的是(　　)。

A. "教师专业"的发展是从个体的角度来谈的

B. 教师的"专业发展"是从群体的角度来谈的

C. 教师个体的专业发展是指教师个体专业性不断增强的历程

D. 教师的专业发展只能依靠外控式的培养培训才能实现

6. 我国《中小学教师继续教育规定》明确提出,为新任教师在试用期内适应教育教学工作需要而设置的培训,培训时间应不少于(　　)。

A. 100学时　　　B. 120学时　　　C. 140学时　　　D. 160学时

二、名词解释

教师　幼儿园教师　幼儿园教师专业素养　幼儿园教师专业发展

三、简答题

1. 简述幼儿园教师的一般角色定位。

2. 简述幼儿园教师在幼儿学习活动中扮演的具体角色。

3. 幼儿园教师的职责是什么?

4. 幼儿园教师具有哪些权利?

5. 幼儿园教师具有哪些义务?

6. 简述幼儿园教师专业素养的基本构成。

四、论述题

1. 举例说明幼儿园教师劳动的特点。

2. 试述幼儿园教师如何实现自主专业发展。

参考答案:

一、单项选择题

1. C　2. A　3. B　4. A　5. C　6. B

第八章 学前教育的合作与衔接

学习目标

1. 应了解、知道的内容
◆ 幼儿园教育与小学教育的差异。
◆ 我国当前幼小衔接工作中存在的主要问题。
2. 应理解、清楚的内容
◆ 家庭与托幼机构合作的主要内容和主要方式。
◆ 托幼机构与社区合作的主要方式。
◆ 家庭与社区合作的主要内容和主要方式。
3. 应掌握、会用的内容
◆ 家长在幼小衔接方面起到的作用。
4. 应熟练掌握的内容
◆ 针对家园衔接,家庭需要做的工作。
◆ 针对家园衔接,幼儿园需要做的工作。
◆ 幼儿园针对幼小衔接需要开展的工作。
◆ 小学针对幼小衔接需要开展的工作。

建议学时

4学时

教师导学

家庭、社区是幼儿生活的社会环境,幼儿园、小学是幼儿接受学前教育和初等教育的场所,它们都是影响幼儿成长发展的重要因素。幼儿的健康成长和全面发展,在很大程度上取决于幼儿园与家庭、社区、小学之间的良好合作。《幼儿园教育指导纲要(试行)》中明确指出:"幼儿园应与家庭、社区密切合作,与小学相互衔接,综合利用各种教育资源,共同为幼儿的发展创造良好的条件。"

本章论述了家庭、托幼机构和社区相互合作的主要方式和内容;针对家园衔接,家庭和幼儿园各自需要做的工作;幼儿园与小学衔接工作的意义;我国当前在幼小衔接工作中存在的问题;针对幼小衔接,幼儿园和小学各自需要开展的工作以及家长在幼小衔接方面起到的作用。

第一节 学前教育的合作

《幼儿园教育指导纲要(试行)》总则里提出:"幼儿园应与家庭、社区密切合作,与小学衔接,综合利用各种教育资源,共同为幼儿的发展创造良好的条件。"在"组织与实施"中指出:"家庭是幼儿园重要的合作伙伴,应本着尊重、平等、合作的原则,争取家长的理解、支持和主动参与,并积极支持、帮助家长提高教育能力。"充分利用自然环境和社区的教育资源,扩展幼儿生活和学习的空间。幼儿园、家庭、社区是幼儿发展中影响最大、最直接的教育环境。因此,家庭、托幼机构和社区之间只有更好地协作与配合,才能在学前教育中最大限度地发挥作用。

本节,学前教育的合作主要指家庭、托幼机构和社区三方面的合作。

一、家庭与托幼机构合作

家庭与托幼机构进行合作一般称为"家园合作"或者"家园共育"。因为托幼机构一般指幼儿园,当然也包括托儿所、亲子园(馆)、早教中心等幼儿教育机构。

托幼机构与家庭教育有各自的优势,且都是对方所不能替代的。只要托幼机构和家庭发挥各自的优势,就能充分利用已有的教育资源,最大限度地发挥其作用,形成教育合力,促进幼儿发展。

(一)家庭与托幼机构合作的主要内容

家庭与托幼机构合作的主要内容为在《幼儿园工作规程》的指导下,托幼机构帮助家长树立正确的教育观念,改善家长的教育行为和教育方法,优化家庭环境。因为托幼机构具有专业性,所以在合作的过程中,一般由托幼机构对家长进行指导。托幼机构从以下方面对家长进行指导:

1. 帮助家长提高科学育儿的水平、认识早期教育的重要性、树立正确的家庭观念、宣传科学的育儿知识。

2. 帮助家长创设良好的家庭教育环境,从本质上讲,家庭教育是一种环境教育,它包括物质环境和精神环境。

3. 组织家长参与园所的教育活动、参与幼儿园管理、支持和参与园所环境创设等各项活动。

(二)家庭与托幼机构合作的主要方式

托儿所、幼儿园与家庭合作的方式多种多样,概括起来可分为个别方式和集体方式两大类。

1. 个别方式

(1) 家庭访问

家访,是托儿所、幼儿园进行个别家长工作的常用方式。虽然由于我国特殊的社会环境和教育环境,近年来学校的家访活动有所减少,但随着家庭教育意识的增强和教育法规制度的完善,家访活动仍然会成为家园同步教育活动中必不可少的环节。家访的目的在于深入了解儿童在家庭中的真实表现,家长对儿童教育的认识、态度和方法,家庭及其周围环境对儿童身心发展的影响;针对个别幼儿的具体情况,与家长共同商讨教育措施;介绍幼儿在园所的成绩、进步和存在的问题;争取家园之间的同心协力。家访体现教师对儿童的关怀,对家长的尊重、理解,对顺利完成教育任务的强烈责任感。进行家访时,要注意针对不同家长的特点,运用不同的谈话艺术。以关心孩子、爱护孩子为出发点,以平等、诚恳的态度与家长交流,多倾听家长的意见和建议,帮助家长解决遇到的问题和困惑。防止出现告状式、说教式、谴责式、流于形式的家访。每次家访,应有明确的目的、要求,并做相应的准备和简要的记录。

(2) 个别交谈

个别交谈包括教师利用家长早接晚送的时间与家长交谈、电话交谈、网络交流、约请来园面谈四种形式。前两种形式虽然时间短、内容简单,但能及时互通信息,使家长和老师都能了解儿童近期和当天在园和家里发生的事情,配合方便,见效快。网络交流(腾讯QQ、家校通、微信、微博空间等)作为近年来最为普遍的沟通方式,为幼儿园和家庭之间的沟通合作创造了更为高效便捷的桥梁。交谈时应注意内容,要求明确,教师除向家长介绍近期孩子的变化、听取家长的意见外,更要与家长共同研究今后配合教育的具体措施和方式。

(3) 家庭教育咨询

这是一种有效指导家长配合幼教机构做好家庭教育的方法。由家长提出实践中遇到的疑难问题,由园长、有经验的老师或专业工作人员给予解答。有的幼儿园定期通过电子邮件、家长信箱或接待咨询答疑,帮助家长了解问题原因,找到最适合个别儿童的解决方法。

(4) 家庭联系册

这是幼儿园所与家庭普遍联系的有效方式。家庭联系本灵活、方便、及时。它可使家长了解孩子的进步、问题和幼儿园对家长在共同教育方面的具体要求;也可使教师了解教育效果的反馈信息、幼儿在家中的表现以及家长的意见、建议。

2. 集体方式

(1) 家长会和家长委员会

这是当前幼儿园普遍采用的工作方式。家长会有班级家长会和全体家长会两种。班级家长会是教师做好本班家长工作的经常而有效的方式。会上一般由教师介绍情况,家长讨论议题,最后进行总结。全体家长会的任务是与家长共同探讨托儿所、幼儿园建设和家庭教育规律,以提高教育质量和家长的教育素养。家长委员会负责和幼儿园讨论学期工作计划、规章制度、发展规划、活动计划、家长培训、经验交流以及协助监督幼儿园管理者和教师的工作情况等。

(2) 家长座谈会或经验交流会

家长座谈会一般由幼儿园提出,并由家长委员会负责组织安排家长参加。包括"家庭教育经验交流会""爷爷、奶奶教育座谈会""母亲茶话会"等多种形式。家长经验交流会或专题讨论会,一般时间短、效果好,能充分发挥家长自我教育的作用。

(3) 家长学校、儿童教育报告会和专题研讨会

家长学校是对父母和其他家庭成员进行教育、培训的学校。可以定期讲课也可以根据教学内容灵活安排时间,结业时给予考查和奖励。报告会和专题研讨会,是幼儿园有计划地就家长关心的问题和家庭教育中常见的错误,系统地介绍教育方法、心理学方面的知识,进行必要的辅导,组织家长观看视频,围绕某个专题和教育工作者、医生或其他领域的专业人员一起分析问题产生的原因和解决的办法。

(4) 家长开放日、活动日制度

这类活动可以提高园所工作的透明度,增强家长的参与度,有利于密切家长和老师的关系,进而使家庭与园所在教育孩子方面更加积极主动和密切配合。通过"开放日""活动日"和多种形式的亲子游乐活动,让家长定期来幼儿园所参加半日活动、义工活动、幼儿游戏或幼儿作品展览,观摩教学活动,参加幼儿生活自理能力比赛、体育运动会和节日庆祝会、联欢会等,可以具体了解园所教育内容,看到自己孩子的发展水平、优势和不足,有助于家长进一步了解孩子在班级群体中的适应情况,在各种活动中,家长也可展示才能,与孩子共享欢乐,增进对园所的关怀、热爱之情。

(5) 宣传栏、展览台、黑板报、陈列室

园所通过设置宣传栏、展览台、黑板报和陈列室,陈列与保存对家长有益的实物、教育书籍和各种材料,公布本日、本周的教育活动内容、作息制度、食谱、收费标准和集体外出活动照片等;陈列儿童自制的各种玩具、工艺品或绘画作品,种植、饲养或自然角观察记录等;图文并茂地介绍教师的经历、经验,教育家的名言、著作,刊登漫画或保育知识等。这些资料一般受到家长普遍的欢迎。

总之,幼儿教育机构和家庭之间的交流互动与对幼儿的教育工作有同样重要的意义和价值。良好的"家园合作"有利于教育事业的发展。加强园所与家庭的联系,切实做好家长的工作,关键在于园所管理者的重视,健全家长工作的各项制度,把家长工作列入计划,做到统一布置,统一检查,统一总结,统一评比。要提高对家长工作的认识,消除形式主义作风,坚持从实际出发,对教育事业投入真情实感,了解家长的需要和困难,积极帮助家长解决后顾之忧,促进儿童的健康成长。

二、托幼机构与社区合作

社区的自然环境和人文环境在幼儿的成长过程中,尤其是在精神的成长过程中具有特殊的意义;社区可以为幼儿教育的展开提供多方面的支持,在托幼机构与社区的合作中,可以直接利用社区丰富的教育资源,促进儿童走进社会大课堂;社区的文化通过三个途径影响托幼机构的教育,一是社区文化的一部分直接进入园所课程,二是社区文化渗透到托幼机构,成为园所的一部分,再影响到托幼机构教育,三是社区文化氛围和精神文化对托幼机构有潜移默化的作用。

1996年,国家教育委员会颁布《幼儿园工作规程》。在这个《规程》中,增加了社区工作部分,如第五十一条:"幼儿园应该密切和社区的联系与合作,宣传学前教育的知识,支持社区开展有益的文化教育活动,争取社区支持和参与幼儿园建设。"由此可见,一方面社区组织应充分发挥好托幼机构的作用,尊重这个队伍的智慧和力量,另一方面托幼机构也应主动依靠社区,采取多种措施,发挥本身功能,为社区广大群众服务。

(一) 建立定期联系制度

幼教机构定期向社区领导汇报托幼机构发展中的经验和问题,主动提出托幼机构参与社区精神文明建设的活动计划,如绿化美化环境,协助社区开展群众性的文体活动、宣传慰问活动等,争取社区领导的支持、监督和合作。同时积极反映群众需要,如要求社区改善儿童公共活动的环境与条件,扩大运动场地和增加体育游戏器械,丰富美工活动室、阅览室,开展亲子共乐活动等。

托幼机构要协同社区的家长,共同教育好本社区儿童,推进社区内已经建立的和谐关系,创建稳定、和谐、团结的环境氛围。另外,要教育本园儿童在社区内认真遵守集体规则,保持社区环境整洁,推动邻里间的相互尊重与合作,增强对社区的归属感,使家长与教师一起努力成为负责任的社区成员。

(二)动员社区力量共同办好托幼事业

社区中蕴藏着丰富的人才宝库,如居民中的科技、医护人员、已退休的老教师、老劳模等,他们很爱孩子,乐意参加托幼机构的教育活动。动员社区内有关企事业单位在人力、物力上给予托幼机构一定的支持,可以显示企事业单位对公益活动的热情,提高企事业单位职工的劳动积极性和凝聚力。

(三)充分利用社区内的公共设施与教育资源,开展联合教育活动

许多学前教育机构与附近企事业单位建立了制度化的共同教育机制。如南京市鼓楼幼儿园一直与附近的南京市少年宫、鼓楼公园、紫金山天文台、鼓楼邮局、第三人民医院、鼓楼百货公司、南京市武警部队消防支队、鼓楼小学等共同订立计划,定期开展多种教育活动。

(四)因地制宜,发动专业力量,指导非正规托幼组织的活动

利用托幼机构的场所、设备和有经验的教师等辅导社区内的家庭活动站、亲子游戏小组,吸收散居的 2—6 岁儿童和家长双休日来园、所活动。

(五)参加社区教育工作,开办多种社区活动

托幼机构可以社区家长学校为阵地,帮助家长学校举办讲座、专题讨论、印发资料、办宣传栏等,向社区群众或散居儿童家长宣传科学育儿知识,帮助他们举办表演会、运动会、为灾区献爱心的晚会等。

学前教育机构适当参与社区教育工作,既有利于建立良好的教育生态环境,融洽各方面的关系,赢得更多的人对托幼事业的理解、信任和支持,为社区精神文明建设做出贡献,又可以拓宽办园渠道,灵活利用社区内人才力量和教育设施,改善园所条件。在参与社区活动的过程中,也展示了托幼机构自身的力量和精神风貌,既锻炼了教职工的实践能力,也给孩子们提供了更多的表现才能的机会,使幼儿园保教人员更贴近社区,了解家长,联系群众,教育好儿童。

总之,托幼机构存在社区之中,常常受到共同的文化环境影响或面对共同的需要和难题,都有齐心协力教育好儿童的内在动力。社区的人文环境,特别是生态环境、邻里关系、社区成员的文化素养也直接、间接地影响托幼机构教师、儿童的身心健康。因此,托幼机构必须和社区的教育力量拧成一股绳,全方位、多渠道地去影响新生一代的健康成长。社区是各方协同教育的根据地,是建设良好的教育系统工程不可缺少的方面军。

三、家庭与社区合作

社区对家庭教育的作用主要通过社区文化、社区性格、社区环境对家庭教育的影响来体现。社区文化是一个社区内特有的文化现象,社区文化背景的差异直接影响着父母教育方式,社区文化活动设施情况也直接影响着家庭教育的内容和形式。社区性格作为一定社区中具有延续和传递的力量,对个体的性格产生影响,这主要通过家庭中的长辈来传导。社区环境对生活在其中的社会成员产生影响,邻里交往和同伴交往是幼儿园社会生活的重要内容,是他们正常发展和全面成长的必要条件。

家庭与社区合作的主要方式包括：成立家庭教育委员会，形成社区教育网络；加强社区建设，促进社区与家庭合作；以托幼机构为依托，推动社区与家庭的合作等。

家庭与社区合作的内容主要是通过家长学校这个平台，广泛宣传科学育儿知识，比如上课与家访相结合、开办多种形式的宣传教育活动等，还可以利用社区资源，为儿童家庭提供帮助，为儿童提供活动环境。

第二节 学前教育的衔接

学前教育的衔接包括两个阶段，即家庭与幼儿园的衔接（简称"家园衔接"）和幼儿园与小学的衔接（简称"幼小衔接"）。

本节，重点讨论家庭和幼儿园衔接工作的意义及内容、幼儿园与小学衔接的意义、我国当前幼小衔接工作中存在的问题以及做好幼小衔接工作应采取的措施。

一、家庭与幼儿园的衔接

（一）做好家园衔接工作的意义

幼儿从家庭到幼儿园，生活环境与学习环境有所不同。家庭中幼儿的教育虽有父母指导，但大部分家庭计划性不够，目的性不明确，方式方法不得当，幼儿都是在没有规划的环境中生活与学习。幼儿园恰好能弥补这方面的不足，能够帮助儿童学习怎样过集体生活，促进儿童健康成长。但并不是每个孩子一进入幼儿园就能很好地适应环境。孩子在入园之初可能会产生一种惶恐、不安甚至害怕的情绪，会出现不同形式、不同程度的适应困难。帮助孩子顺利入园，度过这一适应期，将会对他的心理健康和社会适应能力产生深远的影响。为了使幼儿尽快地度过这一适应期，顺利地融入幼儿园的生活，为以后的成长打下牢固的基础，这需要家长在入园前的一段时间里有意识、有目的、有计划地对孩子进行一系列的生活、心理、人际交往等方面的准备训练。同时幼儿园及教师应开展一些灵活多样、有针对性的活动，帮助幼儿适应新环境。因此，家庭、幼儿园配合共同做好孩子入园前的准备工作是十分重要和必要的。

（二）家庭需要做的工作

1. 生活方面

（1）调整作息时间

调整孩子睡觉和吃饭的时间，让幼儿园一天的作息时间与幼儿园的作息时间相吻合。

（2）培养幼儿的生活自理能力

入园后，幼儿将要面对的是集体生活，教师不能像家长一样面面俱到地照顾好他们的生活，许多方面都要靠幼儿自己来完成，比如自己独立穿脱衣服、吃饭、喝水、上厕所等活动。所以入园前家长一定要训练和培养好幼儿基本的生活自理能力。

（3）帮助幼儿养成良好的卫生习惯

幼儿在家庭中若没有养成良好的卫生习惯，会影响他们的身体健康。家长在幼儿入园前一定要帮助他们养成饭前便后洗手、饭后擦嘴、漱口等良好的卫生习惯，以便使幼儿能够快速适应幼儿园的生活。

2. 物品方面

(1) 学习物品的准备

家长应在幼儿园的要求下给幼儿购买学习物品,这样,有利于配合幼儿在幼儿园的学习生活,帮助幼儿购买和准备学习用品是入园前准备比较关键的一步。

(2) 生活物品的准备

首先,家长应该给幼儿准备衣裤等生活物品,尤其是裤子,因为刚入幼儿园的孩子很容易发生尿裤子的情况。其次,家庭还应给幼儿所有的物品做好标记,比如在衣裤、手帕上绣上名字或特定的图案,弄好后,家长要教会孩子识别属于自己的物品。

3. 心理方面

入园前,大多幼儿会产生恐惧、不安的情绪,不愿意去幼儿园。要使他们顺利地适应幼儿园的生活,入园前的心理准备是首要的。

(1) 家长首先了解幼儿园,常向幼儿讲述园中趣事,以引起幼儿的共鸣,激发幼儿入园的兴趣。

(2) 家长在征得教师同意后,带幼儿到幼儿园观看或参与幼儿园活动,让幼儿直接体验幼儿园的生活,以幼儿园集体的感召力,唤起幼儿入园的信心,引导幼儿喜欢上幼儿园。

(3) 消除幼儿的恐惧感。孩子对父母的信任是天生的,是在家人对他无微不至的关怀中发展起来的,家长可以借鉴国外的做法,在孩子入园前几天进行陪护,让孩子在安心的情况下对幼儿园进行探索考察,慢慢熟悉幼儿园。入园前,带孩子到幼儿园看一看,玩一玩,熟悉幼儿园环境,这样可以消除孩子对幼儿园的恐惧感。通过这些方法,很多对新环境恐惧的孩子都可以平稳地度过入园适应期。

(4) 家长要多给孩子提供亲近教师的机会,让幼儿感觉教师的真情,不害怕教师。最常见的办法是,在幼儿入园报名后,家长要先和幼儿园教师交朋友,给幼儿接触、亲近教师的机会,让幼儿从心理上接纳并崇拜老师。

(5) 家长要多鼓励孩子与同伴交往,懂得谦让,遵守规则,学会分享。在幼儿园中,为了能与小朋友之间和睦相处、共同发展,一些规则是需要大家共同遵守的,而这些都需要借助语言来完成。相互谦让、友好合作、礼貌待人等良好品德将会使幼儿很快融入到群体之中。因此,家长要在日常生活中教会幼儿运用一些简单的礼貌用语,使幼儿礼貌待人,更好地与同伴进行交往。

(三) 幼儿园需要做的工作

为了使幼儿能够顺利适应幼儿园的生活,幼儿园也应采取一定的措施来帮助家长共同做好从家庭步入幼儿园的衔接工作。

1. 让幼儿在游戏中学到本领

幼儿刚入园,喝水、吃饭、洗手、大小便、玩玩具,都不能像在家庭中一样随心所欲,一切都要遵守规矩。这对于任性、一切都以自我为中心的孩子来说,是比较困难的,因此,教师要适当地进行教育,教给孩子集体生活的技能,可以通过各种各样的活动和游戏,让幼儿在愉快的情绪下学到本领。

2. 邀请家长及幼儿到幼儿园参观

幼儿园在家长来园参观、熟悉环境时,向家长介绍各个活动区,帮助家长了解幼儿园的环境布置,同时,让幼儿在父母的陪同下参观幼儿园,认识班上的老师,让幼儿参观幼儿园的滑梯、木马等游戏设备,看看其他孩子唱歌、跳舞、做游戏等活动,使幼儿园对孩子产生一种无形的吸引力,让幼儿产生"想上幼儿园"的欲望。

3. 幼儿园要提早进行幼儿入园前的家访工作

第一是了解幼儿的生活习惯、兴趣爱好、个性特点和家庭环境、父母素养以及他们在对待幼儿教育问题上所持的观点等。

第二是通过家访与幼儿接触,初步建立感情。了解每个幼儿的生活习惯、爱好、性格、家庭环境及教养方式等,根据每个孩子的具体情况,采取针对性的手段吸引孩子入园。具体做法可采取:

(1) 亲切自然地进行自我介绍,允许幼儿称呼自己阿姨,因为"阿姨"比"老师"更容易让孩子感到亲近。

(2) 叫叫幼儿的小名,牵牵他的手,通过身体的接触使幼儿对教师产生好感。

(3) 和孩子一起玩他们喜欢的玩具,谈他们感兴趣的话题,还可采取送小礼物的方法缩短彼此间的距离。

(4) 教师还应善于观察幼儿的生活环境,如幼儿的游戏室是如何布置的,他喜欢玩什么玩具等,这样教师在幼儿园尽可能为幼儿营造他熟悉的环境。

(5) 向家长了解孩子的一些生活习惯及饮食爱好,以便教师在幼儿园做好孩子的护理工作。

4. 为初入园的幼儿进行环境布置

针对初入园幼儿的生理、心理特点,创设他们喜欢的适用的甚至是熟悉的活动环境,提供他们喜欢的玩具材料,幼儿园的环境对孩子有着很大的影响。

5. 及时与家长沟通、交流

教师要积极鼓励家长配合幼儿园的教育,鼓励家长在家时可多给孩子讲讲幼儿园有趣的事情,给他们玩一些好玩的玩具,指导孩子按照幼儿园的要求做一些力所能及的自理活动,但不要代幼儿去做。

6. 幼儿园要做好卫生工作

幼儿园的卫生状况是至关重要的。幼儿入园前,不但要认真检查食堂卫生状况,还要细致做好幼儿的饮食安排。定期对玩具、餐具及其他用品进行消毒,为孩子准备好自己专用的水杯和毛巾等用品。

二、幼儿园与小学的衔接

(一) 幼儿园教育与小学教育的差异

1. 办学性质不同

从办学性质上来看,幼儿园教育是非义务教育,没有统一的教材,没有成套的考核条例,办学与教学随意性较强;而小学是义务教育,有严格的教育要求,学校对学生学习成绩要进行考试、检查。

2. 教学内容不同

幼儿园所学的内容是与幼儿生活紧密相关的浅显知识,小学的教育内容是以符号为媒介的学科知识,其抽象水平相对较高,这种学习内容只有当学习者的思维具有一定的抽象、概括能力时才能理解和接受。

3. 教学方法不同

幼儿园教师多采用归纳法,即让幼儿看到许多有关的现象,让幼儿开动脑筋,自己去归纳、发现其中的规律;小学教师则多采用演绎法,即教师教学生一些规律性的知识,然后用例题来证明此规律是正确的,这一过程与幼儿阶段的学习过程正好相反。

4. 儿童主导活动不同

幼儿园的活动以游戏为主,通过丰富多彩的游戏活动和多样化的教具设施,激发孩子的求知欲和主动学习的热情,让孩子在快乐的游戏和生活中锻炼能力、开发智力。而我国小学教育是以课堂教学为主要形式,教师以传授《大纲》知识、指导学习方法为主要任务。

5. 社会及成人对儿童的要求和期望不同

社会和成人对幼儿园儿童的期望和要求不高,希望幼儿健康快乐地成长。而对小学生,由于现行教育制度和社会要求,家长面对社会竞争的压力,教师面对教学业绩压力,往往会对儿童学习生活要求得比较严格。据调查,一些儿童也能感觉出两种环境下成人的关注点和关注度发生变化。

(二)做好幼小衔接工作的意义

幼小衔接是根据幼儿过渡期身心的特点,从德、智、体、美诸方面为幼儿入学和长远发展打下良好的基础,是幼儿园和小学根据儿童身心发展的阶段性和连续性规律及儿童终身发展的需要,所进行的幼儿园教育和小学教育两个阶段的衔接工作。这是幼儿完成幼儿园的教育后步入小学前这一过渡时期的一项非常重要的工作。幼小衔接工作一直受到我国教育工作者的普遍重视。《幼儿园工作规程》明确指出:"幼儿园教育应和小学教学密切联系,互相配合,注意两个阶段教育的相互衔接。"《幼儿园教育指导纲要》也明确指出:"幼儿园与家庭、社会密切合作,与小学相互衔接,综合利用各种教育资源,共同为幼儿的发展创造良好的条件。"因此,研究幼小衔接问题,做好衔接工作十分重要。幼小衔接问题,同样受到世界各国如美国、法国、瑞士、英国和日本的普遍重视,并成为当前世界教育研究的重要课题之一。

由于儿童在幼儿园阶段与小学阶段身心发展内容和特征不同,解决好幼儿教育与小学教育的衔接问题,对于促进人的可持续发展,提高教育质量都具有重要意义。做好幼小衔接工作,可以使幼儿尽快适应新的学习生活。儿童从幼儿园进入小学,由于教育条件和生活环境的突然改变,必然要面临着许多新的问题,儿童需要开始新的人际交往,也要努力适应新的学习生活,建立新的行为方式,以适应新环境的需要,如果衔接工作做得好,适应过程就会比较顺利。幼儿园阶段是一个人终身发展的奠基阶段,也是形成其各种特点、态度、习惯的关键时期,做好幼小衔接工作还可以为幼儿终身发展奠定基础。

(三)我国当前幼小衔接工作中存在的问题

1. 幼小衔接重知识轻能力

我国当前的幼小衔接工作重视"智"的衔接,忽视德、体、美的衔接,特别是忽视社会适应能力的衔接。在智育中,重视知识,特别是数学、语文知识的衔接,忽视学习兴趣、学习能力、学习习惯的衔接和生活经验的积累。许多幼儿园和小学学前班甚至提早使用小学的教材,照小学的样子排出课程表,形成幼儿教育的"小学化"。这非但不能提高儿童入学的适应能力,而且造成了种种弊端:儿童刚入学时,确实感到轻松,自以为教师教的知识都学过了,已经会了,就不认真听课,从而养成不专心听讲的不良习惯。当进入新的学习知识阶段,"储备"用完时,以往的知识优势没有了,又缺乏积极思考问题、主动获得知识的能力,缺乏认真学习的习惯,这时就会出现适应困难、学习"没后劲"等问题。同时,由于幼儿教师没有经过小学教育的专门训练,对小学教学要求不甚了解,所教知识和技能有时不够规范,使儿童养成不正确的学习习惯,如书写汉字的笔顺错误、读拼音不能"直呼"等,致使儿童刚入学就面临首先纠正错误的问题,阻碍了儿童应有的发展。

2. 幼小衔接形式化

幼儿园或学前班多是在外部的环境和条件的改变,如桌椅摆放形式、课时数量、上课时间、午睡时间、游戏时间的增减上下工夫,而这些改变的真正目的,如培养儿童的适应力、意志力、自制力、注意的持久性、学习的主动性、积极性等,往往被忽略。小学和幼儿教师的相互交流也多吸取对方在教学方法、课堂组织形式方面的特点,而在教育观念、师生关系等方面很少沟通。一些一直在幼儿园或家庭的表扬、鼓励、协商的氛围中长大的儿童,听到小学教师的指令、批评就难以接受,因此容易产生厌学情绪。

3. 幼小衔接时间不充足

一些幼儿园在儿童将要入学的前半年才进行衔接工作。如带幼儿去参观小学、请小学教师来幼儿园参加活动等,这些做法是必要的,但远远不够。儿童三四岁入园时就应逐步培养自理能力、交往能力、规则意识,为儿童的幼小衔接和适应社会做准备。但一些幼儿园出于多种原因,只在大班或最后时期进行强化训练,忽视了日积月累。急于求成,致使儿童在生理、心理各方面压力骤然加大,难以适应,不但教育效果不佳,而且使儿童对小学和未来的学习产生畏惧和抵触情绪。

4. 家长对幼小衔接工作重视不够、认识不清

一些家长缺乏与幼儿园、学校的配合意识,忽视了家长对孩子的支持、引导作用。儿童在幼小衔接方面遇到困难时,家长采用不当的沟通方式解决问题,导致孩子无所适从。相反,一些家长片面重视儿童知识积累,而不注意儿童兴趣开发和能力的培养。忽视儿童身心发展规律、特点和需要,拔苗助长,压抑儿童个性,影响健康成长。由于传统的教育观念与教养态度等多方面的偏差与不当,造成很多家长重视技能技巧的训练而忽视幼儿的全面发展,重视短期成效而忽视幼儿的终身发展。

(四)做好幼小衔接工作应采取的措施

幼儿园教育与小学教育在教育目标、任务、内容、形式和方法等方面有明显差异。部分幼儿在缺乏准备的情况下,从幼儿园毕业进入小学。他们在新的生活、学习环境中,立即感受到了从未经历过的来自各方面的巨大压力,许多儿童的身心在适应新的生活和学习环境方面出现了较大的困难,他们的认知兴趣迅速下降,自尊心、自信心不断地减弱。因此,幼儿园、学校和儿童家庭应该从各自在儿童教育中的作用和价值出发,开展一些适宜的活动,让孩子在幼儿园和小学之间有良好的过渡。同时,做好三者之间的沟通配合,鼓励家长积极参与活动,真正通过家园配合,帮助孩子完成人生中关键的过程。

1. 幼儿在入学前需要做好的准备

第一,幼儿在入学前要做好生理准备。

进入小学后,儿童的生活条件和教育条件都将发生新的变化,幼儿由事事依赖父母逐渐过渡到事事独立完成,因此,即将进入小学的幼儿应该具有一定的生活自理能力。(1)具有良好、文明的进餐、睡眠、排泄、盥洗等卫生习惯。(2)能自己整理仪表,注意保持仪表整洁。(3)会动手整理好自己的物品。(4)了解身体主要器官及自身生长的需要,掌握自我保健的有关常识和简单方法。(5)能沉着地处理日常生活中可能出现的紧急情况。

第二,幼儿在入学前要做好心理准备。

对于即将离开幼儿园进入小学的幼儿来说,这是他们人生的一个转折点,他们由事事依赖父母逐渐过渡到事事独立完成,所适应的以游戏为主要形式的活动改变为以学习为主要形式的活动,因此心理方面的调整过渡非常重要。(1)要有强烈的求知欲,教师应将探索问题的工作交给幼儿,发展大班幼儿发现问题、解决问题的能力。(2)有一定的抑制控制能力。能控制冲动,上课不做小动作,坚持完成规定的任务。(3)锻炼初步的抽象逻辑思维能力和一定的想象力。大班各项活动中应着重引导幼儿去猜测,去假设以及引导幼儿记录试验过程,幼儿思维的抽象、概括水平会因此获得发展。(4)应具备一定的社会交往能力。在大班后期更应该加强与幼儿的社会交往和言语交流,引导儿童学会使用表达心理状态的词语,如"想要""希望""觉得""记得"等。

2. 幼儿园针对幼小衔接需要开展的工作

(1)培养幼儿对小学生活的热爱和向往

幼儿对小学生活的态度、看法、情绪状态等,与其入学后的适应能力关系很大。因此,幼儿园应注意培养幼儿对小学的生活兴趣和向往,为做一个小学生感到自豪的积极态度,并让幼儿有机会获得对小学生活的积极情感体验。

(2)培养幼儿对小学生活的适应性

在适应性培养方面,幼儿园有家庭不具备的优势条件。如儿童集体环境、无家长介入环境、教师辅助环境等。培养幼儿对小学生活的适应性,特别是主动性、独立性、人际交往能力、规则意识和任务意识,不仅关系着幼儿入学后的生活质量,也关系着他们在小学的学习质量,是幼小衔接的重要内容。

① 培养主动性

培养主动性就是要在幼儿园教育中培养幼儿的自信心、对周围的人和事物的积极态度,激发幼儿对活动的参与欲望和兴趣,给他们提供自己选择、自己计划、自己决定的机会和条件,鼓励他们去探索、去尝试,并使他们尽量获得成功的体验。研究证明,富于主动性的幼儿思维活跃,做事有信心,能主动与人交往,他们入学后比较快地适应小学新环境,学习成绩也较好。

② 培养独立性

小学生课间和课余时间由自己支配,生活需要自理,这就要求他们有较强的独立生活能力。在幼儿园,要注意培养幼儿的时间观念,增强幼儿的独立意识,让幼儿知道什么时候做什么事情,并自觉去做,培养幼儿自理、自觉的能力,逐渐减少成人的直接照顾。

③ 发展人际交往能力

幼儿人际交往能力的重要性表现在入学后对新的人际环境的适应上。人际交往能力差的幼儿胆小,不能主动地与同伴交往,或与同伴不能友好相处,遇到问题也不敢去找老师反映或寻求帮助等,结果没有新朋友,他们感到孤独,心情沮丧,学习的兴趣大大降低,学校的吸引力也随之消失,同时,这一能力与主动性的发展也是密切相关的。因此,在幼儿园里必须发展幼儿的人际交往能力。

④ 培养幼儿的规则意识和任务意识

上课不能喝水、上课不能有小动作等是小学纪律的要求,幼儿难以记住和遵守,这成为不少新生在学校受批评的主要原因。同时,入学后学习成为必须完成的任务,幼儿却一时难以确立这样的任务意识。针对这些问题,除抓紧进行小学的教学改革之外,幼儿园应当注意培养幼儿的规则和任务意识,提高幼儿的主动适应能力。

(3) 帮助幼儿做好入学前的学习准备

学习准备是着眼幼儿终身学习的需要,发展他们基本的学习素质,并在此过程中,帮助他们打下今后学习的基础。幼儿园大致需要做好以下三方面的工作:

① 培养良好的学习习惯

良好的学习习惯包括爱看图书的习惯,做事认真的习惯,注意力集中地听老师讲话的习惯,保持文具、书本整洁的习惯等。习惯不好,以后很难纠正,对学习的危害是很大的。幼儿园教师应当从日常生活的每件事情上严格、一致、一贯地要求幼儿,使之养成习惯。

② 培养良好的非智力品质

所谓非智力品质,是指影响智力活动的各种个性品质,主要是指学习兴趣、学习积极性、意志、自信心等。学习不仅仅是有聪明的脑袋就行,离开良好的非智力品质,幼儿智力的发展就会受到影响。因此,应当重视培养幼儿的好奇心、对外部世界的兴趣和探索积极性,培养他们做事坚持到底、不怕困难的意志品质。让幼儿从被动的"要我学"变成主动的"我要学",培养幼儿渴望学习的品质。只有这样,幼儿才能形成自信、主动的学习态度,才能感觉到学习是一件愉快的事情。

③ 适当调整课程结构和内容

一般说来,在大班下学期,除了通常的幼儿园的活动和游戏,教师可以给幼儿安排一些类似小学的学习内容和学习方式,如以集体授课方式学习某些预备性知识,诸如认识拼音字母的形状和读音,认识数字和学写数字,学写自己的名字,认读一些生活中常见的汉字等。集体授课的时间可在 25~30 分钟。但这样的做法更多是形式上的预备,要真正为幼儿做好入学准备,提高幼儿的适应能力,还要从小班开始,循序渐进地丰富幼儿的感知经验,培养幼儿的动手能力、思考能力和解决问题的能力。

(4) 加强幼儿园教师业务能力培养

首先,幼儿园的教育工作者,要了解幼小衔接阶段幼儿的心理变化规律,采取因势利导的策略激发学习兴趣,及时发现幼儿表现出的不利于适应小学学习生活的习惯和行为,尽早给予矫正。其次,幼儿园教师要准确把握小学初始阶段的教学方法和内容,在对幼儿拼音、识字、算数等基础知识的教学方面,做到引导正确、规范。

(5) 建立和健全幼儿园与小学的联系

幼儿园教师应定期参观小学一年级的教学活动,主动参与一年级教师的教研活动,并向小学一年级教师介绍幼儿园的教育方法,展示幼儿的学习水平,在教育工作上做到衔接;幼儿园教师还应带领幼儿参观小学,使幼儿了解小学生的一般情况,让幼儿参加小学生的某些活动,同小学生联欢,举办作品交流展览,以引起幼儿入学的兴趣,激发他们求学和效法小学生的愿望。

3. 小学针对幼小衔接需要开展的工作

(1) 合理调整低年级幼儿的作息时间

科学实验表明,小学低年级的幼儿上课注意力集中的时间一般是 15 分钟,高年级一般是 25 分钟,而实际每节课都是 40 分钟。对于低年级幼儿来说显然是不公正的,也是不科学的。合理调整低年级幼儿的作息时间,应做到:尊重科学,减缓幼小衔接的"坡度",专门为小学低年级幼儿设计作息时间表,科学、合理地安排幼儿一天的学习,注重动静结合。

（2）小学要进一步深化教育改革,推进素质教育,学习与借鉴国内外先进的儿童教育经验

学校应尽量配合幼儿长期在幼儿园生活而形成的习惯,注意为幼儿创设一个良好的心理氛围、融洽的师生关系、宽松愉快的学习气氛,让幼儿感到在一个文明、安全、和谐、充满爱与尊重的良好精神环境中生活,这对幼儿的发展将起到不可忽视的作用。具体做法包括：① 通过活动让幼儿知道自己已经是一名真正的小学生了,激发幼儿的自豪感,从而主动去熟悉学校。② 应创造更多的机会让教师和新生互相认识,鼓励幼儿与其他人接触、交流,培养团体归属感。③ 利用生动活泼的集体活动形式,帮助幼儿定位自己的新身份是班上的一分子,对外代表着班集体的形象。④ 重视游戏在幼儿学习生活中的作用,开展丰富多彩的寓教于乐的校园活动,激发幼儿的学习兴趣,积累多样的感性经验。⑤ 加强小学低年级的教学环境建设,布置一个充满童趣又能体现小学生学习特点的小天地,减少幼儿离开幼儿园的心理反差。

（3）小学教师应多研究学前教育学及心理学,了解幼儿年龄、心理特点,顺应他们的特点

在教学中要善于将游戏引入课堂,注重形象、直观教具的使用,力求把难以理解的内容变为通俗易懂的内容,把幼儿的兴趣引导到主动学习中去,主动建构学习,使幼儿顺利度过不适应期。

（4）加强幼儿园和小学教师的互访活动,了解入学儿童教学的特点

幼儿园和小学的衔接关键在于幼儿园大班和小学一年级这两个环节,这两个环节的工作都是由具体的教师担任的。互访的目的就在于了解对方儿童的生活环境、教育条件和学习情况,以便采取适当的措施,使入学儿童适应小学时期的生活环境,尽快度过不适应期。

4. 家长在幼小衔接方面起到的作用

（1）增强幼儿的信心

即将进入小学的幼儿,其学习和适应的困难是客观存在的,家长要增强其自信心,让幼儿在解决难题中感到乐趣,培养幼儿对失败的承受力。正确对待批评和失败,具有在群体中既能竞争又能共处的能力,让幼儿知道他们长大了,正在学本领,使幼儿直觉上感到上小学的好处和乐趣。

（2）发展幼儿的语言能力

这个时期家长应尽量多抽出时间与孩子交流,有意识地让孩子学会倾听,对幼儿今后的发展是很有好处的。让孩子说一说幼儿园里的故事,和小朋友之间发生的事情,讲个小笑话,做个小游戏,也可以让孩子复述故事,讲讲故事里都有谁,在做什么,为进入小学打下良好的语言基础。

（3）调整好幼儿生活规律

家长应在开学前三周调整幼儿的作息时间。专家指出,一般情况下可以早晨6点起床,晚上8点睡觉,总之,至少要保证幼儿10小时的充足睡眠。中午最好让幼儿有50分钟午睡时间。给幼儿建立稳定的作息制度,让幼儿有时间概念,形成有张有弛的生活节奏。

（4）培养幼儿的自理能力

家长要帮助幼儿在实际行动中克服困难,而不要代替他们克服困难。当幼儿遇到困难

时,要不断地给予鼓舞,使其具有较强的信心和决心,不达目的决不罢休。此外,要在克服困难的方法和技术上给予适当的指导,让幼儿掌握克服困难的技巧,少走弯路,培养幼儿的自理能力应该从生活中的每一件小事做起。

(5) 为幼儿准备家庭学习环境,营造良好的学习气氛

家长为幼儿开辟一个独立学习小空间,选择自己喜爱的台灯及朴素、实用的学具(书包、文具盒、橡皮、拼音本、方格本),让幼儿在轻松、愉快的心情中热爱学习。培养幼儿倾听的习惯,平时一家三口多做"倾听"游戏,看谁听得最准确。让幼儿明白别人说话时,不能心不在焉,要专心致志地听,了解对方说话的主要内容和意思。同时,家长精心为幼儿选购一些适合幼儿阅读的书,培养幼儿热爱阅读的好习惯,在看图说话时,家长督促大班幼儿用普通话进行表达,态度要自然,声音要适度,口齿要清楚,语速要适中,对短文则督促小学低年级幼儿以朗读为主,用普通话朗读,口齿要清楚,声音要响亮,不漏字、添字,不读错字,不读破句子。长期培养,不仅能激发幼儿阅读兴趣,提高阅读能力,而且让幼儿养成爱看书的好习惯,还可以提高孩子对语言感受的敏锐性。写作业时要有正确的写字姿势:坐姿正确,做到"一直一正二平",即身体直,头正,肩平,腿平;执笔姿势正确,大拇指和食指夹住笔杆,其余三指托住,笔杆向后稍斜,靠在虎口处;做到"三个一":眼离书本一尺,胸离桌子一拳,手离笔尖一寸。

(6) 对幼儿进行安全教育,增强幼儿自我保护意识

首先,对于刚上小学的孩子来说,家长应该在接送孩子的过程中抓住机会对孩子进行安全教育,要让孩子懂得并遵守交通规则,学会看红绿灯,走人行横道,迷路找民警。其次,让孩子记住父母和其他负责接送的亲属的名字,记住家里的电话和父母的手机号码,记住父母工作单位的全称和办公电话,可以把这些内容写在一张硬纸卡上给孩子随身携带,告诉他在讲不清楚的时候把这个拿给警察叔叔看。

总之,由幼儿园进入小学是儿童心理发展过程中的一个重大的转折时期。为了适应这一突变,必须为儿童做好入学前的准备,家庭、幼儿园和小学要肩负起各自的教育责任,从解决具体实际问题入手,加强相互之间的合作,减少幼儿园和小学之间的"坡度",搞好幼儿园和小学的衔接工作,帮助幼儿顺利完成幼儿园和小学之间的过渡。

【知识拓展8】 幼小衔接案例——解析家长的焦虑心情
案例:孩子幼升小 全家总动员

林薇薇今年9月就要上小学了,家里的气氛与往常有些不同,五花八门的玩具已被束之高阁,爸爸妈妈也平添了几分紧张,从幼儿园回家后,薇薇就和妈妈在书房开始学习简单的数学、识字。"孩子要上了一年级,可不能再让她玩了,以后要认真学习了。做家长的也要跟着紧张起来,绝不能让孩子在起跑时掉了队。"林妈妈这样说。

幼小衔接,在进入幼儿园大班的第二个学期起,就得开始着手准备了。随着小学报名的临近,越来越多的家长开始为孩子的"幼小衔接"而着急。

最关心:孩子学习跟不上该怎么办

学前教育阶段因为幼儿园对知识教育的不均衡,孩子的起跑线也不均衡。在新浪"幼升小"论坛上,"索儿妈妈"说,孩子有很长时间寄养在奶奶那里,连数数和拼音都搞不清楚,如今要读小学真不知道咋办。而跟帖的不少妈妈表示自己的孩子都能背好几首古诗了,可以做50以内的加减法,还能认识许多字,这引得"索儿妈妈"很焦虑。

最担心:孩子循规蹈矩不快乐怎么办

与关心学习跟不上的一派家长相比,不少家长更担忧孩子入学后,会不会因为规矩变多而变得不适应和闷闷不乐。在某媒体工作的孙先生的小孩已经5岁半了,准备明年入对口的小学。他和妻子最担心的是小孩如何适应规矩多的小学。整个幼儿园阶段他都尽力给小孩子自由宽松的环境,也不让他学太多本该小学学的东西。但是一旦进了公立学校,"几十个人的班级,肯定都被管得没天性啦,小孩子嘛,好动本来就不是什么缺点,进了小学就被磨得不成样子了了",孙先生说。

最烦心:接送孩子该不该买车

网友"舞仙子"说,自己和老公所工作的地方和为小孩子选择的小学基本上呈三角形,骑自行车太远,又不安全,现在买车除了手头有点紧外,接送小孩时停车也很麻烦。最要命的是夫妻双方的工作性质都不是特别固定的朝九晚五,担心会经常让小孩迟到或者放学后久等。另外,他们还要担心帮小孩子检查作业之类的事情。

心理解析:孩子最有挫折感

心理专家分析,在上小学前,小孩子的心理都会有一种期待,对小学的生活充满了憧憬,觉得自己上小学是长大了。但是现实的环境却让这些小孩子产生一种失望的心理。有相当一部分的小孩子会对小学生活不适应,会紧张或者不喜欢,小孩子如果在学校里的表现不是很好时,就会产生一种压力。

另外,小学的学习生活跟幼儿园也是有很大区别的。小学的规矩较之幼儿园是比较多的,比如说,上幼儿园时,小孩子可以随意地走动、说话什么的,但是在小学课堂上,孩子们却只能安静地坐好听讲,孩子会容易产生一种挫折感。

家长在小孩上小学之后,要做的事情就会多了很多,压力也会随之变大。比如小孩读幼儿园,迟到对于他们来说,并不是很严重的事,迟到了也就迟到了,没有什么。但是,上小学就不一样了,要按时上学,这样一来,家长每天都要早起为孩子准备上学需要用到的各种各样的物品和早餐,然后送孩子上学。孩子的学习成绩也会让家长产生压力,家长会、老师打到家里来的电话、家长之间的交流等都会让家长产生压力。

经验忠告:生活能力培养应在入学前

入学前,家长不必刻意给孩子灌输或填鸭太多的东西。有着16年小学低年级教学经验的马老师说,"一个班的孩子刚入校时的确存在着差距,有的孩子认很多字,算术很厉害,有的则会说很多英语单词,而有的却基本什么都不会……但随着正常学习的开展,这种差距慢慢缩小,一个学期下来就感觉不到了。"

所以,马老师认为,除非孩子本身有很强的学习欲望,否则不必过早为他们施压,可以在学龄前让孩子接触些拼音兼顾识字,不要刻意地追求数量,以免使孩子失去学习的兴趣和新鲜感。数学方面,简单的加减法可以让孩子尝试。英文方面,简单的单词、会话可以让孩子接触、感知。

需要注意的是孩子基本生活能力的培养和塑造。首先是要培养孩子基本的生活自理能力。

学习方面:能自己整理书包、书籍、学习用品,做到有条理;会使用学习用品,用完及时归位(家长应注意给孩子准备的学习用品要安全、卫生);能帮助老师做些简单的书本收发工作。

生活方面:能自行处理上厕所、盥洗;能独立用餐,会正确使用筷子、调羹;会从饮水机接水喝;会系鞋带;知道饭前便后、体育活动后要洗手;知道身体不舒服要和老师说;能帮助家长做些力所能及的事情。

(责任编辑:郭慧静)

——改编自搜狐网母婴,早期教育(早期热点关注)

小 结

幼儿的教育最早是从家庭开始的,近年来,社区教育也开始进入幼儿的早期教育中。幼儿步入正规的托幼机构以后,托幼机构教育要想发挥出主导作用,就需要和家庭、社区相互合作,才能促进幼儿健康的成长与发展。学前教育的合作主要指家庭、托幼机构和社区三者之间的合作。

家庭与托幼机构合作的主要内容为托幼机构帮助家长树立正确的教育观念,改善家长的教育行为和教育方法,优化家庭环境。家庭与托幼机构通过集体方式与个别方式进行合作。托幼机构与社区合作通过建立定期联系制度、动员社区力量共同办好托幼事业、充分利用社区内的公共设施与教育资源,开展联合教育活动,发动专业力量,指导非正规托幼组织的活动,参加社区教育工作,开办多种社区活动等方式进行。社区与家庭合作的主要方式包括成立家庭教育委员会,形成社区教育网络;加强社区建设,促进社区与家庭合作;以托幼机构为依托,推动社区与家庭的合作等。

学前教育的衔接包括两个阶段,即家庭与幼儿园的衔接(简称"家园衔接")和幼儿园与小学的衔接(简称"幼小衔接")。为了使幼儿顺利地从家庭生活过渡到幼儿园的生活,为以后的成长打下牢固的基础,需要家长有意识、有目的、有计划地对孩子进行一系列的生活、心理、人际交往等方面的准备训练。如生活方面的训练(包括调整作息时间、培养幼儿生活自理能力、帮助幼儿养成良好的卫生习惯等)、学习物品和生活物品的准备以及心理方面的指导工作(包括家长了解幼儿园、带幼儿到幼儿园参观、消除幼儿的恐惧感、多给孩子提供亲近教师和与同伴交往的机会等)。

为了使幼儿能够顺利适应幼儿园的生活,幼儿园应采取让幼儿在游戏中学到本领,邀请家长及幼儿到幼儿园参观,提早进行幼儿入园前的家访工作,为初入园的幼儿进行环境布置,及时与家长沟通、交流,做好卫生工作等方式来帮助家长共同做好家园衔接工作。

由于幼儿园与小学办学性质不同、教学内容不同、教学方法不同、儿童主导活动不同、社会及成人对儿童的要求和期望不同,做好幼小衔接工作,对于促进人的可持续发展,提高教育质量都具有重要意义,可以使幼儿尽快适应新的学习生活,也为幼儿终身发展奠定基础。

然而,我国当前幼小衔接工作中存在着诸多问题,如重知识轻能力,幼小衔接形式化,幼小衔接时间不充足,家长对幼小衔接工作重视不够、认识不清等,则需要幼儿园和小学针对幼小衔接分别做好各自的工作。

幼儿园需要开展的工作有:培养幼儿对小学生活的热爱和向往;培养幼儿对小学生活的适应性;帮助幼儿做好入学前的学习准备;加强幼儿园教师业务能力培养;建立和健全幼儿园与小学的联系。

小学针对幼小衔接需要开展的工作包括:合理调整低年级幼儿的作息时间;进一步深化

教育改革,推进素质教育;学习与借鉴国内外先进的儿童教育经验、小学教师应多研究学前教育学及其心理学,了解幼儿年龄、心理特点,顺应他们的特点;加强幼儿园和小学教师的互访活动,了解入学儿童教学的特点。

除了幼儿园和小学需要做好各自的工作之外,家长在幼小衔接方面起到了一定的作用,如增强幼儿的信心、发展幼儿的语言能力、调整好幼儿生活规律、培养幼儿的自理能力、为幼儿准备家庭学习环境、营造良好的学习气氛、对幼儿进行安全教育、增强自我保护意识等。

思 考 题

一、单项选择题

1. (　　)是对父母和其他家庭成员进行教育、培训的学校。
   A. 家长学校　　　B. 家长会　　　C. 家长委员会　　　D. 家长座谈会
2. 为做好家园衔接工作,家长在生活方面需要帮助幼儿做好的工作不包括(　　)。
   A. 调整作息时间　　　　　　B. 消除恐惧感
   C. 培养生活自理能力　　　　D. 养成良好的卫生习惯
3. 做好幼小衔接工作首先需要幼儿在入学前做好生理准备和(　　)。
   A. 学习准备　　　B. 心态准备　　　C. 心理准备　　　D. 物质准备

二、名词解释

家长座谈会

三、简述题

1. 简述家庭与托幼机构合作的主要方式。
2. 托幼机构与社区应从哪几方面进行合作?
3. 针对家园衔接,家庭需要做的工作有哪些?
4. 为做好家园衔接,幼儿园需要做哪些方面的工作?
5. 幼儿园教育与小学教育有哪些不同?

四、论述题

论述我国当前幼小衔接工作存在的问题及应对策略。

参考答案:

一、单项选择题

1. A　2. B　3. C

附录1 幼儿园工作规程

第一章 总则

第一条 为了加强幼儿园的科学管理,提高保育和教育质量,依据《中华人民共和国教育法》制定本规程。

第二条 幼儿园是对三周岁以上学龄前幼儿实施保育和教育的机构,是基础教育的有机组成部分,是学校教育制度的基础阶段。

第三条 幼儿园的任务是:实行保育与教育相结合的原则,对幼儿实施体、智、德、美诸方面全面发展的教育,促进其身心和谐发展。幼儿园同时为家长参加工作、学习提供便利条件。

第四条 幼儿园适龄幼儿为三周岁至六周岁(或七周岁)。幼儿园一般为三年制,亦可设一年制或两年制的幼儿园。

第五条 幼儿园保育和教育的主要目标是:

促进幼儿身体正常发育和机能的协调发展,增强体质,培养良好的生活习惯、卫生习惯和参加体育活动的兴趣。

发展幼儿智力,培养正确运用感官和运用语言交往的基本能力,增进对环境的认识,培养有益的兴趣和求知欲望,培养初步的动手能力。

萌发幼儿爱家乡、爱祖国、爱集体、爱劳动、爱科学的情感,培养诚实、自信、好问、友爱、勇敢、爱护公物、克服困难、讲礼貌、守纪律等良好的品德行为和习惯,以及活泼、开朗的性格。

培养幼儿初步的感受美和表现美的情趣和能力。

第六条 尊重、爱护幼儿,严禁虐待、歧视、体罚和变相体罚、侮辱幼儿人格等损害幼儿身心健康的行为。

第七条 幼儿园可分为全日制、半日制、定时制、季节制和寄宿制等。上述形式可分别设置,也可混合设置。

第二章 幼儿入园和编班

第八条 幼儿园每年秋季招生。平时如有缺额,可随时补招。

幼儿园对烈士子女、家中无人照顾的残疾人子女和单亲子女等入园,应予照顾。

第九条 企业、事业单位和机关、团体、部队设置的幼儿园,除招收本单位工作人员的子女外,有条件的应向社会开放,招收附近居民子女入园。

第十条 幼儿入园前,须按照卫生部门制定的卫生保健制度进行体格检查,合格者方可入园。幼儿入园除进行体格检查外,严禁任何形式的考试或测查。

第十一条　幼儿园规模以有利于幼儿身心健康、便于管理为原则,不宜过大。

幼儿园每班幼儿人数一般为:小班(三至四周岁)二十五人,中班(四至五周岁)三十人,大班(五周岁至六或七周岁)三十五人,混合班三十人,学前幼儿班不超过四十人。寄宿制幼儿园每班幼儿人数酌减。幼儿园可按年龄分别编班,也可混合编班。

第三章　幼儿园的卫生保健

第十二条　幼儿园必须切实做好幼儿生理和心理卫生保健工作。

幼儿园应严格执行卫生部颁布的《托儿所、幼儿园卫生保健制度》以及其他有关卫生保健的法规、规章和制度。

第十三条　幼儿园应制定合理的幼儿一日生活作息制度。两餐间隔时间不得少于三小时半。幼儿户外活动时间在正常情况下,每天不得少于两小时,寄宿制幼儿园不得少于三小时,高寒、高温地区可酌情增减。

第十四条　幼儿园应建立幼儿健康检查制度和幼儿健康卡或档案。每年体检一次,每半年测身高、视力一次,每季度量体重一次,并对幼儿身体健康发展状况定期进行分析、评价。应注意幼儿口腔卫生,保护视力。

第十五条　幼儿园应建立卫生消毒、病儿隔离制度,认真做好计划免疫和疾病防治工作。幼儿园内严禁吸烟。

第十六条　幼儿园应建立房屋、设备、消防、交通等安全防护和检查制度;建立食品、药物等管理制度和幼儿接送制度,防止发生各种意外事故。应加强对幼儿的安全教育。

第十七条　供给膳食的幼儿园应为幼儿提供合理膳食,编制营养平衡的幼儿食谱,定期计算和分析幼儿的进食量和营养素摄取量。

第十八条　幼儿园应保证供给幼儿饮水,为幼儿饮水提供便利条件。要培养幼儿良好的大、小便习惯,不得限制幼儿便溺的次数、时间等。

第十九条　积极开展适合幼儿的体育活动,每日户外体育活动不得少于一小时。加强冬季锻炼。要充分利用日光、空气、水等自然因素,以及本地自然环境,有计划地锻炼幼儿肌体,增强身体的适应和抵抗能力。对体弱或有残疾的幼儿予以特殊照顾。

第二十条　幼儿园夏季要做好防暑降温工作,冬季要做好防寒保暖工作,防止中暑和冻伤。

第四章　幼儿园的教育

第二十一条　幼儿园教育工作的原则是:

体、智、德、美诸方面的教育应互相渗透,有机结合。

遵循幼儿身心发展的规律,符合幼儿的年龄特点,注重个体差异,因人施教,引导幼儿个体健康发展。

面向全体幼儿,热爱幼儿,坚持积极鼓励、启发诱导的正面教育。

合理地综合组织各方面的教育内容,并渗透于幼儿一日生活的各项活动中,充分发挥各种教育手段的交互作用。

创设与教育相适应的良好环境,为幼儿提供活动和表现能力的机会与条件。

以游戏为基本活动,寓教育于各项活动之中。

第二十二条　幼儿一日活动的组织应动静交替,注重幼儿的实践活动,保证幼儿愉快地、有益地自由活动。

第二十三条　幼儿园日常生活组织,要从实际出发,建立必要的合理的常规,坚持一贯性、一致性和灵活性的原则,培养幼儿的良好习惯和初步的生活自理能力。

第二十四条　幼儿园的教育活动应是有目的、有计划引导幼儿运动、活泼、主动活动的,多种形式的教育过程。

教育活动的内容应根据教育目的,幼儿的实际水平和兴趣,以循序渐进为原则,有计划地选择和组织。

组织活动应根据不同的教育内容,充分利用周围环境的有利条件,积极发挥幼儿感官作用,灵活地运用集体或个别活动的形式,为幼儿提供充分活动的机会,注重活动的过程,促进每个幼儿在不同水平上得到发展。

第二十五条　游戏是对幼儿进行全面发展教育的重要形式。

应根据幼儿的年龄特点选择和指导游戏。

应因地制宜地为幼儿创设游戏条件(时间、空间、材料)。游戏材料应强调多功能和可变性。

应充分尊重幼儿选择游戏的意愿,鼓励幼儿制作玩具,根据幼儿的实际经验和兴趣,在游戏过程中给予适当指导,保持愉快的情绪,促进幼儿能力和个体的全面发展。

第二十六条　幼儿园的品德教育应以情感教育和培养良好行为习惯为主,注重潜移默化的影响,并贯穿于幼儿生活以及各项活动之中。

第二十七条　幼儿园应在各项活动的过程中,根据幼儿不同的心理发展水平,注重培养幼儿良好的个性心理品质,尤应注意根据幼儿个体差异,研究有效的活动形式和方法,不要强求一律。

第二十八条　幼儿园应当使用全国通用的普通话。招收少数民族幼儿为主的幼儿园,可使用当地少数民族通用的语言。

第二十九条　幼儿园和小学应密切联系,互相配合,注意两个阶段教育的相互衔接。

第五章　幼儿园的园舍、设备

第三十条　幼儿园应设活动室、儿童厕所、盥洗室、保健室、办公用房和厨房。有条件的幼儿园可单独设音乐室、游戏室、体育活动室和家长接待室等。寄宿制幼儿园应设寝室、隔离室、浴室、洗衣间和教职工值班室等。

第三十一条　幼儿园应有与其规模相适应的户外活动场地,配备必要的游戏和体育活动设施,并创造条件开辟沙地、动物饲养角和植园地。应根据幼儿园特点,绿化、美化园地。

第三十二条　幼儿园应配备适合幼儿特点的桌椅、玩具架、盥洗卫生用具,以及必要的教具、玩具、图书和乐器等。寄宿制幼儿园应配备儿童单人床。幼儿园的教具、玩具应有教育意义并符合安全、卫生的要求。幼儿园应因地制宜,就地取材,自制教具、玩具。

第三十三条　幼儿园建筑规划面积定额、建筑设计要求和教具玩具的配备,参照国家有关部门的规定执行。

第六章 幼儿园的工作人员

第三十四条 幼儿园按照编制标准设园长、副园长、教师、保育员、医务人员、事务人员、炊事员和其他工作人员。各省、自治区、直辖市教育行政部门可会同有关部门参照国家教育委员会和原劳动人事部制定的《全日制、寄宿制幼儿园编制标准》,制定具体规定。

第三十五条 幼儿园工作人员应拥护党的基本路线,热爱幼儿教育事业,爱护幼儿,努力学习专业知识和技能,提高文化和专业水平,品德良好,为人师表,忠于职责,身体健康。

第三十六条 幼儿园园长除符合本规程第三十五条要求外,应具备幼儿师范学校(包括职业学校幼儿教育专业)毕业及其以上学历。幼儿园园长还应有一定的教育工作经验和组织管理能力,并获得幼儿园园长岗位培训合格证书。幼儿园园长由举办者任命或聘任。非地方人民政府设置的幼儿园园长应报当地教育行政部门备案。

幼儿园园长负责幼儿园的全面工作,其主要职责如下:

1. 贯彻执行国家的有关法律、法规、方针、政策和上级主管部门的规定;
2. 领导教育、卫生保健、安全保卫工作;
3. 负责建立并组织执行各种规章制度;
4. 负责聘任、调配工作人员。指导、检查和评估教师以及其他工作人员的工作,并给予奖惩;
5. 负责工作人员的思想工作,组织文化、业务学习,并为他们的政治和文化、业务进修创造必要的条件;

关心和逐步改善工作人员的生活、工作条件,维护他们的合法权益;

6. 组织管理园舍、设备和经费;
7. 组织和指导家长工作;
8. 负责与社区的联系和合作。

第三十七条 幼儿园教师必须具有《教师资格条例》规定的幼儿园教师资格,并符合本规程第三十五条规定。幼儿园教师实行聘任制。

幼儿园教师对本班工作全面负责,其主要职责如下:

1. 观察了解幼儿,依据国家规定的幼儿园课程标准,结合本班幼儿的具体情况,制订和执行教育工作计划,完成教育任务;
2. 严格执行幼儿园安全、卫生保健制度,指导并配合保育员管理本班幼儿生活和做好卫生保健工作;
3. 与家长保持经常联系,了解幼儿家庭的教育环境,商讨符合幼儿特点的教育措施,共同配合完成教育任务;
4. 参加业务学习和幼儿教育研究活动;
5. 定期向园长汇报,接受其检查和指导。

第三十八条 幼儿园保育员除符合本规程第三十五条规定外,还应具备初中毕业以上学历,并受过幼儿保育职业培训。

幼儿园保育员的主要职责如下:

1. 负责本班房舍、设备、环境的清洁卫生工作;
2. 在教师指导下,管理幼儿生活,并配合本班教师组织教育活动;
3. 在医务人员和本班教师指导下,严格执行幼儿园安全、卫生保健制度;

4. 妥善保管幼儿衣物和本班的设备、用具。

第三十九条 幼儿园医务人员除符合本规定第三十五条规定外,医师应按国家有关规定和程序取得医师资格;医士和护士应当具备中等卫生学校毕业学历,或取得卫生行政部门的资格认可;保健员应当具备高中毕业学历,并受过幼儿保健职业培训。

幼儿园医务人员对全园幼儿身体健康负责,其主要职责如下:

1. 协助园长组织实施有关卫生保健方面的法规、规章和制度,并监督执行;
2. 负责指导调配幼儿膳食,检查食品、饮水和环境卫生;
3. 密切与当地卫生保健机构的联系,及时做好计划免疫和疾病防治等工作;
4. 向全园工作人员和家长宣传幼儿卫生保健等常识;
5. 妥善管理医疗器械、消毒用具和药品。

第四十条 幼儿园其他工作人员的资格和职责,参照政府的有关规定执行。

第四十一条 对认真履行职责,成绩优良者,应按有关规定给予奖励。

对不履行职责者,应给予批评教育;情节严重的,应给予行政处分;构成犯罪的,由司法机关依法追究刑事责任。

第七章 幼儿园的经费

第四十二条 幼儿园的经费由举办者依法筹措,保障有必备的办园资金和稳定的经费来源。

第四十三条 幼儿园收费按省、自治区、直辖市或地(市)级教育行政部门会同有关部门制定的收费项目、标准和办法执行。幼儿园不得以培养幼儿某种专项技能为由,另外收取费用;亦不得以幼儿表演为手段,进行以营利为目的的活动。

第四十四条 省、自治区、直辖市或地(市)级教育行政部门应会同有关部门制定各类幼儿园经费管理办法。幼儿园的经费应按规定的使用范围合理开支,坚持专款专用,不得挪作他用。

第四十五条 任何组织和个人举办幼儿园不得以营利为目的。举办者筹措的经费,应保证保育和教育的需要,有一定比例用于改善办园条件,并可提留一定比例的幼儿园基金。

第四十六条 幼儿膳食费应实行民主管理制度,保证全部用于幼儿膳食,每月向家长公布账目。

第四十七条 幼儿园应建立经费预算和决算审核制度,严格执行有关财务制度,经费预算和决算,应提交园务委员会或教职工大会审议,并接受财务和审计部门的监督检查。

第八章 幼儿园、家庭和社区

第四十八条 幼儿园应主动与幼儿家庭配合,帮助家长创设良好的家庭教育环境,向家长宣传科学保育、教育幼儿的知识,共同担负教育幼儿的任务。

第四十九条 应建立幼儿园与家长联系的制度。幼儿园可采取多种形式,指导家长正确了解幼儿园保育和教育的内容、方法,定期召开家长会议,并接待家长的来访和咨询。幼儿园应认真分析、吸收家长对幼儿园教育与管理工作的意见与建议。幼儿园可实行对家长开放日的制度。

第五十条 幼儿园应成立家长委员会。家长委员会的主要任务是:帮助家长了解幼儿园工作计划和要求,协助幼儿园工作;反映家长对幼儿园工作的意见和建议;协助幼儿园组织交流家庭教育的经验。家长委员会在幼儿园园长指导下工作。

第五十一条　幼儿园应密切同社区的联系与合作。宣传幼儿教育的知识,支持社区开展有益的文化教育活动,争取社区支持和参与幼儿园建设。

第九章　幼儿园的管理

第五十二条　幼儿园实行园长负责制,园长在举办者和教育行政部门领导下,依据本规程负责领导全园工作。幼儿园可建立园务委员会。园务委员会由保教、医务、财会等人员的代表以及家长的代表组成。园长任园务委员会主任。园长定期召开园务会议(遇重大问题可临时召集)对全园工作计划,工作总结,人员奖惩,财务预算和决算方案,规章制度的建立、修改、废除,以及其他涉及全园工作的重要问题进行审议。不设园务委员会的幼儿园,上述重大事项由园长召集全体教职工会议商议。

第五十三条　幼儿园应建立教职工大会制度,或以教师为主体的教职工代表会议制度,加强民主管理和监督。

第五十四条　党在幼儿园的基层组织要发挥政治核心作用。园长要充分发挥共青团、工会等其他组织在幼儿园工作中的作用。

第五十五条　幼儿园应制订年度工作计划,定期部署、总结和报告工作。每学年末应向行政主管部门和教育行政部门报告工作,必要时随时报告。

第五十六条　幼儿园应接受上级教育督导人员的检查、监督和指导。要根据督导的内容和要求,切实报告工作,反映情况。

第五十七条　幼儿园应建立教育研究、业务档案、财务管理、园务会议、人员奖惩、安全管理以及与家庭、小学联系等制度。幼儿园应建立工作人员名册、幼儿名册和其他统计表册,每年向教育行政部门报送统计表。

第五十八条　幼儿园在当地小学寒、暑假期间,以不影响家长工作为原则,工作人员可轮流休假,具体办法由举办者自定。

第十章　附则

第五十九条　本规程适用于城乡各类幼儿园。

第六十条　各省、自治区、直辖市教育行政部门可根据本规程,制定具体实施办法。各省、自治区、直辖市教育行政部门,可根据规程对不同地区、不同类别的幼儿园分别提出不同要求,分期分批地有步骤地组织实施。亦可制定本地区不同类型幼儿园的工作规程。

第六十一条　本规程由国家教育委员会负责解释。

第六十二条　本规程自一九九六年六月一日起施行。一九八九年六月五日国家教育委员会第二号令发布的《幼儿园工作规程(试行)》同时废止。

中华人民共和国国家教育委员会
一九九六年三月九日

附录 2　幼儿园教育指导纲要(试行)

第一部分　总则

1. 为贯彻《中华人民共和国教育法》《幼儿园管理条例》和《幼儿园工作规程》,指导幼儿园深入实施素质教育,特制定本纲要。

2. 幼儿园教育是基础教育的重要组成部分,是我国学校教育和终身教育的奠基阶段。城乡各类幼儿园都应从实际出发,因地制宜地实施素质教育,为幼儿一生的发展打好基础。

3. 幼儿园应与家庭、社区密切合作,与小学相互衔接,综合利用各种教育资源,共同为幼儿的发展创造良好的条件。

4. 幼儿园应为幼儿提供健康、丰富的生活和活动环境,满足他们多方面发展的需要,使他们在快乐的童年生活中获得有益于身心发展的经验。

5. 幼儿园教育应尊重幼儿的人格和权利,尊重幼儿身心发展的规律和学习特点,以游戏为基本活动,保教并重,关注个别差异,促进每个幼儿富有个性地发展。

第二部分　教育内容与要求

幼儿园的教育内容是全面的、启蒙性的,可以相对划分为健康、语言、社会、科学、艺术等五个领域,也可做其他不同的划分。各领域的内容相互渗透,从不同的角度促进幼儿情感、态度、能力、知识、技能等方面的发展。

一、健康

(一)目标

1. 身体健康,在集体生活中情绪安定、愉快;
2. 生活、卫生习惯良好,有基本的生活自理能力;
3. 知道必要的安全保健常识,学习保护自己;
4. 喜欢参加体育活动,动作协调、灵活。

(二)内容与要求

1. 建立良好的师生、同伴关系,让幼儿在集体生活中感到温暖,心情愉快,形成安全感、信赖感。

2. 与家长配合,根据幼儿的需要建立科学的生活常规。培养幼儿良好的饮食、睡眠、盥洗、排泄等生活习惯和生活自理能力。

3. 教育幼儿爱清洁、讲卫生,注意保持个人和生活场所的整洁和卫生。

4. 密切结合幼儿的生活进行安全、营养和保健教育,提高幼儿的自我保护意识和能力。

5. 开展丰富多彩的户外游戏和体育活动,培养幼儿参加体育活动的兴趣和习惯,增强体质,提高对环境的适应能力。

6. 用幼儿感兴趣的方式发展基本动作,提高动作的协调性、灵活性。

7. 在体育活动中,培养幼儿坚强、勇敢、不怕困难的意志品质和主动、乐观、合作的态度。

(三)指导要点

1. 幼儿园必须把保护幼儿的生命和促进幼儿的健康放在工作的首位。树立正确的健康观念,在重视幼儿身体健康的同时,要高度重视幼儿的心理健康。

2. 既要高度重视和满足幼儿受保护、受照顾的需要,又要尊重和满足他们不断增长的独立要求,避免过度保护和包办代替,鼓励并指导幼儿自理、自立的尝试。

3. 健康领域的活动要充分尊重幼儿生长发育的规律,严禁以任何名义进行有损幼儿健康的比赛、表演或训练等。

4. 培养幼儿对体育活动的兴趣是幼儿园体育的重要目标,要根据幼儿的特点组织生动有趣、形式多样的体育活动,吸引幼儿主动参与。

二、语言

(一)目标

1. 乐意与人交谈,讲话礼貌;
2. 注意倾听对方讲话,能理解日常用语;
3. 能清楚地说出自己想说的事;
4. 喜欢听故事、看图书;
5. 能听懂和会说普通话。

(二)内容与要求

1. 创造一个自由、宽松的语言交往环境,支持、鼓励、吸引幼儿与教师、同伴或其他人交谈,体验语言交流的乐趣,学习使用适当的、礼貌的语言交往。

2. 养成幼儿注意倾听的习惯,发展语言理解能力。

3. 鼓励幼儿大胆、清楚地表达自己的想法和感受,尝试说明、描述简单的事物或过程,发展语言表达能力和思维能力。

4. 引导幼儿接触优秀的儿童文学作品,使之感受语言的丰富和优美,并通过多种活动帮助幼儿加深对作品的体验和理解。

5. 培养幼儿对生活中常见的简单标记和文字符号的兴趣。

6. 利用图书、绘画和其他多种方式,引发幼儿对书籍、阅读和书写的兴趣,培养前阅读和前书写技能。

7. 提供普通话的语言环境,帮助幼儿熟悉、听懂并学说普通话。少数民族地区还应帮助幼儿学习本民族语言。

(三)指导要点

1. 语言能力是在运用的过程中发展起来的,发展幼儿语言的关键是创设一个能使他们想说、敢说、喜欢说、有机会说并能得到积极应答的环境。

2. 幼儿语言的发展与其情感、经验、思维、社会交往能力等其他方面的发展密切相关,因此,发展幼儿语言的重要途径是通过互相渗透的各领域的教育,在丰富多彩的活动中去扩展幼儿的经验,提供促进语言发展的条件。

3. 幼儿的语言学习具有个别化的特点,教师与幼儿的个别交流、幼儿之间的自由交谈等,对幼儿语言发展具有特殊意义。

4. 对有语言障碍的儿童要给予特别关注,要与家长和有关方面密切配合,积极地帮助他们提高语言能力。

三、社会

（一）目标

1. 能主动地参与各项活动,有自信心；
2. 乐意与人交往,学习互助、合作和分享,有同情心；
3. 理解并遵守日常生活中基本的社会行为规则；
4. 能努力做好力所能及的事,不怕困难,有初步的责任感；
5. 爱父母长辈、老师和同伴,爱集体、爱家乡、爱祖国。

（二）内容与要求

1. 引导幼儿参加各种集体活动,体验与教师、同伴等共同生活的乐趣,帮助他们正确认识自己和他人,养成对他人、社会亲近、合作的态度,学习初步的人际交往技能。

2. 为每个幼儿提供表现自己长处和获得成功的机会,增强其自尊心和自信心。

3. 提供自由活动的机会,支持幼儿自主地选择、计划活动,鼓励他们通过多方面的努力解决问题,不轻易放弃克服困难的尝试。

4. 在共同的生活和活动中,以多种方式引导幼儿认识、体验并理解基本的社会行为规则,学习自律和尊重他人。

5. 教育幼儿爱护玩具和其他物品,爱护公物和公共环境。

6. 与家庭、社区合作,引导幼儿了解自己的亲人以及与自己生活有关的各行各业人们的劳动,培养其对劳动者的热爱和对劳动成果的尊重。

7. 充分利用社会资源,引导幼儿实际感受祖国文化的丰富与优秀,感受家乡的变化和发展,激发幼儿爱家乡、爱祖国的情感。

8. 适当向幼儿介绍我国各民族和世界其他国家、民族的文化,使其感知人类文化的多样性和差异性,培养理解、尊重、平等的态度。

（三）指导要点

1. 社会领域的教育具有潜移默化的特点。幼儿社会态度和社会情感的培养尤应渗透在多种活动和一日生活的各个环节之中,要创设一个能使幼儿感受到接纳、关爱和支持的良好环境,避免单一呆板的言语说教。

2. 幼儿与成人、同伴之间的共同生活、交往、探索、游戏等,是其社会学习的重要途径。应为幼儿提供人际间相互交往和共同活动的机会和条件,并加以指导。

3. 社会学习是一个漫长的积累过程,需要幼儿园、家庭和社会密切合作,协调一致,共同促进幼儿良好社会性品质的形成。

四、科学

（一）目标

1. 对周围的事物、现象感兴趣，有好奇心和求知欲；
2. 能运用各种感官，动手动脑，探究问题；
3. 能用适当的方式表达、交流探索的过程和结果；
4. 能从生活和游戏中感受事物的数量关系并体验到数学的重要和有趣；
5. 爱护动植物，关心周围环境，亲近大自然，珍惜自然资源，有初步的环保意识。

（二）内容与要求

1. 引导幼儿对身边常见事物和现象的特点、变化规律产生兴趣和探究的欲望。
2. 为幼儿的探究活动创造宽松的环境，让每个幼儿都有机会参与尝试，支持、鼓励他们大胆提出问题，发表不同意见，学会尊重别人的观点和经验。
3. 提供丰富的可操作的材料，为每个幼儿都能运用多种感官、多种方式进行探索提供活动的条件。
4. 通过引导幼儿积极参加小组讨论、探索等方式，培养幼儿合作学习的意识和能力，学习用多种方式表现、交流、分享探索的过程和结果。
5. 引导幼儿对周围环境中的数、量、形、时间和空间等现象产生兴趣，建构初步的数概念，并学习用简单的数学方法解决生活和游戏中某些简单的问题。
6. 从生活或媒体中幼儿熟悉的科技成果入手，引导幼儿感受科学技术对生活的影响，培养他们对科学的兴趣和对科学家的崇敬。
7. 在幼儿生活经验的基础上，帮助幼儿了解自然、环境与人类生活的关系。从身边的小事入手，培养初步的环保意识和行为。

（三）指导要点

1. 幼儿的科学教育是科学启蒙教育，重在激发幼儿的认识兴趣和探究欲望。
2. 要尽量创造条件让幼儿实际参加探究活动，使他们感受科学探究的过程和方法，体验发现的乐趣。
3. 科学教育应密切联系幼儿的实际生活进行，利用身边的事物与现象作为科学探索的对象。

五、艺术

（一）目标

1. 能初步感受并喜爱环境、生活和艺术中的美。
2. 喜欢参加艺术活动，并能大胆地表现自己的情感和体验。
3. 能用自己喜欢的方式进行艺术表现活动。

（二）内容与要求

1. 引导幼儿接触周围环境和生活中美好的人、事、物，丰富他们的感性经验和审美情趣，激发他们表现美、创造美的情趣。
2. 在艺术活动中面向全体幼儿，要针对他们的不同特点和需要，让每个幼儿都得到美的熏陶和培养。对有艺术天赋的幼儿要注意发展他们的艺术潜能。

3. 提供自由表现的机会,鼓励幼儿用不同艺术形式大胆地表达自己的情感、理解和想象,尊重每个幼儿的想法和创造,肯定和接纳他们独特的审美感受和表现方式,分享他们创造的快乐。

4. 在支持、鼓励幼儿积极参加各种艺术活动并大胆表现的同时,帮助他们提高表现的技能和能力。

5. 指导幼儿利用身边的物品或废旧材料制作玩具、手工艺品等来美化自己的生活或开展其他活动。

6. 为幼儿创设展示自己作品的条件,引导幼儿相互交流、相互欣赏、共同提高。

(三) **指导要点**

1. 艺术是实施美育的主要途径,应充分发挥艺术的情感教育功能,促进幼儿健全人格的形成。要避免仅仅重视表现技能或艺术活动的结果,而忽视幼儿在活动过程中的情感体验和态度的倾向。

2. 幼儿的创作过程和作品是他们表达自己的认识和情感的重要方式,应支持幼儿富有个性和创造性的表达,克服过分强调技能技巧和标准化要求的偏向。

3. 幼儿艺术活动的能力是在大胆表现的过程中逐渐发展起来的,教师的作用应主要在于激发幼儿感受美、表现美的情趣,丰富他们的审美经验,使之体验自由表达和创造的快乐。在此基础上,根据幼儿的发展状况和需要,对表现方式和技能技巧给予适时、适当的指导。

第三部分 组织与实施

1. 幼儿园的教育是为所有在园幼儿的健康成长服务的,要为每一个儿童,包括有特殊需要的儿童提供积极的支持和帮助。

2. 幼儿园的教育活动,是教师以多种形式有目的、有计划地引导幼儿生动、活泼、主动活动的教育过程。

3. 教育活动的组织与实施过程是教师创造性地开展工作的过程。教师要根据本《纲要》,从本地、本园的条件出发,结合本班幼儿的实际情况,制订切实可行的工作计划并灵活地执行。

4. 教育活动目标要以《幼儿园工作规程》和本《纲要》所提出的各领域目标为指导,结合本班幼儿的发展水平、经验和需要来确定。

5. 教育活动内容的选择应遵照本《纲要》第二部分的有关条款进行,同时体现以下原则:

(1) 既适合幼儿的现有水平,又有一定的挑战性。

(2) 既符合幼儿的现实需要,又有利于其长远发展。

(3) 既贴近幼儿的生活来选择幼儿感兴趣的事物和问题,又有助于拓展幼儿的经验和视野。

6. 教育活动内容的组织应充分考虑幼儿的学习特点和认识规律,各领域的内容要有机联系,相互渗透,注重综合性、趣味性、活动性,寓教育于生活、游戏之中。

7. 教育活动的组织形式应根据需要合理安排,因时、因地、因内容、因材料灵活地运用。

8. 环境是重要的教育资源,应通过环境的创设和利用,有效地促进幼儿的发展。

(1) 幼儿园的空间、设施、活动材料和常规要求等应有利于引发、支持幼儿的游戏和各种探索活动,有利于引发、支持幼儿与周围环境之间积极的相互作用。

(2)幼儿同伴群体及幼儿园教师集体是宝贵的教育资源,应充分发挥这一资源的作用。

(3)教师的态度和管理方式应有助于形成安全、温馨的心理环境;言行举止应成为幼儿学习的良好榜样。

(4)家庭是幼儿园重要的合作伙伴。应本着尊重、平等、合作的原则,争取家长的理解、支持和主动参与,并积极支持、帮助家长提高教育能力。

(5)充分利用自然环境和社区的教育资源,扩展幼儿生活和学习的空间。幼儿园同时应为社区的早期教育提供服务。

9. 科学、合理地安排和组织一日生活。

(1)时间安排应有相对的稳定性与灵活性,既有利于形成秩序,又能满足幼儿的合理需要,照顾到个体差异。

(2)教师直接指导的活动和间接指导的活动相结合,保证幼儿每天有适当的自主选择和自由活动时间。教师直接指导的集体活动要能保证幼儿的积极参与,避免时间的隐性浪费。

(3)尽量减少不必要的集体行动和过渡环节,减少和消除消极等待现象。

(4)建立良好的常规,避免不必要的管理行为,逐步引导幼儿学习自我管理。

10. 教师应成为幼儿学习活动的支持者、合作者、引导者。

(1)以关怀、接纳、尊重的态度与幼儿交往。耐心倾听,努力理解幼儿的想法与感受,支持、鼓励他们大胆探索与表达。

(2)善于发现幼儿感兴趣的事物、游戏和偶发事件中所隐含的教育价值,把握时机,积极引导。

(3)关注幼儿在活动中的表现和反应,敏感地察觉他们的需要,及时以适当的方式应答,形成合作探究式的师生互动。

(4)尊重幼儿在发展水平、能力、经验、学习方式等方面的个体差异,因人施教,努力使每一个幼儿都能获得满足和成功。

(5)关注幼儿的特殊需要,包括各种发展潜能和不同发展障碍,与家庭密切配合,共同促进幼儿健康成长。

11. 幼儿园教育要与0—3岁儿童的保育教育以及小学教育相互衔接。

第四部分 教育评价

1. 教育评价是幼儿园教育工作的重要组成部分,是了解教育的适宜性、有效性,调整和改进工作,促进每一个幼儿发展,提高教育质量的必要手段。

2. 管理人员、教师、幼儿及其家长均是幼儿园教育评价工作的参与者。评价过程是各方共同参与、相互支持与合作的过程。

3. 评价的过程,是教师运用专业知识审视教育实践,发现、分析、研究、解决问题的过程,也是其自我成长的重要途径。

4. 幼儿园教育工作评价实行以教师自评为主,园长以及有关管理人员、其他教师和家长等参与评价的制度。

5. 评价应自然地伴随着整个教育过程进行。综合采用观察、谈话、作品分析等多种方法。

6. 幼儿的行为表现和发展变化具有重要的评价意义,教师应视之为重要的评价信息和改进工作的依据。

7. 教育工作评价宜重点考察以下方面:

（1）教育计划和教育活动的目标是否建立在了解本班幼儿现状的基础上。

（2）教育的内容、方式、策略、环境条件是否能调动幼儿学习的积极性。

（3）教育过程是否能为幼儿提供有益的学习经验,并符合其发展需要。

（4）教育内容、要求能否兼顾群体需要和个体差异,使每个幼儿都能得到发展,都有成功感。

（5）教师的指导是否有利于幼儿主动、有效地学习。

8. 对幼儿发展状况的评估,要注意:

（1）明确评价的目的是了解幼儿的发展需要,以便提供更加适宜的帮助和指导。

（2）全面了解幼儿的发展状况,防止片面性,尤其要避免只重知识和技能,忽略情感、社会性和实际能力的倾向。

（3）在日常活动与教育教学过程中采用自然的方法进行。平时观察所获的具有典型意义的幼儿行为表现和所积累的各种作品等,是评价的重要依据。

（4）承认和关注幼儿的个体差异,避免用划一的标准评价不同的幼儿,在幼儿面前慎用横向的比较。

（5）以发展的眼光看待幼儿,既要了解现有水平,更要关注其发展的速度、特点和倾向等。

中华人民共和国教育部

2001 年 7 月 2 日

附录3 国务院关于当前发展学前教育的若干意见

国发〔2010〕41号

各省、自治区、直辖市人民政府,国务院各部委、各直属机构:

为贯彻落实党的十七届五中全会、全国教育工作会议精神和《国家中长期教育改革和发展规划纲要(2010—2020年)》,积极发展学前教育,着力解决当前存在的"入园难"问题,满足适龄儿童入园需求,促进学前教育事业科学发展,现提出如下意见。

1. 把发展学前教育摆在更加重要的位置。学前教育是终身学习的开端,是国民教育体系的重要组成部分,是重要的社会公益事业。改革开放特别是新世纪以来,我国学前教育取得长足发展,普及程度逐步提高。但总体上看,学前教育仍是各级各类教育中的薄弱环节,主要表现为教育资源短缺、投入不足,师资队伍不健全,体制机制不完善,城乡区域发展不平衡,一些地方"入园难"问题突出。办好学前教育,关系亿万儿童的健康成长,关系千家万户的切身利益,关系国家和民族的未来。

发展学前教育,必须坚持公益性和普惠性,努力构建覆盖城乡、布局合理的学前教育公共服务体系,保障适龄儿童接受基本的、有质量的学前教育;必须坚持政府主导,社会参与,公办民办并举,落实各级政府责任,充分调动各方面积极性;必须坚持改革创新,着力破除制约学前教育科学发展的体制机制障碍;必须坚持因地制宜,从实际出发,为幼儿和家长提供方便就近、灵活多样、多种层次的学前教育服务;必须坚持科学育儿,遵循幼儿身心发展规律,促进幼儿健康快乐成长。

各级政府要充分认识发展学前教育的重要性和紧迫性,将大力发展学前教育作为贯彻落实教育规划纲要的突破口,作为推动教育事业科学发展的重要任务,作为建设社会主义和谐社会的重大民生工程,纳入政府工作重要议事日程,切实抓紧抓好。

2. 多种形式扩大学前教育资源。大力发展公办幼儿园,提供"广覆盖、保基本"的学前教育公共服务。加大政府投入,新建、改建、扩建一批安全、适用的幼儿园。不得用政府投入建设超标准、高收费的幼儿园。中小学布局调整后的富余教育资源和其他富余公共资源,优先改建成幼儿园。鼓励优质公办幼儿园举办分园或合作办园。制定优惠政策,支持街道、农村集体举办幼儿园。

鼓励社会力量以多种形式举办幼儿园。通过保证合理用地、减免税费等方式,支持社会力量办园。积极扶持民办幼儿园特别是面向大众、收费较低的普惠性民办幼儿园发展。采取政府购买服务、减免租金、以奖代补、派驻公办教师等方式,引导和支持民办幼儿园提供普惠性服务。民办幼儿园在审批登记、分类定级、评估指导、教师培训、职称评定、资格认定、表彰奖励等方面与公办幼儿园具有同等地位。

城镇小区没有配套幼儿园的,应根据居住区规划和居住人口规模,按照国家有关规定配套建设幼儿园。新建小区配套幼儿园要与小区同步规划、同步建设、同步交付使用。建设用地按国家有关规定予以保障。未按规定安排配套幼儿园建设的小区规划不予审批。城镇小区配套幼儿园作为公共教育资源由当地政府统筹安排,举办公办幼儿园或委托办成普惠性民办幼儿园。城镇幼儿园建设要充分考虑进城务工人员随迁子女接受学前教育的需求。

努力扩大农村学前教育资源。各地要把发展学前教育作为社会主义新农村建设的重要内容,将幼儿园作为新农村公共服务设施统一规划,优先建设,加快发展。各级政府要加大对农村学前教育的投入,从今年开始,国家实施推进农村学前教育项目,重点支持中西部地区;地方各级政府要安排专门资金,重点建设农村幼儿园。乡镇和大村独立建园,小村设分园或联合办园,人口分散地区举办流动幼儿园、季节班等,配备专职巡回指导教师,逐步完善县、乡、村学前教育网络。改善农村幼儿园保教条件,配备基本的保教设施、玩教具、幼儿读物等。创造更多条件,着力保障留守儿童入园。发展农村学前教育要充分考虑农村人口分布和流动趋势,合理布局,有效使用资源。

3. 多种途径加强幼儿教师队伍建设。加快建设一支师德高尚、热爱儿童、业务精良、结构合理的幼儿教师队伍。各地根据国家要求,结合本地实际,合理确定生师比,核定公办幼儿园教职工编制,逐步配齐幼儿园教职工。健全幼儿教师资格准入制度,严把入口关。2010年国家颁布幼儿教师专业标准。公开招聘具备条件的毕业生充实幼儿教师队伍。中小学富余教师经培训合格后可转入学前教育。

依法落实幼儿教师地位和待遇。切实维护幼儿教师权益,完善落实幼儿园教职工工资保障办法、专业技术职称(职务)评聘机制和社会保障政策。对长期在农村基层和艰苦边远地区工作的公办幼儿教师,按国家规定实行工资倾斜政策。对优秀幼儿园园长、教师进行表彰。

完善学前教育师资培养培训体系。办好中等幼儿师范学校。办好高等师范院校学前教育专业。建设一批幼儿师范专科学校。加大面向农村的幼儿教师培养力度,扩大免费师范生学前教育专业招生规模。积极探索初中毕业起点五年制学前教育专科学历教师培养模式。重视对幼儿特教师资的培养。建立幼儿园园长和教师培训体系,满足幼儿教师多样化的学习和发展需求。创新培训模式,为有志于从事学前教育的非师范专业毕业生提供培训。三年内对1万名幼儿园园长和骨干教师进行国家级培训。各地五年内对幼儿园园长和教师进行一轮全员专业培训。

4. 多种渠道加大学前教育投入。各级政府要将学前教育经费列入财政预算。新增教育经费要向学前教育倾斜。财政性学前教育经费在同级财政性教育经费中要占合理比例,未来三年要有明显提高。各地根据实际研究制定公办幼儿园生均经费标准和生均财政拨款标准。制定优惠政策,鼓励社会力量办园和捐资助园。家庭合理分担学前教育成本。建立学前教育资助制度,资助家庭经济困难儿童、孤儿和残疾儿童接受普惠性学前教育。发展残疾儿童学前康复教育。中央财政设立专项经费,支持中西部农村地区、少数民族地区和边疆地区发展学前教育和学前双语教育。地方政府要加大投入,重点支持边远贫困地区和少数民族地区发展学前教育。规范学前教育经费的使用和管理。

5. 加强幼儿园准入管理。完善法律法规,规范学前教育管理。严格执行幼儿园准入制度。各地根据国家基本标准和社会对幼儿保教的不同需求,制定各种类型幼儿园的办园标准,实行分类管理、分类指导。县级教育行政部门负责审批各类幼儿园,建立幼儿园信息管理系统,对幼儿园实行动态监管。完善和落实幼儿园年检制度。未取得办园许可证和未办理登记注册手续,任何单位和个人不得举办幼儿园。对社会各类幼儿培训机构和早期教育指导机构,审批主管部门要加强监督管理。

分类治理、妥善解决无证办园问题。各地要对目前存在的无证办园进行全面排查,加强指导,督促整改。整改期间,要保证幼儿正常接受学前教育。经整改达到相应标准的,颁布办园许可证。整改后仍未达到保障幼儿安全、健康等基本要求的,当地政府要依法予以取缔,妥善分流和安置幼儿。

6. 强化幼儿园安全监管。各地要高度重视幼儿园安全保障工作,加强安全设施建设,配备保安人员,健全各项安全管理制度和安全责任制,落实各项措施,严防事故发生。相关部门按职能分工,建立全覆盖的幼儿园安全防护体系,切实加大工作力度,加强监督指导。幼儿园要提高安全防范意识,加强内部安全管理。幼儿园所在街道、社区和村民委员会要共同做好幼儿园安全管理工作。

7. 规范幼儿园收费管理。国家有关部门2011年出台幼儿园收费管理办法。省级有关部门根据城乡经济社会发展水平、办园成本和群众承受能力,按照非义务教育阶段家庭合理分担教育成本的原则,制定公办幼儿园收费标准。加强民办幼儿园收费管理,完善备案程序,加强分类指导。幼儿园实行收费公示制度,接受社会监督。加强收费监管,坚决查处乱收费。

8. 坚持科学保教,促进幼儿身心健康发展。加强对幼儿园保教工作的指导,2010年国家颁布幼儿学习与发展指南。遵循幼儿身心发展规律,面向全体幼儿,关注个体差异,坚持以游戏为基本活动,保教结合,寓教于乐,促进幼儿健康成长。加强对幼儿园玩教具、幼儿图书的配备与指导,为儿童创设丰富多彩的教育环境,防止和纠正幼儿园教育"小学化"倾向。研究制定幼儿园教师指导用书审定办法。建立幼儿园保教质量评估监管体系。健全学前教育教研指导网络。要把幼儿园教育和家庭教育紧密结合,共同为幼儿的健康成长创造良好环境。

9. 完善工作机制,加强组织领导。各级政府要加强对学前教育的统筹协调,健全教育部门主管、有关部门分工负责的工作机制,形成推动学前教育发展的合力。教育部门要完善政策,制定标准,充实管理、教研力量,加强学前教育的监督管理和科学指导。机构编制部门要结合实际合理确定公办幼儿园教职工编制。发展改革部门要把学前教育纳入当地经济社会发展规划,支持幼儿园建设发展。财政部门要加大投入,制定支持学前教育的优惠政策。城乡建设和国土资源部门要落实城镇小区和新农村配套幼儿园的规划、用地。人力资源和社会保障部门要制定幼儿园教职工的人事(劳动)、工资待遇、社会保障和技术职称(职务)评聘政策。价格、财政、教育部门要根据职责分工,加强幼儿园收费管理。综治、公安部门要加强对幼儿园安全保卫工作的监督指导,整治、净化周边环境。卫生部门要监督指导幼儿园卫生保健工作。民政、工商、质检、安全生产监管、食品药品监管等部门要根据职能分工,加强对幼儿园的指导和管理。妇联、残联等单位要积极开展对家庭教育、残疾儿童早期教育的宣传指导。充分发挥城市社区居委会和农村村民自治组织的作用,建立社区和家长参与幼儿园管理和监督的机制。

10. 统筹规划,实施学前教育三年行动计划。各省(区、市)政府要深入调查,准确掌握当地学前教育基本状况和存在的突出问题,结合本区域经济社会发展状况和适龄人口分布、变化趋势,科学测算入园需求和供需缺口,确定发展目标,分解年度任务,落实经费,以县为单位编制学前教育三年行动计划,有效缓解"入园难"。2011年3月底前,各省(区、市)行动计划报国家教育体制改革领导小组办公室备案。

　　地方政府是发展学前教育、解决"入园难"问题的责任主体。各省(区、市)要建立督促检查、考核奖惩和问责机制,确保大力发展学前教育的各项举措落到实处,取得实效。各级教育督导部门要把学前教育作为督导重点,加强对政府责任落实、教师队伍建设、经费投入、安全管理等方面的督导检查,并将结果向社会公示。教育部会同有关部门对各地学前教育三年行动计划进展情况进行专项督查,组织宣传和推广先进经验,对发展学前教育成绩突出的地区予以表彰奖励,营造全社会关心支持学前教育的良好氛围。

国务院

二〇一〇年十一月二十一日

附录4 幼儿园教师专业标准(试行)

教育部[2012]1号文件

为促进幼儿园教师专业发展,建设高素质幼儿园教师队伍,根据《中华人民共和国教师法》,特制定《幼儿园教师专业标准(试行)》(以下简称《专业标准》)。

幼儿园教师是履行幼儿园教育教学工作职责的专业人员,需要经过严格的培养与培训,具有良好的职业道德,掌握系统的专业知识和专业技能。《专业标准》是国家对合格幼儿园教师专业素质的基本要求,是幼儿园教师实施保教行为的基本规范,是引领幼儿园教师专业发展的基本准则,是幼儿园教师培养、准入、培训、考核等工作的重要依据。

一、基本理念

(一)师德为先

热爱学前教育事业,具有职业理想,践行社会主义核心价值体系,履行教师职业道德规范,依法执教。关爱幼儿,尊重幼儿人格,富有爱心、责任心、耐心和细心;为人师表,教书育人,自尊自律,做幼儿健康成长的启蒙者和引路人。

(二)幼儿为本

尊重幼儿权益,以幼儿为主体,充分调动和发挥幼儿的主动性;遵循幼儿身心发展特点和保教活动规律,提供适合的教育,保障幼儿快乐健康成长。

(三)能力为重

把学前教育理论与保教实践相结合,突出保教实践能力;研究幼儿,遵循幼儿成长规律,提升保教工作专业化水平;坚持实践、反思、再实践、再反思,不断提高专业能力。

(四)终身学习

学习先进学前教育理论,了解国内外学前教育改革与发展的经验和做法;优化知识结构,提高文化素养;具有终身学习与持续发展的意识和能力,做终身学习的典范。

二、基本内容

维度	领域	基本要求
专业理念与师德	（一）职业理解与认识	1. 贯彻党和国家教育方针政策，遵守教育法律法规。 2. 理解幼儿保教工作的意义，热爱学前教育事业，具有职业理想和敬业精神。 3. 认同幼儿园教师的专业性和独特性，注重自身专业发展。 4. 具有良好职业道德修养，为人师表。 5. 具有团队合作精神，积极开展协作与交流。
	（二）对幼儿的态度与行为	6. 关爱幼儿，重视幼儿身心健康，将保护幼儿生命安全放在首位。 7. 尊重幼儿人格，维护幼儿合法权益，平等对待每一位幼儿。不讽刺、挖苦、歧视幼儿，不体罚或变相体罚幼儿。 8. 信任幼儿，尊重个体差异，主动了解和满足有益于幼儿身心发展的不同需求。 9. 重视生活对幼儿健康成长的重要价值，积极创造条件，让幼儿拥有快乐的幼儿园生活。
	（三）幼儿保育和教育的态度与行为	10. 注重保教结合，培育幼儿良好的意志品质，帮助幼儿养成良好的行为习惯。 11. 注重保护幼儿的好奇心，培养幼儿的想象力，发掘幼儿的兴趣爱好。 12. 重视环境和游戏对幼儿发展的独特作用，创设富有教育意义的环境氛围，将游戏作为幼儿的主要活动。 13. 重视丰富幼儿多方面的直接经验，将探索、交往等实践活动作为幼儿最重要的学习方式。 14. 重视自身日常态度言行对幼儿发展的重要影响与作用。 15. 重视幼儿园、家庭和社区的合作，综合利用各种资源。
	（四）个人修养与行为	16. 富有爱心、责任心、耐心和细心。 17. 乐观向上，热情开朗，有亲和力。 18. 善于自我调节情绪，保持平和心态。 19. 勤于学习，不断进取。 20. 衣着整洁得体，语言规范健康，举止文明礼貌。
专业知识	（五）幼儿发展知识	21. 了解关于幼儿生存、发展和保护的有关法律法规及政策规定。 22. 掌握不同年龄幼儿身心发展特点、规律和促进幼儿全面发展的策略与方法。 23. 了解幼儿在发展水平、速度与优势领域等方面的个体差异，掌握对应的策略与方法。 24. 了解幼儿发展中容易出现的问题与适宜的对策。 25. 了解有特殊需要幼儿的身心发展特点及教育策略与方法。

续表

维度	领域	基本要求
专业知识	（六）幼儿保育和教育知识	26. 熟悉幼儿园教育的目标、任务、内容、要求和基本原则。 27. 掌握幼儿园各领域教育的学科特点与基本知识。 28. 掌握幼儿园环境创设、一日生活安排、游戏与教育活动、保育和班级管理的知识与方法。 29. 熟知幼儿园的安全应急预案，掌握意外事故和危险情况下幼儿安全防护与救助的基本方法。 30. 掌握观察、谈话、记录等了解幼儿的基本方法和教育心理学的基本原理和方法。 31. 了解0—3岁婴幼儿保教和幼小衔接的有关知识与基本方法。
	（七）通识性知识	32. 具有一定的自然科学和人文社会科学知识。 33. 了解中国教育基本情况。 34. 具有相应的艺术欣赏与表现知识。 35. 具有一定的现代信息技术知识。
专业能力	（八）环境的创设与利用	36. 建立良好的师幼关系，帮助幼儿建立良好的同伴关系，让幼儿感到温暖和愉悦。 37. 建立班级秩序与规则，营造良好的班级氛围，让幼儿感受到安全、舒适。 38. 创设有助于促进幼儿成长、学习、游戏的教育环境。 39. 合理利用资源，为幼儿提供和制作适合的玩教具和学习材料，引发和支持幼儿的主动活动。
	（九）一日生活的组织与保育	40. 合理安排和组织一日生活的各个环节，将教育灵活地渗透到一日生活中。 41. 科学照料幼儿日常生活，指导和协助保育员做好班级常规保育和卫生工作。 42. 充分利用各种教育契机，对幼儿进行随机教育。 43. 有效保护幼儿，及时处理幼儿的常见事故，危险情况优先救护幼儿。
	（十）游戏活动的支持与引导	44. 提供符合幼儿兴趣需要、年龄特点和发展目标的游戏条件。 45. 充分利用与合理设计游戏活动空间，提供丰富、适宜的游戏材料，支持、引发和促进幼儿的游戏。 46. 鼓励幼儿自主选择游戏内容、伙伴和材料，支持幼儿主动地、创造性地开展游戏，充分体验游戏的快乐和满足。 47. 引导幼儿在游戏活动中获得身体、认知、语言和社会性等多方面的发展。

续表

维度	领域	基本要求
专业能力	（十一）教育活动的计划与实施	48. 制定阶段性的教育活动计划和具体活动方案。 49. 在教育活动中观察幼儿，根据幼儿的表现和需要，调整活动，给予适宜的指导。 50. 在教育活动的设计和实施中体现趣味性、综合性和生活化，灵活运用各种组织形式和适宜的教育方式。 51. 提供更多的操作探索、交流合作、表达表现的机会，支持和促进幼儿主动学习。
	（十二）激励与评价	52. 关注幼儿日常表现，及时发现和赏识每个幼儿的点滴进步，注重激发和保护幼儿的积极性、自信心。 53. 有效运用观察、谈话、家园联系、作品分析等多种方法，客观地、全面地了解和评价幼儿。 54. 有效运用评价结果，指导下一步教育活动的开展。
	（十三）沟通与合作	55. 使用符合幼儿年龄特点的语言进行保教工作。 56. 善于倾听，和蔼可亲，与幼儿进行有效沟通。 57. 与同事合作交流，分享经验和资源，共同发展。 58. 与家长进行有效沟通合作，共同促进幼儿发展。 59. 协助幼儿园与社区建立合作互助的良好关系。
	（十四）反思与发展	60. 主动搜集分析相关信息，不断进行反思，改进保教工作。 61. 针对保教工作中的现实需要与问题，进行探索和研究。 62. 制定专业发展规划，积极参加专业培训，不断提高自身专业素质。

三、实施建议

（1）各级教育行政部门要将《专业标准》作为幼儿园教师队伍建设的基本依据。根据学前教育改革发展的需要，充分发挥《专业标准》引领和导向作用，深化教师教育改革，建立教师教育质量保障体系，不断提高幼儿园教师培养培训质量。制定幼儿园教师准入标准，严把幼儿园教师入口关；制定幼儿园教师聘任（聘用）、考核、退出等管理制度，保障教师合法权益，形成科学有效的幼儿园教师队伍管理和督导机制。

（2）开展幼儿园教师教育的院校要将《专业标准》作为幼儿园教师培养培训的主要依据。重视幼儿园教师职业特点，加强学前教育学科和专业建设。完善幼儿园教师培养培训方案，科学设置教师教育课程，改革教育教学方式；重视幼儿园教师职业道德教育，重视社会实践和教育实习；加强从事幼儿园教师教育的师资队伍建设，建立科学的质量评价制度。

（3）幼儿园要将《专业标准》作为教师管理的重要依据。制定幼儿园教师专业发展规划，注重教师职业理想与职业道德教育，增强教师育人的责任感与使命感；开展园本研修，促进教师专业发展；完善教师岗位职责和考核评价制度，健全幼儿园教师绩效管理机制。

（4）幼儿园教师要将《专业标准》作为自身专业发展的基本依据。制定自我专业发展规划，爱岗敬业，增强专业发展自觉性；大胆开展保教实践，不断创新；积极进行自我评价，主动参加教师培训和自主研修，逐步提升专业发展水平。

附录 5 3—6 岁儿童学习与发展指南

说 明

1. 为深入贯彻《国家中长期教育改革和发展规划纲要(2010—2020年)》和《国务院关于当前发展学前教育的若干意见》(国发〔2010〕41号),指导幼儿园和家庭实施科学的保育和教育,促进幼儿身心全面和谐发展,制定《3—6岁儿童学习与发展指南》(以下简称《指南》)。

2. 《指南》以为幼儿后继学习和终身发展奠定良好素质基础为目标,以促进幼儿体、智、德、美各方面的协调发展为核心,通过提出3—6岁各年龄段儿童学习与发展目标和相应的教育建议,帮助幼儿园教师和家长了解3—6岁幼儿学习与发展的基本规律和特点,建立对幼儿发展的合理期望,实施科学的保育和教育,让幼儿度过快乐而有意义的童年。

3. 《指南》从健康、语言、社会、科学、艺术五个领域描述幼儿的学习与发展。每个领域按照幼儿学习与发展最基本、最重要的内容划分为若干方面。每个方面由学习与发展目标和教育建议两部分组成。

目标部分分别对3—4岁、4—5岁、5—6岁三个年龄段末期幼儿应该知道什么、能做什么、大致可以达到什么发展水平提出了合理期望,指明了幼儿学习与发展的具体方向;教育建议部分列举了一些能够有效帮助和促进幼儿学习与发展的教育途径与方法。

4. 实施《指南》应把握以下几个方面:

(1) 关注幼儿学习与发展的整体性。儿童的发展是一个整体,要注重领域之间、目标之间的相互渗透和整合,促进幼儿身心全面协调发展,而不应片面追求某一方面或几方面的发展。

(2) 尊重幼儿发展的个体差异。幼儿的发展是一个持续、渐进的过程,同时也表现出一定的阶段性特征。每个幼儿在沿着相似进程发展的过程中,各自的发展速度和到达某一水平的时间不完全相同。要充分理解和尊重幼儿发展进程中的个别差异,支持和引导他们从原有水平向更高水平发展,按照自身的速度和方式到达《指南》所呈现的发展"阶梯",切忌用一把"尺子"衡量所有幼儿。

(3) 理解幼儿的学习方式和特点。幼儿的学习是以直接经验为基础,在游戏和日常生活中进行的。要珍视游戏和生活的独特价值,创设丰富的教育环境,合理安排一日生活,最大限度地支持和满足幼儿通过直接感知、实际操作和亲身体验获取经验的需要,严禁"拔苗助长"式的超前教育和强化训练。

(4) 重视幼儿的学习品质。幼儿在活动过程中表现出的积极态度和良好行为倾向是终身学习与发展所必需的宝贵品质。要充分尊重和保护幼儿的好奇心和学习兴趣,帮助幼儿逐步养成积极主动、认真专注、不怕困难、敢于探究和尝试、乐于想象和创造等良好学习品质。忽视幼儿学习品质培养,单纯追求知识技能学习的做法是短视而有害的。

一、健康

健康是指人在身体、心理和社会适应方面的良好状态。幼儿阶段是儿童身体发育和机能发展极为迅速的时期,也是形成安全感和乐观态度的重要阶段。发育良好的身体、愉快的情绪、强健的体质、协调的动作、良好的生活习惯和基本生活能力是幼儿身心健康的重要标志,也是其他领域学习与发展的基础。

为有效促进幼儿身心健康发展,成人应为幼儿提供合理均衡的营养,保证充足的睡眠和适宜的锻炼,满足幼儿生长发育的需要;创设温馨的人际环境,让幼儿充分感受到亲情和关爱,形成积极稳定的情绪情感;帮助幼儿养成良好的生活与卫生习惯,提高自我保护能力,形成使其终身受益的生活能力和文明生活方式。

幼儿身心发育尚未成熟,需要成人的精心呵护和照顾,但不宜过度保护和包办代替,以免剥夺幼儿自主学习的机会,养成过于依赖的不良习惯,影响其主动性、独立性的发展。

(一) 身心状况

目标 1　具有健康的体态

3—4 岁	4—5 岁	5—6 岁
1. 身高和体重适宜。参考标准: 男孩: 身高:94.9～111.7 厘米 体重:12.7～21.2 公斤 女孩: 身高:94.1～111.3 厘米 体重:12.3～21.5 公斤 2. 在提醒下能自然坐直、站直。	1. 身高和体重适宜。参考标准: 男孩: 身高:100.7～119.2 厘米 体重:14.1～24.2 公斤 女孩: 身高:99.9～118.9 厘米 体重:13.7～24.9 公斤 2. 在提醒下能保持正确的站、坐和行走姿势。	1. 身高和体重适宜。参考标准: 男孩: 身高:106.1～125.8 厘米 体重:15.9～27.1 公斤 女孩: 身高:104.9～125.4 厘米 体重:15.3～27.8 公斤 2. 经常保持正确的站、坐和行走姿势。

注:身高和体重数据来源:《2006 年世界卫生组织儿童生长标准》。

教育建议:

1. 为幼儿提供营养丰富、健康的饮食。如:

■ 参照《中国孕期、哺乳期妇女和 0—6 岁儿童膳食指南》,为幼儿提供谷物、蔬菜、水果、肉、奶、蛋、豆制品等多样化的食物,均衡搭配。

■ 烹调方式要科学,尽量少煎炸、烧烤、腌制。

2. 保证幼儿每天睡 11～12 小时,其中午睡一般应达到 2 小时左右。午睡时间可根据幼儿的年龄、季节的变化和个体差异适当减少。

3. 注意幼儿的体态,帮助他们形成正确的姿势。如:

■ 提醒幼儿要保持正确的站、坐、走姿势;发现有八字脚、罗圈腿、驼背等骨骼发育异常的情况,应及时就医矫治。

■ 桌、椅和床要合适。椅子的高度以幼儿写画时双脚能自然着地、大腿基本保持水平状为宜;桌子的高度以写画时身体能坐直,不驼背、不耸肩为宜;床不宜过软。

4. 每年为幼儿进行健康检查。

目标 2　情绪安定愉快

3—4 岁	4—5 岁	5—6 岁
1. 情绪比较稳定,很少因一点小事哭闹不止。 2. 有比较强烈的情绪反应时,能在成人的安抚下逐渐平静下来。	1. 经常保持愉快的情绪,不高兴时能较快缓解。 2. 有比较强烈情绪反应时,能在成人提醒下逐渐平静下来。 3. 愿意把自己的情绪告诉亲近的人,一起分享快乐或求得安慰。	1. 经常保持愉快的情绪。知道引起自己某种情绪的原因,并努力缓解。 2. 表达情绪的方式比较适度,不乱发脾气。 3. 能随着活动的需要转换情绪和注意。

教育建议:

1. 营造温暖、轻松的心理环境,让幼儿形成安全感和信赖感。如:

■ 保持良好的情绪状态,以积极、愉快的情绪影响幼儿。

■ 以欣赏的态度对待幼儿。注意发现幼儿的优点,接纳他们的个体差异,不简单与同伴做横向比较。

■ 幼儿做错事时要冷静处理,不厉声斥责,更不能打骂。

2. 帮助幼儿学会恰当表达和调控情绪。如:

■ 成人用恰当的方式表达情绪,为幼儿做出榜样。如生气时不乱发脾气,不迁怒于人。

■ 成人和幼儿一起谈论自己高兴或生气的事,鼓励幼儿与人分享自己的情绪。

■ 允许幼儿表达自己的情绪,并给予适当的引导。如幼儿发脾气时不硬性压制,等其平静后告诉他什么行为是可以接受的。

■ 发现幼儿不高兴时,主动询问情况,帮助他们化解消极情绪。

目标 3　具有一定的适应能力

3—4 岁	4—5 岁	5—6 岁
1. 能在较热或较冷的户外环境中活动。 2. 换新环境时情绪能较快稳定,睡眠、饮食基本正常。 3. 在帮助下能较快适应集体生活。	1. 能在较热或较冷的户外环境中连续活动半小时左右。 2. 换新环境时较少出现身体不适。 3. 能较快适应人际环境中发生的变化。如换了新老师能较快适应。	1. 能在较热或较冷的户外环境中连续活动半小时以上。 2. 天气变化时较少感冒,能适应车、船等交通工具造成的轻微颠簸。 3. 能较快融入新的人际关系环境。如换了新的幼儿园或班级能较快适应。

教育建议:

1. 保证幼儿的户外活动时间,提高幼儿适应季节变化的能力。

■ 幼儿每天的户外活动时间一般不少于两小时,其中体育活动时间不少于 1 小时,季节交替时要坚持。

■ 气温过热或过冷的季节或地区应因地制宜,选择温度适当的时间段开展户外活动,也可根据气温的变化和幼儿的个体差异,适当减少活动的时间。

2. 经常与幼儿玩拉手转圈、秋千、转椅等游戏活动,让幼儿适应轻微的摆动、颠簸、旋转,促进其平衡机能的发展。

3. 锻炼幼儿适应生活环境变化的能力。如：

■ 注意观察幼儿在新环境中的饮食、睡眠、游戏等方面的情况，采取相应的措施帮助他们尽快适应新环境。

■ 经常带幼儿接触不同的人际环境，如参加亲戚朋友聚会，多和不熟悉的小朋友玩，使幼儿较快适应新的人际关系。

（二）动作发展

目标1　具有一定的平衡能力，动作协调、灵敏

3—4岁	4—5岁	5—6岁
1. 能沿地面直线或在较窄的低矮物体上走一段距离。 2. 能双脚灵活交替上下楼梯。 3. 能身体平稳地双脚连续向前跳。 4. 分散跑时能躲避他人的碰撞。 5. 能双手向上抛球。	1. 能在较窄的低矮物体上平稳地走一段距离。 2. 能以匍匐、膝盖悬空等多种方式钻爬。 3. 能助跑跨跳过一定距离，或助跑跨跳过一定高度的物体。 4. 能与他人玩追逐、躲闪跑的游戏。 5. 能连续自抛自接球。	1. 能在斜坡、荡桥和有一定间隔的物体上较平稳地行走。 2. 能以手脚并用的方式安全地爬攀登架、网等。 3. 能连续跳绳。 4. 能躲避他人滚过来的球或扔过来的沙包。 5. 能连续拍球。

教育建议：

1. 利用多种活动发展身体平衡和协调能力。如：

■ 走平衡木，或沿着地面直线、田埂行走。

■ 玩跳房子、踢毽子、蒙眼走路、踩小高跷等游戏活动。

2. 发展幼儿动作的协调性和灵活性。如：

■ 鼓励幼儿进行跑跳、钻爬、攀登、投掷、拍球等活动。

■ 玩跳竹竿、滚铁环等传统体育游戏。

3. 对于拍球、跳绳等技能性活动，不要过于要求数量，更不能机械训练。

4. 结合活动内容对幼儿进行安全教育，注重在活动中培养幼儿的自我保护能力。

目标2　具有一定的力量和耐力

3—4岁	4—5岁	5—6岁
1. 能双手抓杠悬空吊起10秒左右。 2. 能单手将沙包向前投掷2米左右。 3. 能单脚连续向前跳2米左右。 4. 能快跑15米左右。 5. 能行走1公里左右（途中可适当停歇）。	1. 能双手抓杠悬空吊起15秒左右。 2. 能单手将沙包向前投掷4米左右。 3. 能单脚连续向前跳5米左右。 4. 能快跑20米左右。 5. 能连续行走1.5公里左右（途中可适当停歇）。	1. 能双手抓杠悬空吊起20秒左右。 2. 能单手将沙包向前投掷5米左右。 3. 能单脚连续向前跳8米左右。 4. 能快跑25米左右。 5. 能连续行走1.5公里以上（途中可适当停歇）。

教育建议：

1. 开展丰富多样、适合幼儿年龄特点的各种身体活动,如走、跑、跳、攀、爬等,鼓励幼儿坚持下来,不怕累。

2. 日常生活中鼓励幼儿多走路、少坐车;自己上下楼梯、自己背包。

目标 3　手的动作灵活协调

3—4 岁	4—5 岁	5—6 岁
1. 能用笔涂涂画画。 2. 能熟练地用勺子吃饭。 3. 能用剪刀沿直线剪,边线基本吻合。	1. 能沿边线较直地画出简单图形,或能边线基本对齐地折纸。 2. 会用筷子吃饭。 3. 能沿轮廓线剪出由直线构成的简单图形,边线吻合。	1. 能根据需要画出图形,线条基本平滑。 2. 能熟练使用筷子。 3. 能沿轮廓线剪出由曲线构成的简单图形,边线吻合且平滑。 4. 能使用简单的劳动工具或用具。

教育建议:

1. 创造条件和机会,促进幼儿手的动作灵活协调。如:

■ 提供画笔、剪刀、纸张、泥团等工具和材料,或充分利用各种自然、废旧材料和常见物品,让幼儿进行画、剪、折、粘等美工活动。

■ 引导幼儿生活自理或参与家务劳动,发展其手的动作。如练习自己用筷子吃饭、扣扣子,帮助家人择菜叶、做面食等。

■ 幼儿园在布置娃娃家、商店等活动区时,多提供原材料和半成品,让幼儿有更多机会参与制作活动。

2. 引导幼儿注意活动安全。如:

■ 为幼儿提供的塑料粒、珠子等活动材料要足够大,材质要安全,以免造成异物进入气管、铅中毒等伤害。提供幼儿用安全剪刀。

■ 为幼儿示范拿筷子、握笔的正确姿势以及使用剪刀、锤子等工具的方法。

■ 提醒幼儿不要拿剪刀等锋利工具玩耍,用完后要放回原处。

(三)生活习惯与生活能力

目标 1　具有良好的生活与卫生习惯

3—4 岁	4—5 岁	5—6 岁
1. 在提醒下,按时睡觉和起床,并能坚持午睡。 2. 喜欢参加体育活动。 3. 在引导下,不偏食、挑食。喜欢吃瓜果、蔬菜等新鲜食品。 4. 愿意饮用白开水,不贪喝饮料。 5. 不用脏手揉眼睛,连续看电视等不超过 15 分钟。 6. 在提醒下,每天早晚刷牙、饭前便后洗手。	1. 每天按时睡觉和起床,并能坚持午睡。 2. 喜欢参加体育活动。 3. 不偏食、挑食,不暴饮暴食。喜欢吃瓜果、蔬菜等新鲜食品。 4. 常喝白开水,不贪喝饮料。 5. 知道保护眼睛,不在光线过强或过暗的地方看书,连续看电视等不超过 20 分钟。 6. 每天早晚刷牙、饭前便后洗手,方法基本正确。	1. 养成每天按时睡觉和起床的习惯。 2. 能主动参加体育活动。 3. 吃东西时细嚼慢咽。 4. 主动饮用白开水,不贪喝饮料。 5. 主动保护眼睛。不在光线过强或过暗的地方看书,连续看电视等不超过 30 分钟。 6. 每天早晚主动刷牙,饭前便后主动洗手,方法正确。

教育建议：

1. 让幼儿保持有规律的生活，养成良好的作息习惯。如：早睡早起、每天午睡、按时进餐、吃好早餐等。

2. 帮助幼儿养成良好的饮食习惯。如：

■ 合理安排餐点，帮助幼儿养成定点、定时、定量进餐的习惯。

■ 帮助幼儿了解食物的营养价值，引导他们不偏食不挑食、少吃或不吃不利于健康的食品；多喝白开水，少喝饮料。

■ 吃饭时不过分催促，提醒幼儿细嚼慢咽，不要边吃边玩。

3. 帮助幼儿养成良好的个人卫生习惯。如：

■ 早晚刷牙、饭后漱口。

■ 勤为幼儿洗澡、换衣服、剪指甲。

■ 提醒幼儿保护五官，如不乱挖耳朵、鼻孔，看电视时保持3米左右的距离等。

4. 激发幼儿参加体育活动的兴趣，养成锻炼的习惯。如：

■ 为幼儿准备多种体育活动材料，鼓励他们选择自己喜欢的材料开展活动。

■ 经常和幼儿一起在户外运动和游戏，鼓励幼儿和同伴一起开展体育活动。

■ 和幼儿一起观看体育比赛或有关体育赛事的电视节目，培养他们对体育活动的兴趣。

目标2　具有基本的生活自理能力

3—4岁	4—5岁	5—6岁
1. 在帮助下能穿脱衣服或鞋袜。 2. 能将玩具和图书放回原处。	1. 能自己穿脱衣服、鞋袜、扣纽扣。 2. 能整理自己的物品。	1. 能知道根据冷热增减衣服。 2. 会自己系鞋带。 3. 能按类别整理好自己的物品。

教育建议：

1. 鼓励幼儿做力所能及的事情，对幼儿的尝试与努力给予肯定，不因做不好或做得慢而包办代替。

2. 指导幼儿学习和掌握生活自理的基本方法，如穿脱衣服和鞋袜、洗手洗脸、擦鼻涕、擦屁股的正确方法。

3. 提供有利于幼儿生活自理的条件。如：

■ 提供一些纸箱、盒子，供幼儿收拾和存放自己的玩具、图书或生活用品等。

■ 幼儿的衣服、鞋子等要简单实用，便于自己穿脱。

目标3　具备基本的安全知识和自我保护能力

3—4岁	4—5岁	5—6岁
1. 不吃陌生人给的东西，不跟陌生人走。 2. 在提醒下能注意安全，不做危险的事。 3. 在公共场所走失时，能向警察或有关人员说出自己和家长的名字、电话号码等简单信息。	1. 知道在公共场合不远离成人的视线单独活动。 2. 认识常见的安全标志，能遵守安全规则。 3. 运动时能主动躲避危险。 4. 知道简单的求助方式。	1. 未经大人允许不给陌生人开门。 2. 能自觉遵守基本的安全规则和交通规则。 3. 运动时能注意安全，不给他人造成危险。 4. 知道一些基本的防灾知识。

教育建议：

1. 创设安全的生活环境,提供必要的保护措施。如：

■ 要把热水瓶、药品、火柴、刀具等物品放到幼儿够不到的地方；阳台或窗台要有安全保护措施；要使用安全的电源插座等。

■ 在公共场所要注意照看好幼儿；幼儿乘车、乘电梯时要有成人陪伴；不把幼儿单独留在家里或汽车里等。

2. 结合生活实际对幼儿进行安全教育。如：

■ 外出时,提醒幼儿要紧跟成人,不远离成人的视线,不跟陌生人走,不吃陌生人给的东西；不在河边和马路边玩耍；要遵守交通规则等。

■ 帮助幼儿了解周围环境中不安全的事物,不做危险的事。如不动热水壶,不玩火柴或打火机,不摸电源插座,不攀爬窗户或阳台等。

■ 帮助幼儿认识常见的安全标识,如：小心触电、小心有毒、禁止下河游泳、紧急出口等。

■ 告诉幼儿不允许别人触摸自己的隐私部位。

3. 教给幼儿简单的自救和求救的方法。如：

■ 记住自己家庭的住址、电话号码、父母的姓名和单位,一旦走失时知道向成人求助,并能提供必要信息。

■ 遇到火灾或其他紧急情况时,知道要拨打110、120、119等求救电话。

■ 可利用图书、音像等材料对幼儿进行逃生和求救方面的教育,并运用游戏方式模拟练习。

■ 幼儿园应定期进行火灾、地震等自然灾害的逃生演习。

二、语言

语言是交流和思维的工具。幼儿期是语言发展,特别是口语发展的重要时期。幼儿语言的发展贯穿于各个领域,也对其他领域的学习与发展有着重要的影响：幼儿在运用语言进行交流的同时,也在发展着人际交往能力、理解他人和判断交往情境的能力、组织自己思想的能力。通过语言获取信息,幼儿的学习逐步超越个体的直接感知。

幼儿的语言能力是在交流和运用的过程中发展起来的。应为幼儿创设自由、宽松的语言交往环境,鼓励和支持幼儿与成人、同伴交流,让幼儿想说、敢说、喜欢说并能得到积极回应。为幼儿提供丰富、适宜的低幼读物,经常和幼儿一起看图书、讲故事,丰富其语言表达能力,培养阅读兴趣和良好的阅读习惯,进一步拓展学习经验。

幼儿的语言学习需要相应的社会经验支持,应通过多种活动扩展幼儿的生活经验,丰富语言的内容,增强理解和表达能力。应在生活情境和阅读活动中引导幼儿自然而然地产生对文字的兴趣,用机械记忆和强化训练的方式让幼儿过早识字不符合其学习特点和接受能力。

（一）倾听与表达

目标 1　认真听并能听懂常用语言

3—4 岁	4—5 岁	5—6 岁
1. 别人对自己说话时能注意听并做出回应。 2. 能听懂日常会话。	1. 在群体中能有意识地听与自己有关的信息。 2. 能结合情境感受到不同语气、语调所表达的不同意思。 3. 方言地区和少数民族幼儿能基本听懂普通话。	1. 在集体中能注意听老师或其他人讲话。 2. 听不懂或有疑问时能主动提问。 3. 能结合情境理解一些表示因果、假设等相对复杂的句子。

教育建议：

1. 多给幼儿提供倾听和交谈的机会。如：经常和幼儿一起谈论他感兴趣的话题，或一起看图书、讲故事。

2. 引导幼儿学会认真倾听。如：

■ 成人要耐心倾听别人（包括幼儿）的讲话，等别人讲完再表达自己的观点。

■ 与幼儿交谈时，要用幼儿能听得懂的语言。

■ 对幼儿提要求和布置任务时要求他注意听，鼓励他主动提问。

3. 对幼儿讲话时，注意结合情境使用丰富的语言，以便于幼儿理解。如：

■ 说话时注意语气、语调，让幼儿感受语气、语调的作用。如对幼儿的不合理要求以比较坚定的语气表示不同意；讲故事时，尽量把故事人物高兴、悲伤的心情用不同的语气、语调表现出来。

■ 根据幼儿的理解水平，有意识地使用一些反映因果、假设、条件等关系的句子。

目标 2　愿意讲话并能清楚地表达

3—4 岁	4—5 岁	5—6 岁
1. 愿意在熟悉的人面前说话，能大方地与人打招呼。 2. 基本会说本民族或本地区的语言。 3. 愿意表达自己的需要和想法，必要时能配以手势动作。 4. 能口齿清楚地说儿歌、童谣或复述简短的故事。	1. 愿意与他人交谈，喜欢谈论自己感兴趣的话题。 2. 会说本民族或本地区的语言，基本会说普通话。少数民族聚居地区幼儿会用普通话进行日常会话。 3. 能基本完整地讲述自己的所见所闻和经历的事情。 4. 讲述比较连贯。	1. 愿意与他人讨论问题，敢在众人面前说话。 2. 会说本民族或本地区的语言和普通话，发音正确清晰。少数民族聚居地区幼儿基本会说普通话。 3. 能有序、连贯、清楚地讲述一件事情。 4. 讲述时能使用常见的形容词、同义词等，语言比较生动。

教育建议：

1. 为幼儿创造说话的机会并体验语言交往的乐趣。

■ 每天有足够的时间与幼儿交谈。如谈论他感兴趣的话题，询问和听取他对自己事情的意见等。

■ 尊重和接纳幼儿的说话方式,无论幼儿的表达水平如何,都应认真地倾听并给予积极的回应。
■ 鼓励和支持幼儿与同伴一起玩耍、交谈,相互讲述见闻、趣事或看过的图书、动画片等。
■ 方言和少数民族地区应积极为幼儿创设用普通话交流的语言环境。

2. 引导幼儿清楚地表达。如:
■ 和幼儿讲话时,成人自身的语言要清楚、简洁。
■ 当幼儿因为急于表达而说不清楚的时候,提醒他不要着急,慢慢说;同时要耐心倾听,给予必要的补充,帮助他理清思路并清晰地说出来。

目标3 具有文明的语言习惯

3—4岁	4—5岁	5—6岁
1. 与别人讲话时知道眼睛要看着对方。 2. 说话自然,声音大小适中。 3. 能在成人的提醒下使用恰当的礼貌用语。	1. 别人对自己讲话时能回应。 2. 能根据场合调节自己说话声音的大小。 3. 能主动使用礼貌用语,不说脏话、粗话。	1. 别人讲话时能积极主动地回应。 2. 能根据谈话对象和需要,调整说话的语气。 3. 懂得按次序轮流讲话,不随意打断别人。 4. 能依据所处情境使用恰当的语言。如在别人难过时会用恰当的语言表示安慰。

教育建议:

1. 成人注意语言文明,为幼儿做出表率。如:
■ 与他人交谈时,认真倾听,使用礼貌用语。
■ 在公共场合不大声说话,不说脏话、粗话。
■ 幼儿表达意见时,成人可蹲下来,眼睛平视幼儿,耐心听他把话说完。

2. 帮助幼儿养成良好的语言行为习惯。如:
■ 结合情境提醒幼儿一些必要的交流礼节。如对长辈说话要有礼貌,客人来访时要打招呼,得到帮助时要说谢谢等。
■ 提醒幼儿遵守集体生活的语言规则,如轮流发言,不随意打断别人讲话等。
■ 提醒幼儿注意公共场所的语言文明,如不大声喧哗。

(二)阅读与书写准备

目标1 喜欢听故事,看图书

3—4岁	4—5岁	5—6岁
1. 主动要求成人讲故事、读图书。 2. 喜欢跟读韵律感强的儿歌、童谣。 3. 爱护图书,不乱撕、乱扔书。	1. 反复看自己喜欢的图书。 2. 喜欢把听过的故事或看过的图书讲给别人听。 3. 对生活中常见的标识、符号感兴趣,知道它们表示一定的意义。	1. 专注地阅读图书。 2. 喜欢与他人一起谈论图书和故事的有关内容。 3. 对图书和生活情境中的文字符号感兴趣,知道文字表示一定的意义。

教育建议：

1. 为幼儿提供良好的阅读环境和条件。如：
- 提供一定数量、符合幼儿年龄特点、富有童趣的图画书。
- 提供相对安静的地方，尽量减少干扰，保证幼儿自主阅读。

2. 激发幼儿的阅读兴趣，培养阅读习惯。如：
- 经常抽时间与幼儿一起看图书、讲故事。
- 提供童谣、故事和诗歌等不同体裁的儿童文学作品，让幼儿自主选择和阅读。
- 当幼儿遇到感兴趣的事物或问题时，和他/她一起查阅图书资料，让他/她感受图书的作用，体会通过阅读获取信息的乐趣。

3. 引导幼儿体会标识、文字符号的用途。如：
- 向幼儿介绍医院、公用电话等生活中的常见标识，让他/她知道标识可以代表具体事物。
- 结合生活实际，帮助幼儿体会文字的用途。如买来新玩具时，把说明书上的文字念给幼儿听，了解玩具的玩法。

目标 2　具有初步的阅读理解能力

3—4 岁	4—5 岁	5—6 岁
1. 能听懂短小的儿歌或故事。 2. 会看画面，能根据画面说出图中有什么，发生了什么事等。 3. 能理解图书上的文字是和画面对应的，是用来表达画面意义的。	1. 能大体讲出所听故事的主要内容。 2. 能根据连续画面提供的信息，大致说出故事的情节。 3. 能随着作品的展开产生喜悦、担忧等相应的情绪反应，体会作品所表达的情绪情感。	1. 能说出所阅读的幼儿文学作品的主要内容。 2. 能根据故事的部分情节或图书画面的线索猜想故事情节的发展，或续编、创编故事。 3. 对看过的图书、听过的故事能说出自己的看法。 4. 能初步感受文学语言的美。

教育建议：

1. 经常和幼儿一起阅读，引导他以自己的经验为基础理解图书的内容。如：
- 引导幼儿仔细观察画面，结合画面讨论故事内容，学习建立画面与故事内容的联系。
- 和幼儿一起讨论或回忆书中的故事情节，引导他有条理地说出故事的大致内容。
- 在给幼儿读书或讲故事时，可先不告诉名字，让幼儿听完后自己命名，并说出这样命名的理由。
- 鼓励幼儿自主阅读，并与他人讨论自己在阅读中的发现、体会和想法。

2. 在阅读中发展幼儿的想象和创造能力。如：
- 鼓励幼儿依据画面线索讲述故事，大胆推测、想象故事情节的发展，改编故事部分情节或续编故事结尾。
- 鼓励幼儿用故事表演、绘画等不同的方式表达自己对图书和故事的理解。
- 鼓励和支持幼儿自编故事，并为自编的故事配上图画，制成图画书。

3. 引导幼儿感受文学作品的美。如：
■ 有意识地引导幼儿欣赏或模仿文学作品的语言节奏和韵律。
■ 给幼儿读书时，通过表情、动作和抑扬顿挫的声音传达书中的情绪情感，让幼儿体会作品的感染力和表现力。

目标3 具有书面表达的愿望和初步技能

3—4岁	4—5岁	5—6岁
喜欢用涂涂画画表达一定的意思。	1. 愿意用图画和符号表达自己的愿望和想法。 2. 在成人提醒下，写写画画时姿势正确。	1. 愿意用图画和符号表现事物或故事。 2. 会正确书写自己的名字。 3. 写画时姿势正确。

教育建议：
1. 让幼儿在写写画画的过程中体验文字符号的功能，培养书写兴趣。如：
■ 准备供幼儿随时取放的纸、笔等材料，也可利用沙地、树枝等自然材料，满足幼儿自由涂画的需要。
■ 鼓励幼儿将自己感兴趣的事情或故事画下来并讲给别人听，让幼儿体会写写画画的方式可以表达自己的想法和情感。
■ 把幼儿讲过的事情用文字记录下来，并念给他听，使幼儿知道说的话可以用文字记录下来，从中体会文字的用途。
2. 在绘画和游戏中做必要的书写准备，如：
■ 通过把虚线画出的图形轮廓连成实线等游戏，促进手眼协调，同时帮助幼儿学习由上至下、由左至右的运笔技能。
■ 鼓励幼儿学习书写自己的名字。
■ 提醒幼儿写画时保持正确姿势。

三、社会

幼儿社会领域的学习与发展过程是其社会性不断完善并奠定健全人格基础的过程。人际交往和社会适应是幼儿社会学习的主要内容，也是其社会性发展的基本途径。幼儿在与成人和同伴交往的过程中，不仅学习如何与人友好相处，也在学习如何看待自己、对待他人，不断发展适应社会生活的能力。良好的社会性发展对幼儿身心健康和其他各方面的发展都具有重要影响。

家庭、幼儿园和社会应共同努力，为幼儿创设温暖、关爱、平等的家庭和集体生活氛围，建立良好的亲子关系、师生关系和同伴关系，让幼儿在积极健康的人际关系中获得安全感和信任感，发展自信和自尊，在良好的社会环境及文化的熏陶中学会遵守规则，形成基本的认同感和归属感。

幼儿的社会性主要是在日常生活和游戏中通过观察和模仿潜移默化地发展起来的。成人应注重自己言行的榜样作用，避免简单生硬的说教。

(一) 人际交往

目标 1　愿意与人交往

3—4 岁	4—5 岁	5—6 岁
1. 愿意和小朋友一起游戏。 2. 愿意与熟悉的长辈一起活动。	1. 喜欢和小朋友一起游戏,有经常一起玩的小伙伴。 2. 喜欢和长辈交谈,有事愿意告诉长辈。	1. 有自己的好朋友,也喜欢结交新朋友。 2. 有问题愿意向别人请教。 3. 有高兴的或有趣的事愿意与大家分享。

教育建议:
1. 主动亲近和关心幼儿,经常和他一起游戏或活动,让幼儿感受到与成人交往的快乐,建立亲密的亲子关系和师生关系。
2. 创造交往的机会,让幼儿体会交往的乐趣。如:
■ 利用走亲戚、到朋友家做客或有客人来访的时机,鼓励幼儿与他人接触和交谈。
■ 鼓励幼儿参加小朋友的游戏,邀请小朋友到家里玩,感受有朋友一起玩的快乐。
■ 幼儿园应多为幼儿提供自由交往和游戏的机会,鼓励他们自主选择、自由结伴开展活动。

目标 2　能与同伴友好相处

3—4 岁	4—5 岁	5—6 岁
1. 想加入同伴的游戏时,能友好地提出请求。 2. 在成人指导下,不争抢、不独霸玩具。 3. 与同伴发生冲突时,能听从成人的劝解。	1. 会运用介绍自己、交换玩具等简单技巧加入同伴游戏。 2. 对大家都喜欢的东西能轮流、分享。 3. 与同伴发生冲突时,能在他人帮助下和平解决。 4. 活动时愿意接受同伴的意见和建议。 5. 不欺负弱小。	1. 能想办法吸引同伴和自己一起游戏。 2. 活动时能与同伴分工合作,遇到困难一起克服。 3. 与同伴发生冲突时能自己协商解决。 4. 知道别人的想法有时和自己不一样,能倾听和接受别人的意见,不能接受时会说明理由。 5. 不欺负别人,也不允许别人欺负自己。

教育建议:
1. 结合具体情境,指导幼儿学习交往的基本规则和技能。如:
■ 当幼儿不知怎样加入同伴游戏,或提出请求不被接受时,建议他拿出玩具邀请大家一起玩,或者扮成某个角色加入同伴的游戏。
■ 对幼儿与别人分享玩具、图书等行为给予肯定,让他对自己的表现感到高兴和满足。
■ 当幼儿与同伴发生矛盾或冲突时,指导他尝试用协商、交换、轮流玩、合作等方式解决冲突。

■ 利用相关的图书、故事,结合幼儿的交往经验,和他讨论什么样的行为受大家欢迎,想要得到别人的接纳应该怎样做。

■ 幼儿园应多为幼儿提供需要大家齐心协力才能完成的活动,让幼儿在具体活动中体会合作的重要性,学习分工合作。

2. 结合具体情境,引导幼儿换位思考,学习理解别人。如:

■ 幼儿有争抢玩具等不友好行为时,引导他们想想"假如你是那个小朋友,你有什么感受?"让幼儿学习理解别人的想法和感受。

3. 和幼儿一起谈谈他的好朋友,说说喜欢这个朋友的原因,引导他多发现同伴的优点、长处。

目标3 具有自尊、自信、自主的表现

3—4岁	4—5岁	5—6岁
1. 能根据自己的兴趣选择游戏或其他活动。 2. 为自己的好行为或活动成果感到高兴。 3. 自己能做的事情愿意自己做。 4. 喜欢承担一些小任务。	1. 能按自己的想法进行游戏或其他活动。 2. 知道自己的一些优点和长处,并对此感到满意。 3. 自己的事情尽量自己做,不愿意依赖别人。 4. 敢于尝试有一定难度的活动和任务。	1. 能主动发起活动或在活动中出主意、想办法。 2. 做了好事或取得了成功后还想做得更好。 3. 自己的事情自己做,不会的愿意学。 4. 主动承担任务,遇到困难能够坚持而不轻易求助。 5. 与别人的看法不同时,敢于坚持自己的意见并说出理由。

教育建议:

1. 关注幼儿的感受,保护其自尊心和自信心。如:

■ 能以平等的态度对待幼儿,使幼儿切实感受到自己被尊重。

■ 对幼儿好的行为表现多给予具体、有针对性的肯定和表扬,让他对自己优点和长处有所认识并感到满足和自豪。

■ 不要拿幼儿的不足与其他幼儿的优点做比较。

2. 鼓励幼儿自主决定,独立做事,增强其自尊心和自信心。如:

■ 与幼儿有关的事情要征求他的意见,即使他的意见与成人不同,也要认真倾听,接受他的合理要求。

■ 在保证安全的情况下,支持幼儿按自己的想法做事;或提供必要的条件,帮助他实现自己的想法。

■ 幼儿自己的事情尽量放手让他自己做,即使做得不够好,也应鼓励并给予一定的指导,让他在做事中树立自尊和自信。

■ 鼓励幼儿尝试有一定难度的任务,并注意调整难度,让他感受经过努力获得的成就感。

目标4　关心尊重他人

3—4 岁	4—5 岁	5—6 岁
1. 长辈讲话时能认真听，并能听从长辈的要求。 2. 身边的人生病或不开心时表示同情。 3. 在提醒下能做到不打扰别人。	1. 会用礼貌的方式向长辈表达自己的要求和想法。 2. 能注意到别人的情绪，并有关心、体贴的表现。 3. 知道父母的职业，能体会到父母为养育自己所付出的辛劳。	1. 能有礼貌地与人交往。 2. 能关注别人的情绪和需要，并能给予力所能及的帮助。 3. 尊重为大家提供服务的人，珍惜他们的劳动成果。 4. 接纳、尊重与自己的生活方式或习惯不同的人。

教育建议：

1. 成人以身作则，以尊重、关心的态度对待自己的父母、长辈和其他人。如：

■ 经常问候父母，主动做家务。

■ 礼貌地对待老年人，如坐车时主动为老人让座。

■ 看到别人有困难能主动关心并给予一定的帮助。

2. 引导幼儿尊重、关心长辈和身边的人，尊重他人劳动及成果。如：

■ 提醒幼儿关心身边的人，如妈妈累了，知道让她安静休息一会儿。

■ 借助故事、图书等给幼儿讲讲父母抚育孩子成长的经历，让幼儿理解和体会父爱与母爱。

■ 结合实际情境，提醒幼儿注意别人的情绪，了解他们的需要，给予适当的关心和帮助。

■ 利用生活机会和角色游戏，帮助幼儿了解与自己关系密切的社会服务机构及其工作，如商场、邮局、医院等，体会这些机构给大家提供的便利和服务，懂得尊重工作人员的劳动，珍惜劳动成果。

3. 引导幼儿学习用平等、接纳和尊重的态度对待差异。如：

■ 了解每个人都有自己的兴趣、爱好和特长，可以相互学习。

■ 利用民间游戏、传统节日等，适当向幼儿介绍我国主要民族和世界其他国家和民族的文化，帮助幼儿感知文化的多样性和差异性，理解人们之间是平等的，应该互相尊重，友好相处。

（二）社会适应

目标1　喜欢并适应群体生活

3—4 岁	4—5 岁	5—6 岁
1. 对群体活动有兴趣。 2. 对幼儿园的生活好奇，喜欢上幼儿园。	1. 愿意并主动参加群体活动。 2. 愿意与家长一起参加社区的一些群体活动。	1. 在群体活动中积极、快乐。 2. 对小学生活有好奇和向往。

教育建议：

1. 经常和幼儿一起参加一些群体性的活动,让幼儿体会群体活动的乐趣。如:参加亲戚、朋友和同事间的聚会以及适合幼儿参加的社区活动等,支持幼儿和不同群体的同伴一起游戏,丰富其群体活动的经验。

2. 幼儿园组织活动时,可以经常打破班级的界限,让幼儿有更多机会参加不同群体的活动。

3. 带领大班幼儿参观小学,讲讲小学有趣的活动,唤起他们对小学生活的好奇和向往,为入学做好心理准备。

目标 2　遵守基本的行为规范

3—4 岁	4—5 岁	5—6 岁
1. 在提醒下,能遵守游戏和公共场所的规则。 2. 知道不经允许不能拿别人的东西,借别人的东西要归还。 3. 在成人提醒下,爱护玩具和其他物品。	1. 感受规则的意义,并能基本遵守规则。 2. 不私自拿不属于自己的东西。 3. 知道说谎是不对的。 4. 知道接受了的任务要努力完成。 5. 在提醒下,能节约粮食、水电等。	1. 理解规则的意义,能与同伴协商制定游戏和活动规则。 2. 爱惜物品,用别人的东西时也知道爱护。 3. 做了错事敢于承认,不说谎。 4. 能认真负责地完成自己所接受的任务。 5. 爱护身边的环境,注意节约资源。

教育建议:

1. 成人要遵守社会行为规则,为幼儿树立良好的榜样。如:答应幼儿的事一定要做到、尊老爱幼、爱护公共环境、节约水电等。

2. 结合社会生活实际,帮助幼儿了解基本行为规则或其他游戏规则,体会规则的重要性,学习自觉遵守规则。如:

■ 经常和幼儿玩带有规则的游戏,遵守共同约定的游戏规则。

■ 利用实际生活情境和图书故事,向幼儿介绍一些必要的社会行为规则,以及为什么要遵守这些规则。

■ 在幼儿园的区域活动中,创设情境,让幼儿体会没有规则的不方便,鼓励他们讨论制定规则并自觉遵守。

■ 对幼儿表现出的遵守规则的行为要及时肯定,对违规行为给予纠正。如:幼儿主动为老人让座时要表扬;幼儿损害别人的物品或公共物品时要及时制止并主动赔偿。

3. 教育幼儿要诚实守信。如:

■ 对幼儿诚实守信的行为要及时肯定。

■ 允许幼儿犯错误,告诉他改了就好。不要打骂幼儿,以免他因害怕惩罚而说谎。

■ 小年龄幼儿经常分不清想象和现实,成人不要误认为他是在说谎。

■ 发现幼儿说谎时,要反思是否是因自己对幼儿的要求过高过严造成的。如果是,要及时调整自己的行为,同时要严肃地告诉幼儿说谎是不对的。

■ 经常给幼儿分配一些力所能及的任务,要求他完成并及时给予表扬,培养他的责任感和认真负责的态度。

目标 3　具有初步的归属感

3—4 岁	4—5 岁	5—6 岁
1. 知道和自己一起生活的家庭成员及与自己的关系,体会到自己是家庭的一员。 2. 能感受到家庭生活的温暖,爱父母,亲近与信赖长辈。 3. 能说出自己家所在街道、小区(乡镇、村)的名称。 4. 认识国旗,知道国歌。	1. 喜欢自己所在的幼儿园和班级,积极参加集体活动。 2. 能说出自己家所在地的省、市、县(区)名称,知道当地有代表性的物产或景观。 3. 知道自己是中国人。 4. 奏国歌、升国旗时能自动站好。	1. 愿意为集体做事,为集体的成绩感到高兴。 2. 能感受到家乡的发展变化并为此感到高兴。 3. 知道自己的民族,知道中国是一个多民族的大家庭,各民族之间要互相尊重,团结友爱。 4. 知道国家一些重大成就,爱祖国,为自己是中国人感到自豪。

教育建议:

1. 亲切地对待幼儿,关心幼儿,让他/她感到长辈是可亲、可近、可信赖的,家庭和幼儿园是温暖的。如:

■ 多和孩子一起游戏、谈笑,尽量在家庭和班级中营造温馨的氛围。

■ 通过和幼儿一起翻阅照片、讲幼儿成长的故事等,让幼儿感受到家庭和幼儿园的温暖,老师的和蔼可亲,对养育自己的人产生感激之情。

2. 吸引和鼓励幼儿参加集体活动,萌发集体意识。如:

■ 幼儿园和班级里的重大事情和计划,请幼儿集体讨论决定。

■ 幼儿园应经常组织多种形式的集体活动,萌发幼儿的集体荣誉感。

3. 运用幼儿喜闻乐见和能够理解的方式激发幼儿爱家乡、爱祖国的情感。如:

■ 和幼儿说一说或在地图上找一找自己家所在的省、市、县(区)名称。

■ 和幼儿一起外出游玩,一起看有关的电视节目或画报等;和他们一起搜集有关家乡、祖国各地的风景名胜、著名的建筑、独特物产的图片等,在观看和欣赏的过程中激发幼儿的自豪感和热爱之情。

■ 利用电视节目或参加升旗等活动,向幼儿介绍国旗、国歌以及观看升旗、奏国歌的礼仪。

■ 向幼儿介绍反映中国人聪明才智的发明和创造,激发幼儿的民族自豪感。

四、科学

幼儿的科学学习是在探究具体事物和解决实际问题中,尝试发现事物间的异同和联系的过程。幼儿在对自然事物的探究和运用数学解决实际生活问题的过程中,不仅获得丰富的感性经验,充分发展形象思维,而且初步尝试归类、排序、判断、推理,逐步发展逻辑思维能力,为其他领域的深入学习奠定基础。

幼儿科学学习的核心是激发探究兴趣,体验探究过程,发展初步的探究能力。成人要善于发现和保护幼儿的好奇心,充分利用自然和实际生活机会,引导幼儿通过观察、比较、操作、实验等方法,学习发现问题、分析问题和解决问题;帮助幼儿不断积累经验,并运用于新的学习活动,形成受益终身的学习态度和能力。

幼儿的思维特点是以具体形象思维为主,应注重引导幼儿通过直接感知、亲身体验和实际操作进行科学学习,不应为追求知识和技能的掌握,对幼儿进行灌输和强化训练。

(一) 科学探究

目标1 亲近自然,喜欢探究

3—4岁	4—5岁	5—6岁
1. 喜欢接触大自然,对周围的很多事物和现象感兴趣。 2. 经常问各种问题,或好奇地摆弄物品。	1. 喜欢接触新事物,经常问一些与新事物有关的问题。 2. 常常动手动脑探索物体和材料,并乐在其中。	1. 对自己感兴趣的问题总是刨根问底。 2. 能经常动手动脑寻找问题的答案。 3. 探索中有所发现时感到兴奋和满足。

教育建议:

1. 经常带幼儿接触大自然,激发其好奇心与探究欲望。如:

■ 为幼儿提供一些有趣的探究工具,用自己的好奇心和探究积极性感染和带动幼儿。

■ 和幼儿一起发现并分享周围新奇、有趣的事物或现象,一起寻找问题的答案。

■ 通过拍照和画图等方式保留和积累有趣的探索与发现。

2. 真诚地接纳、多方面支持和鼓励幼儿的探索行为。如:

■ 认真对待幼儿的问题,引导他们猜一猜、想一想,有条件时和幼儿一起做一些简易的调查或有趣的小实验。

■ 容忍幼儿因探究而弄脏、弄乱,甚至破坏物品的行为,引导他们活动后做好收拾整理。

■ 多为幼儿选择一些能操作、多变化、多功能的玩具材料或废旧材料,在保证安全的前提下,鼓励幼儿拆装或动手自制玩具。

目标2 具有初步的探究能力

3—4岁	4—5岁	5—6岁
1. 对感兴趣的事物能仔细观察,发现其明显特征。 2. 能用多种感官或动作去探索物体,关注动作所产生的结果。	1. 能对事物或现象进行观察比较,发现其相同与不同。 2. 能根据观察结果提出问题,并大胆猜测答案。 3. 能通过简单的调查搜集信息。 4. 能用图画或其他符号进行记录。	1. 能通过观察、比较与分析,发现并描述不同种类物体的特征或某个事物前后的变化。 2. 能用一定的方法验证自己的猜测。 3. 在成人的帮助下能制定简单的调查计划并执行。 4. 能用数字、图画、图表或其他符号记录。 5. 探究中能与他人合作与交流。

教育建议:

1. 有意识地引导幼儿观察周围事物,学习观察的基本方法,培养观察与分类能力。如:
- 支持幼儿自发的观察活动,对其发现表示赞赏。
- 通过提问等方式引导幼儿思考并对事物进行比较观察和连续观察。
- 引导幼儿在观察和探索的基础上,尝试进行简单的分类、概括。如:根据运动方式给动物分类,根据生长环境给植物分类,根据外部特征给物体分类,等等。

2. 支持和鼓励幼儿在探究的过程中积极动手动脑寻找答案或解决问题。如:
- 鼓励幼儿根据观察或发现提出值得继续探究的问题,或成人提出有探究意义且能激发幼儿兴趣的问题。如:皮球、轮胎、竹筒等物体滚动时都走直线吗?怎样让橡皮泥球浮在水面上?
- 支持和鼓励幼儿大胆联想、猜测问题的答案,并设法验证。如:玩风车时,鼓励幼儿猜测风车转动方向及速度快慢的原因和条件,并实际去验证。
- 支持、引导幼儿学习用适宜的方法探究和解决问题,或为自己的想法搜集证据。如:想知道院子里有多少种植物,可以进行实地调查;想知道球在平地上还是在斜坡上滚得快,可以动手试一试;想证明影子的方向与太阳的位置有关,可以做个小实验进行验证等。

3. 鼓励和引导幼儿学习做简单的计划和记录,并与他人交流分享。如:
- 和幼儿共同制订调查计划,讨论调查对象、步骤和方法等,也可以和幼儿一起设法用图画、箭头等标识呈现计划。
- 鼓励幼儿用绘画、照相、做标本等办法记录观察和探究的过程与结果,注意要让记录有意义,通过记录帮助幼儿丰富观察经验、建立事物之间的联系和分享发现。
- 支持幼儿与同伴合作探究与分享交流,引导他们在交流中尝试整理、概括自己探究的成果,体验合作探究和发现的乐趣。如一起讨论和分享自己的问题与发现,一起想办法搜集资料和验证猜测。

4. 帮助幼儿回顾自己探究过程,讨论自己做了什么,怎么做的,结果与计划目标是否一致,分析一下原因以及下一步要怎样做等。

目标3 在探究中认识周围事物和现象

3—4岁	4—5岁	5—6岁
1. 认识常见的动植物,能注意并发现周围的动植物是多种多样的。 2. 能感知和发现物体和材料的软硬、光滑和粗糙等特性。 3. 能感知和体验天气对自己生活和活动的影响。 4. 初步了解和体会动植物和人们生活的关系。	1. 能感知和发现动植物的生长变化及其基本条件。 2. 能感知和发现常见材料的溶解、传热等性质或用途。 3. 能感知和发现简单物理现象,如物体形态或位置变化等。 4. 能感知和发现不同季节的特点,体验季节对动植物和人的影响。 5. 初步感知常用科技产品与自己生活的关系,知道科技产品有利也有弊。	1. 能察觉到动植物的外形特征、习性与生存环境的适应关系。 2. 能发现常见物体的结构与功能之间的关系。 3. 能探索并发现常见的物理现象产生的条件或影响因素,如影子、沉浮等。 4. 感知并了解季节变化的周期性,知道变化的顺序。 5. 初步了解人们的生活与自然环境的密切关系,知道尊重和珍惜生命,保护环境。

教育建议：

1. 支持幼儿在接触自然、生活事物和现象中积累有益的直接经验和感性认识。如：

■ 和幼儿一起通过户外活动、参观考察、种植和饲养活动，感知生物的多样性和独特性，以及生长发育、繁殖和死亡的过程。

■ 给幼儿提供丰富的材料和适宜的工具，支持幼儿在游戏过程中探索并感知常见物质、材料的特性和物体的结构特点。

2. 引导幼儿在探究中思考，尝试进行简单的推理和分析，发现事物之间明显的关联。如：

■ 引导5岁以上幼儿关注和思考动植物的外部特征、习性与生活环境对动植物生存的意义。如兔子的长耳朵具有自我保护的作用；植物种子的形状有助于其传播等。

■ 引导幼儿根据常见物质、材料的特性和物体的结构特点，推测和证实它们的用途。如：带轮子的物体方便移动；不同用途的车辆有不同的结构，等等。

3. 引导幼儿关注和了解自然、科技产品与人们生活的密切关系，逐渐懂得热爱、尊重、保护自然。如：

■ 结合幼儿的生活需要，引导他们体会人与自然、动植物的依赖关系。如：动植物、季节变化与人们生活的关系、常见灾害性天气给人们生产和生活带来的影响等。

■ 和幼儿一起讨论常见科技产品的用途和弊端，如：汽车等交通工具给生活带来的方便和对环境的污染等。

（二）数学认知

目标1　初步感知生活中数学的有用和有趣

3—4岁	4—5岁	5—6岁
1. 感知和发现周围物体的形状是多种多样的，对不同的形状感兴趣。 2. 体验和发现生活中很多地方都用到数。	1. 在指导下，感知和体会有些事物可以用形状来描述。 2. 在指导下，感知和体会有些事物可以用数来描述，对环境中各种数字的含义有进一步探究的兴趣。	1. 能发现事物简单的排列规律，并尝试创造新的排列规律。 2. 能发现生活中许多问题都可以用数学的方法来解决，体验解决问题的乐趣。

教育建议：

1. 引导幼儿注意事物的形状特征，尝试用表示形状的词来描述事物，体会描述的生动形象性和趣味性。如：

■ 参观游览后，和幼儿一起谈论所看到的事物的形状，鼓励幼儿产生联想，并用自己的语言进行描述。如：熊猫的身体圆圆的，全身好像是一个个的圆形组成的。

■ 和幼儿交谈或读书讲故事时，适当地运用一些有关形状的词汇来描述事物，如看图片时，和幼儿讨论奥运会场馆的形状，体会为什么有的场馆叫"水立方"，有的叫"鸟巢"。

2. 引导幼儿感知和体会生活中很多地方都用到数，关注周围与自己生活密切相关的数的信息，体会数可以代表不同的意义。如：

■ 和幼儿一起寻找发现生活中用数字做标识的事物，如电话号码、时钟、日历和商品的价签等。

■ 引导幼儿了解和感受数用在不同的地方,表示的意义是不一样的。如天气预报中表示气温的数代表冷热状况;钟表上的数表明时间的早晚等。

■ 鼓励幼儿尝试使用数的信息进行一些简单的推理。如知道今天是星期五,能推断明天是星期六,爸爸妈妈休息。

3. 引导幼儿观察发现按照一定规律排列的事物,体会其中的排列特点与规律,并尝试自己创造出新的排列规律。如:

■ 和幼儿一起发现和体会按一定顺序排列的队形整齐有序。

■ 提供具有重复性旋律和词语的音乐、儿歌和故事,或利用环境中有序排列的图案(如按颜色间隔排列的瓷砖、按形状间隔排列的珠帘等),鼓励幼儿发现和感受其中的规律。

■ 鼓励幼儿尝试自己设计有规律的花边图案、创编有一定规律的动作,或者按某种规律进行搭建活动。

■ 引导幼儿体会生活中很多事情都是有一定顺序和规律的,如一周七天的顺序是从周一到周日,一年四季按照春夏秋冬轮回等。

4. 鼓励和支持幼儿发现、尝试解决日常生活中需要用到数学的问题,体会数学的用处。如:

■ 拍球、跳绳、跳远或投沙包时,可通过数数、测量的方法确定名次。

■ 讨论春游去哪里玩时,让幼儿商量想去哪里玩?每个想去的地方有多少人?根据统计结果做出决定。

■ 滑滑梯时,按照"先来先玩"的规则有序地排队玩。

目标2 感知和理解数、量及数量关系

3—4岁	4—5岁	5—6岁
1. 能感知和区分物体的大小、多少、高矮、长短等量方面的特点,并能用相应的词表示。 2. 能通过一一对应的方法比较两组物体的多少。 3. 能手口一致地点数5个以内的物体,并能说出总数。能按数取物。 4. 能用数词描述事物或动作。如我有4本图书。	1. 能感知和区分物体的粗细、厚薄、轻重等量方面的特点,并能用相应的词语描述。 2. 能通过数数比较两组物体的多少。 3. 能通过实际操作理解数与数之间的关系,如5比4多1;2和3合在一起是5。 4. 会用数词描述事物的排列顺序和位置。	1. 初步理解量的相对性。 2. 借助实际情境和操作(如合并或拿取)理解"加"和"减"的实际意义。 3. 能通过实物操作或其他方法进行10以内的加减运算。 4. 能用简单的记录表、统计图等表示简单的数量关系。

教育建议:

1. 引导幼儿感知和理解事物"量"的特征。如:

■ 感知常见事物的大小、多少、高矮、粗细等量的特征,学习使用相应的词汇描述这些特征。

■ 结合具体事物让幼儿通过多次比较逐渐理解"量"是相对的。如小亮比小明高,但比小强矮。

■ 收拾物品时,根据情况,鼓励幼儿按照物体量的特征分类整理。如整理图书时按照大小摆放。

2. 结合日常生活,指导幼儿学习通过对应或数数的方式比较物体的多少。如:

■ 鼓励幼儿在一对一配对的过程中发现两组物体的多少。如,在给桌子上的每个碗配上勺子时,发现碗和勺多少的不同。

■ 鼓励幼儿通过数数比较两样东西的多少。如数一数有多少个苹果,多少个梨,判断苹果和梨哪个多,哪个少。

3. 利用生活和游戏中的实际情境,引导幼儿理解数概念。如:

■ 结合生活需要,和幼儿一起手口一致点数物体,得出物体的总数。

■ 通过点数的方式让幼儿体会物体的数量不会因排列形式、空间位置的不同而发生变化。如鼓励幼儿将一定数量的扣子以不同的形式摆放,体会扣子的数量是不变的。

■ 结合日常生活,为幼儿提供"按数取物"的机会,如游戏时,请幼儿按要求拿出几个球。

4. 通过实物操作引导幼儿理解数与数之间的关系,并用"加"或"减"的办法来解决问题。如:

■ 游戏中遇到让 4 个小动物住进两间房子的问题,或生活中遇到将 5 块饼干分给两个小朋友问题时,让幼儿尝试不同的分法。

■ 鼓励幼儿尝试自己解决生活中的数学问题。如家里来了 5 位客人,桌子上只有 3 个杯子,还需要几个杯子等。

■ 购少量物品时,有意识地鼓励幼儿参与计算和付款的过程等。

目标 3 感知形状与空间关系

3—4 岁	4—5 岁	5—6 岁
1. 能注意物体较明显的形状特征,并能用自己的语言描述。 2. 能感知物体基本的空间位置与方位,理解上下、前后、里外等方位词。	1. 能感知物体的形体结构特征,画出或拼搭出该物体的造型。 2. 能感知和发现常见几何图形的基本特征,并能进行分类。 3. 能使用上下、前后、里外、中间、旁边等方位词描述物体的位置和运动方向。	1. 能用常见的几何形体有创意地拼搭和画出物体的造型。 2. 能按语言指示或根据简单示意图正确取放物品。 3. 能辨别自己的左右。

教育建议:

1. 用多种方法帮助幼儿在物体与几何形体之间建立联系。如:

■ 引导幼儿感受生活中各种物品的形状特征,并尝试识别和描述。如感受和识别盘子、桌子、车轮、地砖等物品的形状特征。

■ 鼓励和支持幼儿用积木、纸盒、拼板等各种形状材料进行建构游戏或制作活动。如用长方形的纸盒加两个圆形瓶盖制作"汽车"。

■ 收拾整理积木时,引导幼儿体验图形之间的转换。如两个三角形可组合成一个正方形,两个正方形可组合成一个长方形。

■ 引导幼儿注意观察生活物品的图形特征,鼓励他们按形状分类整理物品。

2. 丰富幼儿空间方位识别的经验,引导幼儿运用空间方位经验解决问题。如:
- 请幼儿取放物体时,使用他们能够理解的方位词,如把桌子下面的东西放到窗台上,把花盆放在大树旁边等。
- 和幼儿一起识别熟悉场所的位置。如超市在家的旁边,邮局在幼儿园的前面。
- 在体育、音乐和舞蹈活动中,引导幼儿感受空间方位和运动方向。
- 和幼儿玩按指令找宝的游戏。对年龄小的幼儿要求他们按语言指令寻找,对年龄大些的幼儿可要求按照简单的示意图寻找。

五、艺术

艺术是人类感受美、表现美和创造美的重要形式,也是表达自己对周围世界的认识和情绪态度的独特方式。

每个幼儿心里都有一颗美的种子。幼儿艺术领域学习的关键在于充分创造条件和机会,在大自然和社会文化生活中萌发幼儿对美的感受和体验,丰富其想象力和创造力,引导幼儿学会用心灵去感受和发现美,用自己的方式去表现和创造美。

幼儿对事物的感受和理解不同于成人,他们表达自己认识和情感的方式也有别于成人。幼儿独特的笔触、动作和语言往往蕴含着丰富的想象和情感,成人应对幼儿的艺术表现给予充分的理解和尊重,不能用自己的审美标准去评判幼儿,更不能为追求结果的"完美"而对幼儿进行千篇一律的训练,以免扼杀其想象与创造的萌芽。

(一)感受与欣赏

目标1 喜欢自然界与生活中美的事物

3—4岁	4—5岁	5—6岁
1. 喜欢观看花草树木、日月星空等大自然中美的事物。 2. 容易被自然界中的鸟鸣、风声、雨声等好听的声音所吸引。	1. 在欣赏自然界和生活环境中美的事物时,关注其色彩、形态等特征。 2. 喜欢倾听各种好听的声音,感知声音的高低、长短、强弱等变化。	1. 乐于收集美的物品或向别人介绍所发现的美的事物。 2. 乐于模仿自然界和生活环境中有特点的声音,并产生相应的联想。

教育建议:
1. 和幼儿一起感受、发现和欣赏自然环境和人文景观中美的事物。如:
- 让幼儿多接触大自然,感受和欣赏美丽的景色和好听的声音。
- 经常带幼儿参观园林、名胜古迹等人文景观,讲讲有关的历史故事、传说,与幼儿一起讨论和交流对美的感受。

2. 和幼儿一起发现美的事物的特征,感受和欣赏美。如:
- 让幼儿观察常见动植物以及其他物体,引导幼儿用自己的语言、动作等描述它们美的方面,如颜色、形状、形态等。
- 让幼儿倾听和分辨各种声响,引导幼儿用自己的方式来表达他对音色、强弱、快慢的感受。
- 支持幼儿收集喜欢的物品并和他一起欣赏。

目标 2　喜欢欣赏多种多样的艺术形式和作品

3—4 岁	4—5 岁	5—6 岁
1. 喜欢听音乐或观看舞蹈、戏剧等表演。 2. 乐于观看绘画、泥塑或其他艺术形式的作品。	1. 能够专心地观看自己喜欢的文艺演出或艺术品，有模仿和参与的愿望。 2. 欣赏艺术作品时会产生相应的联想和情绪反应。	1. 艺术欣赏时常常用表情、动作、语言等方式表达自己的理解。 2. 愿意和别人分享、交流自己喜爱的艺术作品和美感体验。

教育建议：

1. 创造条件让幼儿接触多种艺术形式和作品。如：
■ 经常让幼儿接触适宜的、各种形式的音乐作品，丰富幼儿对音乐的感受和体验。
■ 和幼儿一起用图画、手工制品等装饰和美化环境。
■ 带幼儿观看或共同参与传统民间艺术和地方民俗文化活动，如皮影戏、剪纸和捏面人等。
■ 有条件的情况下，带幼儿去剧院、美术馆、博物馆等欣赏文艺表演和艺术作品。
2. 尊重幼儿的兴趣和独特感受，理解他们欣赏时的行为。如：
■ 理解和尊重幼儿在欣赏艺术作品时的手舞足蹈、即兴模仿等行为。
■ 当幼儿主动介绍自己喜爱的舞蹈、戏曲、绘画或工艺品时，要耐心倾听并给予积极回应和鼓励。

（二）表现与创造

目标 1　喜欢进行艺术活动并大胆表现

3—4 岁	4—5 岁	5—6 岁
1. 经常自哼自唱或模仿有趣的动作、表情和声调。 2. 经常涂涂画画、粘粘贴贴并乐在其中。	1. 经常唱唱跳跳，愿意参加歌唱、律动、舞蹈、表演等活动。 2. 经常用绘画、捏泥、手工制作等多种方式表现自己的所见所想。	1. 积极参与艺术活动，有自己比较喜欢的活动形式。 2. 能用多种工具、材料或不同的表现手法表达自己的感受和想象。 3. 艺术活动中能与他人相互配合，也能独立表现。

教育建议：

1. 创造机会和条件，支持幼儿自发的艺术表现和创造。
■ 提供丰富的便于幼儿取放的材料、工具或物品，支持幼儿进行自主绘画、手工、歌唱、表演等艺术活动。
■ 经常和幼儿一起唱歌、表演、绘画、制作，共同分享艺术活动的乐趣。
2. 营造安全的心理氛围，让幼儿敢于并乐于表达表现。如：
■ 欣赏和回应幼儿的哼哼唱唱、模仿表演等自发的艺术活动，赞赏他独特的表现方式。
■ 在幼儿自主表达创作过程中，不做过多干预或把自己的意愿强加给幼儿，在幼儿需要时再给予具体的帮助。

- 了解并倾听幼儿艺术表现的想法或感受,领会并尊重幼儿的创作意图,不简单用"像不像"、"好不好"等成人标准来评价。
- 展示幼儿的作品,鼓励幼儿用自己的作品或艺术品布置环境。

目标2 具有初步的艺术表现与创造能力

3—4岁	4—5岁	5—6岁
1. 能模仿学唱短小歌曲。 2. 能跟随熟悉的音乐做身体动作。 3. 能用声音、动作、姿态模拟自然界的事物和生活情景。 4. 能用简单的线条和色彩大体画出自己想画的人或事物。	1. 能用自然的、音量适中的声音基本准确地唱歌。 2. 能通过即兴哼唱、即兴表演或给熟悉的歌曲编词来表达自己的心情。 3. 能用拍手、踏脚等身体动作或可敲击的物品敲打节拍和基本节奏。 4. 能运用绘画、手工制作等表现自己观察到或想象的事物。	1. 能用基本准确的节奏和音调唱歌。 2. 能用律动或简单的舞蹈动作表现自己的情绪或自然界的情景。 3. 能自编自演故事,并为表演选择和搭配简单的服饰、道具或布景。 4. 能用自己制作的美术作品布置环境、美化生活。

教育建议:

尊重幼儿自发的表现和创造,并给予适当的指导。如:

- 鼓励幼儿在生活中细心观察、体验,为艺术活动积累经验与素材。如,观察不同树种的形态、色彩等。
- 提供丰富的材料,如图书、照片、绘画或音乐作品等,让幼儿自主选择,用自己喜欢的方式去模仿或创作,成人不做过多要求。
- 根据幼儿的生活经验,与幼儿共同确定艺术表达表现的主题,引导幼儿围绕主题展开想象,进行艺术表现。
- 幼儿绘画时,不宜提供范画,特别不应要求幼儿完全按照范画来画。
- 肯定幼儿作品的优点,用表达自己感受的方式引导其提高。如,"你的画用了这么多红颜色,感觉就像过年一样喜庆"、"你扮演的大灰狼声音真像,要是表情再凶一点就更好了"等。

中华人民共和国教育部
2012年10月

参 考 文 献

[1] 李生兰.学前教育学[M].上海:华东师范大学出版社,2006.
[2] 郑建成.学前教育学[M].上海:复旦大学出版社,2007.
[3] 杨晓萍,李静.学前教育学[M].重庆:西南师范大学出版社,2011.
[4] 朱宗顺,陈文华.学前教育学[M].北京:北京师范大学出版社,2012.
[5] 贾玉霞,姬建峰.学前教育学[M].西安:陕西师范大学出版社,2012.
[6] 黄人颂.学前教育学[M].北京:人民教育出版社,2009.
[7] 刘晓东.学前教育学[M].南京:江苏教育出版社,2009.
[8] 梁志燊.学前教育学[M].北京:北京师范大学出版社,1998.
[9] 虞永平.学前教育学[M].南京:江苏教育出版社,1996.
[10] 黄瑾.学前儿童音乐教育[M].上海:华东师范大学出版社,2006.
[11] 林淋,朱家雄.学前儿童美术教育[M].上海:华东师范大学出版社,2006.
[12] 赵忠心.家庭教育学[M].北京:人民教育出版社,2001.
[13] 李生兰.学前儿童家庭教育[M].上海:华东师范大学出版社,2006.
[14] 李洪曾.学前儿童家庭教育[M].上海:辽宁师范大学出版社,2002.
[15] 张燕.非正规学前教育的理论与实践——基于四环游戏小组的探索[M].北京:北京师范大学出版社,2010.
[16] 刘晓东.儿童教育新论[M].南京:江苏教育出版社,1998.
[17] 霍力岩.幼儿视听互动探索资源·教师用书[M].南宁:接力出版社,2012.
[18] 徐卓娅.学前儿童艺术教育[M].上海:华东师范大学出版社,2008.
[19] 瞿葆奎.教育学文集:教育与教育学[M].北京:人民教育出版社,1993.
[20] 恩格斯.英国工人阶级状况[M].北京:人民出版社,1959.

后 记

经全国高等教育自学考试指导委员会同意,由教育类专业委员会负责高等教育自学考试教育类专业教材的审定工作。

《学前教育原理》自学考试教材由天津师范大学教育科学学院韩映虹教授担任主编,梁慧娟博士担任副主编。

参加本教材审稿讨论会并提出修改意见的有北京师范大学教育学部张燕教授、刘焱教授、中华女子学院学前教育系胡华副教授。全书由韩映虹、梁慧娟修改定稿。他们付出了辛勤劳动,在此一并深表谢意。

全国高等教育自学考试指导委员会
教育类专业委员会
2014 年 2 月